诗学与美学研究丛书

旅游美学论要

王柯平 著

北京大学出版社
PEKING UNIVERSITY PRESS

图书在版编目(CIP)数据

旅游美学论要/王柯平著. —北京:北京大学出版社,2015.11
(诗学与美学研究丛书)
ISBN 978-7-301-26400-3

Ⅰ. ①旅… Ⅱ. ①王… Ⅲ. ①旅游—美学 Ⅳ. ①F590

中国版本图书馆 CIP 数据核字(2015)第 238403 号

书　　名 旅游美学论要
LUYOU MEIXUE LUNYAO
著作责任者 王柯平 著
责任编辑 张文礼
标准书号 ISBN 978-7-301-26400-3
出版发行 北京大学出版社
地　　址 北京市海淀区成府路 205 号 100871
网　　址 http://www.pup.cn
电子信箱 编辑部: wsz@pup.cn 总编室: zpup@pup.cn
新浪微博 @北京大学出版社
电　　话 邮购部 62752015 发行部 62750672 编辑部 62756467
印 刷 者 北京虎彩文化传播有限公司
经 销 者 新华书店
965 毫米×1300 毫米 16 开本 23 印张 365 千字
2015 年 11 月第 1 版 2023 年12月第 5 次印刷
定　　价 55.00 元

目　　录

“诗学与美学研究丛书”序

在西方，从学科发展史上讲，先有探讨文艺理论与批评鉴赏的诗学(poetics)，后有研究感性知识与审美规律的美学(aesthetics)。前者以亚里士多德的《诗学》为代表，后者以鲍姆嘉通的《美学》为标志，随之以康德的《判断力批判》、黑格尔的《美学讲演录》和谢林的《艺术哲学》为津梁，由此发展至今，高头讲章的论作不少，称得上立一家之言的经典不多，能入其列者兴许包括尼采的《悲剧的诞生》、丹纳的《艺术哲学》、杜威的《艺术即经验》、克罗齐的《美学纲要》、柯林伍德的《艺术原理》、苏珊·朗格的《情感与形式》、阿恩海姆的《艺术与视知觉》、卢卡奇的《审美特性》、阿多诺的《美学理论》等。

在中国，传统上诗乐舞三位一体，琴棋书画无诗不通，所谓“诗话”“词话”“乐论”“文赋”“书道”与“画品”之类文艺学说，就其名称和内容而言，大抵上与西洋科目“诗学”名殊而意近，这方面的代表作有儒典《乐记》、荀子的《乐论》、嵇康的《声无哀乐论》、陆机的《文赋》、刘勰的《文心雕龙》、严羽的《沧浪诗话》、刘熙载的《艺概》等。至于“美学”这一舶来品，在20世纪初传入华土，因其早期引介缺乏西方哲学根基和理论系统，虽国内涉猎“美学”者众，但著述立论者寡，就连王国维这位积极钻研西学、引领一代风气者，其为作跨越中西，钩深致远，削繁化简，但却取名为《人间词话》，行文风格依然流于传统。这一遗风流韵绵延不断，甚至影响到朱光潜对其代表作《诗论》的冠名。迄今，中国的美学研究者众，出版物多，较有影响的有朱光潜的《文艺心理学》与《西方美学史》、宗白华的《美学散步》、邓以蛰的《画理探微》等。至于中国意义上的美学或中国美学研究，近数十年来成果渐丰，但重复劳动不少，食古不化风盛，在理论根基与创化立新方面，能成一家之说者屈指可数。相比之下，理论价值较为突出的论著有徐复观的《中国艺术精神》与李泽厚的《美学三书》等，其余诸多新作高论，还有待时日检验，相信会在不久的将来“青出于蓝，而胜于蓝”。

面对国内上述学术现状，既没有必要急于求成，也没有必要制造某种民族性或政治化压力进行鼓噪，更没有必要利用现代媒体进行朝幕“新说”、夕伐“假论”之类的戏剧性炒作，因为那样只能产生焰火似的瞬间效应，非但无助于学术研究的推进，反倒招致自欺欺人、自我戏弄的恶果。我们以为，“非静无以成学”。这里所言的“学”，是探究经典之学问，是会通古今之研究，是转换创化之过程，故此要求以学养思，以思促学，学思并重，尽可能推陈出新。不消说，这一切最终都要通过书写来呈现。那么，现如今书写的空间到底有多大？会涉及哪些相关要素呢？

我们知道，传统儒家对待治学的态度，总是将其与尊圣宗经弘道联系在一起，故有影响弥久的“述而不作”之说。但从儒家思想的传承与流变形态来看，所谓“述”也是“作”，即在阐述解释经典过程中，经常会审时度势地加入新的看法，添入新的思想，以此将“阐旧邦以辅新命”的任务落在实处。相比之下，现代学者没有旧式传统的约束，也没有清规戒律的羁绊，他们对于经典的态度是自由而独立的，甚至为了达到推翻旧说以立新论的目的而孜孜以求，尝试着引领风气之先，成就一家之言。有鉴于此，为学而习经典，“述”固然必要，但不是“述而不作”，而是“述而有作”，即在“述”与“作”的交叉过程中，将原本模糊的东西昭示为澄明的东西，将容易忽略的东西凸显为应受重视的东西，将论证不足的东西补充为论证完满的东西……总之，这些方面的需要与可能，构成了“述而有作”的书写空间。如今大多数的论作，也都是在此书写空间中展开的。列入本丛书的著译，大体上也是如此。

需要说明的是，“述而有作”是有一定条件的，这需要重视学理(academic etiquettes)，重视文本含义(textual meaning)，重视语境意义(contextual significance)，重视再次反思(second reflection)，重视创造性转化(creative transformation)。

对于学理问题，我曾在一次与会发言中讲过：从“雅典学园”(Akadeimeia)衍生的“学者”(academic)一词，本身包含诸多意思，譬如“学术的、纯学理的、纯理论的、学究式的”等等。从学术研究和学者身份的角度来看，讲求学理(以科学原理、法则、规范和方法为主要内容的学理)，既是工作需要，也是伦理要求。就国内学界的现状看，以思想(而非一般的思想性)促研究，是有相当难度的，因为这需要具备相当特殊的条件。“言之无文,行而不远”。近百年来,国内提得起来又放得下去的有根基的思想(理论学说)不多,真正的思想家为数寥寥。因此,对大部分学者而言,以学理促研究,在相对意义上是切实可行的。学术研究是一个逐步积累和推进的过程,国内的西方学术研究更是如此。经常鼓噪的“创新”、“突破”或“打通”等等,如若将其相关成果翻译成便于甄别和鉴定的英文或法文,就比较容易看出其中到底有多少成色或真货。鉴于此况,倡导以学理促研究,是有一定必要性和针对性的。这其中至少涉及三个主要向度:(1) 学理的规范性和科学性(借着用);(2) 理解与阐释的准确性(照着讲);(3) 假设与立论的可能性和探索性(接着讲)。在此基础上,才有可能把研究做到实处,才有可能实现“创造性转化”或“转换性创构”(transformational creation)。

对于经典研读,我也曾在一次与会发言中讲过这样一段感言:“现代学者之于古今经典,须入乎文本,故能解之;须出乎历史,故能论之;须关乎现实,故能用之。凡循序渐进者,涵泳其间者,方得妙悟真识,终能钩深致远,有所成就。”

所谓“入乎文本,故能解之”,就是要弄清文本的含义,要保证理解的准确性。这是关键的一步,是深入研究和阐发的基点。这一步如果走得匆忙,就有可能踏空,后来的一切努力势必会将错就错,到头来造成南辕北辙式的耗费。而要走好这一步,不仅需要严格的学术训练,也需要良好的语文修养,即古今文字与外语能力。要知道,在中外文本流通中,因语文能力不济所造成的误译与误用,自然会殃及论证过程与最后结论,其杀伤力无疑是从事学术研究和准确把握含义的大敌。

所谓“出乎历史,故能论之”,其前提是“入乎历史”,也就是进入到历史文化的时空背景中,拓宽思维的广度与深度,参阅同时代以及不同时代的注释评说,继而在“出乎历史”之际,于整体把握或领会的基础上,就相关问题与论证进行分析归纳、论述评判。这里通常会涉及“视域的融合”“文本的互动”与“语境的意义”等时下流行的解释学概念。当然,有些解释学概念不只限于文本解读与读者接受的技术性方法,而是关乎人之为人的存在形式与历史意识间的本体论关系。因此,我们在解释和论述他者及其理论观点时,自己会有意无意地参与到自我存在的生成过程里面。此时的“自我”,经常会进入“吾丧我”

的存在状态，因为其感受与运思，会涉及他者乃至他者的他者，即从两人的对话与体验中外延到多人的对话与体验中。在理想条件下，这一过程所产生与所期待的可能效应，使人油然联想起柏拉图标举诗性智慧的“磁石喻”。

所谓“关乎现实，故能用之”，具有两层意思。其一是在关注现实需要与问题的基础上，将相关思想中的合理因素加以适宜的变通或应用，以期取得经世致用或解决现实问题的可能效果。其二是在系统研究的基础上，通过再次反思，力求返本开新，实现创造性转化或转换性创构，以便取得新的理论成果，建构新的理论系统。譬如，牟宗三以比较的视野，研究宋明理学与康德哲学，成就了牟宗三自己的思想系统。海德格尔基于个人的哲学立场，研究尼采的哲学与荷尔德林的诗歌，丰富了海德格尔本人的理论学说。后期的思想家，总是担负着承上启下的使命，他们运用因革之道，吸收不同养料，究天人之际，通古今之变，成一家之言。这一切都是在“入乎文本”“出乎历史”和“关乎现实”的探索过程中，循序渐进，钩深致远，最终取得的成就。

在此诚望参与和支持本丛书的学者，均以严谨的学理和创化的精神，将自己的研究成果呈现给广大读者诸君，以此抛砖引玉，促进批评对话，推动诗学与美学的发展。

借此机会，谨向出版资助单位北京第二外国语学院跨文化研究院诚表谢忱！

以上碎语，忝列为序。

王柯平

千禧十一年秋于京东杨榆斋

前　言

英国哲人培根声称："读诗使人灵秀。"（Poets [make men] witty.）我虽好读诗，但终未变得灵秀，却倒变得好游，故此可言："读诗使人好游。"（Reading poetry makes one fond of traveling.）记得少时诵读唐代的边塞诗，尽管可以想象金戈铁马的远古战场和视死如归的英雄气概，但感悟更多的是大漠孤烟、黄河落日、孤城雄关、雪暗昆仑之类的边塞美景；诵读唐代的田园诗，更乐得摇头晃脑、怡然自得，十分向往那些白鹤悠悠、清泉淙淙、黄鹂翠柳、明月松影之类的风光胜景。应当说，读诗所留下的这种心理图式，奠定了日后喜好游山逛水的习惯或秉性。

这里所谓的"游"，不仅是一项怡情悦性的综合性审美活动，而且也是一种包含哲理的人生态度。譬如，庄子所言的"逍遥游"，倡导"乘云气，骑日月，游于四海之外"。那是一种多么宏大的气魄啊！当然，这样的"游"，不是简单意义上的天地空间之游，而是"精婺八极、心游万仞"的超越现实之游、人格独立之游、精神自由之游。嵇康所吟唱的"目送归鸿，手挥五弦。俯仰自得，游心太玄"，就属于此类。至于倡导"唯当澄怀观道，卧以游之"的晋人宗炳，自称"五岳寻仙不辞远，一生好入名山游"的唐人李白，巧立"以为游，则亦游矣"的清人郑日奎，那无疑是在推崇不同的旅游之道了。应当看到，正是基于先贤的旅游观赏经验和理论学说，后来的魏源创立了中国文化中特有的"游山学"，这可以说是"旅游美学"的始作俑者。

众所周知，在今日这个朝夕营营、千篇一律的散文化时代，人们大多显得无可奈何且牢骚满腹。其实，这既不能怨天，也不可尤人，只怪自己尚未找到一种自在自为的有益活法。在我看来，这种"有益活法"不在封闭的写字楼里，也不在熙熙攘攘的市街里，更不在灯红酒绿的娱乐场所里，而在田野的月光下，山林的流泉边，海滨的沙滩上……换言之，就在综合性的旅游审美活动中。现如今，这种旅游审美活动，犹如一种具有普遍性和大众化的"社会心理疗法",不仅有助于改善我们的精神生态,而且有利于提升我们的生活质量。毋庸讳言,我们现代人在诸多情境下,似乎过着一种缺乏本真向度的他律性生活,即一种为生活假象所遮蔽的荒谬生活。由此铸成的人生悖论,犹如钟爱山林的美国超验主义者梭罗(Henry Thoreau)所言:"人之将死,方知没有生活过。我不愿过并非生活的生活,但生命又是那样可贵;我也不愿逆来顺受,除非万不得已。我想活得深刻洒脱,想吮吸生活中的所有精髓。"①如何才能克服上述悖论呢?或许,其关键在于你自己能否走出烦扰的市街,信步来到郊外,看看春华秋实的农桑,泉流月照的山林,晚霞暮霭的落日,星河灿烂的夜空……或许,此景此情,会使你放下处世的心机,舍得外在的欲求,重新发现自己的本真,由此会觉得生活纵有种种困境,但终究值得一过。

笔者出于对旅游的喜好,多年以来一直比较关注旅游与审美这一话题,由此积累了少许"为己"或"为人"的粗浅感知与经验。在数年前的授课过程中,也曾撰写了一些有关旅游美学的论作与教材。这次将其中主要部分筛选出来,冠名为《旅游美学论要》予以出版,算是对先前研习结果的一种小结吧。

最后,仅以六首拙诗来表明我好游的经历与乐游的心境:第一首是上世纪末在多伦多大学访学时郊野春游的随感之作,第二首是进入不惑之年时酒醉思游的偶兴之作,第三首是进入天命之年登临燕京西山峰顶的思乡之作,第四首是金秋时节漫游宁夏黄河一线的行吟之作,第五首是读书之余漫步京郊云湖森林时的咏景之作,第六首是千禧15年清明时节京北檀州踏青的咏春之作——

其一

清流荒谷歌南风,林花野放惹春红;
半月空明浮云渡,斜阳醉卧芳草中。

其二

四旬浮生尘与土,酒入禅心伴云游;

---

① Henry David Thoreau. *Walden and the Essay on Civil Disobedience* (New York: Lancer Books, 1968), p. 113.

空返旧林寻诗梦，幽潭月影两轮秋。

其三

天命年秋月黄昏，忽念长安甫店村。
拂取幽州云一朵，清风送我上昆仑。

其四

日落黄河入银川，月出贺兰照我还。
古寺高风送秋云，香稻万顷卷波澜。

其五

昨夜秋风碧山空，晨来林染诗意浓。
蓬雀轻摇波斯花，寒露无痕枫叶红。

其六

清明上河泛兰舟，柳岸飞红拂酒楼。
春云润雨添新翠，野岭放歌信天游。

王柯平

2006 年冬写于京东杨榆斋

2015 年夏改于京北山月斋

绪论　生活质量与旅游观光

“人之将死，方知没有生活过。（At the critical moment of death, I have finally realized that I had never lived.）”[①]朝夕营营一辈子，死前竟然感慨如斯。其中所隐含的悖论，正好道出现实人生背后的困境。如今，无论是展望未来，还是回顾过去，我们似乎都无法回避人类所面临的一系列现实问题，诸如生存、能源、环境、人权、民主、社会秩序、道德伦理、人际关系，等等。相比之下，人类的生活质量问题尽管在一定范围内、一定程度上有所改善，但依然居于所有问题之首，依然是全世界和全社会关注的焦点。

有史以来，人类所从事的各项实践活动（包括学术研究），如果真有某种实效或积极价值的话，那它一定对人类的生存状态深表关切，一定把如何提高人类的生活质量视为自身的终极目标。在此意义上，当代美学研究的主要任务恐怕不仅仅在于抽象繁杂的概念构造或建立晦涩沉奥的理论体系，而是在于切入现实人生去探讨和追寻提高人类生活质量的可能途径。

知先而行随。依此逻辑，生活质量的提高首先有赖于生活质量意识的提高，而这种意识的提高在一定程度上有赖于审美意识或审美自觉性的提高。从旅游观光的多重功能来看，这种活动作为现代休闲生活及其方式中不可或缺的组成部分，不失为促进人类审美意识、提高人类生活质量的有效途径之一。

---

① Henry David Thoreau. *Walden and the Essay on Civil Disobedience* (New York: Lancer Books, 1968), p. 113.

一　生活质量的双因素模式

20世纪70年代以降,发轫于工业化国家的生活质量(quality of life)问题逐渐引起人们的普遍关切。这一问题是伴随着人们追求“幸福生活”的努力而产生的,但敏感的社会学家则将其视为一个潜在的社会问题纳入研究的领域。迄今,无论在发达国家还是发展中国家,全社会对生活质量问题的关注与兴趣有增无减。在奔向“小康社会”的中国,情况愈是如此。

在一般人看来,科学技术的跃进,物质文明的发展,人类的生活质量也随之提高了。譬如,丰富多彩与日新月异的食品供应、衣着款式、家用电器、汽车楼房、通讯设备、公共交通和电脑技术等,都是有目共睹的事实。然而,这种认识是相当片面和模糊的。其一,它只注重生活的物质层面,而忽视了其文化、心理与精神等层面;其二,它把生活水平(living standards)简单地等同于生活质量,忽略了两者的本质差别。众所周知,生活水平的高低主要基于物质的拥有量与自由支配程度,通常可依据个人收入、食物开支比例、住房条件和日常消费水平等参数予以直接估算。与此相比,生活质量的内涵则要丰富复杂得多。“其小到对儿童玩具安全标准的关切,大到对政府补贴艺术事业的要求。”[①]简言之,依据美国社会学家的研究报告,“生活质量”意指居民在以下八个方面享受良好的福利待遇:(1)经济方面——就业机会与工资收入有保障;(2)保健方面——就医方便,保健设备齐全;(3)教育方面——机会均等,条件良好;(4)文化娱乐方面——享有参与文化娱乐活动的设施与机会;(5)住宅方面——各种族可以按照自身的偏好如意选择;(6)安全方面——生活与工作的地区犯罪率被控制到最低限度;(7)自尊方面——受人尊敬,具有自我价值感;(8)心理方面——生活无忧无虑。[②]

根据目前现有的研究成果,参照马斯洛的“需求层次理论”,综合

---

① Robert H. Lauer. *Social Problems and the Quality of Life* (Iowa: WCB Publishers, 1986), p.30.

② Ibid., p.31.

日常的观察、自省与分析,我们认为生活质量的内涵远远超过上述内容,既有形下的因素,亦有形上的因素,其基本模式可归纳为物质、社会、文化、生态、心理、审美与精神等七大层面(如图所示):

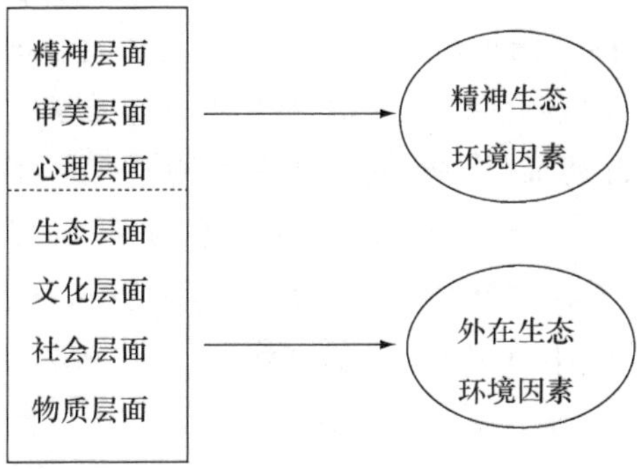

物质层面(Material Dimension)是指衣、食、住、行等人类基本需求。显而易见,物质层面近似于我们常说的生活水平,是生活质量的基础。抛开物质层面而奢谈其他,无疑是"画饼充饥"。但要看到,物质层面并不等于生活质量本身,它只是后者的重要组成部分。社会层面(Social Dimension)包括社会环境与秩序、人身安全系数、医疗保健条件和人际关系等因素。文化层面(Cultural Dimension)泛指教育机会、公共文化设施与个人文化修养等内容。生态层面(Ecological Dimension)主要是指生态平衡、环境污染与环境保护的现状。这些均属于后现代意识中最为关切的问题。关于心理层面(Psychical Dimension),一般涉及自尊心、价值感、心理卫生或心态健康等因素。所谓审美层面(Aesthetic Dimension),一般涉及休闲娱乐、旅游观光、艺术欣赏与艺术创造等活动。与此密切关联的精神层面(Spiritual Dimension)则涉及包括宗教信仰在内的情感寄托、理想追求、修身养性、自我完善与精神超越等一系列具有形上意义的实践活动。概而言之,生活质量属于系统工程,其内含层面相互联系,彼此影响,不可或缺。依据各自的属性与特点,我们可将物质、社会、文化与生态等四个层面划归为外在生态环境范畴,而将心理、审美与精神等三个层面划归为内在生态环境或精神生态环境范畴,这样便于把上列多层面模式简约为一种"双因素模式"(double-factor model),借此来图示提升生活质量的基本前提与可能途径。

二 生活质量的现状透视

现在的问题是:在物质生活富裕的西方发达社会,其生活质量的现状又是怎样一种情景呢? 从全球新闻传媒的大量报道中,我们不仅看到五花八门的营养食品广告,追新猎奇的物质享受,日新月异的科技成果,同时也看到难以消解的失业率和通货膨胀率,频频发生的局部战争、恐怖袭击、暴力事件、大气污染、车祸、坠机与火灾,不断攀升的犯罪率和自杀率以及日渐滑坡的道德水准等——这一点早在英国著名作家奥登(W. H. Auden)的笔下得到了深刻实际且惟妙惟肖的揭示:

> 在20世纪,不是生产技术的失败,而是生产技术的极大成功,造就了这么一个越来越难以过上人的生活的社会。在我们对此所作出的反应中,可以看到许多与3世纪相类似的东西。过去有诺斯替教徒,现在有存在主义者和大谈上帝已死的空头理论家;过去有新柏拉图主义者,现在有宣扬“人本主义”的专家教授;过去有处女贞洁崇拜者,现在有无师自通的性生活手册和施虐或受虐狂者所需的色情作品。现在亦如过去,似乎无法找到或保持一种介于超然与义务之间的平衡,因为两者都会导致罪恶。内向性格者,志在完善自我,故此对邻居的呼救声置若罔闻;而外向性格者,志在改良世界,但却(为了自个事业的利益)盗窃近邻的财物,直到对方呼救才肯罢手。我们中间的所有人均非善辈。①

显然,奥登凭借自己敏锐的洞察力和判断力,以尖酸刻薄的笔调道破了生产技术的成功给社会带来的负面效应,道破了价值取向的错乱现象,道破了人欲的膨胀与道德的沦丧,同时还道破了人际关系日益失衡的可悲现状。这种现状,用海德格尔的话说,似乎呈现出一种“不断稀薄化”的趋势。而这一切,都必然地、不同程度地殃及人类的生活质量与生活兴致,使生活质量的各种变量始终处于起伏波动之中。进入

---

① W. H. Auden. “Heresies”, in *Collected Works* (ed. E. Mendelson, London: Faber & Faber, 1976), p. 48; cited from Bernice Martin. *A Sociology of Contemporary Cultural Change* (Oxford: Basil Blackwell, 1985), p. 246.

新千年后，人类试图走出“世界末日”的黑色预言阴影，期冀步入一个更为美好的未来世界，但9・11悲剧的发生，再次将人类推进精神恐慌的黑洞。日前，军事冒险主义与恐怖主义的不断升级及其频繁攻势，导致全世界不少国家与地区陷入漫无边际的紧张与无奈之中，结果使原本问题累累的生存环境犹如雪上加霜，变得更加糟糕。

那么，中国的情景又是怎样的呢？简单地说，我们在实现现代化或工业化的过程中，走的是一条充满希望但又布满陷阱的艰难之路。说其“充满希望”，是因为我们根据国情，强调“中国特色”，不断总结和吸取工业化国家的历史教训；所谓“布满陷阱”，是担心为了急于求成而重蹈发达国家的覆辙，使它们的过去与现在成为我们的今日与明天。目前，在处于社会变革与转型期的中国，所出现的种种社会问题与道德问题，在不同程度上反映出一种在西方国家似曾相识的态势。比如，在急功近利式的滥用资源、破坏生态和污染环境等方面，在弃道义于不顾的非法倒卖、损人利己与巧取豪夺等方面，几乎有过之而无不及。另则，在建设市场经济的初级阶段，由于金钱的诱惑，物欲的膨胀，利益的驱动以及市场暴发型人格的“走俏”与泛滥，使不少人为财所役，失去自我，陷入空前浮躁的心态之中。曾几何时，存在主义者所侈谈的“烦”(cares)与“焦虑”(anxieties)，也像空中的尘埃一样从西方飘落到东方，开始滋扰越来越多的国人。值得一提的是，在19世纪末，诗哲尼采(F. Nietzsche)有感于当时欧洲人的贪婪成性和浮躁不安，曾满怀诚意和激情地提议：

> 我们或许应当求助于中国人：他们的思想和生活方式与其勤俭的美德相互适应。的确，从大体上说，可以指望他们向欧洲人那动荡无常而又疲乏不堪的血液中输入一些沉静平和的成分，一些亚洲式的凝神观照精神，尤其是亚洲型的韧性。(Puet-être ira-t-on alors chercher des Chinois: et ceux-ci apporteraient la façon de penser et de vivre qui convient à des fourmis travailleuses. Oui, dan l'ensemble ils pourraient contribuer à infuser dans le sang de l'Europe instable qui s'exténue elle-même un peu de la tranquilité et de l'esprit contemplative de l'Asie et-ce qui est bien le plus nécessaire-un peu

de la ténacité asiatique.)[①]

颇具讽刺意味的是，在百余年之后，许多中国人也开始浮躁、焦虑或动荡起来了，其传统美德在市场大潮的冲击下也随之黯淡了（正常的市场经济发展本不应当使人如此走火入魔）。那么，我们又该向何人寻求治病的良方呢？难道要把目光转向南亚，从一些恬淡自在的印度人那里引入一些沉静平和的基因成分吗？这无疑是个问题。

必须看到，"希望"也罢，"陷阱"也罢，中国的发展道路是既定的国策，中国迄今所取得的成就是举世公认的事实。在过去十余年里，国民的物质生活水平的确得到了明显的提高，在全国大部分城镇与部分乡村实现"小康"目标已是指日可待。然而，生活质量的总体水平是否也得到了同步的提高呢？或者说，物质的丰富是否真正消解了生活匮乏的状态呢？是否给人以幸福的感受而非欲求的强化与心理的煎熬呢？……从社会现状与生活质量的综合层面来看，答案是不言自明的。总之，为物质而物质的生活虽然不能说没有多少意义，但恐怕是行之不远的。这种生活往往处于物质的消费、欲望的再生和物质的追求等恶性循环之中。在此循环中，膨胀的只能是欲望，失落的只能是本真，忘却的只能是生活自身（即生活的真正目的与意义），从而使人只能过着"并非生活的生活"（索罗语）或者"为生活所遮蔽的生活"（谢林语）。叔本华（A. Schopenhauer）曾言，那些把快乐只寄予外物而只图个人安适的人生，"就像一幕拙劣的戏剧一样，虽有广度，而无深度，只不过是浮生式的可怜虫罢了"[②]。更何况所有能够消费掉的东西，无论是物质还是欲望，通常只能带来痛苦，因为它们一旦被消费掉，生活也就会随之结束了。[③] 故此，不难预料，我们在实现现代化或工业化的进程中，如果对问题估计不足，仅以发展物质生产为鹄的，就有可能效法"鸵鸟政策"或"鸵鸟哲学"，进而重蹈西方的覆辙；如果对困难认识不足，就有可能孤芳自赏，这无异于躺在鸭绒被窝里做相思梦，最终使"国泰民安"的政治理想付之东流。要知道，"生于忧患，死于安乐"的古训，对中国的现代化建设依然具有不可忽视的现实意义。

---

① Friedrich Nietzsche. *Aurore* (Paris: Gallimard, 1980), p. 162.

② 叔本华：《人生的智慧》（上海文学杂志社，1986 年），第 18—19 页。

③ 叔本华：《爱与生的苦恼》（中国和平出版社，1986 年），第 7 部分。

有鉴于此,我们无法怀疑这一结论:物质是生活的基础或生存的条件,而非生活的目的;物质生活的富裕,并不能够保障生活质量的提高;生活水平也自然不能等同于生活质量本身。故此,按时下流行的说法,在忙于发展"物质文明"的同时,万万不可淡忘"精神文明"建设,更不可以忽视"贫富差别"问题,我们必须以民为本、"两手都硬",这绝非说说而已的政治修辞。另外,面对现实,还须提醒一点:若从大局来看,上述有些问题或许是局部的、间断的,另一些问题或许是持久的、潜在的,但都需要全社会给予足够的重视。常见的那种淡化问题的乐观论调或扩大问题的悲观论调,都是不足取的。而那种仅以"社会文明发展的二律背反"原理来笼统地解释人类困境的折中主义态度,也同样于事无补,更何况这种貌似达观的说法往往被人视为一个自我宽慰的遁词。相形之下,现实主义要求我们采取一种积极的态度,要求我们一方面注重合理利用现代科技成果,按照客观规律办事,"知天""顺天"以"用天","曲成万物而不遗",发动社会力量和应用科学方法来解决问题,减少失误,以便改善影响人类生存质量的外在生态环境。需要指出的是:这里所谓的科技与科学是广义的,是打破人文科学、社会科学与自然科学旧框架的新概念。今日,科学研究与发展又呈现出从分工走向复合的趋势,单纯以量化程度来过分夸大某一学科的科学性从而人为地设障未免失之偏颇。实际上,各科彼此互补,没有严格的、不可逾越的"楚河汉界",都有必要了解和吸纳对方言说与分析的内容、角度、方法及其价值。否则,各说各的话,在自以为是的矜持作祟下彼此难以沟通和理解。可喜的是,西方的德国与东方的日本,均以科学的整一性(*Einheit der Wissenschaft*)为契机,积极探讨推动科学研究的新理论。①

针对生活质量问题,现实主义态度在另一方面还要求充分调动和发挥个体的主观能动性与创造性,在不断提高自身素养和追求自我完善的过程中,设法拓宽个体的生活空间,逐步培养自我拯救的独立意识,广泛探寻自我赎救的可能途径,进而借此来改善影响人类生活质

---

① Herbert Mainusch & Richard Toellner (ed. s). *Einheit der Wissenschaft*(科学的整一性, Opladen: Westdeutscher Verlag, 1993; 高木韧生"科技迎来变革期",见《日本经济新闻》(1996年1月4日,参阅《参考消息》,1996年2月14日第一版)。

量的内在生态环境或精神生态环境。那么,又当如何“自我赎救”呢?这无疑是问题中的问题。

三 自我赎救的形上意义

简单地说,“自我赎救”(self-redemption)在相当程度上属于自我意识范畴。这种意识一般从“人活着”这一基本而直接的事实出发,进而体认生活的可能方式与价值意义,探寻提高生活质量的可能途径,最终创造性地投入到具体的实践与无限的过程之中。“自我赎救”观念的形上意义主要在于:它需要启用一种新理性(new rationality),需要改变以往的旧思路,需要追问生活的本质,依照“一个生命,一个世界”“君子求诸己”和“自强不息”的华夏文化精神,通过直接性的参与和创造性的实践来赋予生活以可能的意义,从而使生活质量得到相应的提高。这无疑要从事实判断(factual judgment)过渡到价值判断(value judgment)。

就生活的本质与意义而言,我们首先遇到的是三个长久但远未解决的哲学话题。即:(1)“怎么活?”(2)“为何活?”(3)“活得怎样?”显然,这三个话题是“知生”(孔子语)的三个基本层面,都具有不同程度的形上内涵,但都又基于生命的缘起与“此在的存在”——“人活着”这一绝对直接的事实。第一个问题主要关涉人生的方式与人类生存的可能性;第二个问题主要关涉人生的意义与价值。第三个问题主要关涉人生的状态与境界。这是三个万古常新的话题,需要抛开所有高远玄妙的先验或超验假设,根据“出生”(老子语)或“此在”(海德格尔语)这一基本事实,在不同的时空背景下不断地反思和追询。

李泽厚在《哲学探寻录》一文中,应用贯通中西的方法,结合儒道释与存在主义的有关论述,以“人活者”为出发点,对此作过比较系统的探讨,使不少模糊或遮蔽的地方显得愈加清晰和澄明起来。比如,他认为人类文明发展到今日,精神世界将支配和引导人类前景,历史将走出唯物史观,“心理本体”将取代“工具本体”;从“工具本体”到“心理本体”作为今日一条探寻人生哲学之道,可用包含与融化(也就是综合)的方法,在中国传统与马克思主义之间取得“转换性的创造”(transformational creation)成果。继而,他从“人类主体性”视角来考察

“怎么活”(人生的方式与可能性)的问题,从“个人主体性”的视角来探询“为何活”(人生的意义)的问题,从生活境界与人生归宿两个方面来描述“活得怎样”(人生的状态与归宿)的问题。最后则强调人当进入“天地境界”(冯友兰语),以便安身立命。①

另则,关于生活的目的与意义,赵汀阳在《论可能生活》一书中,从新目的论伦理学的思路出发,也做了有益的论述。他认为:必须从生活之内而非生活之外去探寻生活的目的与意义,生活由此而具有自身绝对的直接性,具体的呈示性或“自成目的性”(autotelicity),故此不存在超越生活本身的更高目的;“生活的意义在于创造可能生活”,而“可能生活”在于创造性地不断开拓生活空间;此外,“生存是为了生活,但生活却不是为了生存”,前者只是一个自然过程,后者则不仅是一个自然过程,同时还是一个自由过程或意义创造过程……这些观点的综合提出委实给人以新的启示。②

自不待言,与“自我赎救”相关联的新理性,首先需要充分认识“社会赎救”(social redemption)的可为性(workability)与不可为性(non-workability)。社会赎救主要有赖于“社会乌托邦”(social Utopia),而社会乌托邦的基础是“幸福的承诺”(*promis de bonheur*)。在这种承诺基本得到兑现的理想情况下,社会赎救的作用最有可能使生活质量模式中的外在生态环境因素得到相对的满足,但对精神生态环境因素则缺乏影响力和有效性。然而,在大多数情况下,社会乌托邦会随着这种承诺的落空而烟消云散。如此一来,就需要考虑建构“个体乌托邦”(individual Utopia)的必要性了。个体乌托邦亦如个体的精神家园,其本身没有什么直接的工具价值,而只是显现为一个不断探寻和创造的过程,一个赋予生活以意义的过程,或者干脆说,是自我赎救的过程。该过程意味着改善精神生态环境,提高个体生活质量。有史以来,中外先哲们都十分强调个体的力量和作为。老子认为“自胜者强”“自知者明”;孔子推崇“君子求诸己”,“天行健,君子以自强不息”;亚里士多德深信“幸福在于自足”;歌德断定人最后必须、也仅能求助的还是自己;叔本华则忠告“任何人都不应向他人或外界索求太

---

① 李泽厚:《哲学探寻录》,见《原道》(第二辑,团结出版社,1995 年),第 1—28 页。

② 赵汀阳:《论可能生活》(三联书店,1994 年),第 1—28 页,67—70 页。

多";每遇困境,"人更须依靠自己,因为唯有自己才是长期伴随我们的。在人生的各个阶段里,自己才是唯一纯正和持久幸福的源泉"。[1]而尼采则一再荐举那位富有"冲创意志"(或曰"强力意志"——die Wille zur Macht)、把生活当作施展自己创造力之舞台的"超人"(übermenschen)。唯有凭借这种超人及其冲创意志,生活才会艺术化,才会值得一过……凡此种种,均说明了自我赎救的必要性和可能性。

其次,这种新理性还需要对生命与生活做出事实判断和价值判断。事实判断的主要特征是客观性。老子所说的"出生入死"(出世为生,入地为死),就是事实判断。这比把生命喻为"命运与命运空隙间的偶然性的风无意洒落在宇宙尘埃上的一粒种子"更为简明客观。当然,"出生入死"是就不断生灭的人类个体而言的,至于人类种族及其"理念"(柏拉图),则是永存不灭的。个体生物生生死死,犹如飞溅的瀑布;种族总体继往开来,就像横架于飞瀑之上牢固不动的彩虹。的确,死对个体是生的"大限"或必然结局。堪破或参透这一点,人类才有可能摆脱恐惧,才有可能获得自由。[2] "活着不易",也是事实判断。这比佛教所言的"生为苦难之泉"(Life is the fountainhead of miseries)、"生即烦恼"(叔本华语)或"生命(活)之树常青"(歌德语)之类的情绪化判断更显得公允,更具有"中性"(neutrality),因此也更易为人们所接受或倾听。

与事实判断的客观性相对应的是价值判断的主体性。"生命是如此可贵"(索罗语)或"生命是多么美好"(贝多芬语),属于价值判断。这似乎在说:个体生命或活着,对于永恒的大自然或无限的宇宙,它微不足道;但对于我自己,则是一切。那么,这里所言的"一切"到底意味着什么呢?按照我个人的理解,这"一切"意味着生活过程中的各种可能性与创造性,意味着从有限跃入无限、从瞬间达于永恒。不消说,生活的价值意义也当尽显其中。在中国先哲那里,对生活所作的价值判断,或者说对"为何活"这一问题所作的回答,今日看来最能反映和昭

---

① 叔本华:《人生的智慧》,第10—11页。

② 王柯平:《社会发展问题与"天人合一"说重估》,见《中西审美文化随笔》(旅游教育出版社,1998年),第279—293页。

示中国传统文化“早熟”(梁漱溟语)的特征。以建功立业为导向的儒家期望人能“赞天地之化育”(《中庸》),“为天地立心,为生民立命,为往圣继绝学,为万世开太平”(张载语)。以修身养性为导向的道家则规劝人们“以天为徒”“与物为春”(庄子语)或“因任自然”“为而不争”(老子语)。儒道互补,便构成中国人生智慧之精髓的“内圣外王之道”。这种“道”,看似高深莫及,实则平易近人。它就存在于我们“自我赎救”意识的发展中,存在于我们创造可能生活的过程中,存在于我们改善生活质量的实践中,存在于我们从低向高修炼人生境界的不断努力中。

四　人生境界的审美导向

汉语“境界”一词,包容性广,义界甚难,故常依照具体语境加以推断或厘定。一般而言,境界或指“疆界”(见郑玄注《诗经·大雅·江汉》“于疆于理”——“正其境界,修其分理”);或指“景象”(见耶律楚材《和景贤》诗:“吾爱北天真境界,乾坤一色雪花霏”);或指“造诣”(见《无量寿经》:“斯义弘深,非我境界”);或指“意境”(见王世贞《艺苑卮言》:“骚赋古选乐府歌行,千变万化,不能出其境界”)。但在梵语中,“境界”(Visaya)作为佛教术语,则意谓“自家势力所及之境土”。[①] 据“六根”“六识”和“六境”之说,这“势力”非指一般意义上的社会、政治或习惯势力,而是指人的感受感悟能力或敏感性(sensibility);相应地,这“境界”便指主观感受感悟能力之所及的范围与广度。因此,仅凭外物景象,诸如花开、花落、行云、流水,若无主观感受参与,尚不能构成佛教所谓的“境界”。

自王国维(1877—1927)根据席勒的“审美境界”(asthetische Staat/aesthetic state)观念提出并标举“境界”说始,“境界”便逐渐泛化为一个价值判断术语或批评标准,多见于各种有关艺术与人生的理论话语之中。结果,论艺术,则推崇艺术境界;道学问,则讲究学问境界;谈人生,则阐发人生境界。譬如,这位中国近代美学的开山祖师王静安,

---

① 叶嘉莹:《对〈人间词话〉中境界一辞之义界的探讨》,见姚柯夫编:《〈人间词话〉及评论汇编》(书目文献出版社,1983 年),第 147—159 页。

就曾在《人间词话》里断言“词以境界为最上。有境界则自成高格，自有名句”。“红杏枝头春意闹”与“云破月来花弄影”之所以是名句，是因为各著“闹”“弄”二字而“境界全出”。这“境界”，“非独谓景物也”，因为“喜怒哀乐，亦人心中之一境界。故能写真景物、真感情者，谓之有境界。否则谓之无境界”。[①] 这“境界”，显然是艺术境界，是“景物”和“感情”的交融与升华，是外在形象和内在意味的统一与艺术化。这“境界”同常说的“意境”相近，是“‘意’——‘情’‘理’与‘境’——‘形’‘神’的统一，是客观景物与主观情趣的统一”[②]。王氏随后所论的“造境”与“写境”，以及“有我之境”与“无我之境”，皆是作为不同的艺术批评标准，就不同的艺术风格与审美经验而言的。

在同一部书里，王国维于论词谈艺之际，迁想妙得，有感而发，以“断章取义”与“牵强附会”的手法，借用诗词的形象、隐喻、象征与联想等特性，提出了著名的治学“三境说”：

> 古今之成大事业大学问者，必经过三种境界。“昨夜西风凋碧树，独上高楼，望断天涯路”，此第一境也；“衣带渐宽终不悔，为伊消得人憔悴”，此第二境也：“众里寻他千百度，蓦然回首，那人却在灯火阑珊处”，此第三境也。此等语皆非大词人不能道。[③]

以写景言情之词中的名句来喻指成就人世功业与学问的三种境界，算得上是这位国学大师的独创之举。这三种相关而层递的治学境界，既是个人的经验之谈，也是普遍的治学之道，同时还是对“治学问、道精微”之过程的诗化描述。这里的“境界”，当指治学者修养与造诣的“阶段”。这与王氏在《文学小言》中的说法是一致的。第一阶段或境界暗指高瞻远瞩，博览全貌，选定目标课题或专业方向这一治学基础；第二阶段意喻孜孜不倦，百折不挠，刻苦钻研和拼搏奋斗的治学精神；第三阶段则言穷研物理、追求智慧的治学者历尽千辛万苦之后茅塞顿开，于学有所悟、妙手而得之际所体验到的喜不自胜之情。这无疑是长年累月努力钻研的结果，是“精诚所至，金石为开”的佐证。

人生哲学作为人生智慧之学，属中国传统文化的主干，因此也植

---

① 王国维：《人间词话》，见姚柯夫编：《〈人间词话〉及评论汇编》，第 2 页。
② 李泽厚：《意境浅谈》，同上书，第 160—178 页。
③ 王国维：《人间词话》，同上书，第 11 页。

根于其他学科之中。历史悠久的中国文艺学（literartology）有别于“西学东渐”后的中国美学（beautology）。从其发轫之初，便基于“诗以言志”与“文以载道”的统摄性原理。所以每论及诗词歌赋书画园艺之际，作者总免不了借题发挥，要对人生及其哲理发表一些感慨或感悟，经验之谈或引导性的忠告。《人间词话》也概莫能外。关于人生境界，王氏虽未直言，但却隐含在所谓的“诗人之境界”和“常人之境界”中。前者“高举远慕，有遗世之意”，后者“悲欢离合，羁旅行役之感”。这既是在谈艺术，也是在谈人生；既是在谈艺术的理想、意境及其感染力，也是在谈人生的困境、局限与理想境界；既是在谈艺术与现实人生的本源关系，也是在谈现实人生与艺术的互动影响。在我看来，王国维论诗词，道学问，谈人生，总是“一以贯之”。这“一”不是别的，正是艺术化原则。

在近现代中国文化哲学史上，真正对人生境界作过系统探讨的当属冯友兰先生。在其所著的“贞元六书”之一《新原人》中，冯氏认为世界与人生大同，但其意义对各个人不同，加之各个人的“觉解”程度有异，因此各人有各人的人生境界。一般而论，人生境界若基于求同存异的原则，可以分为四种：自然境界、功利境界、道德境界、天地境界。①

“自然境界”（natural state of being）是人生第一境界，以“混沌”为基本特征。在此境界中的人，通常天真烂漫，不著不察。他们或“顺才而行”“行乎其所不得不行，止乎其所不得不止”；或“顺习而行”“照例行事”。无论其是顺才而行或顺习而行，他对于其所行之事的性质与意义，往往缺乏了解，没有搞清楚，因此其行为带有一定的盲目性，习惯性或“从众心理”。居此境界的人，在原始社会里很多，在现代工业化社会中也不少。他们并非都是些智力低下的人，并非只能做价值甚低的事功。相反地，他们中间不乏智力最高的人，但有可能“自有仙才自不知”；他们中间也不乏有所作为的人，但有可能“莫知其然而然”。概而论之，他们的心理状态具有一定的共性，抑或“日出而作，日入而息，不识天工，安知帝力？”抑或“凿井而饮，耕田而食，不识不知，顺帝之则”。就是说，外对事物的性质、客观的法则，内对自己的真我（real

---

① 冯友兰：《极高明而道中庸》（中国广播电视出版社，1995 年），第 367—434 页。

self)、人生的真谛没有清楚的了解或通透的认识。

“功利境界”(utilitarian state of being)是人生第二境界,以“利己”为基本导向。在此境界中的人,对于“自己”及“利益”有清楚的觉解,对其行为的目的十分明确。他们的行为通常以“占有”或“索取”为目的,或求增加自己的财产,或求发展自己的事业,或求增进自己的荣誉。他们不一定如杨朱者流,“拔一毛而利天下,不为也”,一味埋头消极地为我。而是有可能积极奋斗,甚至牺牲自己,但其终极目的,是为己利。当然,这并不排除他们(如秦皇汉武等)的盖世功业,与其主观上为自己而客观上为天下的社会效应。

“道德境界”(moral state of being)是人生第三境界,以“行义”为基本准则。在此境界中的人,外对社会性和社会利益、内对人性和个体利益有相当的觉解。因此,深知社会为“全”,个人为“部分”;故人必于所谓“全”中,始能依其性发展。社会与个人,并不是对立的,二者相互依存。有鉴于此,个人的行为以“贡献”为目的,追求的是社会的大利益而非个人的小利益,但这并不排除个人“索取”自己应得的那份东西。道德境界与功利境界相比,在前者,人即于“取”时,其目的亦是在“与”;在后者,人即于“与”时,其目的亦是在“取”。

“天地境界”(cosmic state of being)是人生第四境界,以“事天”为最高理想。在此境界中的人,有完全的高一层的觉解,外知社会之全和宇宙之全,内知人之性且能尽其性。也就是说,他们的修养达到了“知天”“知性”的阶段,他们的行为达到了“顺天”“事天”的境界,他们的理想达到了“与天地参”的高度——即“为天地立心,为生民立命,为往圣继绝学,为万世开太平”的天人合一境界。他们的生活目的不仅要为个体和社会作贡献,而且要为人类和宇宙作贡献。这是一种从“小我”进入到“大我”的精神飞跃,是真正认识到天地人“三材”互动关系的形上觉解。

需要指出的是,(1)自然境界与功利境界是人的自然性与社会性的产物,道德境界与天地境界是人追求道德本体与精神超越的结果或理想。在前两种境界中的人,其觉解的程度较低,因此所享受的世界较小,把握自己的“真我”较难;在后两种境界的人,其觉解的程度较高,因此所享受的世界较大,把握自己的“真我”较易。

(2)社会中的个体,是出于对世界万物及其目的意义的理解,来不断定位和提高自己的人生境界的。因此，从“自然境界”到“功利境界”，从“功利境界”达“道德境界”，再从“道德境界”至“天地境界”，便构成了一个由低向高的动态发展过程。

(3) 从自然与人生的关系角度看，人生境界的发展过程似乎可以分为“天人相混”“天人相分”与“天人合一”的三个阶段。第一阶段以自然性为特征，第二阶段以社会性为特征，第三阶段则以精神性为特征，近似于“正、反、合”的逻辑发展序列，也恰如贺麟先生所说的“主客混一”“主客分离”与“主客合一”等三个人生阶段。①

(4) 自不待言，人生境界的动态发展过程实际上也是生活质量不断提高的过程，是自我赎救的过程，或者说是超越自我的过程。作为人生最高境界的天地境界，不仅超功利，而且超道德，是人的“精神家园”，是人的“安身立命之地”；相应地，在此境界中的人，不仅是社会人，而且是宇宙人，他从比社会更高的观点看人生，从宇宙和谐与追求永恒的角度看自我的发展与存在的价值。

(5) 天地境界作为人生的最高境界，是儒道释三家追求的共同目标。所不同的是，儒家借此来证仁的境界，讲求“仁民爱物”“与物同体”“万物皆备于我”或“上下与天地同流”；道家借此来证得道的境界，讲求顺自然，齐万物，“为而不争”，返璞归真，“天地与我并生，万物与我为一”；佛家则借此来证禅或真如的境界，讲求空明寂静，涅槃般若，“一朝风月，万古长空”。

(6) 最后，应当看到，天地境界所蕴含的种种关系（即人与天、人与物和人与人等）是以超功利、超道德为特征，以审美为导向，以自由为旨归的。依此，天地境界实则为“审美境界”（李泽厚语）、“艺术境界”（宗白华语）或我们常说的精神自由境界。它不同于浑浑噩噩、懵懵懂懂、生吃闷睡、满足于“活着就行”的自然境界；有别于朝夕营营、功业显赫、宠辱若惊、为名缰利锁所困的功利境界；也超过高风亮节、立己助人、广济天下、追求仁贤高德的道德境界。这种审美境界则不然，它孜孜以求的是精神的自由与独立的人格，是“燕处超然”的自在状态与平静淡远的心理环境。这犹如庄子所言的“天乐”与我们称道

---

① 贺麟：《自然与人生》，见贺麟：《儒家思想的新开展》（中国广播电视出版社，1995年），第470—481页。

的“人乐”之协调统一。前者通常表现为个体身心与自然宇宙的回环激荡、对话沟通或交融认同,后者则一般表现为个体对日常生活经验及其意义的愉悦性和肯定性感受、体悟、省察、审视、回味与珍惜。

五 旅游观光的多重功能

谈生活质量也罢,自我赎救也罢,人生境界也罢,其出发点与终极目的都是一致的——那就是从“人活着”这一基本事实出发去探寻和创造“可能的幸福生活”。这种生活,从本质上讲,是一个不断追求、没有结尾的动态过程;从时空上讲,这往往显现为有意义的片断(fragment)或瞬间(moment),犹如“自我实现”时的那种“插曲”(episode)或者“迸发”(spurt),皆融含在个体性的“高峰体验”(peak experience)中。[①] 但就其形态而言,则是一个多层面的综合体,是由自然性、社会性与精神性串结而成的。这自然性,离不开衣食住行等物质条件和直接性体验活动。这社会性,离不开人际关系、文化教育、心理状态与生活环境等。这精神性,离不开休闲娱乐、审美创造、爱智向善与超越自我等。总之,“可能的幸福生活”是追求人生的自然性、社会性与精神性和谐统一的过程,或者说是追求外在生态环境因素与内在生态环境和谐统一的过程。这与前面所述的提高生活质量过程在本质上是彼此同一的。

在现实人生中,改善和提高生活质量的途径是多种多样的。相形之下,现代旅游观光作为一项广泛而综合的社会实践活动,具有经济、物质、社会、环境、文化与审美等多重功能,因此可谓大面积和多层次改善和提高生活质量的有效途径之一。

首先,从经济角度看,因旅游观光(sightseeing)而勃兴的旅游业或观光业(tourism)在过去数十年里蓬勃发展,已经成为全球性的经济事业,在第三产业中占有举足轻重的地位,成为21世纪仅次于石油业的支柱型产业。据相关部门预测,中国2015年仅在国庆黄金周期间,国内出行人次预计超过7.5亿,相当于全国一半以上人口;出境游客总数预计560万人,由此汇成的旅游大军,被戏称为散布全球的“移动

---

① 马斯洛:《存在心理学探索》(李文湉译,云南人民出版社,1987年),第六—七章。

钱包”，深得国内外旅游名胜与主要都市的青睐。据中国旅游工作会议工作报告预测，在 2015 年度，国内旅游约 40 亿人次，出境旅游约 1.35 亿人次，入境旅游约 1.3 亿人次，全年旅游总收入约 3.9 万亿元。如今，中国已成为世界第一旅游消费国，这一发展态势委实令人惊叹不已。毋庸置疑，随着跨国旅游签证的不断便捷、节庆旅游黄金周的有力促动，“旅游 +”等新消费模式的创新出台，旅游不仅成为拉动内需的新引擎、国民经济增长的新亮点和调节经济发展结构的新杠杆，而且成为广大国民纵游天下风光胜景、提升生活质量的流行方式。

据旅游经济学界的一般推算，旅游者在异地每消费 1.0 元，便可拉动当地服务接待业系统间接消费 4.3 元。另据 1994 年《大阪旅游宣言》的说法，旅游业“是国家间收入再分配的有效方式之一，因而促进了世界经济趋向更加平衡的发展”①。实践证明，旅游业在宏观上具有平衡国际贸易的某些功能，特别在产业经济过剩或消费市场疲软等情况下，对促进旅游对象国的经济复苏或发展其经济建设具有不可忽视的积极效应。由于经济收入与闲暇时间等原因，现阶段国际游客的主要流向通常是从发达国家流向发展中国家，从而为后者提供了创收外汇、扩大就业、发展第三产业和带动其他产业的机会。在微观上，旅游、经济和产业的发展，对增加个人的经济收入和提高人民的生活水平不无益处。这便为进一步改善和提高生活质量打下一定的物质基础，与前面所述的“双因素模式”中的物质层面有着直接或间接的关系。

事实上，我们所谓旅游观光的多重功能，主要是就旅游观光这一广泛而综合的社会实践活动本身而言的。众所周知，旅游观光是集“吃、住、行、游、购、娱”等内容为一体的综合性活动②。该活动以个人

---

① 参阅《大阪旅游宣言》，见国家旅游局政策法规司《旅游调研》1995 年第 5 期。

② 中国国家旅游局负责人在 2015 年全国旅游工作会议上，认为这六大要素已不足以涵盖当前旅游活动的具体内容，因此建议附加新的六大要素作为补充，即“商、养、学、闲、情、奇”。“前者为旅游基本要素，后者为旅游发展要素或拓展要素。“商”是指商务旅游，包括商务旅游、会议会展、奖励旅游等旅游新需求、新要素；“养”是指养生旅游，包括养生、养老、养心、体育健身等健康旅游新需求、新要素；“学”是指研学旅游，包括修学旅游、科考、培训、拓展训练、摄影、采风、各种夏令营冬令营等活动；“闲”是指休闲度假，包括乡村休闲、都市休闲、度假等各类休闲旅游新产品和新要素，是未来旅游发展的方向和主体；“情”是指情感旅游，包括婚庆、婚恋、纪念日旅游、宗教朝觐等各类精神和情感的旅游新业态、新要素；“奇”是指探奇，包括探索、探险、探秘、游乐、新奇体验等探索性的旅游新产品、新要素。见李金早：《2015 年全国旅游工作会议工作报告》，2015-01-16，来源：中国网。

消费为基础,以直接体验为特征,追求的是物质文明与精神文明的双重享受。比较而言,“吃、住、行”更富有物质文明色彩,可望满足生活质量模式中的物质层面需求。这一点既适用于高消费的豪华型旅游者,也适用于普通消费的小康型旅游者,因为绝大多数的旅游活动是在个人解决温饱之后,于个人享有“闲暇时间”与“可支配收入”的基础上进行的。旅游观光活动中的“游、购、娱”三项内容,更富有精神文明的色彩。畅游山水名胜,选购古董字画,娱赏歌舞表演等,显然是有益于身心健康的精神愉悦活动或审美活动。

在社会层面上,旅游观光本身是一项从此地到彼地的旅行游览活动。无论是在旅游途中,还是在旅游目的地,都充满着与人交往的机会。实际上,国际与国内旅游人数的增加,也极大地扩大了地区间及地区内人与人的交流和交往。在此交往中,人际关系一般以融洽和谐与相互尊重为基本特征。因为在旅游者方面,他们皆走出自己原有的生活与工作环境,或携侣同游,或结伴而行,没有根本的利害冲突,彼此相安,相互交往,甚至发展成悠久的友谊。在接待者方面,无论是从“宾客至上”的接待原则考虑,还是从“有朋自远方来,不亦乐乎”的文化传统观念出发,人际关系也往往是围绕着满足游客的多种需要这一中心展开的,这其中当然包括心理层面的友善与尊重需要。

关于旅游观光,我国历来有“行万里路,读万卷书”的美谈,国外则有“游遍天下,学到一切”(“One can learn everything under the sun.”)的流行说法。早在1975年,国际《赫尔辛基条约》中就提出了世界旅游业要“更加丰富其他国家人民的生活、文化和历史知识”。这些均从同一视界道出了旅游观光活动的丰富文化内涵。与那种仅把旅游当作经济活动的极端功利性见识相比,代表国际共识的《大阪旅游宣言》中对旅游的认识,显然是抓住了本质,要深刻得多:

> 旅游的核心是一项接触、感知和学习丰富的大自然以及利用社会和文化的活动;因此,旅游者在旅行过程中应怀着谦虚和尊重的态度;对于外国人民及其文化,旅游者应培养求知的好奇心与开放的心态,并应加深对异质文化(heterogeneous cultures)中的人们的理解。藉此,人们将学会感恩于大自然、社会与文化的赐予,并将这个美丽健康的星球传诸后世。①

① 参阅《大阪旅游宣言》,国家旅游局政策法规司《旅游调研》1995年第5期。

旅游的文化或教育功能是十分突出的。新近的旅游发展态势与旅游研究成果都不约而同地证实了这一点。在旅游动机方面,旅游者对了解和体认异国他乡的历史文化与风俗人情表现出越来越大的兴致,并且随着旅游经验的增加,在实际的品评和观赏过程中日益从浅层次向深层次发展,这对接待地旅游从业人员自身的文化修养水平提出了新的要求或新的挑战。总之,正如有的学者所言:旅游活动在整体意义上就是一次文化交流活动,就是透过本国、本土、本地文化的视界,去审视和观赏异国、异地、异质文化的新奇性价值,从而充分享受旅游观光的乐趣。故此,没有文化内涵的旅游是没有生命力的。因为,现代旅游集中地反映了旅游观光者要求文化消费、智慧启迪、逃避日常琐事和摆脱社会压力的意愿,及其要求洗涤心灵、完善自我的意愿。这是一种特殊的消费活动,不同于单纯以物质享受为导向的低级消费行为。① 基于此,旅游也可以说是一项寓教育于娱乐之中的社会文化活动。

值得指出的是,在此社会文化活动中,自然会涉及旅游者自身的修养问题,此类问题会自觉或不自觉地反映在旅游者的言谈举止上。如果旅游者的修养程度高,就会在其言谈举止上发挥正能量并塑造正面形象;反之,则会发挥负能量并构成负面形象。这在当今外出的中国旅游者身上表现得尤为明显,不少缺乏自律意识的不文明行为,譬如在公共场所大声喧哗,随地吐痰或扔垃圾,不讲秩序且言行粗俗,不当使用或破坏公共卫生设施,只图自己方便而不尊重别人的权利,等等。在一定程度上不仅引起了旅游目的地居民的反感,而且严重败坏了中国游客的名声,甚至导致国外一些民众将少数中国旅游者的不文明言行与总体意义上的中国国民形象及其素质等同视之。于是,倡导文明旅游和提高游客修养已成当务之急,国家旅游局还专门为此颁布了《中国公民国内旅游文明行为公约》。② 其中所涵盖的主要内容和行为规范,无疑也适用于中国公民国外旅游文明行为。

在审美层面上,旅游观光的主要对象是由自然景观与人文景观在

---

① 王柯平:《旅游与社会政治文化的关系》与《要研究旅游者的旅游动机》,《旅游工作指南》(中国青年出版社,1986 年),第六、九讲,第 35—42 页。

② 此《公约》相关内容包括:1. 维护环境卫生;2. 遵守公共秩序;3. 保护生态环境;4. 保护文物古迹;5. 爱惜公共设施;6. 尊重别人权利;7. 讲究以礼待人;8. 提倡健康娱乐。

一定时空背景中综合而成的旅游景观。这类景观的魅力一般源自安全的社会环境、卫生的生活环境与优雅的自然环境，所有这些均是生活质量模式中生态环境层面的构成要素。现代旅游不断吸取和总结以往破坏或污染自然资源与生态环境的历史教训，越来越重视环境的保护和美化，在景点开发过程中越来越注重人与自然以及人文景观与自然景观的和谐统一。这对想要更换生活环境、逃避噪音与污染的旅游观光者来讲，无疑是一种福音。阿多诺（T. W. Adorno）曾把游历自然美简称为“步出野外的活动”，认为自然美的不确定性（uncertainty）、不可界说性（undefinability）与其不可复制性（undublicability），正是大自然的尊严（nature's dignity）与谜语特征（enigmatic quality）所在，不仅为艺术家提供了激发创作灵感的场所，而且为人们抵制“同一性”（identity）与“总体化”（totalization）霸权提供了“非同一性”的精神支柱。[①] 他甚至认为：“大自然那最为古老的维度之形象，通过一种辩证的转折变化，成为崭新的、尚未人化的和可能的事物的密码。作为该密码的自然界，不单是存在的事物，而是意味着更多的东西……大自然那有意义的沉寂余象，类似连续性结构或自足的寂静等特征。自然美既有别于一种主导原理的思想，也不同于对任何原理的否认。自然美就像是一种调适状态（a state of reconciliation）。”[②]这种“调适状态”显然是多维的，不仅针对艺术，针对社会，而且针对人生，针对异化，另外还呈现出一种“有大美而不言”的品德，很值得我们深入研究。

最后，从本质意义上看，旅游观光是一项综合性的审美实践活动。它集自然美、艺术美、社会美与生活美之大成，熔文物、古迹、建筑、园林、绘画、书法、雕塑、篆刻、音乐、歌舞、服饰、陈设、烹饪、民情、风俗等为一炉，涉及审美的一切领域和一切形态。因此，在丰富人类物质文明与精神文明、调节其情感与生存状态、提高其生活质量和促进全社会审美化等方面，具有各种特殊价值和推动作用，并且日益泛化为当今时代新潮中盛行不衰的双重生活方式之一。[③] 这种双重生活方式，由于涉及丰富多样的观赏活动或审美对象，因此可以满足人们悦耳悦

---

① 阿多诺：《美学理论》（王柯平译，四川人民出版社，1998 年），第 111—132 页。

② 同上书，第 131—132 页。

③ 王柯平：《旅游审美活动论》（旅游教育出版社，1990 年），第 5 页；另参阅王柯平：《旅游美学纲要》（旅游教育出版社，1997 年），第 20 页。

目、悦心悦意和悦志悦神（李泽厚语）等不同层次的感性及精神需求。对此，古往今来的美学家们从不同价值观念和文化背景出发，都有过林林总总的论述和体验。从孔子的“乐山”“乐水”与庄子的“逍遥游”到魏源的“游道”，从柏拉图的“观海凝思”与立普斯的观物“移情”到爱默森的“赏景妙用”学说，均给人以常读常新的启迪。德国美学家康德也十分推崇更换环境转向自然，认为一个人如果“愿意离开那间布满虚浮的、为了社交消遣所安排的漂亮房间而转向大自然的美，以便在这里，在永远发展不尽的络绎中，见到精神的极大的欢快，我们会以高度的尊敬态度来看待他的这一选择，并且肯定他的内心具有一颗优美的灵魂……”①与此同时，我们也肯定他会在一定程度上改善和提高自己的生活质量，会在一定范围内创造自己“可能的幸福生活”。

① 康德：《判断力批判》（宗白华译，商务印书馆，1987 年），第 42 节。

第一章　旅游美学的生成与研究

宏观而论，旅游是一种以空间移动、物质消费和文化娱乐为主要外显形式的社会经济文化现象。但从具体内容和本质意义上看，旅游则是一项集自然美、艺术美和社会生活美之大成的综合性审美实践活动，这项活动在美学、心理学、社会学和教育学意义上具有独特的价值与多重的效应。

研究旅游美学，应当运用认识论、价值论和信息论等科学方法，结合现代人的生活质量意识和审美意识，在追踪探寻“行、游、住、食、购、娱”等一系列活动所蕴含的审美因素过程中，着重描述和分析旅游审美活动的主观范畴与客观范畴（如旅游审美心理与旅游观赏艺术），旅游审美关系的本质特征，旅游从业人员审美教育的可能途径，旅游审美文化的构成与功能等，以期从中归纳梳理出既合规律性又合目的性的东西，借此引导旅游审美消费行为，促进旅游审美活动的良性循环，合理开发旅游景观资源与相关设施，积极培养和提高旅游者与旅游工作人员的审美修养与鉴赏能力，进而从广义上改善人类的生活质量，促进人的全面发展。

一　旅游活动的审美特性

在中国台湾与东南亚等地，“旅游”亦称“观光”，其中寄寓着语义嬗变的内容。具体说来，“观光”一词上溯《易经》“观卦”，源于“观国之光，利用宾于王”一说，原意是讲“观察或瞻仰一个国家的风俗民情、文治武功，就能知道君王的德行如何，这样有利于成为君王的宾客和辅佐”。这里的“宾”即“仕”，指古代有知识、有德行的人。时至今日，“观光”之义广为拓展，除了隐含“观察或瞻仰一个国家（地区）的风俗民情、文治武功”之义外，主要泛指游览观赏一个国家或地区的自然风光与城乡风光等，蕴涵基本上同英语中的 sightseeing 一词相接互通。

相形之下，“旅游”一词出现较晚，最早见于南朝文学家沈约(441—513)《悲哉行》中的两句：“旅游媚年春，年春媚游人。”若追究起来，用于旅行意义上的“旅”，作为卦象也同“观”一样见于《易经》：“艮上离下”，释为“小亨。旅贞吉。”意思是说“小通顺。占问旅行吉。”因此，“旅”在此可以引述为在外旅行。从卦象看，下卦“艮”是山，上卦“离”是火。山上烧火，火势蔓延，不停地往前燃烧，象征在外旅行的人，急着赶路，辛劳流离，时有危险。因此必须遵守正道，才会吉祥，但不会有大的亨通。这一语境中的“旅”，其意可通英文里的 travel 一词。而 travel 则源自旧词 travail，包含着辛劳、艰苦、努力以及冒险等意思。另外，《尚书·尧典》中所谓的帝王“巡守”，虽被译为“巡视”，但有“旅”或“游”的内涵。在远古的自然崇拜或“万物有灵”的泛神论时期，这种“巡守”活动的主要内容是“望于山川，遍于群神”，其根本目的诚如司马迁所言，在于“巡祭天地诸神名山川而封禅焉”(《史记·封禅书》)。在先秦的典籍中，真正表示旅行、游玩或游览之义的“游”字，较早地出现在《诗经·国风》中，世人常道的有“以敖以游”，“驾言出游，以写我忧”和“游于北园，四马既闲”等。其后在《论语》《庄子》和《楚辞》等典籍中也常出现，著名的说法有“游必有方”(孔子)，“逍遥游”和“乘云气，骑日月，游于四海之外”(庄子)以及“悲时俗之通厄兮，顾轻举而缘游”(屈原)等等。魏晋之后，随着人性的解放与自然崇拜意识的淡化，山水逐渐成为人们观赏、吟咏、寄情、言志与畅神的对象，同时由于“名士优游”之风的倡兴，“游”作为一个流行的概念频繁地出现在有关名山胜水的诗赋骈文游记之中。其中为人称道的有嵇康的“目送归鸿，手挥五弦。俯仰自得，游心太玄”与李白的“五岳寻仙不辞远，一生好入名山游”等等将“游”诗化的说法。值得一提的是，继“好山水，爱远游”的晋人宗炳因叹“老病俱至，名山恐难遍睹”，故此提出“唯当澄怀观道，卧以游之”的“卧游”方法后，清人郑日奎综合旅游活动的具体特征和相关经验，在巧立“以为游，则亦游矣”之命题的同时，提出了“目游”“鼻游”“舌游”“神游”与“梦游”(《游钓台记》)等一系列方法，为立体和全方位的旅游观赏奠定了相互补偿的理论基础。基于先贤的旅游观赏经验和理论学说，后来的魏源创立了中国文化中特有的“游山学”，可以说是目前我们研究的“旅游美学”的始作俑者。

总体而言，旅游活动的对象或目的地主要是风景名胜，也就是在一定时空背景中由自然景观与人文景观构成的旅游吸引物（tourism attractions）。旅游活动的对象或目的地主要是风景名胜，也就是在一定时空背景中由自然景观（landscape）与人文景观（culturescape）构成的旅游吸引物。

自然景观一般包括山水草木、风花雪月、云霞鸟兽等。我们知道，中国人自古以来就有雅好山水的传统。古今贤哲诗人学者，或倡导“仁者乐山，智者乐水”（孔子），或自诩“性本爱丘山”“复得返自然”（陶潜），或宣称“凡山川之明媚者，能使游者欣然而乐”（方苞），凡此种种，不一而足。实际上，在中国人的审美意识中，自然既是生活的场所，又是审美的对象，而且还是人的安身立命之所。其结果，“山川之美，古来共谈”（陶弘景）的习惯和追求“天人合一”的美学风范，均已在悠久的历史长河中演变和积淀为我们审美文化或精神文化的重要组成部分。中国的山水诗歌、山水文学以及山水美学之所以如此发达，其根本原因就在于此。

不消说，西方人也谙熟“风花雪月”或自然山水的妙用。从早先法国启蒙运动时期呼吁“返回自然”的卢梭（J. Rouseau）和倡导“热爱自然”的英国湖畔派诗人华兹华兹（W. Wordsworth），到钟情于“风云霞月”的美国哲人梭罗和爱默生（Ralph W. Emerson），对此都有过切身的体验与深刻的感悟。这大自然，如爱默生所言，“除了供给人类衣食之需之外，亦满足了一种更高贵的要求——那就是满足了人类的爱美之心”。面对奇妙的自然万象，人类独具慧眼，能够构图绘影。因此，天空、山岳、树木、鸟兽等，看了都叫人觉得可喜。于是乎，“自然界用些许简单的风云变幻，竟然就使我们生超凡入圣之感！赋予我以健康与一天的光阴，足可使帝王的赫赫威严黯然失色。朝霞灿烂如锦，那就是我的亚述帝国（Assyria）；夕阳西落，明月从东山顶上升起，那就是我的百福赐（Paphos）和不可思议的仙子之乡；昊昊阳午，那就是我的英国——常识和理智的故乡；神秘的黑夜，那就是我的德国——神秘哲学和梦想的国土”[①]。恩格斯在谈到自然风景的审美价值时，也掩饰不住内心的喜悦之情。根据自己的切身体验，他认为在朦胧阳光照耀下的英国丘陵“具有一种难以形容的魔力”；一望无际的碧海，会使人“溶化在自由无限的精神的骄傲意识中”；横贯欧洲的莱茵河，“好比富有朝气的基督教精神”；以田园风光著称的易北河左岸的马铃薯原野，“代表了德意志的真正的散文”；甚至连自然界里由暴风雨之夜和魅影似的月色构成的荒芜景色，“也是富有诗意的”。因此，恩格斯深有感触地说：“只有认识了北德意志的荒野以后，我才真正了解了格林的童话。”[②]

关于旅游活动中常见的人文景观，一般包括文物古迹、历史名城、园林建筑、民俗风情、社会生活以及各种形式的文化、艺术和娱乐活动等等。在中国，半坡村的仰韶文化遗址、绵延万里的长城、北京的故宫、承德的山庄、苏州的园林、琉璃厂的传统字画和工艺品、各地的音乐歌舞民俗和青藏高原的文化风情等，都是吸引中外游客的著名景观。这些积淀着丰厚的历史内涵和人文精神的景观，同埃及的金字塔、印度的太姬陵、希腊的卫城与古代雕塑、罗马和佛罗伦萨的教堂、伦敦的博物馆、巴黎凡尔赛宫花园、卢浮宫的藏画、歌剧院的表演、美国的印第安人部落遗址、非洲的图腾木刻等，都是文明历史的见证和人类智慧的结晶，不仅具有丰富的审美价值，而且为文化艺术研究和科学考察提供了可观可证的典范和场所。即便就旅游所涉及的“吃喝玩乐”这种日常生活（everyday life）而言，除了其实（食）用功能之外，也同样具有一定的审美因素。众所周知，中国的饮食文化历史悠久，不仅讲究美食美酒美器，而且追求“色、香、味、形、意（趣）”，同时还配有乐舞，富有诗情。所有这些具有形式美感的饮食器皿和菜肴造型，以及洋溢着欢快与优雅气氛的饮食环境，都有助于促进人们思想感情的交流，身心的健康和融洽和睦的人际关系。这便说明“吃喝”不只是为了满足人的生理需要，而且也是为了满足人的情感或精神需求。因此，如果从狭义上来看待“美是生活”（车尔尼雪夫斯基）这一著名的

---

① Cf. R. Emerson. “Beauty”, in *Nature*(1836), see *The Collected Works of Ralph Waldo Emerson* (London: Oxford University Press, 1971).

② 曹葆华、孟复生译：《恩格斯谈风景》，《新观察》1960 年第 10 期。

美学命题的话，属于正当消费范围的“吃喝”（并非滥用公款或假公肥私的大吃大喝）或饮食文化，应当是生活美的不可或缺的组成部分。近年来切入现实生活的实用美学（如烹饪美学），对此已经作过比较系统的研究。至于“玩乐”，不管是“玩水”，还是“乐山”，或者从事其他健康的娱乐活动，其本身就具有审美的属性或审美享乐的色彩，当然也不可避免地表现为一种“快餐型”的“瞬间效应”（momentary effect），媚俗式的“消费行为”（consumption behavior）与功利型的“市场导向”（market orientation），这些正是当代大众审美文化研究的主要内容之一。

再则，旅游中的“观光”活动本身，还有一层更深的社会文化学含义，那就是《易经》“观卦”中所说的“观国之光，利用宾于王”。按（三国魏）王弼的解释：“居观之时，最近至尊，观国之光者；居近得位，明习国仪者也，故曰利用宾于王。”用现代的话说，便是“古代有德行的贤士，瞻仰明察一个国家的风俗民情或文功武治，就能知道该国是否尊重贤士；观察君王的德行如何，进而决定是否去辅佐该国的君王。”现代旅游观光，更多的是了解旅游所在国（或所在地）的风俗民情、劳动成果与社会制度等，在开阔自己眼界和满足文化心理需求的同时，从“异质文化”（heterogenous culture）中汲取具有借鉴价值的东西，以补充本民族文化系统的不足或匡正本社团组织管理的缺陷等，最终用以促进各国人民之间的相互理解和友好交往，发展和维护世界和平或人类赖以生存的社会环境与秩序等。

总之，旅游观光的内容是异常丰富的。它除了引导游人观赏风光绮丽的自然景观、体察形式多样的风俗民情、品赏不同风格的美食佳肴和参与各种有趣的文化娱乐活动之外，还会引导游人搜奇览胜，遍访文物古迹与建筑园林等人文景观，欣赏绘画雕塑、书法篆刻与音乐舞蹈等艺术作品。因此，不难设想，若去希腊旅游，不只是观赏奥林匹斯山的风光与地中海的波涛，还会登上雅典的卫城，亲临巴底隆神庙的遗迹，目睹多利安式廊柱的雄奇，感叹古希腊雕刻艺术的精湛。若到法国巴黎，乘坐汽艇游览塞纳河之余，还会参观巴黎圣母院、埃菲尔铁塔、香舍里大街的凯旋门、卢浮宫艺术博物馆、巴黎歌剧院以及凡尔赛宫的园林等。在我们中国，文物辉辉，古迹遍地，自然风景南秀北雄，建筑园林风格独特，绘画书法韵味生动，音乐舞蹈欢快优雅，石窟雕塑仙气拂拂，为国内外游人提供了看不尽、赏不完的游览胜地和审美对象。

可见，旅游是一项综合性的审美实践活动。“它集自然美、艺术美、社会美或生活美之大成，熔文物、古迹、建筑、绘画、雕塑、书法、篆刻、音乐、舞蹈、园林、庙宇、服饰、烹饪、民情、风尚……为一炉，涉及阴柔、阳刚、秀美、崇高、绮丽、疏野、沉郁、飘逸、繁缛、明快、悲壮、轻松等一切审美形态，有益于满足人们从生理到精神等不同层次的各种审美欲求。”①诚如国内不少美学家所言：“看来人们的旅游目的不是有力无处使，有钱无处花，而是为了丰富自己的精神生活。”②“旅游，从本质上说，就是一种审美活动。离开了审美，还谈什么旅游？……旅游活动就是审美活动。”③

二　旅游审美需求与动机

旅游审美活动的综合性与丰富性，使旅游基本上成为一种社会时尚，成为融贯现代物质文明与精神文明的双重生活方式的重要组成部分，因此吸引着越来越多的人。据世界旅游组织（WTO）判断：当人均国民收入达到 300—400 美元时，居民就想出外在国内旅游；达到 800—1000 美元时，就想去邻国旅游；达到 3000 美元时，就会想去远方的国家旅游。随着我国经济与交通的发展、人均收入和闲暇时间的逐渐增多，旅游在我国城镇居民中也已经具有了广泛的社会需求。譬如 1996 年，国内旅游总人次就达 6.4 亿，占全世界旅游总人次的 10%。到了 2004 年，全国总出游人数达 10.02 亿人次，全国接待入境游人数达 1.09 亿人次，两者均居世界前列。如今，旅游已然成为现代人生活方式中的重要构成部分，即使在全球经济不景气的 2012 年，全球旅游业仍以 4% 的增幅实现强劲增长，全球旅游人数首次突破 10 亿人次大关，中国全年出境旅游人数达 8200 万人次，同比增长 16.7%，接待入境外国旅游者达 2719.16 万人次，接待港澳台同胞达 10501.42 万人次，实现旅游

① 王柯平：《旅游审美活动论》（旅游教育出版社，1990 年），第 5 页。

② 王朝闻：《不“跑”风景》，见《旅行家》杂志，1985 年 6 月号。

③ 叶朗：《旅游离不开美学》，见《中国旅游报》1988 年 1 月 20 日。

外汇收入500.28亿美元。与此同时，全年国内旅游人数达30亿人次，同比增长13.6%，国内旅游收入2.3万亿元人民币，同比增长19.1%。其中，北京市全年接待旅游总人数2.31亿人次，比2011年增长8.1%，国内旅游收入3301.3亿元人民币，旅游外汇收入55.5亿美元。[①]

随着全球经济的逐步恢复，尤其是国内乡村旅游者和出国旅游者的不断增多，旅游业的发展态势还会持续增长。据国家旅游局统计，2014年中国旅游总收入3.38万亿元，同比增长14.7%，其中入境国际旅游外汇收入569亿美元，同比增长10.6%；全年国内旅游36.11亿人次，同比增长10.67%；出境旅游首次突破1亿人次大关，高达1.07亿人次，同比增长19.49%。内地公民出境旅游花费约1400亿美元，同比增长18.00%。与此同时，2014年全国5A级景区总数达到180处，其余级别景区更是不计其数，每到节假日游客纷至沓来，不少名胜古迹经常人满为患，为了保证旅客安全与游览质量，不得不采取网上预约或每日限流的做法。

上列数字是具体的，也是枯燥的，但从中反映出强烈的旅游观光动机和文化心理需求。在此动机与需求中，隐含着一种人皆有之的爱美之心。要知道，在人类长期的社会生活实践中，这种“爱美之心”在其形成、发展和不断深化的过程中，已经在很大程度上“积淀和凝冻”（李泽厚语）在人的“集体无意识”（荣格语）里，或者说已经演化为人类生存的本能性因素。在此本能的有机内核内，蕴涵着丰富多样的审美意向的生长基因。人们所从事的各种艺术实践或审美活动，都无疑发端于这一心理特质。就旅游审美活动而言，它在表面上似乎是旅游观赏行为在一定时空中的直接表现，而实际上是旅游审美需求与动机所诱发和促成的结果。

（一）旅游审美需求

在现代化大众传媒的频繁刺激和交叉影响下，不同形式的旅游信息和促销手段随处可见，从而使旅游审美需求具有了更为广泛的社会性。要而言之，旅游审美需求是促使人们从事旅游观赏活动的内驱力（inner drives）。

---

① 参阅《2012年度中国旅游业分析报告》，见51766旅游网，发布时间2013年3月19日，第1—2页。

人,作为一种复杂的社会存在(social being),在生理条件、社会环境与文化氛围的制约和影响下,往往会产生各种各样的需求。其中有的偏于物质,有的趋向精神;有的属人类生存的基本保障,有的是提高生存质量的可能途径……按照社会心理学家马斯洛(A. Maslow)的"需求层次理论",人的各种需求被概括为以下七大层面:①

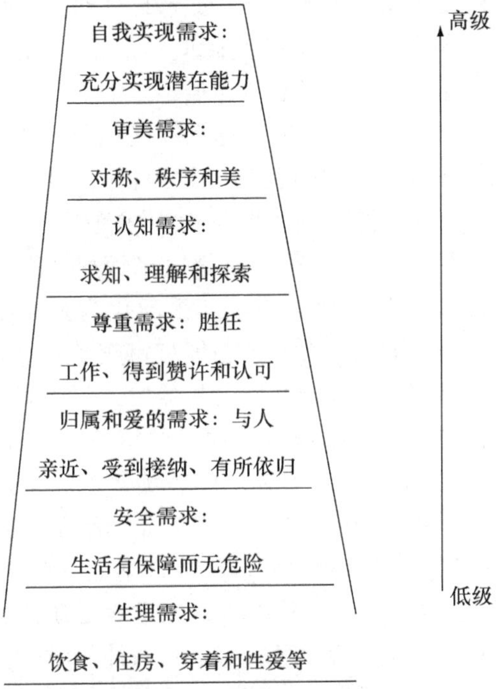

据马斯洛所述,最下两层一般被视为低级需求,上面五层为高级需求。只有当前者得到一定的满足后,后者才有可能出现。高级需求通常比低级需求具有更大的价值。那些(尤其在早年)使自己高低不同层次需求都得到满足的人,容易形成健全的品格和完美的人性,能为得到高级需求的满足而忍受低级需求的剥夺,能舍弃世俗的妄念和占有的欲望,而竭力追求自我的完善,甚至成为殉道者。当然,我们不难发现,需求层次论作为一套完整的理论体系,不应局限于强调人的需求由低而高的循序演进或逻辑发展过程。因为,在现代生活中,人的审美需求经常贯穿在所有不同层次的需求之中,就连饮食、住房和穿着

① 马斯洛:《动机与人格》(许金声等译,华夏出版社,1987年),第40—65页。

甚至性爱也不能例外。

需要指出的是,审美需求作为人的一种统摄性和精神性需求,是改善人的生活质量的重要杠杆之一。诚如马斯洛所言,"美的理解和创造以及美的高峰体验,是人类生活以及心理学和教育的核心部分,而不是边缘部分"①。所谓"高峰体验"(peak experiences),是指"最高快乐实现的时刻",比如审美的直觉,创造的时刻,智力的顿悟和情欲的高潮等。该体验是向健康前进,是瞬间的健康,是对生活的确认,使生活富有价值。我们之所以面临各种艰难困境而不全都以自杀了结,很大程度上是由于这种体验价值普遍存在的缘故。其实,无论从人类文明的历史沿革来看,还是从现实生活的具体内容来看,审美需求由于审美判断本身的自由愉悦性和鉴赏性而成为其他各种需求的内在动因。至于那些乘坐"空中客车"、下榻宾馆饭店、睡席梦思和喝香槟酒等游山逛水的旅游者,其审美需求几乎泛化为其他需求的"指令性原则"。他们要求一切物品和活动应具有审美价值,应符合"美的规律",从房间的色彩、餐桌的摆台、饮食的器皿到卫生间的设备,甚至于一条领带或一枚纽扣……都应符合他们的审美需求和与其相关的其他需求。不消说,这种以旅游为导向的审美需求,一方面是旅游者作为主体的审美需求所致,另一方面是旅游观光活动的综合性审美特质使然。目前,在许多国家和地区(如邻国日本),"美、感、游、创"的生活新概念已广为人们所接受,并被奉为追求生活质量的重要依据,他们抑或把旅游观光看成生活的组成部分和精神的"润滑剂",抑或视为高技术条件下高情感缺乏症的一种调节手段或"能量"补充,抑或当作开阔眼界和提高文化认同感的有效途径。国内最近的调查结果也表现出类似的趋势:在全国31个省、市、自治区的8159份有效问卷中,88.6%的被调查者知道1997年是中国旅游年,80.4%的被调查者认为旅游已经成为一种社会时尚,65%的被调查者表示"有生之年我要游遍中国",64.9%的被调查者同意"周游世界是我的梦想"。②

总之,随着物质生活的丰富,个人可支配收入与闲暇时间的增多,旅游商品信息的多渠道高效率的流通以及社会生活审美化的深入发展,大众旅游审美需求的强度自然会不断增大,处于日益突出和相对

---

① 马斯洛:《存在心理学探索》,第190页。

② 熊波:《关于旅游的调查报告》,见《中国青年报》1997年8月16日,第8版。

优势的地位。我国目前所出现的外出旅游热和出国旅游热就是一个典型的佐证。

（二）旅游审美动机

简单说来，旅游审美动机（aesthetic motive）泛指一种激发旅游审美行为的心理趋向，或者说是旅游审美需求（aesthetic need）过渡到旅游审美行为（aesthetic act）的心理中介。对前者（需求）来讲，旅游审美动机是外界因素（旅游信息流程和旅游地的审美价值等）和内在因素（个人的趣味爱好和情思意向等）交替作用下而生的结果。它具有一定的指向性，即对旅游目的地有着相对明确的偏爱与选择。但对后者（行为）而言，旅游审美动机还只是一种心理刺激或促发动力。因为，旅游审美行为能否最后实现，通常涉及主客观方面的一些条件或变量（variables），比如主观的身体、经济和时间等条件，客观的交通、住宿和接待等条件。若从系统论的观点考察，旅游审美需求、动机与行为三者之间的互动关系可用下图作以表示：①

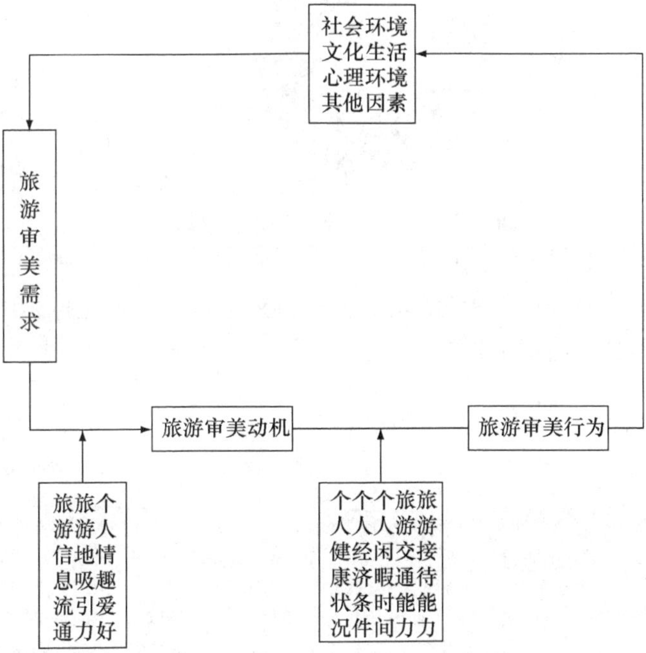

① 王柯平：《旅游审美活动论》，第27—28页。

众所周知,旅游动机是多种多样的。概括起来,有观光、社交、文化、商务、享乐、保健、宗教、蜜月和探险等九大旅游动机。① 从旅游接待数字统计结果来看,日美两国在80年代来杭州的游客中有90%是出于观光动机。在旅游组团和旅游动机更加多样化的90年代,仍有42.7%(1993年)的日本来华游客是出于观光动机,有49.6%(1993年)的非专业型日本来华游客主要出于观光和市容游览的目的,而且呈现继续上升趋势。② 在国内旅游市场的问卷调查结果显示,有83.7%的被调查者偏爱游览"具有绮丽雄伟的自然景观的地方",有62.8%的被调查者偏爱游览"具有丰厚意味的历史人文景观"。③ 就目前来华的外国旅游者而言,国家旅游局最新统计数字表明,在2012年度来华的外国旅游者中,"以观光休闲为目的的旅游者人数最多,达1162.90万人次,占累计接待外国旅游者总人数的42.77%"。④ (见下图)

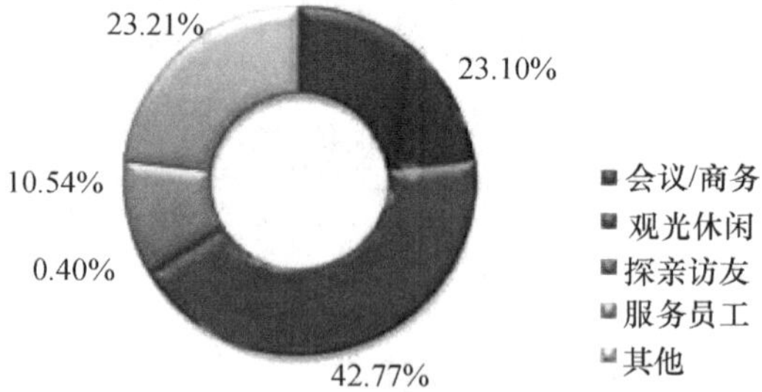

2012年1—12月外国旅游者目的构成

数据来源:国家旅游局,迈点旅游研究院整理 迈点网 www.meadin.com

至于国内的旅游者,到风景名胜和文化名城去观光休闲的游客仍占绝大多数。若加上近来形成的诸如"回归自然、追求野趣""绿色田

① 王柯平:《要研究旅游者的旅游动机》,见《旅游工作指南》(中国青年出版社,1986年),第63—70页。

② 张凌云:《日本出国旅游和来华旅游的八大特征》,见国家旅游局政策法规司编,《旅游调研》,1995年第6期,第18页;1995年第7期,第33页。

③ 熊波:《关于旅游的调查报告》,见《中国青年报》1997年8月16日第8版。

④ 参阅《2012年度中国旅游业分析报告》,见51766旅游网,发布时间2013年3月19日,见第5页:"2012年,我国累计接待的外国旅游者中,亚洲旅游者人数最多,达1664.88万人次,占累计接待外国旅游者总人数的61.23%;欧洲旅游者人数次之,达592.16万人次,占21.78%;美洲旅游人数位列第三,累计接待317.95万人次,占11.69%;大洋洲和非洲累计接待旅游者人数为91.49万人次和52.49万人次,分别占3.36%和1.93%。"

野”“生态环境”和“域外风情”等旅游时尚，以观光或审美为导向的旅游动机，显然是诸多旅游动机中的优势动机。相应地，观光型或审美型游客是旅游大军中的主力部队。这是因为，一个旅游地的历史文化、名胜古迹和风土人情，往往具有丰富的审美价值和强烈的吸引力，从而能最大限度地激起人们的观赏愿望与猎奇心理。在我国，万里长城、北京故宫、五岳黄山、长江黄河或峨眉金顶等等，通常都是吸引观光型或审美型游客的主要目的地。

一般来讲，旅游审美动机具有多重特征。从广义上看，它是笼统的，是指向所有旅游观赏对象的。但在狭义上，它似乎又因人而异，各有侧重。从这类游客的偏爱和选择角度分析，我们认为旅游审美动机可分为以寻访景观名胜为导向的景观审美型，以鉴赏各种艺术表现形式为导向的艺术审美型，以审视社会劳动创造和风俗民情为导向的社会审美型，以品尝美食佳肴为导向的饮食审美型。毋庸讳言，任何类型的划分均有一定的牵强性。上述四种旅游审美动机尽管各有侧重，但对绝大多数游客来讲并不相互排斥，而是兼容并包。也就是说，举凡出外观光的游客，其动机是多重的，既要欣赏旅游目的地的自然风光美和文化艺术美，也要体验当地的社会风尚美和物质生活美。因此，旅游接待人员理应充分考虑游客的多重需求，在旅游活动安排上力求细致周到、丰富多样，以期最大限度地满足游客的不同需求，达到创造最佳旅游市场机制的目的。

三　旅游观光的效应分析

前文说过，旅游观光作为一项综合性的审美实践活动，涉及范围甚广，具有多重效应。若从审美心理、审美文化和审美教育的角度来看，旅游观光活动至少在以下五个方面表现出不同程度的积极效应：有利于净化人的情感和调节人的心理环境，有利于造就具有优美灵魂的人，有利于促进全社会的审美化，有利于改善和提高人类的生活质量，有利于促进人的全面发展。

（一）净化情感和调节心理环境

现代人的精神困境表现在现实人生中的许多方面。要而言之，首先是由于“文明的缺憾”(弗洛伊德语)与社会的异化而使人的精神与情感发育不全,结果导致了马尔库塞(H. Marcuse)所谓的人格畸形——“单面人”(one-dimensional man)。其次是由于“人际关系的稀薄化”(海德格尔语)而产生的人情冷漠、世态炎凉现象和不正常的“邻居心态”。再就是存在主义所描述的那种“寻找家园”与人本主义所揭示的那种“寻找自我”的“浪子心态”。总之,在这个花花绿绿的充满霓虹灯色的商品社会里,精神与情感的双重失落或失衡,使人们往往处于一种难以解脱的躁动或不安的心理环境之中。此外,在分工细致、操作重复、生活单调、环境嘈杂和污染严重的现代工业社会或后工业社会,不同形式的焦虑、受挫、苦闷、忧郁、失望甚至厌世等心态和情绪,均不可避免地淡化与殃及人生的乐趣。于是,人们鄙视现实、崇尚自然的心理因素在不断增长;并且,出于自我调节或暂时逃避的心理趋势,纷纷出外旅行,改换生活环境,渴望在寻访名山大川、文物古迹等一系列旅游观赏活动中,达到洗涤胸襟、陶冶性情的目的。

事实上,当人们搁下处世的心机,走出烦扰的市街,抬头看看蓝天白云、红花绿草,一种轻松愉悦、放浪神驰之感就会油然而生,就会体验到一种“久在樊笼里,复得返自然”的不可名状的乐趣,疲惫的身心也会相应得到解脱。旅游观光所引致的这种特殊的时空审美感受与情感慰藉,能在很大程度上使人摆脱世俗的羁绊,获得心灵的自由,忘却往日的忧愁,净化心理的环境等。难怪不少中外社会学家和心理学家,皆把旅游观光视为现代社会或“文明机器”的组成部分,当作调节情思意趣的有效手段和解决社会文化心理问题的重要途径。并且认为,倘若没有旅游业,那么,各种医疗机构及疗养院就得花费更大的气力,来治愈人们因日常工作所带来的精神无力或精神缺乏症。从这个意义上讲,旅游观光是一项普遍的“社会疗法”(social therapy),有助于调节个体的心理环境和维系社会的正常秩序以及人际的和谐关系等。

历史地看,无论是提倡“逍遥游”的庄子,“性本爱丘山”的陶潜,“空知返旧林”的王维,视山水为“盛世补偿”的郭熙,重自然而轻人为的袁中道,还是于“苦闷时期”以求释怀而荡桨秦淮河的朱自清和俞平伯,都直接或间接地肯定了游山逛水的“畅神”作用,用现代时髦的话说,就是净化情感和调节心理环境的医疗妙用。诚如爱默生所言:“人假如朝夕营营，为俗务所累，或者惯于与俗人交往，会觉得身心受到束缚。一旦回到自然界去，自然就可以发挥医疗的妙用，使人恢复自己的本来真知。”①也正如恩格斯所体验的那样：“望一望远方碧绿的海面，波涛汹涌翻腾，永不停息。阳光从无数闪烁的镜子中反射到你的眼里，碧绿的海水同蔚蓝的镜子般的天空和金色的太阳熔化成美妙的色彩，——于是你的一切忧思，一切关于人世间的敌人及其阴谋狡计的回忆，就会烟消云散，你就会溶化在自由的无限的精神的骄傲意识中。”②

（二）造就具有优美灵魂的人

古往今来的许多思想家和教育家们普遍认为，人类通过社会实践（其基本方式是生产劳动）与外部世界结成多种关系，其中主要有以求真为导向的认识关系，以趋善为导向的伦理关系与以爱美为导向的审美关系。而推进这一审美关系的历史发展的基本动力，一方面来自着眼于创作的艺术实践，另一方面来自着眼于鉴赏的审美教育（aesthetic education）。我们知道，审美教育是人类审美经验的积累和传承过程。通过审美教育，人才能够摆脱像席勒所说的那种被动的“感性”存在状态而获得理性和意志的自由、精神的解放和实现“人性的完善”（human fulfillment），或者摆脱像马尔库塞所说的那种“单面性”存在状态，获得“新感性”（new sensibility）和健全的人格。另外，现代文化产业（cultural industry）的勃兴，尽管极大地刺激了大众审美文化的发展，但由于受市场消费的钳制和极尽迎和之能事的媚俗倾向，有时反倒导致了大众审美趣味的滑坡。因此，国内外当前越来越重视全社会的审美教育工作。

审美教育的形式是多种多样的。人们发现旅游观光作为一项全球性的社会文化现象或综合性的审美实践活动，实际上也是一项“寓教于乐”的普及性审美教育活动。事实证明，旅游观光不仅为游人提供了广泛的审美实践机会，而且通过其潜移默化的特殊作用，十分有

---

① R. Emerson. “Beauty”, in *Nature*（1836）, see *The Collected Works of Ralph Waldo Emerson*（London：Oxford University Press, 1971）.

② 曹葆华、孟复生译：《恩格斯谈风景》，原文载《马克思恩格斯全集》，俄文本，第一版，第二卷，第55—61页。

益于陶冶人们的情操，升华人们的精神，促进人们的身心健康，满足人们的求知欲望和审美需要，激发人们的民族自豪感和爱国心，以及培养和提高人们对现实世界（包括自然和社会）与文化艺术的审美鉴赏能力。

康德曾说，一个人如果能够离开浮华的居室而欣赏大自然的美，他的内心肯定"具有一颗优美的灵魂"，而且"令人尊敬"。[①] 在我们看来，这种"优美的灵魂"至少包含"爱美、知美和创美"这三个不同层次的心理素质或（潜在）能力。简单地说，"爱美"得自天赋，属于本能。但就人的发展来讲，"不能只限于喜爱美的事物，还要善于理解美的事物"（车尔尼雪夫斯基语）。这就要求人们不断扩充自己的知识结构，培养自己的审美悟性，通过大量的审美实践（如旅游观光或艺术创作等）活动，"把人得自天赋的美感（sense of beauty）提高到由学习和修养而形成的审美鉴赏力的水平"（别林斯基语），以便正确而深刻地理解美的事物，分辨丑的东西，养成善于评价和判断艺术美、生活美和人格美等方面的能力，进而使"人的心灵能在不知不觉中接受各种美，并且最后接受同美的观念相联系的道德观念"（卢梭语）。

自不待言，"爱美"与"知美"还不是人生的终极目的，只有"创美"才是人生的终极目的，因为这是人生意义的最高体现。所谓"创美"，概括说来，就是按照"美的规律"（the law of beauty）来创建美的事物，美的风尚，美的道德，美的人格，美的服务，美的语言，美的行为，美的环境，美的服饰……一句话，创造符合审美要求的"使人想到应该如此"的"美的生活"。故此，我们不妨把"爱美、知美、创美"这三者之间的价值关系归结为下述程式：爱之者不如知之者，知之者不如创之者。

（三）推动社会审美化的进程

如果说"社会的进步是人类对美的追求的结晶"（马克思语），那么，我们也可以说，人类对美的追求，反过来会转化为强大的实践力量和创造热情，从而推动社会的进步。

在当今社会的物质与精神生活中，人们对美的追求明显地呈现出一种多元的趋向。你只要留意一下周围的现代艺术，城建的风格，环

---

① 康德：《判断力批判》（宗白华译，商务印书馆，1987 年），第 42 节。

境的美化，汽车的造型，商品的包装，居室的装潢，服饰的款式，饮食的器皿，玩具的形式，工业的设计，五彩纷呈的广告，娱乐消遣的种类和韵律操式的健身运动等，几乎无一不折射出“艺术品实用化，实用品艺术化”的发展态势。正是这一态势或潮流，涌动着爱美求美以及创美的人们，沿着文明建设的轨道，朝着艺术化的生活与审美化的社会迈进。

其实，在现代条件下，具有广泛社会基础和多种文化需求的旅游业，不仅有利于加快审美文化的建设和发展，而且有利于推动全社会审美化的进程。这主要是因为旅游业在构成上是一种多边缘综合性的特殊产业，几乎涉及社会有效劳动的一切领域，如建筑、装潢、交通、饮食、服饰、环境、工艺、服务、陶瓷、文化、艺术、教育等。而所有这些劳动领域的最终产品在造型、款式、风格、色调、品位、情趣、氛围、设计和功能等方面，不仅要具有可靠的实用价值，而且要具有丰富的审美价值，以便满足旅游者不同层次的、包括审美需求在内的各种需求。譬如，旅游接待业中所推崇的“宾客至上”原则，一方面具体地落实在热情、友好与周到的招待服务过程中，另一方面则具体地落实在全社会一切有效劳动形态的美化上。

不消说，旅游观光作为促进社会审美化的动因，还表现在旅游者与旅游目的地居民的相互影响和相互交往等方面。比如就现实生活中的服饰而言，中外旅游者所到之处，其服饰款式和穿戴艺术，作为外显形式，会对当地居民产生一种参考作用。同样，当地居民富有特色的服饰与穿戴风格，也会对旅游者产生相应的影响。这种潜在的交流与模仿，均有助于提高各自穿着艺术的品位，完善自我的仪表形象和丰富自我的审美意识。当然，在一定的社区和场合，时有违背基本美学法则（如和谐美、整体美与个性美等），出现“东施效颦”的现象。这在我们看来，是文化素养不高与审美趣味低下等原因所致。故此需要因势利导，在肯定这种爱美和求美意识的同时，积极开展有针对性的审美教育工作，以期提高人们的审美鉴赏能力。需要指出的是，除了物质生活的审美化之外，旅游观光对促进精神生活的审美化也有一定的推动作用。比如在伦理道德方面，旅游者在与东道主的广泛交往中，以助人为乐、尊老爱幼、拾金不昧和真诚相待等为具体内容的社会风尚美和道德情操美，往往对人产生一种潜移默化的作用，是双方十分敏感和审视评价的对象。这样,在观照反思中,会触发人的良知,陶冶人的情操,提高人的精神境界,改善人际关系,创造和睦相处的气氛等。在这方面,旅游确能起到"观国之光,利于社会审美化"的积极作用。

(四)提高人类的生活质量

无论是展望未来,还是回顾过去,我们都无法回避人类所面临的一系列现实问题,诸如生存、能源、环境、人权、民主、社会秩序、道德伦理、人际关系等。相比之下,人类的生活质量(quality of life)问题尽管在一定范围内、一定程度上有所改善,但依然居于所有问题之首,依然是全世界和全社会关注的焦点。这一点在本书绪论中已经谈及。我们提出的双因素模式,从精神生态环境因素与外在生态环境因素两个基本视角出发,分别从物质、社会、文化、生态、心理、审美和精神等七个层面,论述了提高生活质量的可能途径。

我们知道,旅游活动具有多重功能,融贯着物质文明与精神文明两大领域的方方面面,可以利用其社会化的市场与普世化的方式来满足人们的各种需求。譬如,旅游过程中品尝美味佳肴等食宿交通购物活动,可以满足人的物质需求;旅行过程中的社会交往活动,可以补充人际关系上的缺憾;认知异质文化与了解风俗民情等活动,可以丰富人的文化知识和满足人的求知欲望;离家外出、更换生活环境、寻访清静优雅之地,可以使人获得新感受并在相对理想的环境中解除疲劳、恢复健康;潇洒自由、浪迹山水的旅游活动,会使人在一定时空中摆脱烦恼与焦虑、淡化竞争意识和受挫感,获得心理上的平衡与和谐;悦山乐水、艺术欣赏与相关的娱乐活动,会使人得到审美享受;旅游过程中的宗教朝圣、天人(神)对话等活动,不仅有助于净化人的心灵和满足人的精神需要,而且还有助于体悟人生和提升人生境界……正是在这种意义上,我们把旅游活动视为提高人类生活质量意识及其水平的有效途径之一。

(五)促进人的全面发展

人的全面发展是一个历久弥新的重要话题。孔子与柏拉图所标举的理想人格——圣王(sage-ruler)和哲学王(philosopher-king),可以说是人的全面发展的古典范本。其后,在人类认识和思想的发展长河中,无论是东方的诸子百家(如张载、二程、朱熹、陆九渊、王阳明等),还是西方的先哲时贤(如康德、席勒、尼采、马克思、马尔库塞等),都对人的全面发展作过不同的诠释,提出过不同的忠告。时至今日,尽管"人在自身的人格中具有达到神性的天赋"①和"按照美的规律来建造"②的能力,但是在社会"劳动异化"和个人"自我异化"(马克思语)的大环境下,面对"文明的缺憾"(弗洛伊德语),现代人大多还处于"单面人"(马尔库塞语)的那种困境,距离那种以"全面的方式作为一个完整的人,占有自己的全面的本质"的人,也就是那种"具有丰富的、全面而深刻的感觉的人",③尚有一段相当遥远的路程。不过,这一切使我们认识了这样一个真理:人的全面发展,"不是自然的产物,而是历史的产物"。④ 在此"历史"中,我们看到的是一个不断追求的动态过程,而这一过程也如同追求的目的本身。

现如今,人的全面发展问题显得更加突出,引起了整个社会乃至整个世界的关注。早在 1989 年,在联合国教科文组织(UNESCO)召开的"面向 21 世纪教育国际研讨会"上,与会专家一致认为 21 世纪最成功的劳动者将是全面发展的人。他们不仅要有广阔的胸怀,要知天下大事,有较高的道德水准,而且应在德、智、体、美、劳等方面要有较高的素质。⑤ 按照一般的理解,人的全面发展首先是人的素质的全面发展。这种素质具有一种综合性,包括较高的道德、文化、业务、身体、心理素质和健康的审美趣味在内,具体地体现在德、智、体、美、劳等五大方面。另外,人的全面发展还意味着人的个性或人格的全面发展,不仅表现出精神的自由或"自由的个性"(马克思语),而且表现出独立的人格或"人性的完满"(席勒语)。这样,人既非单纯的感性存在,也非单纯的理性存在;既非单纯的工具本体,也非单纯的道德本体;而应当是感性与理性相对和谐与平衡的审美存在(aesthetic being),或者

---

① 席勒:《美育书简》(徐恒醇译,中国文联出版公司,1984 年),第 73 页。

② 马克思:《1844 年经济学哲学手稿》(人民出版社,1985 年),第 54 页。

③ 同上书,第 80—83 页。

④ 马克思:《经济学手稿》(1857—1858),见《马克思恩格斯全集》(人民出版社,1979 年),第 46 卷上册,第 104 页。

⑤ 翟博:《高教:呼唤综合素质教育》,见《中国教育报》1998 年 1 月 12 日第 2 版。

说是富有人性情感和历史文化积淀的“心理本体”(李泽厚语)。再则,人的全面发展还意味着人际关系与天人关系的和谐发展:前者以“仁民”为导向,与人和睦相处,拥有“仁者”的胸怀;后者以“爱物”为导向,保护生态环境,追求“天地境界”(冯友兰语)。所有这些可谓维系人的内外宇宙互动和谐的基础,也是实现“可持续发展”的前提。

促进人的全面发展的途径颇多,主要有道德教育、文化教育、体能教育、艺术教育、法制教育、环保教育和劳动实践等。除此之外,我们认为旅游也不失为一种有效的途径。这是因为旅游不仅具有广泛的社会性和普及性,而且具有内容的综合性和功能的多样性。譬如,旅游可以开阔人的眼界,增加人的阅历,丰富人的文化历史知识,培养人的“新感性”(new sensibility)。荀子曾言:“不登高山,不知天之高也;不临深谷,不知地之厚也。”的确,类似这种悦山乐水的旅行游览,必然会在感受和体验方面给人以新的刺激,促使人们在新的环境中,跳出思维的陈规旧套,从新的角度和新的切入点去观察和审视各种新事物、新现象。这对于发展人的敏感性和洞察力、丰富人的想象力和激发人的灵感等,均有不可忽视的效益。所以,经常外出旅游的人与固守一隅的人,在文化知识、思维广度以及世界观等方面,往往表现出较大的差异。在中国,古往今来就有“游学”的传统。这种传统不仅是基于“行万里路,读万卷书,方知天下事”(董其昌语)的认识,而且也是基于“游山如读史”的事实。因为,绝大多数旅游景观均具有“历史舞台的效果”(今道友信语),积淀着丰富而深厚的人文内涵与历史沧桑。与此同时,旅游作为一项集自然美、艺术美与社会生活美之大成的综合性审美实践活动,不仅能够满足人的各种审美需求,而且有助于提高人的审美鉴赏能力。在搜奇览胜、悦山乐水的旅游活动中,在阳光充足、空气清新、环境幽静的景致里,在“观山则情满于山,观海则意溢于海”的物我交流中,在人与自然、人与心灵的对话中,以及在人与人的友好来往中,不仅人的身体素质、心理素质、环保意识、艺术修养与审美趣味会得到不同程度的提升,而且天人关系与人际关系也会得到相应的改善。另外,旅游者置身于“钟灵毓秀”的景观中或“地灵人杰”的环境中,观览历史人物的遗迹故居或聆听富含道德伦理意味的神话传奇,均会在“寓教于乐”的过程中使自己的情操气质得到陶冶,精神境界得以升华,在对人生的意义获得新的体悟和重新发现自我本真的同时，确定或修正有利于实现“自由个性”（马克思语）的杰出风范，从而更加自觉地追求人格的自我完善与人的全面发展。总之，在正规的教育途径难以企及的地方，旅游可以发挥一种独特的补充作用，可以在许多方面促进人的全面发展。

四　旅游美学的研究范围及其方法

我们一贯认为，美学不仅应当研究人类有效劳动的一切形态与领域，而且应当研究人类有益生活方式的所有组成部分。鉴于旅游融贯着丰富而多样的物质文明和精神文明因素，是现代生活方式的重要组成部分，同时又是一项集自然美、艺术美与社会生活美之大成的综合性审美实践活动，因此旅游必然成为美学或应用美学研究的对象之一。这便是旅游美学生成的理论支点。

像所有其他新兴的应用美学门类一样，旅游美学的研究和发展也应当具备最起码的学科建设规范。首先，就学科性质而言，旅游美学是一门交叉性或多边缘学科，既与地理学、景观学、山水美学、山水文学、审美心理学、社会心理学、园林建筑学和人类文化学等学科有关，而且与绘画、书法、雕塑、音乐、戏剧等其他各门类艺术有关。但这并不能构成任何理由，把旅游美学笼统地当作与其相关的所有学科的集装箱或简单的堆砌物，而应围绕着旅游观光活动的审美特性本身，多层面多角度地开展有机综合研究。

其次，就理论系统而言，旅游美学务必借鉴古今中外哲学美学、科学美学和应用美学的现有研究成果，使自身在理论框架上既有传承的一面，亦有依托的一面，并且能够从哲学的角度予以提升和归纳，这样可以避免结构过于松散或出现见木不见林的现象，致使应用美学的研究总是停留在一般经验的层面上，上升不到应有的理论高度，结果永远不可能成熟。

再次，就研究范围而论，旅游美学应当紧扣旅游者“行、游、住、食、购、娱”这条基本活动线索，系统地研究这一系列活动中所蕴含的审美因素与规律性的东西。通常，我们把旅游审美活动视为一个系统的过程或者整体。在此基础上，进而将其划分为旅游审美对象分析、旅游审美心理过程、旅游形象设计与接待艺术、旅游审美文化研究等四个主要组成部分(如图所示)：

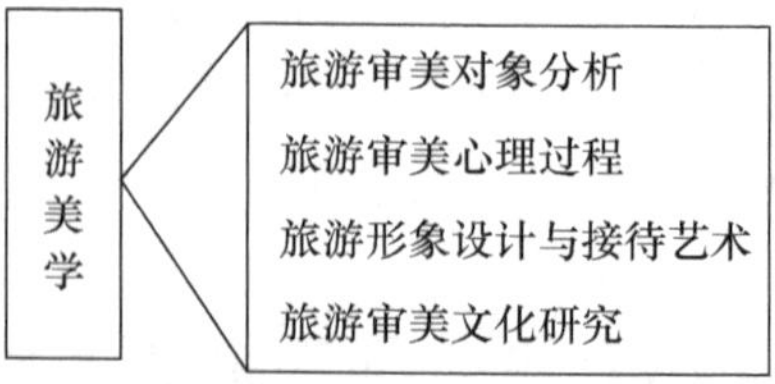

第一部分主要探讨旅游景观的类别,分布、价值形态和美学风格等。第二部分侧重研究旅游者的审美心理,旅游审美的动态过程与旅游观赏艺术的原理等。第三部分主要是从实践的角度出发,重点分析旅游景区与旅游企业的形象设计、旅游审美期待与相应的接待艺术以及旅游工作者的审美修养等方面的问题。第四部分主要从欣赏、应用和推广的立场出发,在表述旅游审美文化的构成、特征与基本功能的同时,尽力归纳出合规律性与目的性的法则或原理,以便运用于旅游景点或区域景观的开发与旅游纪念品的造型设计,促进旅游企业审美文化的建设和提高旅游者与旅游工作者的鉴赏水平等。[①]

然后,就研究方法而论,旅游美学主要采取描述、分析和比较的方法,从认识论、价值论和信息论等不同视界出发,密切联系旅游者"行、游、住、食、购、娱"等一系列综合性实践活动与其相应的审美需求,对上述研究对象与范围进行深入细致的考察、论证与阐明。我们之所以有意识地淡化本体论或形而上的研究,一是因为我们始终把审美看作一个动态的过程,形形色色的"美的事物"(the beautiful)或"审美对象"(aesthetic object)不再是与人隔绝的静态存在,其本身的价值与意义只能体现在这一过程之中。二是因为旅游美学本是一门应用学科,其基本宗旨要求研究工作尽可能地切入旅游者的生活之中,有助于解决旅游业中所存在的某些实际问题。但这并非是说,研究者完全可以无视或免于探讨"美"与"丑"、"真"与"善"、"优美"与"崇高"或"阴柔"与"阳刚"、"滑稽"与"幽默"等美学基本概念或一般形态。实际上,当我们从价值论和认识论角度来审视评价具有这些审美特性的旅游景观对象时,往往会在不同程度上涉及它们的本质问题。所以,研

① 本书比较侧重旅游审美活动与旅游接待艺术等方面的讨论。对于旅游美学进行比较全面的研究,还会涉及文化创意产业与中国传统艺术等内容。相关的部分可参阅王柯平主编:《旅游美学新编》(旅游教育出版社,2000 年)。

究者必须具备哲学美学的基本理论素养，这有利于我们透过繁杂纷扰的现象，洞察到事物的本质特征，深化我们的认识和判断能力，同时也有利于旅游美学这一新学科的建设和发展。

最后，就其目的而论，旅游美学研究的最终目的在于提高人的生活质量，促进人的全面发展。就其现实意义而言，研究旅游审美活动的主观范畴与客观范畴，探讨旅游主客观之间的审美关系和旅游审美文化的开发与设计等，就是想要从中总结归纳出合规律性与合目的性的东西，以期(1) 满足旅游者的审美需求，提高旅游者的审美鉴赏能力，(2) 培养旅游接待人员的审美修养，提高他们的服务艺术，(3) 改善旅游活动过程中的审美环境，协调旅游主客之间的审美关系，(4) 合理开发与充分利用旅游景观资源与设施，(5) 增强旅游产品的吸引力与旅游市场的活力。需要强调指出的是，所有这些目的又都服从于一个总体的实用目标：在微观上促进旅游审美活动的良性循环，争取更多的“回头客”；在宏观上推动旅游市场持续而健康地发展。

第二章　旅游审美对象与美学理论

在旅游审美活动中，常见的审美对象为自然美、艺术美与社会生活美这三种主要形态。西方美学自1750年以来，各种探索络绎不绝，历尽沉浮，创生了林林总总的思辨体系与理论学说。迄今，对作为一种社会时尚的旅游审美活动而言，这些体系与学说仍然不乏其启迪作用，尤其是其中关于优美与崇高的美学范畴与“自下而上”的心理学美学理论。

一　旅游审美对象的一般形态

如前所述，旅游观光是一项集自然美、艺术美与社会生活美之大成的综合性审美实践活动。特别是自然美，不仅是促发旅游动机的主要动因，而且是旅游审美活动的主要对象。

（一）自然美

“山川之美，古来共谈”（陶弘景）。这“山川”，在汉语中几乎成了大自然的代名词。实际上，今日所言的“自然”，可分为“原态的自然”与“人化的自然”。前者表示自然界原来的、未经人化的或者未经人类直接加工改造过的形态或景物，如天然生成的日月云霞、山水溶洞、花草鸟兽、原始森林等。后者泛指人类在物质生产劳动或社会实践过程中经过改造和利用的部分，譬如人文景观（寺庙建筑与摩崖题刻等）与自然景观（山水云雾等）相互融合而成的景物等，它们一般具有历史的沧桑感或“时间的立体性”（今道友信）。

无论是从人类社会劳动实践的历史或文明发展的历史来看，还是从人类审美意识的生成及其发展的历史来看，自然美或人类对自然美的欣赏,均是一定社会实践的结果,是人类社会生活的产物。在远古时期,自然界尽管是原始先民的生活场所,但由于人类生产能力与认识水平的低下,许多自然现象(如雷鸣电闪、火山地震等——后者在今日依然如此)具有无限的和神秘的自然威力,与人对立,使人恐惧,谈不上可亲可爱,谈不上风景优美("风景"一词本身是人类文明的产物),更谈不上旅游观光或审美欣赏了。诚如马克思、恩格斯所言,自然界起初是作为一种完全异己的、有无限威力的和不可制服的力量与人们对立的,人们同它的关系完全像动物同它的关系一样,人们就像牲畜一样服从它的权力……因此,"在环绕着我们并且仇视着我们的自然界中是没有美的"(高尔基语)。

随着农业文明的出现和植物种植的发展,人类与自然联系的拓宽——从狩猎、驯养动物、捕鱼、采集果实到种植植物——使人在熟悉和研究植物的过程中也发现了植物的美的属性,最终使植物成为人类审美的对象或者"艺术的对象"。诚如马克思所言:"人(和动物一样)赖无机自然界来生活,而人较之动物越是万能,那么,人赖以生活的那个无机自然界的范围也就越广阔。从理论方面来说,植物、动物、石头、空气、光等等,部分地作为自然科学的对象,部分地作为艺术的对象,都是人的意识和人的活动的一部分。"①譬如在甘肃、青海的马家窑彩陶中所看到的动物与植物(花卉、茎状、叶纹等)图案,可以说是原始仿生学的艺术性创造结果。人类对植物的熟悉和对其丰富形式特征的把握,扩大了人类审美对象的范围,扩大了人类对形式规律的认识和运用,其中常见的那些表现对称、均衡、反复、齐一乃至富于变化的多样统一等形式律,大多是从动物与植物本身的结构与样式中提炼概括出来的。

所以,从根本意义上讲,人类对自然美的发现与欣赏是社会劳动实践的结果。另外,从广义上讲,人在与自然的交往中,不仅通过直接的加工与改造生成了"人化的自然"(或"第二自然"),而且也通过自己的意识(特别是审美意识)间接地加工和创造了"原态的自然"(或"第一自然")。譬如,人凭借艺术的或审美的想象对"原态的自然"进行加工与创造,目前常见的方式就是把神话与自己的情感和奇思幻想

① 马克思:《1844 年经济学哲学手稿》(人民出版社,1985 年),第 49 页。

等转嫁给原本自在的大自然景观，使其更符合人的审美需求，更具有审美的价值。这其中当然也有违背“美的规律”而创设的、画蛇添足式的拙劣做法。

关于自然美的本质，目前美学界有以下几种主要看法：(1) 自然美是客观自然物的个别性显著地表现自然物的一般性(典型性)。(2) 自然美是自然物的某种客观属性契合人的生理心理机能或主观意识，与人的审美情感或审美理想相结合，是客观与主观统一的产物。(3) 自然美是自然物中体现人的本质力量或一定的社会意义，自然美不在自然物的自然属性，也不是人的主观意识的产物，而是产生于自然与人类社会实践的历史联系中，自然美的基础是自然物的自然属性，其决定因素则是自然物的社会属性。这在一定程度上就像车尔尼雪夫斯基所说，自然事物只有当作人和人的生活中的美的一种暗示，这才在人看来是美的。

总之，各种自然现象是客观存在的，或者说，是外在于人而独自存在的。但就其美的价值与人对这些价值的欣赏来看，它们必然与人类的精神生活及其审美意识有着千丝万缕的联系。这其中的主要根源与特征在于：(1) 大自然是人类栖居的场所，是人类生活资料的源泉。(2) 自然景物或现象的某些特征与人的性情品格有某种“异质同构”的相似性。譬如“望秋云，神飞扬；临春风，思浩荡”的心物感应；“悲落叶于劲秋，喜柔条于芳春。心懔懔以怀霜，志眇眇而临云”的情感体验；悦山乐水与仁者智者；“岁寒三友”(松、竹、梅)或“四君子”(梅、兰、竹、菊)与君子的独立人格或清高品德；“濯清涟而不妖，出淤泥而不染”的荷花与人格品性的纯洁自律；以及老虎与勇猛、老鼠与胆怯、狐狸与狡猾等等。(3) 自然景物或现象成为人类的审美对象，主要是由于其客观属性中所包含的形式因素(如色彩、线条、光照、形体、声音、质料等)和由此构成的形式美，其中主要有优美(阴柔)和崇高(阳刚)两种类型。

(二) 艺术美

旅游观赏对象中的古迹文物、雕刻字画、音乐歌舞、建筑园林等，不仅是文化遗产，而且大多是艺术的精品佳作。游览山水之余，相应的文化娱乐或艺术欣赏活动是不可缺少的内容。尽管艺术通常被分为“美的艺术”(fine arts)与“实用艺术”(useful arts)两大类别,但就其美的本质特性而言,则是大同小异的。

简要地说,艺术美是对艺术作品的审美属性的概括,是艺术家对生活的审美感情和审美理想与生活美丑特性在艺术形象中的综合性表现。在人物、事件、思想和情感的表现形式上,艺术美具有形象性、感染性、典型性、民族性与个性等。所有这些特性,人们在欣赏各类艺术作品中,譬如旅游者在游览秦陵兵马俑、巴黎卢浮宫、罗马大教堂、北京琉璃厂、云冈石窟、曲阜孔庙、苏州园林等地的过程中,必然会在直接观照时获得不同程度的感受和体悟。

值得强调的是,艺术美源于现实生活,但高于现实生活,是艺术家自由的创造性劳动实践的产物。一般说来,这种自由的创造性劳动实践是以超越现实的审美意识或理想为内在动力的。另外,艺术作品中构成艺术美的内容与形式,是辩证统一或相互完善的关系。这种关系首先表现为从内容的表现需要出发来探寻艺术化的表现形式(如“意在笔先”“胸有成竹”),其次表现为利用形式的审美价值来显现内容(如“以形写神”),最后表现为艺术家在创作过程中自由地运用形式美的法则,以便把艺术的形式与内容更加完美地结合起来,达到更高的艺术境界和取得更多的审美价值(如“尽善尽美”)。

艺术美的存在形态是多种多样的。这一方面取决于不同的艺术种类,因为类似小说、诗歌、戏剧、绘画、雕塑、建筑、音乐等艺术种类的美具有各自不同的特点;另一方面则取决于不同的艺术表现形式,因为同一种类的艺术作品的美会由于不同的内容形式和表现方法而具有不同的审美价值。本书后面在论及审美文化的构成与欣赏时,将对各类艺术美进行较为深入的探讨。

(三) 社会生活美

在旅游审美过程中,所在地的风俗民情、社会环境、生活方式、城建布局以及形式多样的劳动建设成就等,都是旅游者了解、体察和欣赏的对象。这些对象所内涵的认识价值(真)、伦理价值(善)和审美价值(美),便构成了广义上的社会生活美。

质而论之,社会生活美是人类精神世界之美、人类劳动产品之美、人类言行举止之美与人类生活环境之美的总和。它产生于人类在长期社会实践中形成的相互关系，以及由这种关系构成的社会生活。譬如标准而周到的旅游接待服务，颇能体现社会生活美的诸多特点。

就个体而言，社会生活美包括人的心灵美和行为美。前者是指人的内心精神世界美，后者是指人的语言行为与其他外在行为动作美；前者是通过后者得以表现的。具体地看，社会生活美主要表现在社会成员中的先进人物身上；其次表现在劳动产品上；另外还表现在人所创造的生活环境上，也就是我们所谓的"环境美"。因为，人"按照美的规律来"来塑造、生产或建造，不仅塑造符合道德理想的美的人格，生产符合目的性的美的产品，而且建造符合人类生存质量需要的美的生活环境。

需要说明的是，旅游美学所研究的社会生活美，还包含着一层特殊的意思，这就是旅游者对饮食生活美的追求。众所周知，一般旅游者外出旅游，品尝旅游目的地(travel destinations)的风味佳肴是必备的节目内容，有些来华旅游团，是专门来领略中国菜肴的一饱口福的"美食团"。要知道，中国烹饪作为一门实(食)用艺术，所给人的美感是多方面的。讲究"色、香、味、形、意"的珍馐佳肴，不仅给人以形式美感(色、形)、嗅觉美感(香)和味觉美感(味)，而且还能给人以精神美感(有相关菜肴的诗化名称或传奇故事构成的意或意趣)。此外，舒适优雅的饮食环境，造型别致的饮食器具，轻松悦耳的宴乐配制，热情好客的微笑服务以及风格独特的桌椅家具等，也会给人一种综合性的审美体验。①

二　优美与崇高

狄尔泰与狄索瓦的圆环方法表明，一般的审美范畴(ästhetische Kategorien)除了美(schön)与丑(häβlich)之外，还包括其他四种：优美(niedlich)、崇高(erhaben)、滑稽或喜剧性(komisch)、悲壮或悲剧性(tragisch)。鉴于旅游美学研究的范围，这里仅谈论优美和崇高两大审美范畴的主要审美属性与特征。

① 参阅王柯平：《旅游审美活动论》(旅游教育出版社，1990年)，第184—200页。

在旅游中,人们或游桂林山水或观钱塘大潮;在音乐会上,人们或听《春江花月夜》或听《十面埋伏》;在卢浮宫里,人们或看绘画《蒙娜丽莎》或看雕塑《摩西》;在参观书法展览时,或欣赏隽秀妩媚的柳体或欣赏刚劲挺拔的颜体等。这些形态与风格不同的审美对象,所给人的视觉感受和心理体验是有一定差异的,或赏心悦目、气和神闲,或激奋不已、心惊神驰,凡此种种,不一而足。为了便于阐明这些审美对象各自的属性与特征,一些美学家将其分为优美与崇高。

在西方美学思想发展史上,据说朗吉弩斯(C. Longinus, 213—273)最先论及"崇高"这一范畴。他当时所谈的是文体,认为"崇高的风格"犹如利剑出鞘、长空闪电,是"伟大的心灵的回声",具有"更大的感动力"。但同时也指出,"优美"与崇高或伟大的对象是并存的,都"巍然高耸"在大自然或宇宙的壮观景象里。① 比较起来,真正从美学角度对优美和崇高做出深入分析和解释的是伯克和康德。

基于英国经验主义的哲学思想,伯克(Edmund Burke, 1729—1797)就崇高(sublime)与优美(beautiful)的基本属性和特征做了如下分别:"崇高的对象在它们的体积方面是巨大的(greatness),而美的对象则比较小(littleness);美必须是平滑光亮的,而伟大的东西则是凹凸不平和奔放不羁的;美必须避开直线条,然而又必须缓慢地偏离直线,而伟大的东西则在许多情况下喜欢直线条,而当它偏离直线时,也往往作强烈的偏离;美必须不是朦胧模糊的,而伟大的东西则必须是阴暗朦胧的;美必须是轻巧而娇柔的,而伟大的东西则必须是坚实的,甚至是笨重的。"②从审美角度看,伯克认为主体在凝神观照崇高与优美的审美对象时,所引发的情感体验是有差异的。如观悬崖、峭壁、黑夜、烈马、翰漠、大海、苍穹等崇高型审美对象,往往会导致带有"自我保全"情感(self-defensive passions)色彩的崇高感。这种情感体验与危险(danger)、恐惧(fear)和痛感(pain)相关,始初不能产生积极的快感(positive pleasure),但随着危险与恐惧(有些是处于自我保全而由自我想象出来的负面感觉)的消失,真正意识到自己与危险而恐惧的对象隔着一定距离,自己处于不受对方加害或威胁的安全地带,于是原

---

① 参阅朱光潜:《西方美学史》(上卷,人民文学出版社,1979 年),第 108—115 页。
② 伯克:《崇高与美》(李善庆译,上海三联书店,1990 年),第 146 页。

来的痛感会转化为一种喜悦感或愉悦感(delight),而且较之于原先的痛感而成为一种更为强烈快感。这种感受的根源来自崇高对象内含的那种力量,那种人所不能征服驾驭的、自由不拘或奔放不羁的、使人望而生畏但又对人无害的力量。相形之下,潜心凝照优美的对象,通常会诱发一种具有"相互交往"情感(mutual communicative passions)色彩的优美感。这种感受主要与爱联系在一起,使人在观赏以和谐的形式或形象为特征的优美对象时,譬如花草、小宠物、锦缎、溪流、朝霞、少女人体等,容易使人产生积极的快感,使人感到喜悦和欣快(pleasure & delight),感到"松弛舒畅"。[①]

继伯克之后,康德受英国经验主义哲学与大陆理性主义的影响,在折中与贯通这两家学说的基础上,从质、量、关系和方式等四个方面系统地分析和论述了美与崇高及其审美判断的基本特性。关于美,他作了如下的义界和概括:(1) 在质的方面,美有别于愉快和善。审美趣味是一种不凭任何利害计较而单凭快感或不快感来对一个对象或一种形象显现方式进行判断的能力。这样一种快感的对象就是美的。这实际上确认了一种超功利的审美态度及其在审美经验中的作用。(2) 在量的方面,审美判断与概念无涉,美是不涉及概念而普遍地使人愉快的。审美判断的无概念性要求审美主体专注于审美对象的自身形态,由此所欣赏的美具有普遍性。因此,张三李四、中国外国,在不旁牵他涉的前提下,均可介入。(3) 在关系方面,也就是在审美对象与其目的之间的关系方面,美是一个对象的符合目的性的形式,但感觉到这形式美时并不凭对于某一目的的表现,即审美主体意识不到一个明确的目的。在此,他把美分为"纯粹美"(pure beauty)和"依存美"(adherent beauty)。前者是一种我们不能明确地认识其目的或利益的美,如古代装饰性的图案花纹、音乐中的幻想曲和自然美等,即一种没有失去纯洁性的自由美。后者是一种与某种实用目的交织在一起的美,如宫殿与教堂之美。这种美虽失去了纯洁性,但却获得了丰富性。依存美的最高形式是理想美,是"审美的快感与理智的快感二者结合"的一种美。(4) 在方式方面,凡是不凭概念而被认为必然产生快感的对象是美的。这种必然性是建立在共通感或共同感觉力

---

① 参阅伯克:《崇高与美》,第 182—183 页。

(common sense)之上的。

关于崇高,康德在整合与发挥伯克的崇高学说的基础上,将其分为数量的崇高(the mathematic sublime)与力量的崇高(the dynamic sublime)。前者的主要特点在于对象体积的无限大(the greatest objects of infinite),如浩瀚大海和崇山峻岭等;后者的基本特点在于对象既引起恐惧(terror)又引起惊羡(astonishment)和崇敬(admiration)的那种巨大的威力或气魄,如雷电和风暴等。比较而言,康德认为美涉及对象的形式,其特点是有限制,而崇高则涉及对象的"无形式",其特点在于"无限制"或"无限大"。因此,美更多地涉及质,而崇高更多地涉及量。从审美心理上看,美感始终是单纯的快感,而崇高感则由压抑转化为振奋,由痛感转化为快感,所以使观赏者的心灵处在动荡不已的状态,有助于提高或升华人的道德精神。因此,如他所说,"在我们的审美判断中,自然之所以被判定为崇高的,并非由于它可怕,而是由于它唤醒我们的力量(这不是属于自然的),来把我们平常关心的东西(如财产、健康与生命)看得渺小,因而把自然的威力看作不能对我们和我们的人格施加粗暴的支配力……在这些情况下,心灵认识到自己使命的崇高性,甚至超过自然"①。在这个意义上,或者说在追求主体性精神自由与自我超越的意义上,人们才能够更为全面地理解康德提出的"美是道德的象征"这一结论。

需要指出的是,优美与崇高在特征上虽有一定差别,但在本质上是相互联系的,都是美的,都是"自然的人化"结果,都是体现着人的本质力量,特别是人的积极情感的生动形象。因此,据柯勒律治(S. T. Coleridge)记载,有一批旅游者在观望气势磅礴的巨大瀑布时,称赞其"不仅崇高,而且优美和绝对漂亮(It is not only sublime, but beautiful and absolutely pretty)"。尽管如此,我们应当承认崇高(数量与力量两种)对象的某些特殊性,应当承认欣赏这类对象是需要具备以下条件的:(1) 认识条件。通过理性认识功能对感性认识功能的弥补,以便能够把握对象无限大的整体。(2) 道德条件。观赏者要具有较高文化修养与道德观念,具有勇敢的精神与自我的尊严,因为,"如果没有

---

① 参阅朱光潜:《西方美学史》,第380页;另参阅康德:《判断力批判》(上卷,商务印书馆,1987年)。

道德观念的发展,对于有修养准备的人是崇高的东西对于无教养的人却是可怕的东西”①。(3) 心理条件。首先要能够意识到自身的安全,也就是解决实际的安全意识与想象中的危险意识之间的冲突。其次是能够淡化或者忘却平常那种对自身财产、健康与生命的关切心理,随之以审美的态度来“无为而无不为地凝神观照”(即抛开实用的功利心而以非功利的态度来评品)客观的对象。最后是要培养一种超越的意识,超越对象的“巨大”(greatness)和由此唤起的那种“无限的观念”(idea of infinity)。总之,崇高是美的一种特殊表现形式,与人类的社会实践和道德观念有着直接或间接的一定联系,对鼓舞人心和提高人的精神境界有着巨大的潜力。诚如鲁迅所说:“养肥了狮虎鹰隼,它们在天空,岩角,大漠,丛莽里是伟美的壮观,捕来放在动物园里,打死制成标本,也令人看了神旺,消去鄙吝的心。”②

值得补充的是,优美与崇高两种审美范畴,类似于中国一些文论家所谓的“阴柔”和“阳刚”。前者在风格上表现为柔和、淡雅、飘逸、恬静,在语言上表现为徐婉、淳朴或清丽,在感情上表现为含蓄、绵密或闲适。后者则相对而出,在风格上表现为刚健、雄浑、豪放、壮丽,在语言上表现为雄伟、劲直或激越,在情感上表现为热烈、高昂或奔放。自刘勰提倡“刚柔以立体”、沈约宣扬“刚柔迭用”等论说后,姚鼐和刘熙载等人联系文章书法做了进一步的阐述。譬如,在《复鲁絜非书》中,姚鼐写道:“鼐闻天地之道,阴阳刚柔而已。文之,天地之精英,而阴阳刚柔之发也。”属于阳刚之美者,“其文如霆,如雷,如长风出谷,如崇山峻崖,如决大川,如奔骐骥……”属于阴柔之美者,“其文如升初日,如清风,如云,如霞,如烟,如幽林曲涧,如沦,如漾,如珠玉之辉,如鸿鹄之鸣而入寥廓”。在《书概》中,刘熙载认为,具有阳刚之美的书法,通常表现为“奇拔毫达”;而具有阴柔之美的作品,则“沉着屈郁”。特别有意义的是,中国文论家们大多认识到阳刚与阴柔两者相反相成的对立统一关系,因此一贯标举协调为用、刚柔并济的美学原则。所谓“阴阳刚柔并行而不容偏废”(姚鼐)或“阴阳刚柔不可偏陂”(刘熙载)等说法,均表达了上述意思。

---

① 参阅《判断力批判》,第 29 节。

② 参阅《鲁迅全集》(第 6 卷,人民文学出版社,1981 年),第 482 页。

三　心理学美学与旅游观赏

与传统美学相比,近现代美学的一个显著特征就是倡导和应用心理实验和心理分析的方法来研究审美关系与审美活动的科学精神。结果,使心理学美学得到了迅速而长足的发展。诚如克罗齐在《美学的历史》一书中所言,纯粹心理学的和联想律的(美学)方向在立普斯(T. Lipps, 1851—1914)和他的学派那里是明确的。作为一个学派,心理学美学上承实验心理美学,下启完形心理学美学,经历了一个相当长的发展时期。其中具有代表性的学说主要有"移情说""内模仿说""距离说""异质同构说"和"集体无意识说"等。这些理论要点对分析旅游观赏的心理特征和确立有效的旅游观赏方法具有不可忽视的启迪作用。

(一) 移情作用

"移情说"(theory of empathy)被认为是立普斯的首创。历史地看,"移情说"主要是受休谟的"同情说"和叔本华的"静观说"以及诺瓦利斯(Novalis)的"魔幻唯心说"的影响。立普斯的贡献在于直接从心理学和价值论出发研究美学,认为美学是一门关于美和审美价值的心理学学科,其首要任务是科学地描述和阐释审美对象及其审美价值所引发的特殊效果与相应条件。"移情说"认为审美价值是"客观化的自我价值情感",因此在审美关系上强调物我同一或情景交融。在这种"同一"的状态中,人"把自己感入"(feel oneself into)对象中,借此将原本隐含在心灵里的情感志趣"外射"(project)到对象中,使其得以寄托和表现,构成"象征性移情作用"。简言之,"移情"是一种立足于主体心理活动的物我交流过程。根据性质,"移情"分为"审美的移情"与"实用的移情"。两者的区别在于前者以审美观照为前提,而后者则以实用态度为前提。审美观照要求观照者超然物表,把对象的内容从现实联系中脱离出来,在纯化的移情作用中于审美对象深处把握表现人的价值的东西。

在《空间美学》一书中,立普斯以游览古希腊雅典卫城时凝神观照"多利安式"(Doric)石柱为例做了如下描述:"在我的眼前,石柱仿佛凝成整体和耸立上腾,就像我自己在镇定自持,昂然挺立,或是抗拒自己身体重量压力而继续维持这种挺立姿态时所做的一样。"这种姿态,令人可喜,其内在充满生气的模样引人同情,从中能够再认识到自己的一种符合自然的和令人愉快的仪表。"所以一切来自空间形式的喜悦……一切审美的喜悦,都是一种令人愉快的同情感。"从物我关系上讲,"在对美的对象进行审美观照时,我感到精力旺盛,活泼,轻松自由或自豪。但是我感到这些,并不是面对着对象或与对象对立,而是自己就在对象里面";"在它里面,我感到愉快的自我和使我感到愉快的对象并不是分割开来成为两回事,这两方面都是同一个自我,即直接体验到的自我"。①

总之,移情作用就是把自己的情感意趣"外射"或"寄托"到对象之中,使其对象化为客观的自我,在这里,自我和对象的对立于瞬刻之间便消失了,由此构成了着上主观情感色彩的"有我之境"。如此一来,美感好像是对一种对象的欣赏,实质上是对于自我的欣赏。说到底,美与审美价值,又如唯心主义美学所认为的那样,完全发乎于心,完全是主观的东西了。另外,按其形态,立普斯把"移情作用"分为"积极的"和"消极的"两种。前者产生愉悦性情感(快感),其对象是"美";后者产生非愉悦性情感(不快感或痛感),其对象是"丑"。顺便提及,对于"移情说",英国学者浮龙·李(Vernon Lee,1856—1935)后来以流畅的文笔做了进一步的阐述和推广。她以心理内省的方法记叙了自己观照一只中国古花瓶时的情绪变化和感觉特征。同时,还以"山耸立起来"(The mountain rises)为例,总结了审美移情作用的整个过程,认为山原本是静止的,山的耸立起来是由我们意识到自己抬起眼睛、头或颈时所引起的一个观念而已。因此,移情不过是把我们自己的动态的经验和运动的观念赋予外物形象罢了。到中国江南旅游的人,看到园林或景区中的亭子造型时,不仅会欣赏上翘弧度较大的亭角所构成的空间形象美及其曲线美,而且还会产生一种亭子向上提升或腾飞的动态感和轻盈的柔美感。这实际上也是移情作用所致。

---

① 参阅《西方美学家论美与美感》(商务印书馆,1980年),第271—276页。

（二）内模仿说

“移情说”的提出，的确震动了当时的西方美学界，同时也激发了深入探讨的热情。“内模仿说”（Theory of Inner Imitation）便是一个直接的产物，或者说是“移情说”的一个变种。

这一学说的倡导者谷鲁斯（Karl Groos，1861—1946）不仅受立普斯的影响，而且受席勒及其“游戏说”的影响。他认为人具有游戏和模仿的本能，这两者在一般审美活动中总是密切联系在一起的。人只有以游戏的态度观赏对象时，才能有审美的欣赏或模仿。这种模仿大半内在而不外显，是一种“内模仿”，有别于大半外现于筋肉动作的一般知觉的模仿。质而论之，“内模仿”就是人在内心里模仿外界事物精神上或物质上的特点。在此过程中，人会体验到一种并不外显的运动感觉。比如看赛马，真正的模仿是不能实现的，所以只能心领神会地模仿马的跑动，享受这种内模仿的快感。“这就是一种最简单、最基本也最纯粹的审美欣赏。”在旅游活动中，旅游者在观赏歌舞表演时，尤其是亲临山寨或部落观看当地的民族舞蹈，内模仿的作用对调动和强化审美情趣和兴致是十分有效的。

表面看来，谷鲁斯把“内模仿”视为审美活动的主要内容，立普斯把“移情作用”视为审美活动的主要内容。但在实际上两者并不互相排斥，是一种“你中有我、我中有你”的关系。比如，立普斯在论述“移情作用”时，也谈模仿，认为在物我融为一体的状态中，我想象自己被转运到那形体里面去了，意识到我和它完全同一交汇起来了，感觉到自己在所见到的形体里活动、自由、轻松和自豪，“这就是审美的模仿，而这种模仿同时也就是审美的移情作用”。同样，谷鲁斯在论述“内模仿”时，也涉及“移情作用”，认为在这一心理过程中，人会把旁人（或物）的经验看作仿佛就是自己的；人假定本无生命的对象具有某些与人类一样的心理情况并且亲身经历或玩味一番；人内在地参加一个外在对象的动作；人想象一个静止的物体会发出某种运动；人把自己的内心同情所产生的那种心情移置到对象上去，例如说到崇高事物严肃，优美事物喜悦之类。可见，两人的主要区别在于各有侧重：立普斯的“移情说”侧重的是由我及物的一面，谷鲁斯的“内模仿说”侧重的是由物及我的一面。这种彼此会通的关系有如一枚硬币的两面。

（三）距离定律

在"移情说"的启示下，瑞士美学家布劳（Edward Bullough, 1880—1934）提出了著名的"审美距离说"（theory of aesthetic distance）。像立普斯一样，布劳也是从心理学角度研究美学的，并且从根本上否定美的纯粹客观性，放弃对美的本质及其客观因素的追究。他在1912年发表的《心理距离》一书中，着重论证了两种不同的距离概念，即"空间距离"（spatial distance）和"心理距离"（psychical distance）。"空间距离"又分为"现实的空间距离"和"象征的空间距离"。前者是指观赏者与观赏对象之间保持的实际距离，后者是指观赏对象之内的空间距离，如绘画作品中透视法所造成的远近和明暗等立体效果。而审美则主要有赖于"心理距离"。这种距离出现在观赏者与能够打动人心的观赏对象之间。它作为一种审美原理，使审美对象超出实用的功利范围，使其审美价值有别于实用的或功利的、科学的或社会（伦理）的价值，同时又使观赏者的情感意趣通过移情作用外化为客观现象的特征，借此引发出审美活动与不同于快感的美感。

无论是观赏或创造艺术美（如裸体绘画），还是观赏自然美（如海上大雾或者"阿诗玛""仙人指路"之类的拟人化的山体构景），距离不仅是审美判断标准，而且是审美悟性本身。总之，"美，最广义的审美价值，没有距离的间隔就不可能成立"。当然，距离具有易变性。距离丧失，就意味着审美可能性的丧失。"距离丧失可能出于如下两种原因：或失之于'距离太近'，或失之于'距离太远'。'距离太近'是主体方面常见的通病；而'距离太远'则是艺术的通病，过去的情形尤其是这样。"①

（四）异质同构论

令当代美学家们（如 Herbert Read）赞叹不已的是完形或"格式塔"（Gestalt）心理学美学的研究成果。完形心理学认为部分相加不等于全体或大于整体之和，强调"似动运动"和"场效应"等概念。该学

---

① 参阅《西方美学家论美与美感》，第276—278页；另参阅布劳：《作为艺术因素与审美原则的"心理距离说"》，见《美学译文》(2)（中国社会科学出版社，1982年），第92—107页。

派的主要代表人物阿恩海姆(Rudolf Arnheim,1904—2007)将这些基本理论具体而系统地运用于艺术,特别是视知觉与艺术两者之间关系的分析研究。比如,在解释视觉艺术中的似动现象时,他认为绘画作品或静物中的运动感觉并非由联想或移情作用引起,而是由艺术作品的形象结构所唤起的鉴赏者大脑皮层中的场效应引起的。在论述真正的观赏活动或艺术经验时,他认为那不再是一种对外部事物的纯认识活动,而是一种将观赏者卷入其中的激动的参与状态。因为,人在观赏时,对象的主要式样并没有被他的神经系统原原本本地复制出来,而是在他的神经系统中唤起了一种与对象的力的结构同形的力的式样。这种不同质而同形的力的结构便是审美观赏活动的心理基础,也就是著名的"异质同构说"。

阿恩海姆是在论证艺术的表现性与象征性的过程中提出这一观点的。其理论依据主要是威廉·詹姆斯(William James, 1842—1910)对心理事实与物理现实之间的同一性的论述:"必须指出,为这些作者们所激励强调的活动与情感之间的不等同,并不像乍一看上去那样绝对。在一般情况下,我们不仅从时间的连续中看到心理事实与物理现实之间的同一性,而且在它们的某些属性当中,比如其强度和响度、简单性和复杂性、流畅性和阻塞性、安静性和骚乱性中,也同样能看到它们之间的同一性。"①这就是说,两种不同的媒质——一个是物质的,另一个是非物质的——在结构上还是可以等同的。比如,我们在观看舞蹈时,会觉得那悲哀和欢乐的情绪看上去是直接存在于舞蹈动作之中,这主要是因为舞蹈动作的形式因素与其表现的情绪因素之间,在结构性质上是等同的。实验发现,当要求所有的受试演员分别以舞蹈的艺术形式来表现"悲哀"这一主题时,其动作都是缓慢的,幅度也不大,造型都呈曲线形式,展现出来的张力也都比较小。这说明"悲哀"这种心理情绪,其本身的结构式样在性质上与上述舞蹈动作的结构式样是相似的。一个心情十分悲哀的人,其心理过程也是十分缓慢的,其精神和行为状态也显得软弱无力,缺乏力度与决心。再如,一棵垂柳之所以看上去是悲哀的,并不是因为它看上去像是一个悲哀的人,

---

① 转引自阿恩海姆:《艺术与视知觉》(滕守尧等译,中国社会科学出版社,1985年),第614页。

而是因为垂柳枝条的形状、方向和柔软性本身就传递了一种被动下垂的表现性；或者说，是因为将那种垂柳的形式结构与悲哀的心理结构进行比较后所得出的感受。① 这种“异质同构”不仅可以当作一个审美观赏原理，而且还可以用为一种艺术创作原理，使人们注意从不同的事物之中寻找和表现它们的等同点。譬如，我们看“春山淡冶而如笑”，看“冬山惨淡而如睡”，从“浮云”中引发“游子意”，从“落日”里唤起“故人情”等审美经验，恐怕多少都与“异质同构”的观赏原理有一定关系。

（五）集体无意识

现代心理美学的一大分支是精神分析美学。它对20世纪的艺术创造和思想意识产生了极为广泛而深刻的影响。作为该学派的开创者，弗洛伊德（Sigmund Freud，1856—1939）惯于把精神分析的一些观念和原理应用于艺术和艺术批评，如“无意识”（unconscious）、“俄狄浦斯恋母情结”（Oedipus Complex）、“本能欲望”“抑制”“发泄”“白日梦”“移情”“转化”和“补偿”方式等。他认为艺术创造的动力来自本能欲望（如性欲），或那些被抑制但想得到发泄的愿望；艺术创造的目的在于通过艺术表现来实现个人那些最个性化的、充满愿望的幻想，或者说在于实现一种转化——“这种转化缓和了幻想中显得唐突的东西，掩盖了幻想的个性化的起因，并遵循美的规律，用快乐这种补偿方式来取悦于人——这时它们才变成了艺术作品。精神分析学根据艺术享受这一明显作用，毫不困难地指出了隐藏着的本能释放这个源泉……”②

为了证明自己的论点，弗洛伊德特意用自圆其说的方法分析了达·芬奇的绘画、米开朗琪罗的雕刻和陀思妥耶夫斯基的小说。弗洛伊德的另一显著特点是关注人类的生活质量及其心理健康，这与他出身医生这一职业不无关系。正是出于这一点，他在对现代文明的缺憾做了深入的分析和揭示，最后毅然得出这样一个发人深省的结论：“为了生活的目的，审美态度稍许防卫了痛苦的威胁，提供了大量的补偿。

---

① 转引自阿恩海姆：《艺术与视知觉》，第614—631页。

② 参阅弗洛伊德：《弗洛伊德论美文选》（张唤民等译，知识出版社，1987年），第139页。

美的享受具有一种感情的、特殊的、温和的陶醉性质。美没有明显的用处……但文明不能没有它。”①总的说来,弗洛伊德的理论对艺术创造影响极大,但对美学研究影响甚微。

真正对美学产生重要影响的是早年追随弗洛伊德而后来修正其有关理论的荣格(C. G. Jung, 1875—1961)与他本人首倡的“集体无意识说”。荣格认为艺术是一种有生命的、自身中包含着自身的东西。艺术在本质上是某种超过个人、象征和代表人类共同命运的永恒的存在,能够纠正时代偏向、补偿和调节人类生活,因此在现代社会生活中起着类似宗教的作用。荣格反对用本能欲望或性欲来解释艺术创造的激情。认为创造激情来源于崇高的理想和伟大的抱负,即一种超出艺术家个人能力的创造自发性或“自主情绪”。自主情绪植根于无意识原型,一般人意识不到其存在。只有当人对外部生活的兴趣减弱,越来越沉醉于自己的内心生活,越来越返回到远古或人类的童年状态时,自主情绪才能获得动力乃至形式,进而暗中制约或影响意识,最终通过艺术得以象征性的表现。“远古或人类的童年”状态也就是荣格后来提出的重要假设——“集体无意识”(Collective Unconscious)。集体无意识的核心内容是“原型”(archetype)或“原始意象”(primordial image)。

所谓“原型”,是“我们在无意识中发现的那些不是个人后天获得而是经由遗传具有的性质……一些先天的固有的直觉形式”,是一切心理反应的具有普遍一致性的先验形式,或者说是心理结构的基本模式。在荣格看来,这种模式是人类远古社会生活的遗迹,是重复了亿万次的那些典型经验的浓缩(condense)或沉淀(precipitate)结果。所谓“原始意象”(实际即“原型”),从科学和因果的角度可以将其“设想为一种记忆蕴藏,一种印痕或记忆印痕,它来源于同一种经验的无数次的凝缩。在这方面它是某些不断发生的心理体验的沉淀,并因而是它们的典型的基本形式”。“集体无意识”是通过“原型”或“原始意象”及其赖以产生的心理背景和心理土壤推导出来的。因此,理解了后者,就等于理解了前者。比如,我们在阅读荣格对“原始意象”的这段诗化描写时,会觉得“集体无意识”这个原本抽象而神秘的概念变得

① 参阅弗洛伊德:《弗洛伊德论美文选》,第172页。

清晰而生动起来——“每一原始意象中都有着人类精神和人类命运的一块碎片，都有着在我们祖先的理式中重复了无数次的欢乐和悲哀的残余，并且总的说来始终遵循着同样的路线。它就像心理中的一道深深开凿过的河床，生命之流（可以）在这条河床中突然奔涌成一条大江，而不是像先前那样在宽阔然而清浅的溪流中向前漫淌。”[①]荣格的这一学说，不仅涉及神话和艺术的起源，而且涉及人的深层心理结构，对研究审美意识和美感的特征具有重要意义。譬如，最近日本游客到贵州少数民族村寨观看原始舞蹈“地戏”的过程中，并不存在文化距离或理解上的问题，而在惊叹不已的同时称其为“舞蹈的活化石”；另外，奥地利人在 1998 年春节前听了中国中央民族乐团用民族乐器演奏了《百鸟朝凤》后，曾这样回顾他们当时的音乐感受：我们屏住呼吸，洗耳静听，随着“乐声在空中翱翔。我们像鸟一样愉快地在空中转圈，拜访树枝上其他鸟儿，又同另外的鸟儿一起盘旋而上。不久，各种各样的鸟啼声全都停息了下来。这时我们才从梦幻中醒来”[②]。看来，这种审美反应与心理结构显然同人类的“原型观念”和“集体无意识”有一定关系。

虽然前文把旅游审美对象从宏观上分为三种主要范畴，但其实际内容远比抽象的分类更为丰富多彩和生动鲜活。另外，若从研究旅游美学的角度加以审视的话，就不难发现上述有关优美与崇高之特征的描述与心理学美学理论的基本要点，在相当的程度上有助于我们正确地认识审美对象的基本形式，深入了解一般旅游者的审美心理，全面评价旅游景观的审美价值，有效塑造与国际接轨的旅游业形象以及开发新的旅游文化产品等。这种借鉴意义和实用功能是不可忽视的，因此有必要将其尽可能地应用于旅游美学的研究和旅游的实际工作中，譬如旅游观赏活动、旅游产品设计、旅游景点保护和开发等方面。

---

① 参阅荣格：《心理学与文学》（冯川等译，三联书店，1987 年），第 1—103 页。

② 参阅《中国中央民族乐团在奥地利的首场演出受到热烈欢迎》，见奥地利《信使报》1998 年 2 月 2 日，转自中国《参考消息》1998 年 2 月 4 日第 8 版。

第三章　中国传统审美趣味与旅游

中国审美意识的形成与发展具有自己的特点。从语义学或训诂学角度探讨,通常有“羊大为美”和“羊人为美”之说;从劳动实践和文化历史角度考察,主要有美感的“积淀说”。

在自身特定的文化系统中,中国美学取得了可与西方美学比肩量力的成就,孕育了耐人寻味的儒家、道家与禅宗审美风范,并在“西学东渐”后通过对话与交融而取得了长足的进步。按照我们目前的理解,儒家主要倡导“中和为美”,道家标举“自然为美”,禅宗则追求“空灵之美”,这在宏观上便构成了中国传统审美趣味的“三重奏”结构。另外,我们认为中国美学的总体精神,主要融贯于“天人合一”的基本概念之中。所有这些都或多或少地积淀在中国人的审美心理结构之中,直接或间接地影响着当今人们的审美趣味、山水意识乃至旅游景观开发意识和环境的保护意识等。近百年来,随着西学东渐与中西美学的会通,真正称得上理论创新的主要成果至少有两个,其一是王国维的境界说,其二是李泽厚的积淀论。

一　古代审美意识

审美意识一般包括审美感受和与之相关的审美趣味(鉴赏力)、审美观念、审美理想、审美心理等。在人类历史的长河中,审美意识始终作为社会意识形态的一个组成部分,伴随着文明发展的脚步和审美实践活动,从遥远的过去走到现在,走向未来。我们考察中国人的审美意识及其发展过程,通常主要采用两种具有代表性的方法:一是重文字训诂的考据法,二是重历史分析的考古法。

迄今,从前者研究的结果看,有些学者根据《说文解字》中对“美”

字的解释（“美，甘也。从羊，从大。羊在六畜主给膳也。美与善同意。”）[①]而得出如下结论：“羊大”即肥硕肉多的羊，“甘也”即好吃可口的味。由“羊大”的姿态创写出来的“美”字，其本义不在为了表达对于羊大的姿态或形象的视觉感受，而在于表达古代人对羊大肉多味甘的味觉感受。这种美的味觉感受就是味觉经验的审美感受，因此，“可以说，中国人最原始的审美意识起源于‘膘肥的羊肉味甘’这一古代人的味觉感受”。[②] 这便是常见的“羊大为美说”。从结构上看，原始的审美意识与人的生命本能需要和官能愉悦享受有着直接的关系，最初以味觉感受（美味）为契机，随即带动了视觉感受（美色）的能力，再后便增加了嗅觉感受（芳香）和听觉感受（乐音）等方面的内容。从时间上看，这种审美意识主要存在于原始社会后期至阶级社会初期这一漫长的历史阶段。随着人的全面觉醒，物质文明的持续发展和社会生活的丰富多样，这种最初囿于生理快感的审美意识逐步拓宽了自身的领域，具有了广泛的社会意义和伦理意义，于春秋战国时期发展到“美善等同”的历史阶段。此时，凸显道德伦理价值的“善”成了审美意识的核心内容，而原始时期那种基于感官本能的审美意识则被彻底地否定和超越了。秦汉时期之后，魏晋玄学勃兴，因任自然、返璞归真和澄怀体道等观念成了生活的理想。这样，“真”被纳入了审美意识，从而使其发展到“美真等同”的最高历史阶段。这种“真”，既非科学意义上的真，也非普遍有效性的真，而是终极意义上的有关生命本源的真，与“道”“理”“太极”“天地”或“玄牝”相通的真。这种“真”，既超越了感性的快感与不快感，又超越了理性的或伦理的善恶评价。在这一阶段，以“真”为内容的审美意识否定了前一阶段以理性和伦理精神为基础的审美意识，从而达到了“不意识善恶甚至连美丑也不意识的境地”，回到了自然怀抱中的返璞归真的境地。人在这种美或真的面前，大彻大悟，物我两忘，离形去知，与道同体，一切世俗的束缚绊羁、凡虑尘累都被一扫而净，人类的灵魂得到升华，人类的精神得到解放。但要指出，这种“真”对善恶与美丑的超越，不是简单地否定和抛弃，而是本质性的肯定与吸收，是在扬弃前两阶段审美意识的偏颇性基础上包

① 许慎：《说文解字》（中华书局，1963 年），第 78 页。
② 笠原仲二：《古代中国人的美意识》（杨若薇译，三联书店，1988 年），第 3 页。

容了它的合理内容。例如,可口的美味或美食,不仅给人以官能的愉悦,还同时激动滋养着人心,不仅"甘口",而且"甘心"。这种感受体现了生活的愉悦和生命的意义,而生则是宇宙本源性的或最为真实的东西。与此同时,"味"在中国审美意识发展史上,其含义不断扩充、不断丰富和延伸,不仅深入到语言生活等领域之中,而且渗透到几乎所有文学艺术的创作规律和评品法则之中。于是,人们在语言上讲求"意味",在生活上讲求"品味",在饮食上讲求"美味",在绘画、书法、雕塑、诗歌和戏剧演唱等艺术中讲求"韵味",在园林建筑等艺术中也像人际关系交往一样讲求"人情味"。

近年来,中国美学界对"美"的研究也有了新的成果。譬如,有的学者认为"美"字最初并非由"羊大"二字及其姿态组合创写而成,而是由"冠羊"而舞的巫术礼仪演变而来。远古时期,崇拜羊图腾祖先的民族每举行播种、祈丰、狩猎、诞生等巫术仪式时,总要由其代表人物(一般是酋长兼巫师)或头插羊角,或身披羊皮,或把整只死羊捆在头上,扮演成羊祖先的样子,大蹦大跳,大唱大念,从而形成一种美的巫术歌舞仪式。细审甲骨文和金文的"美"字,会发现该字皆由两部分组成,"上面作'羊',下面作'人',而甲文'大'字训'人',像一个人正面而立,伸直两手叉开两腿正面站着,'大'和'羊'结合起来就是'美'字。这些字形,都像一个'大人'头上戴着羊头或羊角。这个'大',在原始社会里往往是有权力有地位的巫师或酋长。他执掌种种巫术仪式,把羊头或羊角戴在头上以显示其神秘和权威"①。因此,有不少学者认为:"'美'的原来涵义是冠戴羊形或羊头装饰的'大人'('大'是正面而立的人,这里指进行图腾扮舞、图腾乐舞、图腾巫术的祭司或酋长),最初是'羊人为美',后来演变为'羊大为美'。"②据此,他们假定"美"字最初象征头戴羊形装饰的"大人",同巫术图腾有直接关系。后来,纯粹意义上的"美"的含义,由于脱离了图腾巫术,而同味觉的快感连在一起。如此说来,原始审美意识不是发端于味觉感受,而是源自与舞蹈相结合的原始巫术(注:舞、巫同源)祭祀活动。这种审美意

① 李泽厚、刘纲纪主编:《中国美学史》(第一卷,中国社会科学出版社,1984年),第79—81页。

② 萧兵:《〈楚辞〉审美观琐记》,见中国社会科学院哲学所美学研究室编,《美学》(上海文艺出版社,1981年),第3期,第225页。

识不仅具有图腾崇拜的意味，而且包含艺术创生的先兆。

我们认为，无论是“羊人为美”说还是“羊大为美”说，虽然道出了原始审美意识萌生的可能途径和审美感性的本原特征，但过分依赖汉字的象形品性而囿于对“美”字的训诂考据来推断立论，其结果难免失之偏颇。因为，中国古文字（甲骨文）的形成基本上与青铜时代同步，也就是在传说中的“夏制九鼎”的历史阶段（约公元前21—公元前16世纪）。我们知道，文字的发明是人类文明发端的象征，是人类历史发展到一定阶段的产物。在此之前，人类已经经历了漫长的发展时期，譬如从茹毛饮血的自然存在到制作简单工具的新旧石器时代。在此期间，人类的审美意识已经萌生或发展到一定的阶段。现代考古发现告诉我们，在距今一万八千年前的北京周口店山顶洞人的洞穴中所出土的石珠和兽牙等装饰物，说明山顶洞人已经萌生了一定的审美意识。另外，1986年5月，在河南舞阳县贾湖新石器时代遗址的考古发掘中，先后出土了18支作为陪葬器物的竖吹骨笛，音孔自5孔到8孔不等，其中7音孔笛居多。保存最完整的一支7音孔笛依然可以用来吹奏河北民歌《小白菜》的优美曲调，具备了6音阶结构，被专家誉为神奇的“东方魔笛”。[①] 贾湖新石器时代距今约八千年，这种骨笛的出现说明古代中国人的音乐艺术和与此相应的审美意识已经发展到了一个相当高的水平。也就是在同一时期，如红山和良渚文化时期，比青铜器早出的玉器已经作为礼祭品广泛使用，而这些玉器同时又是装饰品，是具有一定审美意味和反映当时审美趣味的审美对象。因此，可以肯定地说，审美意识的产生必定是远古的事，其发展与形成并非一日之功，不会晚到文字出现的时代，这就像古代神话等口头文学不能等待文字创生之后才会出现一样道理。另外，古代人固然是以生存为主要目的，其生存手段或物质条件因生产力落后而十分简单，但围绕着生存，其实践活动与生活范围不仅仅限于美味或吃。事实上，即便是一般的动物也在吃饱后因“过剩的精力”而“游戏”（如席勒所描述的狮子和普列汉诺夫所描写的某些鸟类），更何况比它们聪明的人类呢？所以，我们不难设想，与人类生存或实践活动相关的其他活动和事物，也必然会激发起古代人的审美意识。

---

① 刘再生、刘镇钰：《中国音乐史话》（上海文艺出版社，1995年），第3页。

相形之下，重历史分析的考古法则弥补和突破了上述方法的不足与局限。应用这一方法的学者，在探索原始审美意识萌生、形成与发展的过程中，从“劳动创造了人本身”这一科学原理出发，坚持历史唯物主义和实践美学的基本观点，把研究的重点放在分析古代劳动工具、装饰品、图腾符号、陶器、青铜器、原始神话和象形文字等的造型（质料、形状、色彩、线条和内容等）演变与其文化象征意味之上，从而得出审美意识是随着人类物质生产劳动的发展而萌发、形成和发展起来的结论。并且认为，审美意识最初紧紧地依附于人类的物质生产进程，以满足生存需要为主要特征；其后受原始宗教、图腾崇拜和巫术礼仪的支配与影响，而逐步出现精神化的趋向；最后，随着艺术生产、艺术创造力与想象力的发展，而走向独立和成熟。总之，劳动创造了人，也创造了人的审美意识和其他形态的高级意识。那么，人作为具体历史形式存在着的人，其审美意识不能是先验的或抽象的，而只能是历史的和具体的。[①] 它必然是人类实践活动和社会历史文化的“积淀”成果，并随着人类文明历史的进程不断丰富和发展。比如，山顶洞人的“穿带都用赤铁矿染过”，他们送葬时还在尸体旁撒红粉，就不只是对鲜艳红色的动物性生理反应，而是开始包含着某种观念意义或巫术礼仪的符号意义；或者说，并不只是为了感官愉快，而是具有了一定的社会内涵。诚如李泽厚所言：“在对象一方，自然形式（红的色彩）中已经积淀了社会内容；在主体一方，官能感受（对红色的感觉愉快）中已经积淀了观念性的想象、理解。”[②]再如，新石器时代的仰韶型（半坡村和庙底沟）和马家窑型的彩陶纹样（半坡型的人面含鱼纹，庙底沟型的鸟纹与几何形花纹，马家窑型的蛙纹和旋涡纹等），对先民的感受已经不只是均衡对称的形式快感，而且具有了比较复杂的观念和想象的意义。这些抽象几何纹饰“并非某种形式美，而是抽象形式中有内容，感官感受中有观念，如前所说，这正是美和审美在对象和主体两方面的共同特点。这个共同特点便是积淀：内容积淀为形式，想象、观念积淀为感受。这个由动物形象而符号化演变为抽象几何纹的积淀过程，

① 敏泽：《中国美学思想史》（第一卷，齐鲁书社，1987 年）。

② 李泽厚：《美的历程》（文物出版社，1981 年），第 4 页。

对艺术史和审美意识史是一个非常关键的问题”①。

这种重社会劳动实践和文明历史分析的研究方法，依据文物考古的具体成果，对古代中国人的审美意识的发展历程也做出了相应的推断。在时间上，原始人的审美意识发轫于旧石器时代（The Paleolithic Period，特别是其晚期，如北京周口店山顶洞人），一般可从现已发掘出的原始、粗糙和简陋的石器或工具中见出原始意义上的形式美（不同程度的具有对称或均衡的形式）和色彩美（富有色泽感的黑晶石石料工具）的萌芽。随着原始物质文明的发展，到了以农耕和家畜饲养为主要生产手段的新石器时代（The Neolithic Age），原始人的审美意识在经历一个漫长的历史时期之后得到了进一步的发展。在公元前4515—公元前2460年间的仰韶文化时期，从那些代表早期人类绘画和雕塑的陶器图饰与陶塑中，可以看到当时开始趋向成熟的审美意识，甚至从那些所谓的“有意味的形式”（the significant form）中可以窥知关于美的朦胧的原始观念。接着，审美意识经历了原始宗教、图腾崇拜、原始歌舞和巫术礼仪等不同的华夏文明历史阶段，到了青铜艺术和文字创生的时代（中国历史上的夏朝，约公元前21—公元前15世纪）终于积淀而成。其后，随着文明的进程与人性的觉醒，审美意识经过长期的积累，在西周（约公元前11世纪—公元前771年）“制礼作乐”的时代（“经礼三百，典礼三千”《礼记·礼器》）趋向观念化和系统化的高级发展阶段，从而形成了具有初级理论形态的中国古典美学思想体系。据文献所载，西周礼乐并举，诗歌舞三位一体，重在“礼以道其志，乐以和其声”（《礼记·乐记》），或“以乐礼教和，使民不乖”（《周礼·地官》），以便达到“礼别异，乐合同”（《荀子·乐论》）以及“经夫妇，成孝敬，厚人伦，美教化，移风俗”（《毛诗序》）的最终目的。所以，到了诸侯争霸、礼崩乐坏的春秋时期，立志“修、齐、治、平”的孔子发出了“周监于二代，郁郁乎文哉，吾从周”的感慨。

顺便提及，西周礼乐文化经过孔子的宣扬推崇，长期以来成为中国封建社会的理想范本，对我国后来包括美学思想在内的思想文化有着重要而深远的影响。纵向地看，西周之后，中国审美意识经过春秋战国时期“百家争鸣”的陶冶，儒道互补型的理性精神的洗礼，以及楚

① 李泽厚：《美的历程》，第18—19页。

汉浪漫主义的浸染，加之佛教虚幻主义的作用，走上了一条不断拓宽、日益丰富和多维结构的发展道路，在玄学之风盛行的魏晋时期达到了新的高度，于盛唐结出了丰硕的果实。宋明以来，理学、名教、文字狱与近现代的战乱和文化专制主义等，尽管在不同程度上影响或制约了文艺的创作和繁荣，但并没有阻止国人审美意识的不断深化与多元发展，这种态势始终伴随着物质文明和精神文明前进的脚步，继往开来，持续不断。

二　中和为美的儒家思想

“中和为美”是儒家关于艺术价值、创作原则与人格塑造的审美理想之一。要而言之，“中和”可谓中含于和。前者含中正、正确、准确、得当之义，通常表示“正确性原则”或“合理性原则”，譬如孔子所说的“允执其中”(《论语·尧曰》)，就是指“最合理而至当不移”(杨伯峻)的意思。后者含和谐、最佳状态或对立因素之间的动态融合关系等义，通常表示“辩证的和谐”，因此有“声音相保曰和”的注释与“和如羹焉…宰夫和之，齐之以味，济其不及，以泄其过”(晏婴)的比喻。

“中和为美”思想的哲学基础是“中庸”之道。按照汉末何晏的解释：“中庸，常也，中和可常行之道。”其后宋朝程子认为：“不偏之谓中，不易之谓庸。中者，天下之正道；庸者，天下之定理。”当然，这里所论的“中庸”，是“君子之中庸也”，因为“君子而时中”(《中庸》)。“时中”是一个关键性的概念，是真正理解“中庸”之道的一把钥匙。“时”可指时间、时运、时常、机遇、环境或具体情境等。“中”作为正确性原则，在应用过程中要时常考虑具体的情况以便把握住适当的时机，那样才会立于不败之地。诚如《易经》艮卦中的“彖传”所称：“时止则止，时行则行，动静不失其时，其道光明。”可见，把“中庸”简化为“不偏不倚”的说法是相当浅薄且不可取的。

从孔子等人的言论看，“中和为美”的原则与理想具有一定的目的性，至少具有政治、人际、伦理、艺术以及审美的目的性。于是，在政治性的礼教上，儒家提倡“礼之用，和为贵。先王之道，斯为美；大小由之。有所不行，知和而和，不以礼节之，亦不可行也”(《论语·学而》)。当时，礼作为典章制度与行为规范，其主要职能在立人与别异，这样会因为过于理性化而使人际关系疏远、分离、冷漠或“稀薄化”，故需要创造友善的交流与和谐的人伦以弥补立人与别异之不及。在人伦或人际关系中，则提倡“君子和而不同，小人同而不和”(《论语·子路》)，也就是鼓励人们在建立团结和谐的人际关系的同时要保持正当的原则与个性。在情感的问题上，则提倡“致中和”，推崇适度而不过激的情感表现或宣泄方式。在诗教上，则要求“温柔敦厚”(《礼记·经解》)，“风以化之，教以化之”(《毛诗序》)。在乐教上，则要求“广博易良”，推崇“中和之纪”(《乐论》)，强调音乐的中和作用，一方面要求音声的大小、高低和强弱应适中，以合乎人的心理和生理所能承载的审美需求；另一方面则要求音乐的音调、节奏与旋律应协调和谐，有利于感化人们，使其“和敬”“和亲”与“和顺”，最终提高人格的修养和维系安宁平和的社会秩序。

特别需要指出的是，“中和为美”长期以来被儒家奉为艺术批评或衡量审美价值的尺度。据此，要求艺术作品在风格上应“刚柔得中”，提倡“刚柔相济”的风格和谐美；在表现内容和形式上应“乐而不淫，哀而不伤”(《八佾》)和“过犹不及”(《先进》)，因为以孔子为代表的儒家诸子“意识到了艺术所表现的情感应该是一种有节制的、社会性的情感，而不应该是无节制的、动物性的情感。这个基本的思想使得中国艺术对情感的表现在绝大多数情况下都保持着一种理性的人道的控制性质，极少堕入卑下粗野的情欲发泄或神秘、狂热的情绪冲动”①。另外，在评价人格美方面，也同样依照“中和”原则，不仅讲“文质彬彬，然后君子”，而且还提出“五美”之说，最终是在追求一种“极高明而道中庸”的境界或“中和为美”的理想。这种理想垂范古今，其影响流布广远，几乎贯穿整个中国美学发展历史。

譬如，战国时期的荀子就继承和发扬了“中和为美”的思想，主张音乐“以定和”，认为音乐可以陶冶人的情感，教化人的道德，进而从情感上协调人们的社会关系，使人们能够和睦相处。他说：“乐在宗庙之中，君臣上下同听之，则莫不和敬。闺门之内，父子兄弟同听之，则莫不和亲。乡里族长之中，长少同听之，则莫不和顺。故乐者，审一以定

① 参阅李泽厚、刘纲纪主编：《中国美学史》(第一卷，中国社会科学出版社，1984年)，第150页。

和者也。”(《乐论》)另外,针对墨子“非乐”的相关论调,荀子反其意而驳之,认为音乐“入人也深”“化人也速”,“乐中平则民和而不流,乐肃庄则民齐而不乱,民和齐则兵劲城固,敌国不敢婴也”(《乐论》)。最后,还断言音乐可以“善民心”,可以“移风易俗”,可以使人“耳目聪明,血气和平”,可以使“天下皆宁,美善相乐”。总之,荀子是从人的自然本性及其社会本性两方面来考察审美和艺术活动的。这两者与人的自然欲望(“性”)有直接联系,但又必须符合人的社会伦理(“礼”)要求。“所以,要求人的自然本性与社会本性相统一,是贯穿整个荀子美学的基本原则。”①这一原则也显然是儒家追求“中和”境界的美学理想的继续。但是,荀子美学思想的明显失误在于过分夸大艺术(如音乐)的社会功利作用,这必然使他忽视了艺术自身的审美品质与艺术美的某些超功利特征。尽管如此,荀子的美学直接影响了《乐记》基于社会价值判断的美学原则及其方法论原则。

《乐记》是对孔子以来儒家音乐美学思想的总结。要而言之,该书基于儒家追求“中和”境界、重视礼乐教育的美学思想,围绕着“乐合同,礼别异”的命题,在分析了声、音、乐三者的区别与联系之后,反复论述音乐的社会功能。认为“乐者为同,礼者为异。同则相亲,异则相敬……礼义立,则贵贱等矣;乐文同,则上下和矣……乐近于仁,义近于礼。致乐以治心……可以善民心”,故“乐由中出,礼自外作。乐由中出故静,礼自外作故文。大乐必易,大礼必简。乐至则无怨,礼至则不争”。总之,《乐记》强调音乐作为艺术的社会功能不在于传授知识,也不在于道德教训,而是依照贵和贵仁的社会要求去陶冶、调谐与培养人的健康的情感和精神世界,使人达到一种“反情和志”“百物皆化”的“极和”境界,也就是使个体的官能欲望同社会的道德要求、使人的自然性同社会性达到统一的境界。另外,《乐记》还深刻地揭示了音乐艺术欣赏与创造中对象同主体的相互关系。不仅发现两者之间存在一种内外相应、同类互动的关系,而且看到艺术作品的形式媒介同主体的情感之间也存在一种“以类相动”的情况,同时还看到了主体在艺术创造过程中的作用以及艺术创造与艺术家个性的联系等。②

① 参阅李泽厚、刘纲纪主编:《中国美学史》,第329页。

② 同上书,第357—361页。

儒家经典《礼记·中庸》十分明确地提出了“致中和”的情感表现原则，认为“喜怒哀乐之未发谓之中，发而皆中节谓之和。中也者，天下之大本也；和也者，天下之达道也。致中和，天地位焉，万物育焉”。所谓“中节”或“中和”，意指“喜怒不过节”（孔颖达），情感表现要讲适度。另外，还从人世万物的总体角度把“极高明而道中庸”奉为最高的理想。实际上，《礼记》在论述礼乐相成中的“理”与“节”、文质相辅中的“文饰”与“德行”、诗教中的“温柔敦厚”、乐教中的“广博易良”以及礼教中的“恭俭庄敬”等原则的倡导，也都不同程度地隐含着“中和为美”的理想追求。

在《吕氏春秋》中，我们看到儒家贵和的美学思想得到了进一步的阐述和发挥。但由于它吸收了道家的某些思想，在论证“声出于和”的同时，还提出了“和出于适”的原则；在从伦理道德的角度考察音乐的社会功能的同时，也从重生养生的需要考察音乐的审美功能。可以说，是《吕氏春秋》开启了儒道互补的先河。

宋明理学历经“濂、洛、关、闽”学派和“陆王心学”的阶梯式推动，虽在方法论上走的是一条“儒道释”互补的道路，但主要还是以后两者来补充前者，从而把儒家的“中和”或“中道”与“天人合一”等思想发展到极致。首先，邵雍（1011—1077）在《伊川击壤集序》里依据儒家传统的“中和”原则，重复孔子之说，认为诗人作诗是“经道之余，因闲观时，因静照物，因时起志，因物寓言，因志发咏，因言成诗，因咏成声，因诗成音。是故哀而未尝伤，乐而未尝淫，虽曰吟咏情性，曾何累于性情哉！”尔后，“二程”在《遗书》中，继而把“和顺积于中，英华发于外”奉为文章创作的法则。而关学代表人物张载（1020—1077）则上承孔孟，述而有作（见《正蒙》，下面引文只注篇名），一方面宣扬“中和”仁德之道，认为“中正然后贯天下之道，此君子之所以大居正也……学者中道而立，则有仁以弘之”（《中正》），并且认为孔子“七十与天同德，不思不勉，从容中道”（《三十》）；另一方面阐释“信、美、大、圣、神”之说，认为“诚善于心之谓信，充实形外之谓美，塞乎天地之谓大，大能成性谓之圣，天地同流，阴阳不测之谓神”（《中正》）。继而在《西铭》篇中，张子完善了儒家关于天人合一和仁民爱物的学说。如他所言：“民，吾同胞；物，吾与也……存，吾顺事；没，吾宁也。”君子当“为天地立心，为生民立命，为往圣继绝学，为万世开太平。”张载主要是从人生哲学的角度来谈“中道”与“天人”关系的，但必然影响到抒写反映人生的艺术。到了朱熹(1130—1200)那里，“中和”美学原则被直接用来诠释孔子的诗论，结果把“诗可以怨”注解为“怨而不怒”。

清朝美学的代表人物当推著有《姜斋诗话》的王夫之(1619—1692)，著有《原诗》的叶燮(1627—1703)，著有《画语录》的石涛(约1642—1717)和著有《艺概》的刘熙载(1813—1881)。除石涛外，王、叶、刘三人上接先贤，直追诸子，融汇百家。他们虽然提出了许多丰富的艺术思想与学说，如王夫子的“情景说”和“现量说”，叶燮的“理、事、情”说和“才、胆、识、力”说，以及刘熙载的“按实肖像”说和“凭虚构象”说，但对文与质、真与假、诚与幻、空灵与实际、诗品与人品、阳刚与阴柔等范畴的相互关系的论述，始终遵循着儒家“中和”为美的美学准则。

综上所述，在儒家美学思想中，以“中庸”之道为哲学基础的“中和为美”原则是最为基本的。据于此，对艺术实践，讲求“乐而不淫，哀而不伤”“怨而不怒”、刚柔互补；对人格发展，讲求“文质彬彬”、外饰内修、美善统一乃至“仁民爱物”式的天人合一。当然，“中和”为美的准则是以社会伦理意义上的“仁”为旨归的，这就必然使儒家美学思想注重艺术的社会功能，人格的社会意义和自然的象征价值。因此，在艺术领域，儒家充分肯定审美和艺术在陶冶人的性情或协调人际关系等方面的价值，十分强调艺术教育的重要性，认为诗歌音乐具有“移风易俗”和“治国安邦”的社会效用，积极提倡美与善、情与理的统一。在人格美领域，儒家一方面肯定个体人格的独立性，另一方面强调人全面发展的社会意义，认为“人的发展和人格的独立只有最终导致个体与社会的和谐一体时，才真正具有审美价值”，①故此推行“游于艺”和“兴于诗，立于礼，成于乐”的立体型艺术教育模式，以期培养“文质彬彬”的君子、“善养浩然之气”的大丈夫和“舍生取义”的志士仁人等。在自然美领域，儒家主张“比德”说，倾向于从伦理道德和人格心理结构的角度去观照自然景物，惯于将其比拟为某种人格品性的象征或隐喻性表现。若从美学角度考察，儒家在审美观念上注重美善统一，约以“中和”；在美感经验上，注重道德修养，理性判断；在审美趣味

① 韩林德:《境生象外》(三联书店,1995年),第254页。

上，注重功用、理知、人工与现实。①

三　自然为美的道家思想

从文化心理结构的深层意义上看，对后来各种中国审美学说和艺术理论产生深远影响的，是以老子和庄子为代表的道家美学思想。这主要是因为道家强调精神自由，倡导返璞归真，反对“为物所役”或人的异化，并在追求自然无为、与道同体或“游心太玄”的理想境界中首次把审美同超功利的人生态度密切地联系在一起，从而把握住了审美活动乃至艺术实践的根本特质。不消说，道家美学是围绕着“道”这一中心概念展开的，所以论“道”即是论美。那么，从“道法自然”等命题中，就不难推导出“自然为美”这一道家美学思想的基本尺度。

“道法自然”的命题见于《道德经》二十五章：“人法地，地法天，天法道，道法自然。”这里所谓的“自然”，一方面表示一种本原或始然的创设规律，也就是作为天地之根的“周行而不殆”的“道”本身；另一方面意指自自然然、自然而然或听其自然的状态，即不强行、不妄为、更不胡作非为的“无为而无不为”的顺应客观事物发展规律的生存状态。这一状态是与道同体的，遗世独立的，逍遥自由的，因此也是审美的。与老子并称“老庄”的庄子堪称一位“诗哲”。与先秦其他哲学家相比，他的性格与思想最富有诗意或美学的意味。闻一多称其为“最真实的诗人”，认为“他的思想本身就是一首绝妙的诗”。庄子尽管很少专门谈美学论艺术，但他的哲学可以当作美学来读，他的哲学命题可以视为美学命题，两者是浑然一体、难以分离的，因此对中国的审美意识和艺术哲学影响极大。可以毫不夸张地说，不研究庄子，就不能真正懂得中国的艺术。

《庄子》一书在传承老子以“道”为本的思想的同时，着意发挥了有关“气”“大”“真”“技”“言”“意”“形”“神”“无为”和“游心”等观念，标举了追求绝对精神自由的理想，强调了保持人格独立的意义，批判了“人为物役”等社会异化现象，指出了“乘物以游心”等审美活动的超功利性，倡导了“以天为徒”“与物为春”和“身与物化”的人生艺

① 张文勋：《儒道佛美学思想探索》（中国社会科学出版社，1988年），第1—22页。

术化或审美化境界等。的确，“他处处都力求从宇宙的本体（‘道’）高度来论证人生的哲理，把人类的生活放到整个无限的宇宙中去加以观察，以此来探求人类精神达到无限和自由的道路……并且把人类的生活同宇宙的无限联系起来，把人类提到了‘与天地并生，与万物为一’的地位，认为人类应效法那支配着宇宙万物的无所不在的‘道’，使自己成为永恒的无限自由的存在”[①]。总之，理论上，庄子把老子的相对主义思想发展到了极致，不仅要“齐万物”（如生死、荣辱、贵贱、祸福、苦乐等），而且要“超然物外”，完全摆出一副不食人间烟火的架势。其实，他本人却充满了悲天悯人的情怀，十分重视人类的生存状态，其思想中隐含着人本主义的终极关怀情结。他的哲学或美学的根本目的在于使人“明哲保身”，使人看破虚幻浮华或过眼烟云似的功名利禄，使人的生活和精神达到一种不为外物所束缚、所统治的绝对自由的独立境界，而这种境界往往是通过与道同一的审美体悟来实现的。

值得强调的是，庄子言美论真（“故圣人法天贵真”《渔父》），常与天地万物并举，并且隐含“道”的自然无为或本原本真特性。如他所言：“天地有大美而不言，四时有明法而不议，万物有成理而不说。圣人者，原天地之美而达万物之理。是故至人无为，大圣不作，观于天地之谓也。”（《知北游》）相反地，“判天地之美，析万物之理，察古人之全，寡能备于天地之美，称神明之容”（《天下》）。庄子所言的“大美”，作为“道隐无名”故“不言”的“大道”之显现，存在于天地万物之中，人需要静心凝神地仰观俯察方能感知和了解它。真若达到这一境界，便成为“至人”“大圣”或“真人”“神人”。庄子笔下的理想人格虽名目繁多，而实为一种。那就是“堕肢体，黜聪明，离形去知，同于大通”（《大宗师》）的得“道”之人或与“道”同体之人。这种理想人格是“道”的化身，这种人格美的本质在于“乘东维，骑箕尾，而比于列星”（《大宗师》）般的绝对自由性和不为外物所奴役束缚的独立性。

根据老庄的思想，要达到理想人格的精神境界，就有赖于自然无为、逍遥自在的“游心”之道，即“游心于物之初”，探求“至美至乐”（《田子方》）的“游心”之道。庄子在《逍遥游》《大宗师》《知北游》和《田子方》等篇中，对这种“游心”之道均以谈玄论道的象征笔法做了

---

① 李泽厚、刘纲纪主编：《中国美学史》（第一卷），第237页。

说明。所谓“外天下”“外物”“外生”“朝彻”“见独”“无古今”“心斋”和“坐忘”等,连接起来便组成了一套“采真之游”的系统方法。那位神气拂拂,“乘云气,骑日月,而游乎四海之外”的“真人”或“至人”,不也正是依靠这种与道同体、合于天德、虚无恬淡、充满自由想象的“游心”吗?在中国人的审美意识中,隐于山林或浪迹山水之中的心理趋向极为强烈,与庄子所倡导的“逍遥游”审美思想有着直接的关系。不消说,“游心”之道为方法途径,“游心”于道才是最终目的。后者就是庄子所说的以便“得至美而游乎至乐”(《田子方》)的境界。在这里,人从有限进入到无限,从瞬间进入到永恒,一方面是“天与人不相胜”,一方面是人与道二合一,虚静澄明,无忧无虑,悠然自在,流连忘返……这一切只能出于自然,不能假借人为。否则,“游心”失散,美乐不存。

比较而言,“道法自然”是老子哲学与美学思想的基石。在他看来,自然界和人类社会只有遵循“自然”这一普遍的法则,万物才能够和谐共存,社会才会有正常秩序,人类才可能健康生活。庄子继承和发展了这一思想,从中引申出一种“自然”之道。据此,庄子论道,讲“自然”(普遍规律);论美,讲“自然”(审美对象);论人生,讲“自然”(与天为徒,因任自然);论情性,也讲“自然”(精诚品性)。他认为人的情性表现要“真”,因为“真”或“精诚”,才会动人感人;而“真”是“受于天”的,是“自然不可易”的,这就是说它必须遵循“自然”或“自然而然”这条基本法则。如他所言:“真者,精诚之至也。不精不诚,不能动人。故强哭者虽悲不哀,强怒者虽严不威,强亲者虽笑不和。真悲无声而哀,真怒未发而威,真亲未笑而和。真在内者,神动于外,是所以贵真也……真者,所以受于天也,自然不可易也。故圣人法天贵真。”(《渔夫》)显然,人在情性表现上是不能弄虚作假的。否则,那就成了一种讨嫌的“矫情”或“虚情假意”。相反,应当讲求真诚自然,遵从“自然”之道。只有“诚于中而形于外”的真情,才具有感人的力量,以此表现在艺术中才具有审美的价值。这便是自然为美的原因所在。从中国艺术的发展来看,“自然”之道与自然为美的思想具有深远的影响和丰富的美学内涵。

特别是到了汉末魏晋南北朝时期。这是一个人与艺术自觉的时代,是“中国政治上最混乱、社会上最苦痛的时代,然而却是精神史上极自由、极解放,最富于智慧、最浓于热情的一个时代。因此也就是最富有艺术精神的一个时代"①。就审美理想而言,魏晋人所倾慕或追求的那种"简约玄澹、超然绝俗的哲学的美"②,是对"自然为美"这一道家美学标准的充实与发展。这里所谓的"自然",不仅指自由旷达的审美风格与态度,而且指玄妙广阔的审美对象与范围。嵇康所言的"目送归鸿,手挥五弦;俯仰自得,游心太玄"就是对潇洒不群、超然自得、论道谈玄、浪迹山水的魏晋风度的具体写照。这种"游心太玄"作为最高的精神或审美境界,和庄子所论的"游心"于道是同一的。

唐朝以后的文艺思想,随着禅宗的兴起,道禅相混,参融交浸,与儒互补,"三教"趋同。这种现象一直波及后世,到宋明理学达到高潮。但就道家"自然为美"的基本准则而论,比较明显地反映在唐末司空图(837—908),宋代苏东坡(1037—1101)、方万里(1227—约1306),明代李贽(1527—1602)与"公安派三袁",清代石涛(1642—约1718)等人的诗论、文论与画论之中。司空图崇尚老庄哲学,自称"取训于老氏",所著《二十四诗品》中贯穿着"游心于道"的形上追求,突出了"道法自然"的美学理想。其中第十则专论"自然":"俯拾即是,不取诸邻,俱道适往,着手成春。如逢花开,如瞻岁新,真予不夺,强得易贫。幽人空山,过水采苹,薄言情晤,悠悠天钧。"这里,所谓"自然",是指天趣,是一种不用雕饰的诗风或美学风格,与矫揉造作相对。从描述看,这是一种随意、从容、神闲、气静、悠然、自得的氛围,是一种"佳句本天成,妙手偶得之"或"清水出芙蓉,天然去雕饰"的诗境。要想达到自然之境,就得"素处以默,妙机其微",就得讲"冲淡""沉着""高古""典雅""疏野""清奇"和"飘逸""旷达"等。通篇看来,司空图对各种诗境诗风的描写,到处弥漫着一种宁静、清幽、淡远的和谐气氛,流溢着一种怡然、飘逸、潇洒的审美情调,这与他崇尚道家自然为美的思想是有直接联系的。

宋代苏轼工诗善词,富有艺术实践经验,讲求文章要"行云流水",诗画要"天工与清新""莫之求而自然",使作品浑然天成而又变态横生。他的"清丽"说和"平淡"说,显然是以追求自然天趣、平和淡远的

① 宗白华:《美学与意境》(人民出版社,1987年),第183页。

② 同上书,第184页。

境界为最终目的的。[1] 南宋方万里在论及诗艺时，一再标举自然为美的说法。认为诗的“意味之自然为清新”，要求诗应出于“天真之自然”，而非学问言语或道德说教，并且一反儒家的“中和”原则，明确指出“人不能无情……夫哀以思、哀而伤，非诗人之罪也，可以哀而哀，可以伤而伤也”。[2]

从反对礼教、追求自由与个性解放的思想出发，明代李贽在其乐论中，明确地提出了“自然为美”的命题及其相关的美学特征。他说：“自然发于情性，则自然止乎礼义，非情性之外复有礼义可止也。惟矫强乃失之，故以自然之为美耳，又非于情性之外复有所谓自然而然也。故性格清彻者音调自然宣畅，性格舒徐者音调自然疏缓，旷达者自然浩荡，雄迈者自然壮烈，沉郁者自然悲酸，古怪者自然奇绝。有是格，便有是调，皆情性自然之谓也。莫不有情，莫不有性，而可以一律求之哉！然则所谓自然者，非有意为自然而遂以为自然也。若有意为自然，则与矫强何异。故自然之道，未易言也。”[3]这与庄子对自然和人为的论述几乎同出一辙，不仅道出了自然为美的主要原因，而且表明了不同自然形态的心理基础。李贽的这些思想直接影响到“公安派”的审美观念。如袁中道就极力推崇自然为美的范式，认为“大都自然胜者，穷于点缀，人工极者，损其天趣。故野逸之与浓丽，往往不能相兼”[4]。

清代石涛在《画语录》中，把自然观推向极致，要求绘画创作“自然而不容毫发强也”，并且为此特意创立“一画”法。中国书法艺术同绘画一样，也讲究自然天成，忌讳媚俗矫饰或烟火气。中国园林艺术的最高境界则是“虽由人作，宛自天开”。这实际上是“自然为美”法则的典型体现。为此目的，就得“巧于因借，精于体宜”，充分利用布景、借景、引景、分景和隔景等造园手法。

要而言之，道家美学思想是以“道”为中心命题而展开的。其论“道”，也就是论“美”；论对“道”的认识和体验，也就是论对“美”的认

---

① 北京大学哲学系美学教研室编：《中国美学史资料选编》（中华书局，1981 年），下册，第 32—41 页。

② 同上书，第 91—96 页。

③ 同上书，第 131 页。

④ 同上书，第 170 页。

识和体验。在此意义上,以老庄著作为代表的道家经典也就可以当作道家的美学来读。总体而论,道家美学旨在追求绝对的精神自由和超然的独立人格,崇尚"天人合一"的境界,标举"自然为美"的理想,倡导艺术化的人生。就"自然为美"这一道家美学的基本准则来讲,它贯通古今,延展流变,内涵丰富。最初,在老子那里,"自然"首先是就"道"这一无所不包的普遍规律而言,其次是就一种体"道"养"德"的方法而言。后来,到庄子那里,除了上述含义之外,它不仅被当作"游心"于道的态度与情性表现的法则,而且被扩充为"游心"的领域或审美的对象。再后,"自然"演变为一种艺术风格与创作法则,相应地,"自然为美"也深深地积淀在中国人的审美意识之中,从而形成一种普遍的审美品趣与审美标准。于是,在审美观念上,道家以"道"为"大美"或最高的美,认为世间的美善是相对的,因此(特别在艺术美和人格美方面)重真诚自然(天成),轻人为矫饰(做作)。在审美经验上,重"涤除玄鉴""静观默察"和"心融神会"的直觉体验,追求超然物表、"游心"于道和"得至美而游乎至乐"的审美境界,因而"得意忘言"或"得意忘象",轻视艺术的社会功能和审美过程中的语言逻辑与理性思考等。相应地,在审美趣味上,道家崇尚自然淡远、飘逸古雅、平和清新的艺术美,注重本性天真、遗世独立和悠然自在的人格美。所有这些特征与儒家倡导"中和"为美的理想准则形成鲜明的对照。最后,在艺术精神上,"庄子所追求的道,与一个艺术家所呈现出的最高艺术精神,在本质上是完全相同的。所不同的是,艺术家由此而成就艺术地作品;而庄子则由此成就艺术地人生。庄子所要求,所待望的圣人、至人、神人、真人,如实地说,只是人生自身的艺术化罢了"①。这种人生之美和与其相应的人格之美,在修养方式上以天道自然为模式,少私寡欲,"为而不争",虽"有大美而不言";在心理特征上显得自由自在,放达任性,虚怀若谷,甚至忘却形骸;在精神境界方面追求"小我"进入"大我",超功利以养"天德",力图以"事天"为最高理想而达到"天地境界"。

---

① 徐复观:《中国艺术精神》(春风文艺出版社,1987年),第49页。

四 空灵为美的禅宗思想

佛入华土一般认为是在两汉之间。这种源自古代印度的宗教与哲学,对中国文化发展产生了极为深远的影响。魏晋南北朝时,佛教依托玄学之风,适应当时人们祈求来世天国幻想的社会文化心理需要,得到迅速的发展和普及。“南朝四百八十寺,多少楼台烟雨中”(杜牧)这类唐代诗人的叹喟,便是对当时寺庙林立、法雨佛风盛行弥漫的具体写照。

佛教经六朝隋唐,嬗变为天台宗、三论宗、唯识宗、华严宗、净土宗、律宗、密宗和禅宗等具有中国特色的许多教派。唐时禅宗(南顿宗)自六祖慧能之后,演化为中国式的佛教,最为普及流行,因此不少人把佛教等同于禅宗,把其他佛教宗派的概念与义理都纳入禅宗门下。

禅宗(Chanism 或 Buddhist Zen)的缘起见于其典籍《传灯录》《指目录》《传法正宗记》和宋代普济编定的《五灯会元》等。据载:“世尊在灵山会上,拈花示众。是时众皆默然,唯迦叶尊者破颜微笑。世尊曰:‘吾有正法眼藏,涅槃妙心,实相无相,微妙法门,不立文字,教外别传,付嘱摩诃迦叶。’”这固然是虚构的故事,但却道出了禅宗从一开始就极富审美情趣的基本特征。拈花微笑喻“顿悟”,涅槃法门言“微妙”,实相无相意“空幻”,不立文字为“方法”。中国禅宗自其初祖印度僧人菩提达摩(Bodnidharma,?—528 或 536)以来,传承的法信通常以偈为证。这种以唱词说诗的方式来“内传法印,以契证心,对付袈裟,以定宗旨”十分独特,本身就具有深厚的审美意味。更为有趣的是,上述那种拈花微笑、心传宗旨的说法往往以“花”(华)的隐喻表现在几乎所有的传法偈语中。始祖达摩对二祖慧可(487—593)说的偈语中有“一花开五叶,结果自然成”句,二祖慧可对三祖僧璨(?—606)说的偈语中有“因地种华生”和“华亦不曾生”句,三祖僧璨对四祖道信(580—651)说的偈语中有“从地种华生”和“华地尽无生”句,四祖道信对五祖弘忍(602—675)说的偈语中有“花种有生性,因地花生生”句,五祖弘忍对六祖慧能(通惠能,638—713)说的偈语中有“有情来下种,因地果还生”句,而六祖慧能留给门徒的偈语中有“顿悟花情已，菩提果自成”句。总之，体味这些偈语，哪怕是禅外人，也会觉得其中以“花”喻悟禅、以“果”喻成佛的“花果”意象，既有禅意，又含诗情，容易给人一种空灵玄妙的审美感受。其实，仔细揣摩体味慧能那首深得五祖弘忍赏识并因此赢得袈裟的偈语（“菩提本无树，明镜亦非台。本来无一物，何处惹尘埃”[①]），也同样能够体悟到这种空灵玄妙的美感。

从禅宗的思想基础来看，有的学者认为是“大乘空宗”。“‘空’，梵文原文是 sunya，意思是‘空虚’。许多大乘的重要经典，如《法华》、《华严》等等，其主要思想都是建立在般若基础上的。所谓‘般若性空’者即是。”[②]而所谓“般若”，梵文为 Prajna，意译“智慧”，佛教用来指如实了解和透彻参悟万事万物之实质、本性或真谛的智慧。所谓“空”，是指“法”空，意思是说一切事物（即“法”）都因缘而生，徒有幻相，本身并不存在，引申的说法就是“色空”或“四大皆空”。自佛祖释迦牟尼以来，“悟”是识得佛性、真如或禅理的最基本、最传统的方法。悟得“无我”是低层次，悟得“空”才是高层次。“因此悟空对中国禅僧和禅学诗人，是至关重要的。中国禅宗的几个祖师所悟得的，也就是这个空……‘无我’的思想，‘空’的思想，一旦渗入中国的诗歌创作，便产生了禅与诗密不可分的关系。”[③]也有的学者认为，禅宗的思想基础多来自老庄，断言“禅宗是披着天竺式袈裟的魏晋玄学，释迦其表，老、庄（主要是庄周的思想）其实，禅宗思想，是魏晋玄学的再现，至少是受玄学的甚深影响……禅宗顿教，慧能是创始人，他的始祖实际是庄周。禅宗南宗的本质，是庄周思想”[④]。其实，这并不难理解。最早佛教传入华夏之时，佛经作为一种异质文化，在语言翻译上遇到了难题，故有“格义”“诠译”和“直译”的方法论之争。在梵汉概念的转换上，免不了要借用许多道家（尤其是庄子）的术语。被汉译佛经史上四大译家之一鸠摩罗什（Kumarajiva，344—413）誉为“秦人解空第一人”

---

① 《坛经》（宗宝本）。《坛经》（法海本）为“菩提本无树，明镜亦非台。佛性常清净，何处有尘埃”。

② 季羡林：《中国禅学丛书代序》，见任晓红：《禅与中国园林》（商务印书馆，1994 年），第 11 页。

③ 同上书，第 11—12 页。

④ 范文澜：《中国通史》（第四册，人民出版社，1986 年），第 173—176 页。

的东晋佛教学者僧肇（384—414）与同时代的高僧慧远（334—416）等人，最初都醉心玄学、博通六经、尤善老庄。他们在协助或自己翻译讲解佛经时，必然把老庄的术语连同其内涵融入佛典。后世禅僧在释读典籍时也必然沿着这一思路，或照本讲章，或再行发挥。如此一来，原本依托玄学而兴的禅宗思想，与道家思想结成一种融合互补的关系。另外，老庄倡导"观"（道）或"味"（象），这"观"与"味"作为识道体道的方法，实与禅宗体认佛性的"悟"相若。同时，道家尚虚贵无，这"虚"与"无"作为精神境界，实与禅宗追求的"空"境相关。后来，禅宗也讲"悟道""平常心是道"，并且在许多方面与道家（特别是庄周）有"相通、相似以至相同处，如破对待、空物我、泯主客、齐生死、反认知、重解悟、亲自然、寻超脱……"①所以人们常把禅宗与庄周联系起来，认为禅即庄，尤其是在艺术或审美领域，二者经常浑然一体，几乎到了难以明确区分的程度。但在本质上或终极目的上，庄禅还是有差别的。前者重生，齐万物而不认为四大皆空，顺自然求超越而不弃世或出世；后者不重生也不轻生，而是一味尚空，视天下一切或为虚幻或无意义，真实只在禅心之中，在神秘的心灵体验之中。

从"禅"的本义来看，它原是"禅那"（梵文 Dhyana）的略称。意译作"思维修""弃恶"等，通常译作"静虑"，即由心灵的静观默照而获得智慧和超脱的意思，故此有人将其与"禅定"混称。禅定作为一种"安静而止息杂虑"的修行方法，一般有所谓"四禅定"，即坐禅修行的四个阶段。据说，在"初禅"阶段，人能排除欲念杂虑，获得一种因摆脱烦扰现实而生的喜悦之感；在"二禅"阶段，这种喜悦感进而逐渐得到净化，成为身心的一种自然而然的属性；在"三禅"阶段，这种着有外物色彩的喜悦感逐渐消失，心中只留下纯净、自然、平和、适意的精神乐趣；最后到了"四禅"阶段，这种乐趣也化为乌有，人达到一种超然遗世的境界，得到澄明透彻的智慧。而这一无上境界是只可意会、不可言传的。此时，亦如慧能在阐释《金刚经》的过程中所说："万物色像，日月星宿，山河大地，泉源溪涧，草木丛林，恶人善人，恶法善法，天堂地狱，一切大海，须弥诸山，总在空中。"并且"心量广大，犹如虚空，无有边畔，亦无方圆大小，亦非青黄赤白，亦无上下长短，亦无嗔无喜、无是无

① 李泽厚：《禅意盎然》，见《走我自己的路》（三联书店，1986 年），第 394—396 页。

非、无善无恶、无头无尾。”[①]这里展现的是“物空”和“心空”两辐图景。

从与“四禅定”相关的禅宗“三境界”来看，也能体味到对空灵之美的诗化描写。第一境是“落叶满空山，何处寻行迹？”这里似乎描写的是一种渐入禅关而寻禅未得的情景。这一设问本身就表明禅心未定、着眼外求和忽视内省的初级状态。第二境为“空山无人，水流花开”。这里似乎描写的是一种“片石孤峰窥色相，清池皓月照禅心”的情景。就是说，寻禅者通过静观默照，基本进入到清静寂定的心境，达到似乎已经悟到禅理真谛而实际上还没有的境界，犹如“脱有形似，握手已违”的状况。第三境是“万古长空，一朝风月”。“这就是描写在瞬刻中得到了永恒，刹那间已成终古。在时间是瞬刻永恒，在空间是万物一体，这也就是禅的最高境界了。这里，要注意的是，瞬刻即永恒，却又必须有此‘瞬刻’（时间），否则也就无永恒……一切皆空，又无所谓空；自自然然地仍然过着原来过的生活，实际上却已‘入圣超凡’。因为你已经渗透禅关——通过自己的独特途径，亲身获得了‘瞬刻即可永恒’=‘我即佛’的这种神秘感受了。”[②]

禅宗的缘起与思想基础、禅意与禅境的最高层次等四个方面，均向我们表明了“空”的突出特征及其审美意味。禅宗这种“空”的理想境界被引入到诗歌、绘画与书法中后，对中国艺术创作和美学思想的发展产生了深远的影响，也从而形成了以空灵的意境为美的禅宗美学思想准则。这空灵的意境一方面是指艺术风格和形象的空幻、玄远与飘逸品性，另一方面是指其富有灵气、灵性并且表现灵巧和精妙的旨趣、情思与意向。唐代诗人王维（701—761）的不少诗作便是比较典型的例证。如“空山新雨后，天气晚来秋。明月松间照，清泉石上流”；“江流天地外，山色有无中”；“山路原无雨，空翠湿人衣”；“空山不见人，但闻人语响。返景入深林，复照青苔上”等等，往往给人一种空灵、玄远、寂静、闲适和清丽的审美体验。尔后唐朝诗僧皎然（生卒年不详）以诗谈禅理——“至道无机但杳冥，孤灯寒竹自青荧。不知何处小乘客，一夜风来闻诵经”；抒禅趣——“秋天月色正，清夜道心真”，“闲

---

① 转引自王海林：《佛教美学》（安徽文艺出版社，1992 年），第 215 页。

② 李泽厚：《庄禅漫述》，见《中国古代思想史论》（人民出版社，1986 年），第 208—209 页。

行数乱竹,静坐照清源";写禅境——"古寺寒山上,远钟扬好风。声余月树动,响尽霜天空。永夜一禅子,泠然心境中。"另外,皎然还在他所著的《诗式》一书中从不同的角度,对空灵的意境与诗风作了理论上的阐述。如"虽尚高逸而离迂远。虽欲飞动而离轻浮";"至苦而无迹,至近而意远"等。禅宗美学所追求的空灵意境也影响到司空图。他所说的"不着一字,尽得风流"以及"象外之象,景外之景",就能说明这一点。不难看出,"不着一字"说,一方面受到了禅宗"不立文字"传统的影响,另一方面继承了道家"得意忘言"的思想,可谓道禅相通互补的一个范例。当然,悟禅与作诗终究不同,正如钱锺书所言,"了悟以后,禅可不著言说,诗必托诸文字"①。另外,兴于唐代的草书,在风格上讲求龙飞凤舞、飘逸玄远与自然天成,在很大程度上是受禅宗空灵为美与道家自然为美等思想的熏陶与催化。

宋明理学时期,儒道释合流。禅宗空灵为美的思想在文学艺术方面的反映,见诸苏轼、严羽和张岱等人的文论诗说之中。比如,苏轼认为"欲令诗语妙,无厌空且静;静故了群动,空故纳万境。"这里所说的"空静"与禅宗标举的"空灵",二者作为理想的艺术境界,有着异曲同工之妙。著有《沧浪诗话》、倡导"妙悟"说、对明清两代美学思想影响极大的严羽(生卒年不详),曾说过一段绝妙的话,可以视为"空灵"说的最佳注解。他说:"所谓不涉理路、不落言筌者,上也。诗者,吟咏情性也……羚羊挂角,无迹可求。故其妙处透彻玲珑,不可凑泊,如空中之音,相中之色,水中之月,镜中之象,言有尽而意无穷。"②明末张岱则明确提出"诗以空灵才为妙诗"的论点,并且推崇绘画善"以坚实为空灵"的观点。谈及音乐(弹琴),张岱认为只有"十分纯熟,十分陶洗,十分脱化"的技艺和修养,才能奏出一种"非指非弦,非勾非剔"的"生鲜之气",因此才能达到"自致清虚"的艺术境界。这分明也是在推崇"空灵为美"的艺术境界。禅宗崇尚空灵之美的思想,也影响和促进了唐宋以来的文人画和文人园林。比如营造山水园,因禅理与自然,禅境与园境,禅趣与文人士大夫的立足心性解脱、追求旷达适意的生活态度及其自然平和、清静淡远的审美趣味之间灵犀相通,故讲究

---

① 钱锺书:《谈艺录》(28,中华书局,1993年),第101页。

② 胡经之编:《中国古典美学丛编》(上,中华书局,1988年),第159页。

用缀石叠山、借景引景等方法，着意创造一种曲径通幽或小中见大的空灵玄远的精神空间。从计成对借景的阐述中，我们不难看出这种审美追求。如“高原极望，远岫环屏。堂开淑气侵入，门引春流到泽……兴适清偏，贻情丘壑。顿开尘外想，拟入画中行……眺远高台，搔首青天那可问；凭虚敞阁，举杯明月自相邀”等等。[①] 另外，禅宗空灵为美的思想还反映在园林景点的命名之上，如“空心潭”“筛月亭”和“静心斋”等。这里，禅心、诗情与画意融为一体，结果从实景中生禅境，从有限中生无限，于飘渺中见韵致，于空灵处见精神……最终形成了中国园林“特有的写意化的自然美和诗画一般的空灵之美。在世界造园系统中，这种写意的、空灵的境界独树一帜。”[②]

清代画僧道济（即石涛，又号苦瓜和尚）在《画语录》中，融儒道禅美学思想为一体，总结了唐宋以来文人画的特色，自成体系，提出“一画之法”，认为“人能以一画具体而微，意明笔透……用无不神而法无不贯也，理无不入而态无不尽也。信手一挥，山川、人物、鸟兽、草木、池榭、楼台，取形用势，写生揣意，运情摹景，显露隐含，人不见其画之成，画不违其心之用……一画之法立而万物著矣”。据此，论笔墨，要求“灵”“神”“飘渺”；论皴法，要求“虚实中度，内外合操”；论山川，要求“神遇而迹化”；论氤氲，要求“画于山则灵之，画于水则动之，画于林则生之，画于人则逸之”。[③] 所有这些显然都有助于创造出空灵的画境来。近乎同时代的画家笪重光（1623—1692），也深受道禅审美意识浸染，从艺术创作的规律角度论“虚实相生”和“实景”“真境”，断言其终极目的在于求“空景”和“神境”，即“空灵”的意境。因为，“空本难图，实景清而空景现；神无可绘，真境逼而神境生。虚实相生，无画处皆成妙境”。前面说过，刘熙载的《艺概》（引文只注篇名）是中国古典艺术理论与美学思想的集大成者。关于“空灵”，他有专门论述，并以苏轼的词和李白的诗为例进行说明。认为“‘我欲乘风归去，又恐琼楼玉宇，高处不胜寒’，尤觉空灵蕴藉”（《词曲概》），而“李白诗凿空而

---

① 北京大学哲学系美学教研室编：《中国美学史资料选编》（下册，中华书局，1981年），第328—332页。

② 胡经之编：《中国古典美学丛编》（上），第250页。

③ 叶朗：《中国美学史大纲》（上海人民出版社，1985年），第556页；另参阅敏泽：《中国美学思想史》（第三卷，齐鲁书社，1987年），第374—376页。

道，归趣难穷，由风多于雅，兴多于赋也”（《诗概》），这里所论的也是空灵。但刘熙载同张岱一样，强调“结实”与“空灵”的辩证统一关系，认为“文或结实，或空灵，虽各有所长，皆不免著于一偏。试观韩文，结实处何尝不空灵，空灵处何尝不结实？”（《文概》）在这里，融会贯通结实与空灵的文风堪称理想的范本。

综上所述，禅宗崇尚空灵的思想一方面源自佛教“大乘空宗”关于“般若性空”的智慧论，另一方面来自老庄（特别是庄周）尚虚贵无、“得意忘言”的体道说。对于其缘起就富有审美意味，并且讲究“轻暖轻寒二月天，夭桃红绽柳凝烟。莺啼蝶舞皆禅悦，般若分明在眼前”的中国禅宗美学来讲，追求空灵意境和亲近自然之美便构成了它的基本特征。这空灵，作为一种特殊的美学形态或范畴，被引入艺术之中，自然形成一种创作的理想或准则，而在艺术形象或表现中则转化为空灵的意境。按照我们初步的理解，这空灵之境一方面是指艺术风格和形象的空幻、玄远与飘逸品性，另一方面是指其富有灵气、灵性并且表现灵巧和精妙的旨趣、情思与意向。一般来说，禅宗这种尚空灵、羡玄远、倡顿悟的美学思想，与道家贵自然、慕淡泊、重虚无的美学思想交融互补、遥相呼应，首先激发了中国诗歌、书法、绘画、园林以及音乐等艺术的无限包容性，具体表现为“空纳万境”“小中见大”“天人合一”与“宇宙大化”等特征。这不仅丰富了艺术意味，而且拓宽了艺术的空间。其次，进而虚化了“得意忘言”的审美思想，极大地促进了“虚实相生”这一艺术创造规律的发展，从而在艺术作品的审美价值取向上比较推崇“言外之意”“韵外之致”，“不着一字，尽得风流”和“境中花，水中月，羚羊挂角，无迹可求”等玄远淡雅的意境。另外，这种在空灵中见佛性、得般若，在顿悟中体禅悦、入涅槃的禅宗美学观照精神及其方法，极大地丰富了中国人的审美意识和审美心理活动。因此，人们既能从一朵花蕾里窥知宇宙万物的流变，也能从一片树叶中推测人生在世的沉浮。同时，表现在审美观念上，则以空为美，以万象寂灭的涅槃为最高境界，以超尘出世的净土或西方极乐世界为终极目标；表现在审美经验上，则注重妙觉顿悟，强调万法皆空，推崇圆融感受；表现在审美趣味上，则贵清净幽寂的氛围，尚空灵玄远的意境，求“梵我合一”之境中的禅悦。

五　天人合一的美学精神

在中国思想发展史上,“天人合一”是“一以贯之”的传统主题。它不仅是中国哲学的基本精神,而且也是中国美学的基本精神。在哲学领域中,“天人合一”说侧重于人生境界的修炼,精神家园的探寻,“安身立命之处”的定位。在美学范围内,“天人合一”说侧重于人在自己的情感世界里或者在对外物的凝神观照中,使其有限的生命之流与无限的宇宙大化之流回环激荡,进而得以充盈和升华。另外,在社会、政治、环境与国际等层面上,这一学说也隐含着和谐、和睦、和平与保护等独特的现代意义。①

这里,我们若从“天人合一”的观点来重新看待作为旅游审美对象的自然山水(天),就不难发现在自然界永恒的寂静中,人们不仅能够悟出自己的本来真知,享受到某种医疗的妙用,而且自然界用些许简单的风云变幻就会使人们产生超凡入圣之感。的确,人以超功利的审美态度观乎于天,天则以怡情悦性的妙用拂照于人;在这种天人的审美互动关系中,人从大自然那随意的风云变幻或构图绘影中见出造化的神秀,天则使人在静观寂照的过程中返璞归真,免于迷失本性。

在中国,自然作为审美的对象有着悠久的历史。如果说孔子以“比德”的方式来观照山水仍处于伦理范畴的话,那么庄子所提出的“与物为春”和“乘物以游心”等命题,可以说是一种近乎自觉的审美意识了,尽管那里面潜藏着“道”的阴影。庄子极力推崇自然本真之美,认为“天地有大美而不言”,故需要人们在静观寂照中去体悟。他以诗化的语言对“天籁”的描写就是一例。在庄子看来,“游心于物之初”的人,便可得到“至美至乐”,“得至美而游乎至乐”就成了“至人”或“天与人不相胜”的“真人”,也就是得“道”的人。这种“至人”或“真人”达到了“逍遥游”或“神与物游”的自由境界,生时可“乘云气,骑日月,而游乎四海之外”(《齐物论》);死后可“乘东维,骑萁尾,而比于列星”(《大宗师》)。显然,庄子主要是从自然无为的“道”出发来审

① 王柯平:《社会发展问题与“天人合一”说重估》,见《北京第二外国语学院学报》1995 年第 2 期,第 45—51 页。

视天人关系或宣扬他的“游世”哲学的。他的奇思玄想在这里展示出一条从“有待”达于“无待”、从“有限”通于“无限”的心理途径。这种“无待”与“无限”的境界既是一种自由自在、天人合一的精神境界,也是一种轻松放浪、身与物化的审美境界。若以“与物为春”的审美态度来观照自然,以“情与物迁”的心理结构来感应自然,凭借“精骛八极,心游万仞”的审美想象来探访自然,就有可能获得“登山则情满于山,观海则意溢于海”的审美愉悦,或者获得“天地与我并生,万物与我为一”式的“刹那间见千古,瞬刻中求永恒”的超绝体验。

自上承先秦、下启魏晋的汉朝董仲舒以降,从情理感应的角度来阐释“天人合一”的思想蔚然成风,影响深远。或借喜怒哀乐之情以答四时之变,或用心摇神驰之感以应物色之动,最后则是“情景交融”美学命题的成熟与“天人合一”审美理想的确立。的确,中国的文人墨客对自然的那份情怀是十分独特的。面对宇宙万物,他们总是一往情深,感慨不已,思绪绵绵,处于天人感应或互动的密切关系之中。或则“仰观于天”,或则“俯察于地”,或则“遵四时以叹逝,瞻万物而思纷。悲落叶于劲秋,喜柔条于芳春。心懔懔以怀霜,志眇眇而临云”,或则“望秋云,神飞扬;临春风,思浩荡”……

这委实是中国人的一种特有的文化心理结构,一种特有的天人感应意识。面对宇宙洪荒、自然万物,人们追求“合一”的境界如果说是为了在精神上得到自由或无限,在情感上得到和谐或宣泄,在审美上得到愉悦或超越,那么这一切对于人的生命形态有何实存的意义呢?我们以为那是一种生气与灵气的灌注形式,是一种使本体生命得以充盈的过程。事实上,人们游于青山绿水之间,观于花草虫鱼之前,通常期望在静观寂照与物我交流的过程中,在个体生命与宇宙大化的回环激荡过程中,或以俯仰自得的精神来玩味自然万物的色相、形态、秩序、节奏与和谐,或以游心太玄的情致跃入大自然的生命律动之中,使自己的身心接受新的洗礼,使自己的神志经历新的炼铸,使自己的生命获得新的活力。这实际上是观物寄情、以心照物的传统方式。人们借此“求返于自己深心的心灵节奏,以体合宇宙内部的生命节奏”(宗白华语),借此使自己的心灵节奏得到强化,使自己的生命形式变得充盈。这可以说是一种“物我同一”的艺术化的人生境界,或者一种“入乎其内,出乎其外”的人格发展过程。在此过程中,人们总是从自体的需要或意趣出发，以不同的方式和不同的程度达到自己的目的。他们或身与物化犹如庄周梦蝶，或“化景物为情思”借以表明心志，或以松柏喻精神，或以修竹喻气节，或以兰荷喻品格……最终则是在“悦志悦神”（李泽厚语）的高级审美体验的启动下，重新扬起生命的风帆，以渡人间沧海。这使人不由联想起古希腊神话中的安泰俄斯。

自不待言，除了自然景观之外，人们也可以从古典园林、寺庙建筑、石雕和绘画等众多的人文景观中见出“天人合一”的美学精神。譬如游览闻名世界的天坛，你会发现按“天圆地方”而设的回音壁、祈年殿、皇穹宇与圜丘坛，用“天数”而建的各层栏板望柱与台阶，均以象征的手法和形式表现了“天人合一”的思想。遥想当年“天子”统率臣民一同祭天的庄严法度与肃穆仪式，那种带有浓厚宗教色彩的“天人合一”氛围与气势是何等的壮观！这些都有赖于导游/翻译的生动解说与游客个人的自行体认了。

当然，“天人合一”的美学精神除了与旅游审美活动和审美体验相关外，还会直接或间接地影响到旅游景观的开发与旅游生态环境的保护等方面。就自然景区的旅游景观开发和建设而言，这种美学精神具体地落实在追求自然景观与人文景观和谐统一的审美理想与开发原则上。譬如，在贵州黄果树瀑布附近的天星景区，人造景点“数生步”的石阶原为方形水泥墩，与周围自然天成的风景很不协调，有障观瞻。后来仿照自然的石头形态，重新加工，结果创造出“虽由人作，宛自天开”的和谐景致，从而大幅度地提高了景观自身的审美价值和来往游客的审美情趣或“游兴”。另就旅游生态环境而言，真正理解“天人合一”思想的旅游者和开发建设者，都会拥有强烈的环保意识。因为，大自然是一个有机的整体（an organic whole），人是大自然的一部分，任何急功近利的滥用或人为的破坏将是灾难性的，不可恢复的，甚至是自杀性的。再则，对于自然界的动物种类以及江海湖泊来讲，人类不需要的垃圾，它们也不需要。因此，人类若想得到大自然各种形式的恩赐（如能源、场所、养生、审美等），若想维系“可持续发展”的条件，就必须不遗余力地保护好自然生态环境，解决好人与自然的和平共处关系，把“仁民而爱物”的思想原则落在实处。总之，在旅游成为一种社会时尚的今天，在旅游景观趋于深度开发的现阶段，重估“天人合一”的思想和解决好人文与自然的关系问题,的确具有重大的历史意义与现实意义。

六 境界说的特点

境界说是王国维诗学理论的代表性成果,在其所著的《人间词话》里,开篇即论“境界”:“词以境界为最上。有境界则自成高格,自有名句。五代北宋之词所以独绝者在此。”①显然,“境界”被奉为评价诗词艺术及其价值的最高标准。举凡诗词有了境界,其高妙的格调与精彩的名句就会随之而生。故此,王国维断言:“沧浪所谓兴趣,阮亭所谓神韵,犹不过道其面目;不若鄙人拈出‘境界’二字,为探其本也。”②我们知道,严羽(沧浪)所言“兴趣”,盖指盛唐诸人在诗中“吟咏情性”之时,注重诗歌的兴发感动作用,讲求“言有尽而意无穷”,所用形象或所写情景具有如下特点:“羚羊挂角,无迹可求,故其妙处,透彻玲珑,不可凑泊,如空中之音,相中之色,镜中之象。”③这其中潜藏着以禅喻诗的用意,同时也包含着诗道妙悟或禅道妙悟的暗示,但终究是专论触景生情、委婉含蓄的诗歌创作手法(兴)与意趣盎然、情深旨远的诗歌艺术韵味(趣),同时也是对唐诗艺术特点的归纳和强调,以此来反衬和贬斥“以文字为诗,以才学为诗,以议论为诗”④的文坛时弊。

至于王士祯(阮亭)所谓“神韵”,是在严羽提出“诗之极致有一,曰入神”⑤等言说的影响下,先后有所论及。如在《池北偶谈》里,王士祯借用孔文谷之说,认为“诗以达性,然须清远为上”。进而在讨论“清”“远”与“清远兼之”的三种诗歌风格之后,认为三者“总其妙,在神韵矣”⑥。另在《渔洋诗话》中,王士祯列举了一连串律句,认为其妙在于“神韵天然不可凑泊”。⑦ 比较而言,基于“清远”诗风的“神韵”说,盖指景物诗所抒发或表达的一种情思意趣使人有所感悟与体会;

① 王国维:《人间词话》,见姚淦铭、王燕编:《王国维文集》(第一卷,中国文史出版社,1997年),第141页。

② 同上书,第143页。

③ 严羽:《沧浪诗话》(人民文学出版社,1983年),第26页。

④ 同上。

⑤ 同上书,第8页。

⑥ 转引自叶嘉莹:《王国维及其文学批评》(河北教育出版社,1997年),第287页。

⑦ 同上书,第288页。

基于“神韵天然”的“神韵”说，“因其能由外在之景物，唤起一种微妙超绝的精神上之感兴，而写诗的人却只提供了外在的景物，并不直接写出内心的感兴，于是便自然有一种含蕴不尽的情趣。如果从这种兴发感动的作用而言，则阮亭之所谓‘神韵’与沧浪之所谓‘兴趣’，实在颇有可以相通之处”①。不过，王士祯标举“神韵”，也是有感而发，虽有抑少陵而扬王孟之嫌，囿于清远冲淡而忽略飘逸豪放之偏，但终究看出当时文坛的主要弊端，试图以此来矫正明代前后七子复古风流于肤廓之弊与公安派失于浅率之病。

那么，与上述两种诗说相比，王国维为何认为自己提出的“境界”说就是“为探其本”呢？我们知道，王国维是中西兼通的思想家与学者，其“境界”说的提出与论述，是中西诗学与美学思想资源会通创化的结果。早在1904年发表的《孔子的美育主义》一文里，王国维受到席勒美学思想的启发，在中西跨文化的语境中，将“aesthetic state”转译为“审美之境界”，继而赋予“境界”一词诸多新的含义，兼从西方的直观或直觉角度予以阐发，使其成为一个独立的美学概念，成为衡量诗文作品和评品诗人作家的根本性艺术与审美标准。

王国维于1907年发表的《〈人间词〉乙稿序》中曾断言：“原夫文学之所以有意境者，以其能观也。”②这等于说诗词是否有意境，主要在于能够通过五官和心思的“直观”而发现其中所表现出的艺术“观念”或“理念”。另外，构成“境界”的“真景物、真情感”，也正是“能观”（能够直观）的对象，是通过真切生动的艺术描写，将“所观之物既去而象尚存”的“观念”，还原为眼前可观可赏的景象。因此，诗人词家要想取得“能观”的效果或感染力，就必须在创构和营造艺术“意境”或“境界”上多下功夫，在描写心意所感、耳目所触的“真景物、真情感”上多下功夫，以便使自己至少具备如下三种能力——“写情则沁人心脾，写景则在人耳目，述事则如其口出”。③ 唯此，情景的“真”与“不真”、“隔”与“不隔”或“工”与“不工”之类的问题，便可迎刃而解了。

---

① 转引自叶嘉莹：《王国维及其文学批评》，第288—289页。

② 王国维：《〈人间词〉乙稿序》，见姚淦铭、王燕编：《王国维文集》第一卷，第176页。

③ 王国维：《宋元戏曲考》，同上书，第389页。

一般说来,能够直观或直觉,是人类特有的认识能力,原本是心灵的天生能力,无须先行的推理、分析或讨论,便能通过瞬间的洞察来认识普遍中的特殊事物,从中直接领悟其真理的要旨。通常,感性直观是指可感对象在心灵中的直接呈现或形象化呈现,理智直观代表理性主义传统中所主张的理性洞见这一重要官能,借此可以领悟或把握共相、概念、自明真理以及诸如上帝与不朽等一系列无法言表的对象。若从跨文化参证法的角度来进行概念追溯,不难发现王国维所言的"能观",同叔本华的直观观念说和康德的审美观念说有着直接而密切的关系。[①] 若参照叔本华的思路,"境界"可以说是本于直观或静观外在表象的"观念",继而认识内在的"生命意志"这一本体。若追随康德的思路,"境界"可以说是本于感性直观的"审美观念",继而体认艺术的"精神"。但王国维绝非食洋不化或食古不化的庸才,而是立意创化、"凿空而道"的天才。因此,他能越过直观观念说与审美观念说,融汇中外思想,以"境界"立论,成一家之言。

质而言之,王国维的境界说,在思想资源上,一方面比照的是严沧浪的兴趣说和王阮亭的神韵说,另一方面借鉴了席勒"审美状态"说、叔本华的"直觉观念说"和康德的"审美观念说",实属中西之学"合璧"或会通的重要成果。究其本质,"境界"的生成,取决于"以其能观",而"能观"的对象则是文学的"二原质",即"情"与"景"及其深层的"观念"。"境界"的显隐,取决于情与景的真切程度,也就是王国维所说的"真景物、真情感"。这里所言的"真",不仅要求所表现的情感应"沁人心脾",所写的景物应"在人耳目",所述的事件应"如其口出",而且还要求"自然",因为"古今之大文学,无不以自然胜",元曲尤为如此,是"中国最自然之文学"。[②] 此外,这种"真",还须"深",即入事要深,感人也要深。因此,王国维要求"诗人对宇宙人生,须入乎其内,又须出乎其外。入乎其内,故能写之。出乎其外,故能观之。入乎其内,故有生气。出乎其外,故有高致"[③]。

那么,境界"为探其本"的要义何在呢?按照我们目前的理解,王

① 王柯平:《境界"为探其本"的深层意味》,见《学术月刊》2010年第3期,第101—108页。

② 王国维:《宋元戏曲考》,见姚淦铭、王燕编:《王国维文集》第一卷,第389页。

③ 王国维:《人间词话》第六十则,同上书,第155页。

国维所谓的“境界”，至少应从两个方面着手：其一是作为根本性的诗词艺术法则或审美标准，用以衡量诗文作品的艺术价值与评论诗人作家的艺术修养；其二是借助艺术作品所表现的意境，直观宇宙人生的真谛。这两个向度互动互补，相映成趣。但较之于前者，后者更像是王国维的目的性追求，故更能揭示“境界”“为探其本”的深层意味。需要说明的是，这“直观”，是指诗性直觉与诗性灵思的融会贯通能力，是由感性、知性、想象或迁想妙得的灵思等质素综合而成的一种洞察敏悟能力；这“宇宙”，是指一定历史时空背景下的大千世界；这“人生”，是指容含七情六欲的人类生存状况；这“真谛”，是指真正的意义、真实的情景或内在的本质。当然，通过艺术境界来直观宇宙人生之真谛，不只是为了满足人们的好奇心与审美愉悦感，而是让人们在获得思想启迪的同时探求自己的安身立命之道。也就是说，其一方面是指诗人基于真景物真情感的诗性直观和灵思，能洞察宇宙人生之真谛，能以真切生动的方式将其表现在形象化的艺术境界之中；另一方面是指这种艺术境界能以不隔、直观的方式，引发鉴赏者的共鸣、反思与觉解，进而使其养成一种良好的审美趣味，找到一条应对人生哀乐的可能途径。

七　积淀论的要义

“积淀论”亦称“审美积淀论”。在《美的历程》中，李泽厚基于人类学历史本体论和实践美学的立场，认为仰韶与马家窑陶器造型中的某些几何纹样，是由动物形象的写实而逐渐演变为抽象化与符号化图案的，断言由再现（模拟）到表现（抽象化），由写实到符号化，正是一个由内容到形式的积淀过程，也正是美作为“有意味的形式”的原始形成过程。按照他的说法，这类抽象集合纹饰并非某种形式美，而是抽象形式中有内容，感官感受中有观念。这正是美和审美在对象和主体两方面的共同特点。“这个共同特点便是积淀：内容积淀为形式，想象、观念积淀为感受。”[①]“人的审美感受之所以不同于动物性的感官愉快，正在于其中包含有观念、想象的成分。美之所以不是一般的形

① 李泽厚：《美的历程》，第18—19页。

式,而是所谓'有意味的形式',正在于它是积淀了社会内容的自然形式。"①

在《历史本体论》里,李泽厚在总结性地论述"文化心理结构"时,结合人的心理和情感积淀,即从理性的内化和凝聚、理性在感性中的沉入、渗透和融合,以及心理成本体等角度,对广义和狭义的积淀论做了进一步的概括。

> 文化谓"积",由环境、传统、教育而来,或强迫,或自愿,或自觉,或不自觉。这个文化堆积沉没在各各不同的先天(生理)后天(环境、时空、条件)的个体身上,形成各个并不相同甚至迥然有异的"淀"。于是,**"积淀"的文化心理结构(cultural-psychological formation)既是人类的,又是文化的,从根本上说,它更是个体的。**特别随着今日现代全球一体化经济生活的发展,各文化各地域的生活方式,以及由之带来的文化心理状态将日益趋同。但个体倒由之更方便于吸取、接受、选择不同于自己文化的其他文化,从而个体积淀的差异性反而可以更为巨大,它将成为未来世界的主题。**就在这千差万异的积淀中,个体实现着自己独一无二的个性潜能和创造性。**这也许是乐观的人类的未来,即万紫千红百花齐放的个体独特性、差异性的全面实现。它宣告人类史前的那种同质性、普遍性、必然性的结束,偶发性、差异性、独特性将日趋重要和凸出。每个个体实现自己的创造性的历史终将到来。可见,"积淀"三层,最终也最重要的仍然是个体性这一层,它既是前二层的落实处,也是个体了悟人生、进行创造的基础和依据。②

显然,在经济文化生活的全球化背景下,李泽厚不仅从人类文化的历史发展角度出发,而且从跨文化交汇的国际视野出发,以立足现实的态度和乐观进取的精神,有意凸显了"文化心理结构"的动态性和开放性特征,强调了个体积淀在人类总体发展条件下更为突出的差异性、独特性、偶发性和丰富性。至于这里所说的"积淀"三层,主要是指"积淀"在"文化心理结构"中的三个层面,即"人类的,文化的和个体

---

① 李泽厚:《美的历程》,第25页。

② 李泽厚:《历史本体论》(三联书店,2006年),第124—125页。

的”三个层面。而在《美学四讲》一书里，具体到艺术鉴赏和艺术创造领域，李泽厚则将“积淀”三层进一步展开：将第一层视为“形式层与原始积淀”，将第二层视为“形象层与艺术积淀”，将第三层视为“意味层与生活积淀”。按照他的相关阐述，审美积淀论与艺术积淀论在很大程度上是合二为一的关系，基本上都是“自然人化”的产物。其中，美的根源与工具本体相关联，艺术本体与情感本体相关联，艺术作品与心理本体相关联。

概而言之，艺术作品的“形式层”，在原始积淀的基础上，将向两个方向延伸：一是通过创造者的身心自然向整个大自然（宇宙）的节律的接近、吻合和同构，即走向“人的自然化”；二是向其时代性社会性延伸，因此包含了社会具体生活以至意识形态（宗教、伦理、政治、文化等）的影响方面。所谓“形象层”，主要是指艺术作品所呈现的人体、姿态、行为、动作、事件、物品、符号图景等可以用语言指称的具象或具象世界。在此方面，原始巫术和古代礼仪曾经发挥了重要的推动作用。结果使形象层超越了悦耳悦目的感知形式层，日益渗透到与人的情感欲求相关的心理领域了，并在无意识的深层结构里积淀和成长为人的内在心灵和人化情欲。因此可以说，“艺术形象层所呈现所陶冶的，是更为内在的一层人性结构。它既是情欲（动物性、原始本能）与观念（社会性、理性意识）的交错渗透”[①]。由此引致的幻想世界，具有多样性、朦胧性、宽泛性、非确定性和不可解说性等特征，由此更加丰富了人性的表现和人的各种不同需求。所谓“意味层”，是指艺术作品的形象层、形式层或“有意味的形式”中的“意味”。这“意味”不脱离“感知”“形象”或“形式”，但却超越了它们，以至代表人化的整个心理状态，具有长久持续的可品味性，涉及纯粹人类性的心理情感本体，体现着人形建构的实现程度。在这里，作为情感符号的艺术作品，不仅具有历史性、开放性和时代性，而且具有生命力、生命意义和人生意味。总之，

> 生活积淀而成为艺术作品的意味层，恰好是对形式层和形象层原来积淀的某种突破而具有创新性质。因为原始积淀和艺术积淀都有化内容为形式从而习惯化、凝固化的倾向……生活积淀

---

① 李泽厚：《美学四讲》（三联书店，1989 年），第 222 页。

> 则刚好相反,它引入新的社会氛围和人生把握而革新、变换着原有积淀……作为美的艺术,正好似透过形式的寻觅和创造而积淀着生命的力量、时代的激情,从而使此形式自身具有生命、力量和激情。这即是生活积淀。可见,积淀本身也是在矛盾冲突中变迁承沿着的。困难是,艺术作品的三种层次,积淀的三种不同性质、形态,又经常是交错重叠,彼此渗透而难以区分的……举其大端,则可简括为,原始积淀是审美,艺术积淀是形式,生活积淀是艺术。①

值得注意的是,“积淀论”是李泽厚对世界美学理论的一个重要贡献。他从马克思的实践哲学和人类学历史本体论立场出发,根据“自然的人化”与“人的自然化”这两个主要的人类实践活动向度,借鉴中国传统的思想资源与现代科学理论的相关学说,通过创造性转化和独特的运思方式,阐述了审美积淀论或艺术积淀论所涉及的“文化心理结构”中的基本要素,这对理解和欣赏中外艺术作品的“积淀”三层,提供了具有较大解释力的理论依据。另外,这种“积淀论”不仅强调自由享受的审美直觉性,而且包含“以美启真”的认知目的性和“以美储善”的道德目的性。这样便把通常囿于感性直观范畴的西方美学观念,从悦耳悦目的层次提升到关乎理性直观和自由意志的悦心悦意或悦志悦神的高度了。

① 李泽厚:《美学四讲》,第248—249页。

第四章　旅游景观的审美历程与类型

历史地看，作为旅游审美对象的旅游景观，在我国经历了一个长期的发展过程。在类型方面，旅游景观一般分为自然景观与人文景观，其具体内容丰富而多样。我国幅员辽阔，民族众多，不同的自然条件和人文环境使旅游景观的分布呈现出明显的个性或地域差异性等特点，但在总体上形成了“南秀北雄”的美学风貌。

一　旅游景观的审美历程

纵观我国数千年文明历史，旅游景观作为丰富多彩的文化成果或人们追求美的结晶，经历了一个漫长的和不断发展的过程。近年来国内诸多学者的研究表明，这一过程大体上可划为以下四个时期：自然崇拜时期、雅好山水时期、山水旅游发展时期和旅游景观完善时期。

（一）自然崇拜时期

远古时代，由于生产力和科学水平相对低下，备受大自然奴役的先民，一方面对于高山大川、洪水猛兽怀有神秘感和畏惧心理；另一方面对赖以生存的自然环境又富有好感和依附心理；此外，还因为对昼夜交替、日月升降、电闪雷鸣、风雨雪雹以及四季变化等自然现象缺乏科学的认识，以为这全是上天或神灵所为，所以产生了以敬畏与亲近等复杂情感为特征的自然崇拜心理。在这个历史时期，“封禅祭祀，祈风求雨”等带有巫术或原始宗教性质的活动十分盛行。据《山海经》与《尚书》记载，九州之内约有 400 座山和 300 条河，在当时被尊为神山神水而广受膜拜。其中东、西、南、北、中等“五岳”，黄河、长江、淮水和济水等“四渎”，均属主要的祭祀对象。比如，舜帝“受终于文祖”

(尧帝)之后,即刻选择良辰吉日,“肆类于上帝……望秩于山川”,巡视了东南西北“四岳”,并且“封十有二山”(《尚书·尧典》)。另外,《史记·封禅书》这样写道:“天子祭天下名山大川,五岳视三公,四渎视诸侯,诸侯祭其疆内名山大川。”总之,“自五帝以至秦,轶兴轶衰,名山大川或在诸侯,或在天子,其礼损益世殊,不可胜记。及秦并天下,令祠官所常奉天地名山大川鬼神可得而序也”。

春秋以降,随着社会文化的发展,主体意识的觉醒,人们对山川从单一的原始崇拜逐步过渡到以“比德”为主要方式的审美评价。子曰:“知者乐水,仁者乐山。知者动,仁者静;知者乐,仁者寿。”(《论语·雍也》)这里,水的清澈象征人的明智,水的流动体现知(智)者的探索精神与源源不断的聪慧,比较类似智者的特点;山的安稳象征仁者的敦厚,山的静态表示仁者的平和,山中蕴藏万物并施惠于人,正好应对仁者的品质。当然,具有悠久历史的“比德”方式,在古代依然带有自然崇拜的遗风。秦始皇就曾依据“五行”之说,认为黄帝得土德,夏得木德,殷得金德,周得火德。“‘今秦变周,水德之时。昔秦文公出猎,获黑龙,此其水德之瑞。’于是更命河曰‘德水’。”(《史记·封禅书》)

(二)雅好山水时期

魏晋六朝时期,由于摆脱了汉代“废黜百家,独尊儒术”的思想支配,亲临目睹了先前战乱不迭、灾祸层出的悲惨世界,重新认识了道家游世哲学及其“以天为徒”的自由理想,以及在深入体悟外来佛学所倡导的那种“般若波罗蜜”式的空无极乐境界的基础上,当时的中国进入了一个精神、思想与人格上空前解放、自由和超越的时期。结果,在艺术观上,主要以老庄或黄老的宇宙观为基础,追求简约玄远的意味和超然绝俗的神韵,“人心里面的美与丑、高贵与残忍。圣洁与恶魔,同样发挥到了极致”[1]。在人格观上,主要以“三玄”(即《易经》《老子》和《庄子》)所宣扬的处世哲学为基础,标举道法自然的理想,情诚神交的友谊,清谈玄理的志趣,返璞归真的愿望,潇洒自然的风致以及不为物役、放达不羁和来去无碍的自由精神。在自然观上,也主要是以

① 宗白华:《美学散步》(上海人民出版社,1981年),第177页。

老庄哲学为理论基础或价值参照系，重新发现了山水美或自然美的独特效用。在“与物为春”“乘物以游心”和“独与天地精神相往来”等思想的引导下，人们（尤其是士大夫阶层）对自然山水一往情深，推崇“身入化境，浓酣忘我”的审美情趣，流行“由实入虚，超入空境”的形上追求。在“有大美而不言”的自然界里，人们通常以“超以象外”为静观寂照的审美或欣赏原则，热情洋溢地去探寻“象外之象”或“韵外之致”等玄远幽深的审美意义与宇宙生命的深层内涵，并且沉醉于其中，以自身的实际行动（如“竹林七贤”等）来印证庄子的游世主义思想，借此摆脱世态炎凉的困境，消解桎梏性灵的礼教和超越功名利禄的干扰等。特别是在当时的文坛上，也形成了“老庄告退，而山水方滋”（刘勰）的风气，这样使自然山水进一步脱去原有的神秘外衣，成为人们更为自由和亲切的审美对象。

需要指出的是，为逃避战乱而不断南迁的士族文人，原先看惯了广漠浑厚的北方景致，后来乍一临照婉秀幽静的南方山水，顿感新奇放浪，喜不自胜。于是，江南美丽的自然环境与充裕的物质条件，促发和生成了一种登临山水、畅神抒情、清谈玄理、恣意遨游的悠闲生活方式或隐逸之风。这种生活方式盛行于文人墨客和一些在政治上失意的士族之中。其代表人物首推“开一代新风”的谢灵运和陶渊明。他们那种追慕淡泊、平和与宁静的人生态度，以及那种浪迹于山水之中以求超越、解脱与怡情的审美趣味，对后世山水文学的发展与名山胜景的形成有着深刻的影响。

另外，当时道教的盛行与佛教的兴起，对以自然山水为主调的景观的形成也产生了不可忽视的作用。我们知道，道教创始于汉代，以崇尚自然、返璞归真和求道访仙为主旨。佛教始于印度，两汉之际传入我国，以超脱红尘、潜心修持、追求涅槃为目标。魏晋南北朝时期，两教已深入整个社会，并出于教义之需，争相占据名山大川以建观筑寺，想借天地万物或“仙山佛界”来修身养性，以便得道成仙或悟禅成佛。“南朝六百八十寺，多少楼台烟雨中”，可以说是对当时情景的生动写照，概括性地反映出佛教流行的盛况。众多的寺庙无疑对自然景观的“人化”与美化做出了突出的贡献。所谓“天下名山僧占多”之说，显然与此不无关系。

（三）山水旅游发展时期

盛唐时期，经济繁荣，社会安定，文化发达，宗教隆盛，风景名胜广为拓展，山水旅游活动蔚然成风。文人雅士之中，大都喜好游山逛水，而且“触景生感，借题发挥，记为诗文，以激千古”者举不胜举，致使山水诗画、游记与园林蓬勃发展，景观内容也随之空前丰富。在这方面，宣称“一生好入名山游”“到处山水皆故宅”的李白，标榜“万事不关心”“空知返旧林”的王维，著有《永州八记》开山水游记文新风的柳宗元等，均是当时倡导游览之风、善解山水之意和实现畅神优游的代表人物。他们的文学成就突出地反映在各领风骚的山水诗文或绘画之中。

到了宋代，雅好山水、游历四方者首推苏东坡。这位“入峡喜巉岩，出峡爱平旷；吾心淡无累，遇境即安畅”的诗人学士，不仅好游天下名胜，而且还亲自组织人力建设西湖，深入考察研究山水之美，现存西湖“苏堤春晓”一景与《石钟山记》等文便是例证。再就是山水画家与山水理论家郭熙。他凭借画家特有的敏感和细微的观察力，根据自然景观的特征与个人游览的经验，总结出一系列有效的观赏方法，记叙于他所著的《林泉高致集·山水训》中。譬如，郭熙通过对比与内省等方式，从实际观察和审美角度，有效地揭示出自然景观的变异性和人与景的感应关系。他所提出的“春山烟云连绵，人欣欣；夏山嘉木繁阴，人坦坦；秋山明净摇落，人肃肃；冬山昏霾翳塞，人寂寂”之说，在旅游美学研究方面仍有很大的参考价值。

另外，足迹遍布南北的宋代科学家沈括，“周览名山大川”的明末旅行家徐霞客，醉心山水的晚明“公安派”“三袁”，“师法自然”“搜尽奇峰打草稿”的清初画家石涛，深知“游山乐”、谙晓“游山学”的清末学者魏源等，都以各自独特的方式进一步推动了中国旅游景观的审美历程，丰富了旅游景观的审美功能。他们留给后人的大量诗歌、绘画与游记等作品，的确不同程度地起到了“以激千古”的历史文化效应，是我们今天深入探讨景观审美价值和考察旅游审美活动的宝贵遗产。

（四）旅游景观完善时期

近现代，随着中国封建社会的终结与战乱的结束，随着科学技术、文化艺术、教育事业和国民经济的迅速发展,人们的生活水平、审美需求与旅游意识也得到大幅度的提高。相应地,为了满足社会公众以及世界旅游市场的需要,旅游景观逐步进入完善时期,走上了综合开发利用之路,兼顾旅游观光、科研教育、休闲度假、文化交流与开展宗教活动等多种职能。

特别是从20世纪70年代后期以来,国际旅游业的突飞猛进与中国改革开放的辉煌进程,极大地刺激和推动了中国现代旅游业的发展。于是,随着"国家、集体与个人一起上"等旅游方针政策的纷纷出台与具体实施,中国的旅游业在宏观布局上取得了长足的进步,旅游景观的开发与建设也以前所未有的速度,在类型、内容、交通、设施等方面,得到广泛的修复、保护、设计、创新、开发、综合与利用,现今已经形成具有中国历史文化特色的、内容相当齐全的旅游景观体系。比如,1992年首次开展的"中国友好观光年"活动,推出了14条专项旅游线路,其中包括长城之旅、黄河之旅、长江三峡游、奇山异水游、丝绸之路游、西南少数民族风情游、冰雪风光游、寻根朝敬游、青少年修学游、新婚蜜月旅行、保健旅游、烹饪王国游、江南水乡游、佛教四大名山朝圣游。这些旅游专线遍布全国,内容丰富,既有南秀北雄的自然美景,闻名世界的历史古迹,又有多彩多姿的民俗风情,有口皆碑的美食佳肴……如果将各地围绕"友好观光年"主题所精选的地方旅游专线与所组织的节庆活动纳为一体,那么,无论在规模与范围方面,还是在形式与内容以及接待能力等方面,都可以说是对中国旅游业现状与中国旅游景观建设的一次史无前例的大检阅,同时也可以说是中国旅游业及其旅游景观进入新的历史发展阶段的重要标志。继"92友好观光年"之后,全国上下又组织了规模宏大的"93民俗风情游""94文物古迹游""95山水风光游""96休闲度假游""97中国旅游年"和"98华夏城乡游"等。所有这些规模和声势浩大的旅游活动,进一步显示了中国旅游发展的巨大潜力和旅游景观的完善程度。

二　旅游景观的基本类型

研究中国旅游景观的审美形态、价值特征及其美学精神,首先需要对旅游景观的定义和分类等问题作一简要的说明,这样才会使后面的陈述与分析具有相应的针对性。

(一) 旅游景观的界说

“景观”亦称“风景”,是地理学或景观地理学常用的一个概念。从地理学的观点看,景观或风景一般是指地表自然景色或特定的自然环境,其构成主要涉及地形、植被、水体、人工因素与特异因素等一系列参项,具有同一性、生动性、多样性和完整性等基本特征。[①] 若从景观地理学的观点看,景观或风景是一种具有特殊审美价值的综合环境。这种环境由于自身结构的性质而分为自然景观(landscape)与人文景观(culturescape,亦称文化景观)两种,但通常则表现为两者多层次的交叉与融合、浓缩与集聚等特点。[②] 英国学者纽拜从景观美学的观点出发,认为风景或景观在世界大部分地区一直发生着可观的人为变化或改造,已经“不单纯是一个自然的事物,它主要是人们用以满足自身基本欲望和社会需要的手段的产物。风景与其说是自然所提供的一种形式外表,不如说它更主要是文明继承和社会价值的体现。任何企图颠倒这种关系的有关风景性质的理论,只能具有有限的价值”[③]。这样,对风景的鉴赏主要基于对其形式所表现的内容的评价,而不能仅凭形状、颜色或其他东西,因为我们“不能把风景理解为一个抽象的形状和颜色的复合”。相反地,“我们把风景看成一系列符号,我们生长在一个运用这些符号的社会中,所以我们能够解释它们……像艺术一样,风景具有不同的吸引力,但是,风景的重要特征已证明是不同于艺术的,其中最重要的一点在于,风景具有围绕着人的环境性质以及符合、创造或影响人类心情的能力”。[④]

那么,什么是旅游景观呢? 首先需要指出的是,旅游景观是一个相对狭义的称谓,我们将其限定在旅游审美活动的客观范畴之内,从功能上将其视为一种具有特殊形式的、主要用于满足广大游客审美需

---

① 冯纪忠:《风景开拓议》,见丁文魁主编:《风景名胜研究》(同济大学出版社,1988年),第280—284页。

② 刘天华:《风景名胜区时空综合研究》,同上书,第475—481页。

③ 纽拜:《对于风景的一种理解》,见《美学译文》(第二卷,中国社会科学出版社,1982年),第181页。

④ 同上书,第186—187页。

求的旅游审美消费品(products for aesthetic consumption)。迄今,国内外学术界对旅游景观的探讨,经历了一个由宽泛模糊到具体清晰的不断发展过程。反映在概念的界定上,往往因为审视的角度不同而得出不同的结论。

从单纯的审美消费角度出发,有的学者将旅游景观泛化为旅游者观赏的所有对象或旅游活动中的所有审美对象,也就是"具有审美价值的景物和景象"。这一界说看来简单明了,实则笼统含糊,容易鱼龙混杂,良莠不分,会把引起游客注意力或好奇心的怪异现象与庸俗事物(比如刺激感官肉欲和品位低下的"脱衣舞"等)也列入所谓的"旅游景观"之中,这无疑会损害旅游业的健康发展,消解旅游审美活动的教育职能,甚至妨碍社会精神文明的进步等。

从旅游资源的科学属性出发,有的学者将旅游景观界定为"自然旅游资源和人文旅游资源在一定区域范围内的综合表征"。这里所谓的"自然旅游资源是指能使人产生美感的自然环境和物象的地域组合",而"人文旅游资源是指古今人类社会经济活动、文化成就、艺术结晶和科技创造的记录和轨迹"。[1] 实际上,这一界说比较适用于那些由自然资源与人文资源综合而成的旅游景观,但在逻辑上无法涵盖许多由单一的自然或人文旅游资源所构成的旅游景观,如未经"人化"的山水、溶洞或完全人为的建筑、文物等。

从景观地理学与文化人类学的角度出发,有的学者将旅游景观界定为以具有美感的典型的自然景观为基础,渗透着人文景观内容,生态环境优良,主要满足精神文化需要的多功能的外在地域空间综合体。这一界说较之于前者显然远为具体、科学,但却失之烦琐,而且存在漏洞。游览过北京故宫的人,不难发现这一闻名世界的旅游景观,无处不是人为,并未因借山水,也就是说没有以什么"自然景观为基础"。

鉴于上述界说的弊端,我们从旅游美学与景观美学的角度出发,暂且把旅游景观界定为一种具有审美信息、空间形式和时间立体性的外在观赏实体。所谓"审美信息",是就景物的审美形态、审美价值与审美特征而言的,这在后面有专门的论述。所谓"空间形式",是指下

① 钱今昔:《中国旅游景观欣赏》(黄山书社,1993 年),第 6—7 页。

有基岩地层,表有地貌、山形、土壤、植被、水体、生命、建筑或古迹,上有天空、日月、群星、云雾、风雨、光照或彩虹的立体综合体。所谓“时间立体性”,一般是指积淀和凝冻在旅游审美对象中的历史文化内容,它体现着人类文明和审美意识的进程与成果,给景观增添了“历史舞台的色彩”。常言道:“游山如读史”(游览其他名胜古迹亦然),便是“时间立体性”的另一种说法而已。当然,这种“时间的立体性”也表现在形式多样的民俗风情、旅游文物以及神话传说之中。[①] 这三者皆富有文化意味与生活色彩,也是旅游景观的重要内容。

(二) 旅游景观的类型

按照通常的分类结果,旅游景观主要包括自然景观和人文景观两大类型。有人认为前者是“自然旅游景物在一定地区的综合表征”,后者是“人文旅游景物的地区综合表征”。[②] 也有人发挥此说,断言前者“是地球表面自然因素的综合体,它反映了一个地区的地理特征,因此也称自然综合体或地理综合体”,后者则“是人类文化在地面上的印记,是附加在自然景观上的人类活动形态,是地球表面上文化景象的复合体”[③]。另外,也有人宣称前者表现自然美,后者体现社会美与人文艺术美。[④] 还有人根据景物和景象的物质形态与审美形态来罗列自然景观与人文景观的构成……[⑤]

基于现有的研究成果,我们倾向于把自然景观界定为主要以自然山水为基础,辅之以光照、植被、动物、风云或雨雪等基本要素,能够表现自然美不同形态的空间综合体。相应地,我们倾向于把人文景观界定为主要以人类劳动成果与历史文化内容为基础,辅之以必要的旅行游览设施,比较集中地体现艺术美、社会美和生活美的观赏对象。不

---

① 全国民族院校文艺理论研究会主编:《民族风情与审美》(红旗出版社,1987 年);参阅安旭:《旅游文物艺术》(南开大学出版社,1991 年)、钱今昔:《中国旅游景观欣赏》,第171—175 页。

② 钱今昔:《中国旅游景观欣赏》,第 7 页。

③ 江月启:《巧布神州游——中国旅游景观地理学》(中国社会科学出版社,1992 年),第 238 页。

④ 刘天华:《风景名胜区时空综合研究》,见丁文魁主编:《风景名胜研究》,第 280—284 页。

⑤ 江月启:《巧布神州游——中国旅游景观地理学》;葛晓音:《中国名胜与历史文化》(北京大学出版社,1989 年);曹玲泉:《中国旅游奇景》(上海远东出版社,1992 年)。

可否认，自然景观与人文景观之间没有截然的“楚河汉界”，而是常常表现为两者的融合或交叉。因为，在人类的历史长河中，越来越多的自然景观一直处于不断“人化”或人工改造的过程之中，从而必然打上了人文的痕迹。在崇尚“行千里路，读万卷书”和“游山如读史”之类“游道”的中国，情况尤其如此。比如，我们谈论西湖的婉秀之美，就不仅指湖光山色、柳浪风荷，也包括亭台楼阁、雕梁画栋。诚如“西湖十景”中的“苏堤春晓”“曲院风荷”与“雷峰夕照”所示，“苏堤”“曲院”和“雷峰塔”等古迹建筑或人文景观，同“春晓”“风荷”与“夕照”等自然景观已经失去了严格的界限，游人至此，习惯于将其看作不可分割的有机整体或综合性的空间构景。但为了更好地说明问题，我们仍然有必要沿用自然景观与人文景观的分类方法。

据此，自然景观的基本内容一般包括山景、水景、海景、地景、云景、洞景、花景、林景等。

山景——如苍山翠岭，幽谷奇峰
水景——如浩荡江湖，流泉飞瀑
海景——如碧海金沙，岛屿风光
地景——如水乡田园，草原大漠
云景——如云霞变幻，太虚万象
洞景——如洞天福地，钟乳奇石
花景——如名贵花卉
林景——如森林植被
其他——如珍禽异兽等

关于人文景观，我们认为其基本内容一般包括建筑园林、寺观佛窟、帝陵古墓、城市风光、摩崖石刻、文物艺术、人造景点、民俗风情、美味佳肴以及各种工艺品和博物馆等。在人文景观的构成要素中，大多是历史名胜与文化古迹。它们所包含的丰厚的文化信息、审美意味、历史舞台效果与时间的立体性，能在满足人们的认知需求和审美需求的同时，还能激起人们的思旧怀古之情与民族的自豪感等，这些都是旅游审美教育所产生的特殊效应。

三　旅游景观的宏观分布

中国幅员辽阔，历史悠久，地形复杂，旅游景观的多样性与丰富性显得尤为突出，其分布也很有特色。从具体景点看，自然景观以名山（如五岳）胜水（如长江黄河）为主体，遍及乡野、边区与沿海，形态各异，自成格局。人文景观以历史文化名城（如古都北京、西安、南京）为中心，品类繁盛，体系完整，能够满足游客不同层次的需求。

从美学风貌（aesthetic style）看，旅游景观在宏观上被分为"南秀北雄"两大类别。"南秀"代表长江流域那种"杏花春雨江南"式的秀美风貌，一般包括西南的灵秀之美（如峨眉山、九寨沟、春城石林等），东南的奇秀之美（如黄山三胜、九华石台、匡庐烟霞、普陀雁荡）和南国的华丽之美（如武夷丹霞、厦岛绿涛、漓江烟云、羊城簇锦、海南风光）。"北雄"则代表黄河流域那种"骏马西风冀北"式的壮美风貌，一般包括华北的雄壮之美（如雄伟的泰山、峻拔的嵩山），西北的浑厚与险峻之美（如华山险要、天山雪景、青藏奇观）和东北的坦荡与旷远之美（如白山黑水、辽阔平原、长白山林）。不消说，这种划分只是相对而言。因为，无论在南国或是北国，均有一些景观由于特殊的地理环境或地貌造型，常常集上述两种美学风貌于一身，"雄秀西南"的峨眉山就是一个范例。

那么，南秀北雄的景观分布又是怎样形成的呢？概括起来，主要有地理与人文两大因素。

（一）地理因素

我国南方雨量充沛，植被茂密，四季常青，山丘低垂平缓，线条圆润，隐蔽幽深，故构成山清水秀、小桥流水式的以阴柔美为基本特征的景观风貌。相反地，我国北方雨量较少，植被稀疏，四季分明，辽阔空旷，山峦高大，线条粗硬，裸露明显，故形成山高水长、大漠孤烟直式的以阳刚之美为基本特征的景观风貌。宋代山水画家兼理论家郭熙经过多年的实地考察与艺术实践，对南北景观物象之源作了相当透彻的分析和总结。他认为："东南之山多奇秀，天地非为东南私也。东南之地极下，水潦之所归，以漱濯开露之所出，故其地薄，其水浅，其山多奇峰峭壁，而斗出霄汉之外，瀑布千丈，飞落于云霞之表……西北之山多浑厚，天地非为西北偏也。西北之地极高，水源之所出，以冈陇臃肿之所埋，故其地厚，其水深，其山多堆阜盘礴，而连延不断于千里之外，介丘有顶，而迤逦拔萃于四逵之野。嵩山多好溪，华山多好峰，衡山多好别岫，常山多好列岫，泰山特好主峰，天台、武夷、庐霍、雁荡、岷峨、巫峡、天坛、王屋、林虑、武当皆天下名山巨镇，天地宝藏所出，仙圣窟宅所隐，奇崛神秀，莫可穷其要妙。”①

（二）人文因素

由于原始自然崇拜心理和种种历史原因，古代帝王封禅场所大多分布于北方的名山大川，这就使本来就高大恢宏的景观名胜，借助于帝王的赫赫威严与至尊地位，显得更为突出堂皇，更有历史意味，更容易激发人们的膜拜心理或崇高感受。另外，与自然景观和谐并存的人工建筑，往往因地制宜、依山而设。它们或峭立峰顶、上接云天，如泰山的“南天门”；或悬崖若虹、背倚翠屏，如恒山的“悬空寺”……加之北方山形高大峻拔，石理方硬裸露，植被相对稀疏，这些处于“露”的状态和“险”的位置的庞大建筑的空间形象，起到一种烘托和渲染环境气氛的作用，使四周的自然景观更显得雄奇壮美，震撼人心。相形之下，江南的人工建筑因地理条件所致，在茂密的植被中大多处于“隐”的状态与“幽”的位置，建筑体态小巧玲珑，介于花草树木之间，与自然环境融为一体，所构成的景观亦显得幽雅婉秀，令人赏心悦目。

四　南秀北雄的审美风格

上面依据“南秀北雄”的传统原理，简述了中国旅游景观的宏观布局。那么，人们兴许会问，“南秀北雄”的审美风格又意味着什么呢？它们在旅游审美活动中会引起何种感应呢？这里，我们将抛开地理的因素，专门谈谈“秀”与“雄”这两种美学范畴的各自特征。

要而言之，“秀”意指婉秀、优美或阴柔之美；“雄”意指雄奇、壮美

---

① 郭熙：《山水训》，见北京大学哲学系美学教研室编：《中国美学史资料选编》，第14页。

或阳刚之美。与西方美学的基本范畴相比，前者类似于“美”，后者相当于“崇高”。具体地说，“明月松间照，清泉石上流”的月夜林景，“江作青罗带，山如碧玉簪”的桂林山水，“水光潋滟晴方好……浓妆淡抹总相宜”的杭州西湖，“雨过隋堤原不湿，风吹红袖欲登仙”的扬州春晓等，均属典型的秀美景观。它们在形式方面，都显示出幽静、和谐、小巧、柔和、圆润、光滑、清丽、淡雅、轻盈、舒缓、精妙或绚丽等特征。在内容和感受方面，一般不呈现为激烈的矛盾冲突，主体与对象趋于和谐一致，相安无争。结果，观赏者通常不会出现惊恐、忧惧、痛感、突兀、简章、急迫、抗争或不可遏制的激动情绪，而是产生一种平缓、亲切、轻松、明净、放浪、随和、舒坦、闲适、宁静、愉悦、淡远或心平气和的快乐心境。①

与“美”（或秀美）相对而出的是“崇高”（或壮美）这一美学范畴。崇高的事物往往表现为物态形式与精神品格特别伟大出众的审美对象。比如，“大漠孤烟直，长河落日圆”的塞外风光，“造化钟神秀，阴阳割昏晓”的泰岳雄姿，“乱石穿空，惊涛拍岸，卷起千堆雪”的赤壁壮观，“西岳峥嵘何壮哉，黄河如丝天际来”的华山气势，以及力挽狂澜、舍己救人的英雄行为等，均是惊魂慑魄的壮美景观与感人肺腑的崇高品行。单从旅游景观角度考虑，崇高或壮美景观在形式方面，往往结构庞大，线条粗犷，体积宏伟，威力无比，如太空、大江、汪洋、崇山、峻岭、巨瀑、翰漠、猛兽等，以及人类创造的伟大工程和建筑，如长城、都江堰、古塔、大桥、摩天大楼等。相应地，在内容与感应方面，往往表现为激烈的矛盾冲突和惊人的感染力量，致使审美主体在生理与心理上产生惊恐、紧张、危险、悲壮、景仰、豪迈、痛快或狂喜等体验。②

与美感或秀美感相比，崇高感或壮美感含有一定程度的痛感、恐惧感和抗争性。它通常是激烈的，冲突的，失衡的，是历经艰险、战胜对方、超越自我和时空后所体验到的一种狂喜不已的审美感受。这种审美心理过程的变化一般表现为：(1) 凝神观照崇高（或壮美）的景观对象；(2) 产生痛感与恐惧感；(3) 化为快感或愉悦感；(4) 升华为胜利感或自豪感。需要说明的是，观照崇高的景观对象务必讲究方法。

---

① 伯克：《崇高与美》（李善庆译，上海三联书店，1990 年），第 182 页。

② 同上书，第 183 页。

康德就曾建议："高耸而下垂威胁着人的断岩，天边层层堆叠的乌云里面挟着闪电与雷鸣，火山在狂暴肆虐之中，飓风带着它摧毁了的荒墟，无边无界的海洋，怒涛狂啸着，一个洪流的高瀑，诸如此类的景象，在和它们的较量里，我们对它们抵拒的能力显得太渺小了。但是假使发现我们自己却是在安全地带，那么，这景象越可怕，就越对我们有吸引力。我们称呼这些对象为崇高，因为它们提高了我们的精神力量越过平常的尺度，而让我们在内心里发现另一种类的抵抗的能力，这赋予我们勇气来和自然界的全能威力的假象较量一下。"①从中可以看出，在观照崇高的景观时，一开始会因为对方巨大形体与力量的威压而体验到的痛感或恐惧感，这是有限而暂时的。只要观赏主体拉开距离（特别是心理距离），意识到对象并不危及我们的安全时，这种痛感或恐惧感会随之减弱或消解，继而在情感意志与自尊意志的重新确立过程中，先前的痛感或恐惧感转化为快感或愉悦感。此情此景，随着观赏视界的延伸，审美感官的适应，主体意识的增强，情感得以升华，精神世界得以拓展，人们在经历了一场化险为夷、转悲为喜、超越对象以及自身局限性的较量中，油然产生一种亢奋的心绪与压倒一切的胜利感与自豪感。这实际上是观赏主体从有限到无限、从必然到自由、从卑微到伟大的超越过程。比如，当年参加拍摄电影《智取华山》的主要演员郭允泰，在谈及自己在实地拍摄的亲身体验时说："在华山我们呆了两个月，爬遍了群峰，登临了险处。而这种具有冒险性质的活动，带来了无穷的乐趣。当登上一座山顶时，你会觉得自己很伟大，有一种征服者的骄傲之感。"②

值得注意的是，要想战胜由崇高的景观对象所触发的痛感或恐惧感，以及因自身相对渺小而生的自卑感，就必须享有博大的审美胸襟与强烈的主体意识，对本体力量和勇气具有足够的心理准备。常言道："人心之大，可以囊括宇宙。"每濒临大海，头顶断岩，登攀险峰或仰观巨瀑，面对看来不可抗拒的自然威力，你首先需要确立人类的尊严，激发抵抗的勇气，唤醒意志的力量，显示超过自然的优越性，能够"大其心以体天下之物"（张载语）。同时，还需要我们把平常关心的东西

---

① 康德：《判断力批判》（宗白华译，商务印书馆，1987年），上卷，第28节，第101页。
② 郭允泰：《郭允泰重叙华山情》，见《中国旅游报》1987年7月11日。

(如财产、健康和生命等)看得渺小,把自然界中的一切看得渺小,心灵会因此而认识到自身使命的崇高性,从而鼓起战胜对方的信心。照这样,“自然界在我们的审美判断里,不是在它引起我们恐怖的范围内被评为崇高,而是因为它在我们内心里唤起我们的力量……所以,自然界在这里称作崇高,只是因为它提升想象力达到表述那些场合,在那场合里心情能够使自己感觉到它的使命的自身的崇高性超越了自然”①。

① 康德:《判断力批判》上卷,第28节,第102页。

第五章　自然景观的审美特性

倡导“逍遥游”的庄子，虽称“天地有大美而不言，四时有明法而不议，万物有成理而不说”（《知北游》），但“原天地之美而达万物之理”的先哲时贤却继往开来。号称“山中宰相”的南朝名士陶弘景就曾写道：“山川之美，古来共谈。高峰入云，清流见底。两岸石壁，五色交辉。青林翠竹，四时俱备。晓雾将歇，猿鸟乱鸣；夕日欲颓，沉鳞竞跃。实是欲界之仙都，自康乐以来，未复有能与其奇者。”[①]此文以寥寥68字，有声有色地描绘出高峰、清流、岸壁、林竹、晓雾、猿鸟、夕阳、沉鳞等自然景观的审美形态及其特征，十分耐人寻味。

一般说来，自然景观作为旅游景观的基本内容，在经过漫长的审美历程之后，大多已经成为“人化”或“人的本质对象化”了的审美对象，但有一些依然保持着原始的状态或风貌。因此，自然景观也相应地表现出三种比较典型的存在形态：一是未经人类触动的、纯天然的原始景物，如人迹罕至的原始森林、洪荒山野、飞禽走兽、南北两极大陆等，我国湖北的神农架和四川的九寨沟基本属于这一类别。二是直接作为人类劳动生产场所的田园风光，如江湖渔区、水库景区、草原牧场、山坡林场、“梅子金黄杏子肥”的果园与“麦花雪白菜花稀”或“漠漠水田飞白鹭”的农田等，不仅明显带着人类劳作的印记，而且具有满足人类生活资料需要的生产目的性。三是经过艺术化加工了的自然景观，如杭州西湖、五岳黄山、四大佛教圣地等。这类景观以原有的自然景观为背景，融合着一定的人文景观内容以及社会文化内涵，主要作为观赏对象而注重对人的情感陶冶等精神作用。[②] 不消说，这三种

---

① 倪其心等编：《中国古代游记选》（上册，中国旅游出版社，1985年），第6页。

② 刘天华：《生活中的旅游审美》（山东科学技术出版社，1987年），第10—14页。

存在形态并无绝对严格的分界,在有些方面是相互关联的。譬如,人类往往基于自己的“神话制作意识”并通过自己编造的神话传说,间接地使某些原始景物得到某种程度的“人化”或“神话化”。相应地,不同存在形态的自然景观,在审美的价值上也表现出不同的层次。首先是以形、色、声、味等因素构成的外在感性形式美,其次是在自然环境因素与风物传说作用下所表现出的动态美,再就是具有人文内涵和体现人文理想观念的象征美。比较而言,自然景观的审美价值主要表现在形式美方面。

一 自然景观的形式美

如上所言,自然景观的感性形式美主要是由形、色、声、味等因素构成。为了便于揭示形式美的价值特征,我们将从以下四个方面予以阐述:形态美、色彩美、听觉美和嗅觉美。

(一) 形态美

自然景观的形态美,泛指地象、天象之总体形态与空间形式的综合美,其中也包含主体在审美观照过程中所产生的生理和心理感受。从古至今,文人墨客、旅行家、山水理论家、地理学家或景观地理学家,凭借在相对意义上具有历时性的共同审美标准与审美意识,对名山大川的审美形态做了传承式的审美评价。据此,我国自然景观的形态美可以概括为雄、奇、险、秀、奥、旷、野等几种典型的风格特征。

1. 以“雄”为美的景观

“雄”在这里指雄伟、雄浑,意指形象高大,气势磅礴。泰山为“五岳”之尊,素以“天下雄”著称。从绝对高度上看,其主峰海拔 1545 米,在地貌分类上只属于中等山体。但其相对高度则达 1360 米,且骤然突起,山势陡峭,凌驾于齐鲁大地之上,具有通天拔地之势,壁立霄汉之态,给人以高大雄浑之感。杜甫《望岳》一诗中“会当凌绝顶,一览众山小”两句,形象地道出了泰岳雄伟壮观的审美形象。另外,泰山借助古代封禅祭祀活动和相关人文因素的渲染与烘托,在强化人们心理感受的同时,也极大地凸现了自身以“雄”为美的价值。相形之下,“雄秀西南”“平畴突起三千米”的峨眉山,虽然其绝对高度与相对高度均超过泰山，但由于地理位置和历史文化等原因，故没有泰山的影响大。

2. 以“奇”为美的景观

这类景观的形态光怪陆离，奇异多变，非同寻常。在我国的诸多名胜中，以“奇”为美的景观首推黄山。明代大旅行家徐霞客两登黄山，前后著文记之，以“生平奇览”“步步生奇”“五岳归来不看山，黄山归来不看岳”等溢美之词，盛赞“黄山天下奇”的独特景象。黄山奇美，主要源于峰奇、石奇、松奇、云奇。在黄山景区，72 峰均高千米之上，“皆直削无枝，拔自绝壑”，节理垂直，叠嶂连云，沟壁交错，层次丰富，构成连天涌地的峰海奇观。黄山石岩久经风化，断裂纵横，曲直圆方，其状“如笔、如矢、如笋、如林、如刀戟、如船桅”，或者“似人、似物、似禽、似兽”，遍布于山脊、峰顶、陡崖或坡道上，构成“仙人指路”“猴子观海”“松鼠跳天都”“金鸡叫天门”等一系列石奇景观。黄山“悬崖多异松，负石绝出……有矫矫如悬度者，有卧而起、起而复卧者，有横有断、断而复横者”（钱谦益语）。这种“无树非松，无松不奇”和“近听风声如笛，远闻松涛似海”等景象，给黄山奇美注入了与众不同的内容。比较说来，黄山“四奇”之中，峰、石、松三者一般处于相对的静态，唯云海处于幻变不居的动态。其茫茫洋洋，荡胸涤怀，奇态万化，更为生动。云涛奔涌之中，“人在峰顶，如操万斛之舟，乘风而坐于天上，瑰丽幻怪，不可殚穷”（王灼语）。实际上，最令人称奇的是浮云飘雾，它们使峰、石、松景变得丰富摇动起来，幻化出动态美和朦胧美的奇特景致。

我国以“奇”为美的景观甚多。如“奇秀东南”的武夷山，“天下奇秀”的雁荡山，“奇丽岭南”的桂林山水。它们各以其独特的景观风貌著称于世，如瑰丽华艳的丹霞地貌，雕镂百态的流纹岩石，精巧玲珑的石灰岩造型等。

3. 以“险”为美的景观

这类景观形状陡峭，气势险峻，坡度特别大，山脊高而窄。西岳华山，素有“天下险”之称。华岳险峻，“耸峙关中，临照西土”，加之“削成而四方，其高五千仞”的形象，堪称以“险”取胜的典型景观了。常言道：“无限风光在险峰。”若想登上华顶的“太虚幻境”，站在“手可摩天”的“摘星台”上，领略“西岳狰嵘何壮哉，黄河如丝天际来”的雄旷景象,就须攀登三十里,历险数十处。其中千尺幢、百尺峡、老君犁沟、擦耳崖、上天梯和苍龙岭等险道,令人望而生畏,不寒而栗。特别是苍龙岭,长约一里,岭脊仅宽一米左右,光滑圆溜,形如龙背鱼脊。岭西壁落深渊,直下七百余米;岭东绝壑悬崖,似觉无底,故有"背无一仞阔,旁有万丈垂"的描述。过此岭者"须骑岭抽身,渐以就进"。据传唐代韩愈,出于好奇登览华顶,于苍龙岭处,"顾视其险绝,恐栗,度不可下,乃发狂恸哭,欲遗书为诀,华阴县百计取之乃下"(《唐国史补》)。

当然,以"险"为美的景观不限于华山。"险莫若剑阁"的四川剑门关,"惊涛来似雪,一座凛生寒"的杭州钱塘潮,以及各个名山大川的主峰,都不乏险峻摄魄之处。

4. 以"秀"为美的景观

这类景观一般有良好的植被覆盖地表,山石土壤很少裸露,山水交融,色彩葱茏,生机盎然。此外,其形态别致丰满,轮廓线条柔和优美。李白所谓的"秀木含秀气",郭熙所谓的"山以水为血脉,以草木为毛发,以烟云为神彩。故山得水而活,得草木而华,得烟云而秀媚"①,皆从不同侧面揭示出秀美景观的审美特征与构成要素。峨眉山之所以享有"天下秀"的美誉,一是因为远观其形,"此山云鬟凝翠,鬟黛遥妆,真如螓首蛾眉细而长,美而艳也"(《嘉定府志》),二是因为植被葱翠,水草丰茂,色彩雅丽,四季常青,而且因地形高度不同,形成寒、温、热三带垂直气候,植物花草种类繁多,素有"植物王国"之称。

尤其在"杏花春雨江南",由于气候温和,雨量充沛,植被丰茂,山水交融,秀美的景观殊多。其中媚秀的西子湖,锦绣的富春江,旷秀的洞庭湖,都是秀美景观中的佼佼者。

5. 以"幽"为美的景观

这类景观常以崇山幽谷、山间盆地或山麓地带为地形基础,辅以铺天盖地的高大乔木,构成封闭或半封闭的空间环境。比较而言,以"幽"为美的景观视域颇狭窄,光量少,空气清净,景深而层次多,具有迂回曲折之妙趣,无一览无余之直观。从形态特征看,"幽"与"深"、

---

① 郭熙:《山水训》,见北京大学哲学系美学教研室编:《中国美学史资料选编》(下册),第16页。

“藏”和“静”关联密切。所谓“曲径通幽处，禅房花木深”“深山藏古寺”“古木闭空山”以及“夜静春山空”等，均包含着“幽”“深”“藏”和“静”的因素。在我国，深藏于岷江峡谷之中的青城山，诸峰环绕，状若城郭，古木遮天，空间隐蔽，寺观亭阁掩映于浓荫翠盖之间，曲折小径出没于寂谷密林之中，清静幽深，含秀藏奇，故有“青城天下幽”之称。再如庐山的白鹿书院，天台山的国清寺，北京的十三陵等，虽由人工所为，但都因借天然，从以“幽”为美的角度看，与青城山有着异曲同工之妙。

6. 以“奥”为美的景观

这类景观通常在空间构景上比“幽”美的景观更为复杂深隐、封闭迷离。如四周崖壁环列、通道如隙的“一线天”式的景观，与曲折而出、深奥如井的溶洞景观就属此类。游人入乎其内，顿感奥秘无穷，幽深莫测，如扑朔迷宫。号称“天下奥”的武陵山区，植被覆盖率高达90%，峰密森立，遮天蔽日，溶洞棋布，迷离神奇，对探幽访奥者具有极大的吸引力。以“奥”为美的典型景观还有云南昆明的石林、浙江桐庐的瑶琳仙境、广东肇庆的七星岩、桂林的芦笛岩与普陀山的栖霞洞、贵州的织金洞等。

7. 以“旷”为美的景观

这类景观的视域开阔宽广，形态坦荡旷远，如绵延四野的平原，空旷荒洪的大漠，辽阔无际的镜湖瀚海与登高望远、视力所及的大面积景区等。以“旷”为美的景观因观赏位置和心理感应不同，故有平旷与高旷之分。临江海湖泊而远眺，人与景亲近不隔，视域平面散开，便得平旷之景。如“五百里滇池，奔来眼底。披襟岸帻，喜茫茫空阔无边”表现的就是平旷景象所给人的那种心旷神怡的审美体验。相反地，登高楼峰顶而壮观天地，人与景拉开距离，视域自上而下散开，便得高旷之景。如登黄鹤楼“唯见长江天际流”，登泰山岱顶“一览众山小”，登香炉峰顶看“江水细如绳，湓城小于掌”，大都形象地描绘了高旷景致所给人的那种超拔伟壮的审美感受，同时也反映出自古以来登高览胜的旅游审美习惯。

典型的“旷”美景观首推“八百里洞庭”。登岳阳楼远眺，方知“巴陵胜状，在洞庭一湖。衔远山，吞长江，浩浩荡荡，横无际涯；朝晖夕阳，气象万千。此则岳阳楼之大观也”（范仲淹）。而“气蒸云梦泽，波撼岳阳城”(孟浩然)所勾画出的空阔景象,则为“洞庭天下旷”之大观也。

8. 以“野”为美的景观

这类景观属于原始自然或“第一自然”的产物,纯真古朴,富有野趣,一般未受人类干扰、雕饰或破坏。近年来开辟的九寨沟、张家界和神农架等景区,其山、水、石、林、洞等仍处于原始状态,保持着古朴纯真、荒洪自然的风貌,能给人一种远离尘嚣的“野趣”之美或神秘之感。所谓“九寨风光人间稀”之说,显然同这种“野趣”或尚未“人化”的状态不无关系。事实上,面对环境的社会化,工业的机械化,生产的自动化与生活的秩序化等,现代人反而萌生了一种逆向的审美需求,即对“野逸”景观和手工艺品情有独钟。当今世界各国开设国家公园或自然保护区时, 均十分强调“野趣”,这也许是在“环保”的名义下迎合这一审美趋向的结果。

需要指出的是,我国大部分具有代表性的自然景观,在宏观上可能突出一两种形象美,或雄,或奇,或秀……或雄奇,或雄秀,或奇秀……但在微观上,其大小景区会因地貌、造型、季节、光度、云雾等变量,从而幻化出各种各样的形象美,闻名世界的黄山就是一个范例。

(二) 色彩美

随着季节变换,昼夜更替,阴晴雨雪,自然风物相映生辉,呈现出丰富奇幻的色彩,构成“最大众化的一种审美形式”(马克思语)。“苏堤春晓”突出春色,“居庸叠翠”突出夏色,“西山红叶”突出秋色,“西山晴雪”突出冬色, 故有“春翡夏翠秋金冬银”之说。另外,举凡自然景观,有的以霞色取胜,如“葛岭朝暾”与“磬锤夕照”等;有的以月色见长,如“卢沟晓月”与“三潭印月”等;有的以水色著称,如“黄河金带”与“钱塘观潮”等;有的以云色称奇,如“黄山烟云”等;有的以土色叫绝,如“武夷丹霞”等;有的以雪色成景,如“太白积雪”等;有的以花色动人,如“峨眉杜鹃”等;有的以柳色和草色唤起游客的诗情画意与生命之感,如“柳浪闻莺”与蒙古草原等。

由此可见,景观色彩美的构成要素的确繁多,但究其本质,起主导作用的则是光线。光线通常被视为一切色彩的摇篮。它以“自己特有的方式照射在物体之上,使其在不同条件下看上去又是相当的不同”①。也正如郭熙所言,一切景物,朝暮阴晴看,其形态各有不同。这都与光照的亮度与强度有关。在四季分明的北国,我们会随着季节的变化从大自然中欣赏到五彩缤纷的美景。从对长白山考察结果看,那里的林木色彩如同一部奇幻的变奏曲,令人感受至深。春天,荒洪未改的原始大森林,万木抽芽,翠烟弥漫,像旋律初扬的序曲,应对着“春林翠烟”之称。夏时,枝叶繁茂,碧海无涯,尚处于引而不发的阶段,契合于“夏林葱茏”之称。秋季,“碧云天,黄花地……晓来谁染霜林醉”,倏忽间各种树色骤变,有的殷红似血,有的浅橙如霞,有的绛紫斑斓,有的嫩黄鲜亮,有的青森苍郁……在蓝天白云、澄明大气的衬托下,相互自然调配,既绚耀而又和谐,既艳丽而又典雅,既热烈而又宁静。漫步其间,仿佛置身于赫赫无尽的色彩长廊之中。这便是全曲的高潮,凸现了“霜叶红于二月花”的主题,不愧为“秋林如妆”之称。寒冬,银装素裹,天地一色,好像奏出悠长单纯的低调,展现出沉寂神秘的雪国玉界之态,可赋予“冬林如睡”之称。

(三)听觉美

在诸多自然景观中,瀑落深潭,惊涛拍岸,溪流山涧,泉泻清池,雨打芭蕉,风吹松涛,幽林鸟语,夏日蝉鸣,寂夜虫唱等自然音响,皆与都市、厂矿、机吼、车喧、人吵等噪音形成鲜明的对照。在特定的环境中,它们能给人以赏心悦目的音乐般的美感享受。正因为如此,大凡名山名园,均设有诸如“松涛亭”“听泉亭”“留听阁”之类的景点。据说峨眉山万年寺旁有一蛙池,栖息着一种特殊的“弹琴蛙”。每到傍晚时分,不同音响的山蛙和鸣,声如琴瑟,高低有致,饶有情趣。自不待言,大千世界中的听觉美有着丰富的内容。概括起来,具有代表性的主要是鸟语、风声、钟声和水声。

1. 鸟语的听觉美

百鸟之中,黄鹂历来备受青睐。“两个黄鹂鸣翠柳”“隔叶黄鹂空好音”与“阴阴夏木啭黄鹂”等诗句,描写的是黄鹂鸣唱时所给人的那

---

① 阿恩海姆:《艺术与视知觉》(滕守尧等译,中国社会科学出版社,1985年),第447页。

种心旷神怡的听觉之美。的确,在幽林深谷之中,鸟语虫声会使自然景观产生一种对比和反衬的审美效应。“蝉噪林愈静,鸟鸣山更幽”便是典型而形象的写照。尤其是长空云端的鸟鸣,除了给人以鲜活多样的节奏美感之外,还能使人产生特定心态下的种种情感体验。比如,活泼欢快的百灵,哀婉抑郁的杜鹃,秋空长鸣的大雁等,往往会唤起人们不同的感应。林斤澜笔下的《云雀》与布封所描写的《天鹅》,其叫声或欢快酣畅如小夜曲,或悲怆深情如安魂曲,读后听后都令人神驰、动容。

2. 风声的听觉美

在中国山水中,以风声构成或得以命名的景致不胜枚举。承德避暑山庄的“万壑松风”一景,使得古往今来的多少游人慕名而访,期望在那里倾听浑厚沉浊、古朴苍劲的自然乐章。有人曾这么比喻,假如把大自然视为一架钢琴,把山谷、岗峦、植物等视为琴键,那么,风则是拨动这些琴键的乐师。庄子在《齐物论》中所描写的“地籁”,便是由风而作。“泠风则小和,飘风则大和,厉风则众窍为虚。而独不见之调调之刁刁乎?”的确,风忽大忽小,忽高忽低,忽东忽西,可以奏出刚健有力的狂欢曲,缥缈轻扬的随想曲,或者其他别有情趣的曲调。英国作家哈代(T. Hardy)在《还乡》中对风声就有过这样一段描写:“连串无数的狂飙……都在进行的过程中把声音化成了三种。低音、中音和最高音都能在里面听出来。全体的风势,掠过坑谷,扑过岗峦,就是和鸣的众钟里那个最沉浊的声音。第二种能听出来的,是冬青树飒飒作响的半低音。还有一种,比这两种力量小而调门高,听起来像是老年人变细变弱的嗓子而却强作粗音哑音的情形。”

3. 钟声的听觉美

古刹钟声那浑厚深沉和悠远荡漾的特点,常常给人一种不可言喻的带有神秘意味的听觉美感。“姑苏城外寒山寺,夜半钟声到客船”,这空灵清净的诗意,感人肺腑的钟声,吸引了大量国内外游客。其中不少人为闻钟声,离开饭店宾馆,夜居水舟之上。

更为奇妙的是,钟声在一定的时空条件下,也像鸟啭蝉噪蛙鸣虫唱一样,对特定的景观起一种反衬或烘托的强化作用。如“长乐钟声花外尽”与“古木无人径,深山何处钟”等诗句所表现出的意境,就十分有效地凸现出“深山藏古寺”的幽静神秘之景,容易诱发游人顺着钟声去探奇览胜。

4. 水声的听觉美

轰然巨响的飞瀑,惊涛拍岸的江流,节奏起伏的海潮,潺潺不息的泉涧,轻打芭蕉的雨声,由这些印象所汇成的自然协奏曲,或亢奋,或雄强,或古朴,或轻柔,或欢快,能给人一种妙不可言的听觉享受。晚明文人袁小修,原先喜闻丝竹之音,后因长期游山探幽、居舟临水,故晚年独钟水声。他曾在《西山十记》中写道:"听水声悠闲涵淡,欣欣然沁心入脾,觉世间无物可胜之。"当代学者王朝闻也深谙此道,时以"晚年游山听泉声"来弥补因受主观条件限制不能登攀高山绝顶的遗憾。他在记叙张家界之行一文中写道:"溪水的响声对我有一种空前未有的特殊魅力……同一段落的溪水声音的复杂性,是那些作为水流的阻力的石头造成的。石头那大小、高低、深浅的差异,形成了与它们碰撞的水流的速度、强度、高下等差异。这种不同条件所形成的水声接近器乐合奏,不细听就听不出来水声的丰富性。当我长时间闭目静听时,得到难得的精神享受。"①

不消说,听清泉细流,须环境幽静。如在人流如梭的青天白日,临无锡寄畅园的"八音涧"或北京谐趣园的"玉琴峡",喧闹嘈杂声中很难听出什么名堂来。但若在清晨暮昏、空寂人静时倾听,其高低有度、富于变化的微妙神韵方可得也。

(四) 嗅觉美

如前所述,欣赏自然景观,是一种全身心投入的审美活动。其间,所有感官都在运作,如视觉之于景观形象,听觉之于鸟语松风,嗅觉之于花香草馨,味觉之于品饮泉水,运动觉之于模仿物态等,可以说是一种立体性的审美体验过程。

过去,人们过多地强调视觉与听觉在审美活动中的感知作用。现如今,随着各种感官的不断"人化"和"社会化",嗅觉的审美感受能力也不断提高,并且在日常生活与审美实践中发挥着日益重要的作用。久居污烟、废气与臭气弥漫的生活或工作环境中的人们,一旦深入山林,闻到芳草、花香,吸到新鲜空气,顿觉得肺腑清净,全身透亮,情绪

① 王朝闻:《不"跑"风景》,见《我的游踪》(中国旅游出版社,2005年),第84页。

松快，精神振奋，这不能不说是一种以生理快感为主要特征的审美享受。举凡游览过黄山的人都深有体验：春日有山花的芬芳，鲜草的清馨；夏季有含云吐雾的缥缈仙境，沁人心脾、富含负氧离子的空气。这同都市厂矿的烟尘飞灰形成鲜明的对照。亲临其境的游人，在吐纳之际，身心愉快，神思飞扬，充分领略到大自然陶情冶性、洗涤胸襟的医疗妙用。

二 自然景观的动态美

一般说来，构成自然景观动态美的主要因素可分为两类：一是水流、云雾、时间、季节、光照和植被等自然因素，二是风物传说等人文因素。

（一）自然因素的动态作用

所谓"山得水则活"，是因为水的流动、跌宕、声响，打破山谷的沉寂，改变景观的形态，同时还给植物鸟兽提供滋养，给人一种生机勃勃的活力感受。闻名天下的三峡风景，若无汹涌奔腾的长江巨流，就不会给人以惊心动魄之感。另外，水景本身也富于变化。"春水绿而潋滟，夏津涨而弥漫，秋潦尽而澄清，寒泉涸而凝滞。"①这种水景形色随季节变化的特征，会使相关景致不同程度地动态化、丰富化。

瀑布无疑是动态景观的重要组成部分。山中近观飞瀑，或浪花四溅，或珠帘轻泻，或银河落天，或雷奔云卷。其形态多变，充满活力，气势动人，洗涤胸襟。贵州的黄果树瀑布，云南的大叠水瀑布，雁荡山的大龙湫，泰岳的黑龙潭，庐山的三叠泉等，均是典型的动态景观。

相形之下，流云飘雾所构成的动态景观更加奇幻莫测、深远神秘。云动山移，峰影隐现，构成"山在虚无飘渺间"的朦胧之美。事实上，云作为动态表象，聚散不一，"轻而为烟，重而为雾，浮而为蔼，聚而为气"②。结果，其状相异，有浮云、朵云、片云、条云、鱼鳞云等。云的空间形态，也随季节变化。"春云如白鹤，其体闲逸；夏云如奇峰，其势

---

① 李成：《山水诀》。
② 韩拙：《山水纯全集》。

阴郁;秋云如轻浪,廓静而清明;冬云澄墨惨翳,昏寒而深重。”①所有这些景象,于凝神默照之中,皆具有令人神思飞扬、渡云行空的想象价值。在诸多审美现象中,无形的风乃是构成动态美的内在动力。风驱赶云雾,扬起波澜,摇拂垂柳,掀动松涛……使山水变活,景物生趣,造成“众象不定”的景观变异性。

另外,一切景物,在不同时间、季节、光度和植被等因素的影响下,其形态也随之变化,呈现出不同的观赏价值。所以说一年四季,景有四色;朝暮阴晴,景生变化。单就山景而论,“春山淡冶而如笑,夏山苍翠而如滴,秋山明净而如妆,冬山惨淡而如睡”。可见,草木吐绿、百花开放的春山,生机勃勃,令人欣然而乐;百草丰茂、郁郁葱葱的夏山,显现出色彩浓绿欲滴的景象;天高气爽、红叶飘丹的秋山,形成色彩缤纷的诗画之美;寂林叶落、积雪寒天的冬山,令人生肃静凄然的感想。这些动态性的景观变化现象诚如宋人郭熙所言:“山,春夏看如此,秋冬看又如此,所谓四时之景不同也。山,朝看如此,暮看又如此,阴晴看又如此,所谓朝暮之变态不同也。”②怪不得明代黄汝亨春游黄山归来,写下游记一篇,自称赏尽黄山美景,颇为得意。后读姚元素秋游黄山记行,方知黄山秋景与春景差异甚大,故又写了《姚元素黄山记引》一文,补正了原先的片面认识,进而领略到黄山“其状千变”之美。

(二) 风物传说的动态作用

在现代旅游活动中,人们经常会亲领神受以自然山水为时空背景的神话传说与其特殊的人文氛围。这种情况在中国更为普遍。譬如长江巫山神女、云南石林阿诗玛、桂林漓江三公主、西岳华山的巨灵神与“劈山救母”等。具体说来,这些传说故事是神话的一部分,是附丽于山水景物的,大多运用想象、幻想与神化的表现手法,侧重于描写自然的奥秘和叙述景物的产生及其名称的来源等,因此被习惯地称为风物传说。从旅游审美角度来看,附丽于山水景观的风物传说将会勾连起积淀在人们心理结构深层中的“神话制作意识”(mythmaking con-

① 韩拙:《山水纯全集》。

② 郭熙:《山水训》,见北京大学哲学系美学教研室编:《中国美学史资料选编》(下册),第13—14页。

sciousness)、"集体无意识"或"原型观念",从而回味起大自然原始的神秘力量;将会把某种神秘的、超自然的或人文的生气与活力灌注到静态的景物之中,从而构成动态的、富有文化、情感和精神内涵的景物形象。

譬如去云南石林去观看那座称为"阿诗玛"的天然"石像"。在很多游人眼中,它不再是一块平常的、僵硬的、没有生命活力的石峰,而是一位含愁带恨的、如怨如诉的少女的"化身"。从心理学方面看,这种景物转化现象通常被视为联想或幻觉的结果。但从神话学的角度看,这可以说是一种"原型现象"(archetypal phenomenon),是人的"神话制作意识"和神话传说相互作用的结果。[①] 而在美学范围内,这种景物转化现象被认为是人的审美意识在神话传说的刺激下向对象灌注生气或活力的结果。这种化静为动、化死为活或化无情为有情的旅游审美现象,正是风物传说的生动性所致。这种生动性使人看到"景外之景",导致"情景交融",使人从原本普通的景物中感知到特殊的内涵、意味甚至生命力。总之,作为人文因素的风物传说,使相关的景物活了、高大了和丰富了,使原本属于"虚"的传说与眼前"实"的景物通过人的主观想象交融在一起,彼此互动,相得益彰。

三 自然景观的象征美

汉语"象征"一词是西文 symbol 的意译,通常与"标志""符号"和"记号"等说法互用。symbol 一词源自希腊语 sumbolon 一词,原来主要是指一种信物,即把一块木板(或石块)分成两半,用以作为友爱的信物。后来演变为泛指所有能表达观念或事物的标志或符号。[②] 按照流行的解释,"象征"是"用具体的事物表现某种特殊的意义"(如"火炬象征光明""荷花象征纯洁"等),也就是以有形的代表无形的,或以现实的代表非现实的,当然有时也以抽象的(如几何图形)代表具象的(如几何实体),凡此种种,不一而足。目前,"象征"作为一个术语和特殊的表现手段,常用于逻辑学、数学、语义学、符号学、哲学和美学等

① 卡西尔:《语言与神话》(于晓等译,三联书店,1988 年),第 1—44 页。
② 柳杨编译:《象征主义诗学》(旅游教育出版社,1991 年),第 1—2 页。

领域。在美学范围内,象征这种表现手段具有特定的审美效应。譬如在日常生活和艺术创作中,人们常常凭借一些具体可感的形象或符号,以比喻的方式来传达或体现某些概括性的思想观念、情感意趣、志向抱负或抽象哲理,这样便会产生一种审美属性或审美价值。这种属性或价值有时被称为“象征性”或“象征美”,其基本特点是象征的形象与被象征的内容之间只有表面的类似联系,而无必然的内在联系,是熟悉其文化内涵的人们在审美想象力的积极作用下,于两者之间建立一种可理解性的类似“花非花”这样的表现关系。在旅游审美活动中,有不少自然景物由于观赏者文化心理的原因也具有了某种象征性,表现出某种具有人文内涵的象征美。

这主要是因为,在中国古典美学思想中,“感物咏志”“托物寄情”或“触景生情”等学说,有着悠久的历史传统。在这方面,孔子可谓最早的典型代表。他以流动不息的水比照活泼行远的智慧,以滋养万物的山比照宽厚无私的仁德,从而提出“知者乐水,仁者乐山”的山水“比德”之说。对此,后来的荀子、刘向、伏生、韩婴与朱熹等人都又作了进一步的解释。关于君子何以“见大水必观”与“知(智)者何以乐水”,刘向上承荀子《宥坐》的说法,稍加阐发:“夫水者,君子比德焉。(水)遍予而无私,似德;所及者生,似仁;其流卑下,句倨皆循其理,似义;浅者流行,深者不测,似智;其赴百仞之谷不疑,似勇;绰弱而微达,似察;受恶不让,似贞;包蒙不清以入,鲜洁以出,似善化;主量必平,似正;盈水不求概,似度;其万折必东,似意。是以君子见大水观焉尔也。”[①]看来,君子是观赏大水于外,体悟德性于内。“泉源溃溃,不舍昼夜”(刘向语)或“周流无滞”(朱熹语)的水与其似德、似仁、似义、似智、似勇、似察、似贞、似善化、似正、似度和似意的特征品性,会“通润天地之间,国家以成。是知者之所以乐水也”。那么,“仁者何以乐山也?夫山者……万民之所观仰也。草木生焉,众物立焉,飞禽萃焉,走兽休焉,宝藏殖焉,育群物而不倦焉,四方并取而不限焉。出云风,通气于天地之间,国家以成。是仁者之所以乐山也。《诗》曰:‘太山岩岩,鲁候是瞻。’乐山之谓也”。[②] 不消说,这种乐水悦山的方式,已经

---

① 刘向:《说苑·杂言》。
② 同上。

蕴含着哲学思考的契机和伦理功利的意趣，是在追求道德完善的过程中给外在的自然山水赋予了人的品格德性，或者说是将自然人格化了或圣人化了，因此，人与自然的交流或人对自然的观赏，实质上在很大程度上成了人与自然之人格象征的交流或人对自然之人格象征的欣赏。

总之，这种对自然山水的审美特性所持的"比德"态度，会同汉儒的"天人感应"之说，魏晋六朝时期"玄对山水"的隐逸之风，以及后来山水诗画创作中所倡导的"情景说"和"意境说"等因素，都不同程度地积淀在中国人的"山水意识"或文化心理的深层结构之中。因此，中国人在静观默照自然景物之时，十分强调"以心照物"，不仅注重外在的美，而且特别标举内在的品。这里，"美"是就对象的表象或形态而言（如前所述的形态美、色彩美、动态美等），"品"是就对象的内涵或精神而论。譬如中国人喜欢荷花、兰花、竹子和松柏等植物景观，其根本原因不在于其外表好看，而在于其内在品质（即作为人格的象征或精神意志的表现），实则是某种情思意趣的物态反映。荷花生长在池塘沼泽，"出淤泥而不染"，故象征高洁。兰花生于幽谷而不与芜草为伍，色洁、香醇、质朴，故象征清雅。竹子修直不弯，引发人们洒脱淡泊的联想，故象征高风亮节，素有"正人君子"之称。松柏不畏严寒，斗风傲雪，四季常青，故有"岁寒，然后知松柏之后凋也"（孔子）之说。因此，人们习惯于借用松柏的这种性格来喻示人类不屈的精神，以象征坚韧不拔的品质。所有这些例证，均在一定程度上印证了"美是道德的象征"（康德语）与"自然美只是心灵美的反映"（黑格尔语）等命题，同时也表明了移情现象在审美过程中的动态机制。这其中所涉及的道德评判与心理习惯也诚如康德所言："我们称呼自然的或艺术的美的事物时常常用些名称，这些名称好像是把道德的评判放在根基上的。我们称建筑物或树木为壮大豪华，或田野为欢笑愉快，甚至色彩为纯洁，谦逊，柔和，因为它们所引起的感觉和道德判断所引起的那种心情状况有类似之处。鉴赏使感性刺激渡转到习惯性的道德兴趣成为可能，而不需要过分强大的跳跃。"[①]这些论述类似斯威顿堡的"对

---

① 康德：《判断力批判》（宗白华译，商务印书馆，1987 年），上卷，第 59 节，第 202—203 页。

应说”（theory of correspondence）。此说认为自然万物之间，人与自然之间，人的各种感觉之间，各种艺术形式之间，都存在某种隐秘的、内在的应和的关系。不过，这一论点在西方可以上溯到新柏拉图派的“天人相应”说，在中国则至少可以上追溯到董仲舒的“天人感应”说。

众所周知，在中国的山水文学描写中，自然万物如天地日月、春夏秋冬、晨昏昼夜、风云雷电、江河湖海、花草树木以及鸟兽鱼虫等，大都被拟人化了，结果转变为千姿百态的象征符号（varied symbols），用以表现或寄托人的情感、意趣、精神与品格。甚至连冰冷僵硬的石头，也被赋予了新的意味。比如作家方纪在《石林风雨》中所写：“石林像一片森林的化石；又像一排凝止的海浪；更像是一片闪着青光的刀山剑峰！……石林，不只是地质上的奇特现象，供人游赏的风景区；石林，守在圭山的大门口，像是撒尼民族的卫兵，像是撒尼民族坚强的象征。”

究其本质，自然景观的象征之美，实为物我“对应”“异质同构”或情景交融、托情于物的结果。也可以说是“人化”的产物，即人的本质力量、情思意趣和理想观念之对象化的产物。因此，若离开人与物的审美关系，是无所谓“象征性”或“象征美”的。

综上所述，自然景观的形式美、动态美与象征美，均从不同的生成角度体现出审美对象的丰富性和多样性。要真正欣赏这些景观，不仅需要感性的直觉，而且需要理智的敏悟。相关的审美心理与审美体验将在后文论及。

第六章　人文景观的审美特性

人文景观或文化景观(culturescape)是人类长期从事劳动实践和创造的结晶。它作为相对于自然景观的旅游吸引物,其内容主要包括文物古迹、建筑园林、碑刻楹联、历史与艺术博物馆、风俗民情等。宏观看来,人文景观的审美价值比较突出地凝结和表现在工艺美、历史意味、风情美和意境美等几大方面。

一　人文景观的工艺美

在我国,众多的人文景观(如古建、园林、桥梁、佛像等)随着其历史性和时间性的不断绵延,原有的实用功能相对淡化,而观赏功能更加突出。其宏伟、典雅和精巧的造型美吸引着越来越多的国内外游客。这些独特的造型与结构,从技术美学的角度分析,人文景观的工艺美显然是应用了一系列形式美法则或形式美规律的产物。其中应用最为普遍的基本原理包括:

(一) 反复与整齐

反复与整齐要求事物形式中相同或相似部分有规律地重复出现,组成整体结构上的整齐一律形态,给人以秩序感、条理感与节奏感,同时还会造成一种特定的气氛,给人以稳定感和庄重感等。比如中式大屋顶建筑中形式一律的窗户与斗拱,佛塔上层递的拱门与叠檐,桥体中连串的小拱或桥孔等。需要指出的是,反复与整齐终究是最简单的形式美法则,如果缺失有规则的变化,就容易给人一种刻板、单调和呆滞的视觉感受。因此,需要与既变化又有秩序的参差法则综合运用,或在整齐一律中表现部分的参差变化,或在参差错落中表现部分的整齐一律。譬如舞蹈中不断变化的整齐队形与舞蹈姿势就是如此,中国古典建筑(如故宫角楼等)错落有序的重檐也是如此。

(二) 对称与均衡

这是比上述原理更富有变化的一种形式美法则。对称要求物体或图形相对两边的各个部分在大小形状及其排列上对应相当。对称法则在中国古建筑的布局和结构上应用得十分广泛。沿北京故宫中轴线南北穿行游览,门洞、路基、台阶、大殿的立柱、左右的开间、脊顶的装饰、两旁的房屋……在系列组合上均遵守对称的规律,给人以法度严密、体态沉稳之感。甚至连大门前的两尊石狮,也因追求对称效果而将母狮变形,与雄狮同一造型,只能靠各自爪下的小狮和石球加以分别。

均衡是对称的某种变形。其主要差异在于均衡要求物体或图形左右上下在形、量、力甚至色彩等方面大体接近,但不要求形体的一致或相等。故宫的午门或"五凤楼",由于巧妙地运用了对称与均衡相结合的手法,其造型通过大小、轻重、高低上的变化既保持了稳定而牢固的重心,又表现了庄重与严肃的气氛。另外,人体在直立或正坐时呈对称状态,但若改变姿势而仍保持重心,则呈均衡状态。对称与均衡的形式,诚如黑格尔所言,由于打破了原来单纯的同一性,不再重复"一种抽象地一致的形式,而是结合到同样性质的另一种形式……就必然有了一种新的,得到更多定性的,更复杂的一致性和同一性"①,这样便可给人一种稳重而变化、沉静而流动的形式美感。

(三) 调和与对比

合理运用这一原理对艺术造型或产品设计尤为重要。调和指将两个相接近的东西并列在一起。相反的,对比是指为了追求一种比较或对照的明显反差效果,而将两个极不相同的东西并列在一起。绘画艺术中,色彩的调和与对比是通过色彩的中和、冷暖、纯度、浓淡等因素与技法来实现的。

一般说来,调和给人一种融洽、平和、安定与自然之感;而对比则

① 黑格尔:《美学》(朱光潜译,商务印书馆,1979年),第174页。

给人一种鲜明、醒目、活泼或华艳之感。如天坛的祈年殿,在圆形的回音壁中看到圆形的大小基座、叠檐与上接蓝天的皇穹宇,这种在形体上由曲线所构成的调和现象,具有浑然一体和融洽适宜的特点。而汉白玉护栏、镏金宝顶、蓝色琉璃瓦与火红的立柱等,因彼此色彩对比强烈,在外观上具有显赫、宏丽、跃动和超拔的意趣。

(四)尺度与比例的互动原理

与艺术设计或整体造型密切相关的是尺度与比例。按照黑格尔的解释,“尺度就是量”,就是以一定的量来表示和说明质的某种标准。马克思所说的那种“内在的尺度”与“美的规律”是直接关联的,即与事物的本质特征、形式结构和功能体积等因素是直接关联的。中国人在习惯上所讲的“度”,指的就是适宜的尺度,即一定事物质量变化的限度。宋玉所谓的“东家之子,增之一分则太长,减之一分则太短;着粉则太白,施朱则太赤……”[①]讲的就是一种关乎人体美的“度”或“适度”之美。比例则指同一事物的整体与局部,或局部与局部之间的尺寸大小所构成的结构关系。任何具有形式美的事物或设计,如建筑、雕刻、绘画、书法乃至手表、纽扣等日用产品,“都有潜在于它本身之中的比例……比例的源泉是形状、结构、用途与和谐”[②]。

古希腊人最早发现的“黄金分割率”(golden section,即宽与长之比等于0.618:1,约等于5:8),是最有代表性的比例美范式。中国人文景观中的许多古典建筑,其比例是以相等的和不相等的尺寸间之精妙关系为依据的。如大殿佛塔,之所以具有明朗和谐、静穆安闲、玲珑亲切的形态,主要在于结构的精密和比例的适度。再如乐山凌云大佛,高达71米,比外国一些资料误认为是世界之最的阿富汗巴米安大佛高出18米。在古代没有先进科学仪器的情况下,整尊佛像竟能保持匀称的体态与适当的比例,足以见出先民们高度的智慧与伟大的魄力。

---

① 宋玉:《登徒子好色赋》,见巨才编:《辞赋一百篇》(山西人民出版社,1994年),第3页。

② 哈姆林:《建筑形式美的原则》(邹德依译,中国建筑工业出版社,1987年),第55、73页。

（五）节奏与韵律

这一原理既是自然界与社会生活中普遍存在的调节规律，也是人类实践活动中创造空间与时间等形式美的重要法则。要而言之，节奏指有秩序、有规律的连续变化和运动。乐曲中音调的强弱长短、交替出现；绘画中线条的动静回还、疏密相间；建筑结构的有序组合、层叠排列，都构成不同的节奏。韵律一般是指在节奏基础上，内容和形式在更深层次上有规律的变化统一。

节奏和韵律均离不开一定的比例关系和适当的间隔。如果在造型艺术中运用得法，会构成形式的动态美，引起视觉的愉悦感。在这方面，故宫的太和门可谓典型。其内容丰富而生动的韵律，沿垂直和水平方向巧妙展开，逐渐变化，令观赏者的心律和视线平和地跃动起伏，回还往复，使原本静止的空间形象活转过来，委实像一首"凝固了的音乐"。

（六）多样与统一

在诸多形式美法则中，"多样的统一"（unity in variety）原理最具有普遍性和重要性。多样（性）意指不同事物个性间的千差万别；统一（性）代表多种事物共性的有机结合。通常，外在的人文景观内容如果仅有多样性而缺乏统一性，容易造成杂乱无序的印象；如果仅有统一性而缺乏多样性，则又会导致单调死板之感。唯有两者有机结合，才能和谐有致，给人以美感。从古希腊毕达哥拉斯学派至今，和谐（harmony）一直被视为美的极致。而和谐在一般意义上就是多样的统一或不协调因素的协调结果。

在劳动实践中，人们往往从整体结构和比例关系出发，于突出重点的同时，恰当利用线条、形状、色彩、体积、量度和质感等因素，以期创造出和谐、美观的事物形式。比如，素有"水中碧玉环中过，人从苍龙背上行"之称的赵州桥，横跨河北赵县洨河之上，如"初月出云，长虹饮涧"。桥体大拱似弓，桥面坦直。大拱两肩又各驮两小拱，整个桥身结构精巧，体态匀称。在系列组合、空间安排、比例尺度和风格式样诸多方面，均体现了调和、整齐、对称、均衡、节奏、韵律和多样统一的形式美，构成了巨大空灵、稳固坚轻、寓秀逸于雄伟之中的形态美。因此，这座“驾石飞梁尽一虹”的赵州桥，与“半空垂下玉龙涎”的泰山云步桥，“世界上独一无二”的丰台卢沟桥和“风姿秀逸”的颐和园玉带桥等，都被列入稀世罕见的景观对象。

（七）实景与虚景

特别值得指出的是，中国的园林、绘画以及戏剧等艺术，均有许多独到之处。在布局、造型和表演等方面，并不排斥或囿于上列形式美法则，而是在兼容并蓄的基础上自成体系。这其中最有代表性的是“虚实相生”或“实景与虚景”互补的创作原理。所谓“实景”，一般是指相对独立与实存的景物和形象，如园林中的水石亭台楼阁植被与绘画中的着墨之处等。所谓“虚景”，通常是指相对依附和假借的景物与形象，如园林中的借来之景与绘画中的空白之处等。

专就园林而论，西方园林讲究理性法度，喜好几何图形之美与布局开阔的空间。相比之下，中国园林注重诗情画意，追求曲径通幽的意境与宛自天开的格调。因此，虚实相生的造园技术得到广泛的运用。譬如，为分隔空间景象经常采取障景法（内含实障与虚障），为强化景象深度经常采取借景法（分为邻借和远借），为丰富景象趣致经常采取框景法（利用门廊和透窗等），为联结对应景象经常采取对景法，为点缀局部景象经常采取点景法等。所有这些便构成了中国园林独树一帜的美学风范。

（八）天人协调的互补原理

许多人文景观与自然景观是彼此协调、相互融合的。在通常情况下，人们以特定的自然环境为背景，遵循多样统一等美学原则，选择布局和谐的景点位置，并借助亭台楼阁等建筑形式，因地制宜地创造出景中之景，以协调和强化整体景观的审美效应。我国各大名山胜水，历经数千年经营，建筑布局与自然环境非常讲究审美风格上的和谐统一。我们在实地考察中不难发现以下特征：

在以“雄”为美的景区或景点，建筑物大多居于山脊，绝顶或明坡之上，以协调和强化雄伟崇高的气势。如临东岳泰山，每到险要高旷之处，必有建筑点缀其间。特别是南天门“十八盘”一段，飞龙岩与翔凤岭左右对峙，松涛盈耳，石阶万级，犹如高入云端的天梯，升入“天界”的通道，使泰山更显得宏伟壮观，颇有“天门一长啸，万里清风来”的意境。衡山、嵩山与峨眉山等地的建筑布局，皆有类似之处。

在以“险”为美的景区和景点，建筑物一般临崖依壁，凭险而设，突出“无限风光在险峰”的意境。如北岳恒山的悬空寺，有殿宇楼阁四十间，于陡崖上凿洞穴插悬梁为基，楼阁之间有栈道相通。颇有“公输天巧”之妙，奇险惊魂之象。西岳华山的南天门，鹞子翻身与长空栈道等莫不如此。

在以“秀”为美的景区和景点，建筑物往往依山傍水，掩映林间。号称“地上天堂”的苏杭，经常可以在主要景点看到造型轻巧、尺度适宜、体态匀称、色彩素雅的亭台楼阁与小桥流水式的景致。它们或成诗入画，或供人小憩，或引人静观，有益于增加景区的趣致风雅。

在以“幽”为美的景区和景点，建筑物通常掩于密林，藏于山麓，沉于谷底，形成密林隐殿宇或深山藏古寺式的幽静宁寂之境。北京门头沟山区的潭柘寺、雁荡山的灵岩寺、崂山的夏清宫等，便是范例。

在以“奥”为美的景区和景点，建筑物大多与洞穴结为一体，更显得扑朔迷离，妙趣横生。如雁荡山合掌峰下的观音洞，顺山势筑有九层殿堂，远望是天然洞穴，近看有殿阁隐约可见，入内有九重楼阁之大观。庐山的仙人洞等，也有类似的景物。

在以“奇”为美的景区和景点，建筑物在布局设计上惯于采取巧妙因借的手法，构成更为幻变曲折、令人叹奇的景致。如云南石林中时上时下、时隐时现、时洞时桥的游览道路，石家庄苍岩山里凌飞于深壑峭壁之间、托殿阁于拱桥之上的桥楼殿等，其手法之巧妙，构思之新奇，景象之别致，委实令人叹为观止。

在以“旷”为美的景区和景点，建筑物往往选择临湖或沿江的制高点而设，以供游人登高俯视，远望或纵览景观的全貌与气势。洞庭湖畔的岳阳楼，钱塘江边的六和塔，武昌城外江边的黄鹤楼等，便是典型的例证。

总体而论，“我国传统风景区在建筑与环境关系的艺术处理上，具有浓郁的民族特色，这就是以涵为主、涵露结合的手法。对于以‘雄、险、旷’为特征的自然景观，建筑物常以‘露’居多；对以‘秀、幽、奥’为特征的自然景观，则以‘涵’为主，取‘露’的手法，也往往以‘露’引‘涵’为常见。如露山门以引内涵之大殿，亮牌楼、石兽、石人以引山麓密林深处的皇陵……"[1]这类景观十分常见,如东岳泰山、秦岭大五台山、山东长清县方山灵岩寺与北京十三陵等。

自不待言,产生这种协调美的物态因素不限于亭台楼阁等建筑实体,也包括摩崖题刻、碑碣楹联、石雕佛尊和移植花木等。题刻如泰山极顶上的"天下独尊"、庐山仙人洞前的"纵览云飞"、福建厦门鼓浪屿的"鼓浪洞天"、海南三亚的"天涯海角""南天一柱"等。楹联如东岳南天门上的"门辟九霄仰步三天胜迹,阶崇万级俯临千障奇观",梧州北山观鲤亭上的"鸣禽听而悦,鲤跃似神怡",岳麓山白鹤泉处的"鹤去泉仍冽,山深亭自幽",以及富春江严子陵钓台上的"登钓台而望,神怡心旷;想先生之风,山高水长"等。佛尊如乐山大佛、云冈露天大佛和天龙山第九窟石佛等。花木如北海公园的玉兰、玉渊潭的樱花、香山的黄栌、八达岭的枫林等。所有这些因素对于欣赏景观或理解风景来讲,皆具有各自不同的功能,或画龙点睛,或锦上添花,或引人入胜,或深化意境,有的景点题刻还给人以风格古朴多样的书法艺术享受。

二　历史意味与民俗风情

与自然景观相比,人文景观的内容更为丰富多样,而且其审美价值也具有一定的定向性。这种定向性通常反映在特有的历史意味和民俗风情之中。

(一)人文景观的历史意味

人文景观的工艺美主要表现为直观的和外在的形式美。这种形式美是"有意味的形式"美。而其中的"意味"(significance)不仅表现为形式法则所构成的审美意味(aesthetic significance),一种令人赏心悦目的或给人以快感的审美意味,而且还表现出带有历史舞台色彩的历史意味(historical significance),一种具有人文精神和再现历史沧桑的历史意味。譬如,人们登泰山临绝顶,会回顾秦皇汉武封禅的历史;去山海关登长城,会思索秦始皇的功过与明清历史的演义;进故宫参

---

① 谢凝高:《风景美》,见杨辛主编:《青年美育手册》(河北人民出版社,1987 年),第 804 页。

观金銮殿,会遥想当年皇帝临朝的赫赫威严与王朝兴衰交替的沧桑巨变;游圆明园旧址,眼前的残垣断壁和相关景点遗址的介绍,自然使人联想起原先这座“万园之园”的宏丽风貌与1860年英、法联军掠夺园中珍宝并纵火将其烧毁的罪恶行径……所有这些与历史文化相关的内容,一方面会激发起游人的思旧怀古之情,深化他们在观赏景观时的历史文化体验;另一方面也极大地丰富了景观的内涵,扩大了景观的时空意象,创造了一种“景外之景”或“象外之象”。这样,就使得景观具有了历史舞台的效果,时间的立体性和永久的魅力。诚如日本美学家今道友信所言,当人们在回顾历史时,“眼前的风景便具有了时间的立体性,那里的一草一木都会表现出自然的、悠久的生命来……即使眼前是一些昔日的景象,但当人们联想起人类生活变迁及万物的进化时,人们就会逐渐从单纯的山野风景中体验到一种不同的诗情。只有这时,眼前的风景才真正具有了古迹的意义”①。从实际情况看,自然景观如此,人文景观更是如此。另外,我以为,这“时间的立体性”,通常通过观赏主体,将过去、现在、未来三大维度,都融入特定的景观对象或时空背景中。这必然会与历史的沧桑感产生互动,因为两者都涉及历史变化、人文积淀与心理体验,都会使人在审美凝照中反思、感悟与觉解。譬如,现代人去游览古时边塞的玉门关与汉长城,虽时过境迁,但遗迹尚存,古风可追,游人至此,通常会在残垣断壁中寄慨苍凉,在过往旧忆中怀古思今,诚如《玉门关咏怀》一诗所示:

玉门关外汉长城,
秋草半掩荒漠中。
当年铁血洒万里,
武帝挥师任纵横。
烽火狼烟成往事,
剑吼马嘶渺无声。
借问黄沙曾记否,
此处何时度春风?②

---

① 今道友信:《关于美》(黑龙江人民出版社,1983年),第12页。

② 此处原为汉关要塞,历来被视为苦寒之地。唐代诗人对边塞征战或风光多有吟咏,其中最流行者为王之涣所作《出塞》,诗曰:“黄河远上白云间,一片孤城万仞山。羌笛何须怨杨柳,春风不度玉门关。”

值得指出的是，与自然景观相比，人文景观是典型的“人化”结果。这类景观被有的美学家（如英国的纽拜）称为一张“用过数次的羊皮纸”，“其中后来的文化具有在先的文化的一切业已磨损的痕迹。这些痕迹依然存在，而且常常像索尔兹伯里平原青铜时代直立遗物群那样，我们对于文化遗迹的珍视，远远胜过对风景自然特性的珍视”①。这就是说，正由于其中的文化痕迹与历史意味，许多人文景观具有反复观赏和科学研究的价值，是应当妥善保护和利用的重要旅游资源，当然也是应当适时传播和珍视的重要历史见证。

需要注意的是，保护和利用历史文物古迹是一个复杂而审慎的工程。根据国内外多年积累的经验，在修复古迹方面，一般应恪守“修旧如旧”的基本原则，即便有时会借用新的技术或材料，但在艺术风格上务必确保历史的传承性，尽力回复原有的风貌与特点。譬如，俄国对叶卡捷琳娜宫的修复，法国对巴黎圣母院的修复，天津对庆王府的修复，均可谓范导性的成功例证。在开发古迹方面，一般应施行“化静为动”的基本策略，要基于固有的特色与合宜的设计，尽力创构出活态的文化空间，展示具有原态性的内容，组织具有历史延续性的活动。譬如，北京恭王府每天都有文化艺术表演，除了为游客演出京剧、昆曲和古琴等传统节目之外，还举办“海棠诗社”的诗词吟诵活动与自编自演的历史情景剧，同时还以“福文化”为内核打造商业品牌，结果使恭王府这座老宅在与时俱进的经营管理中，得到有效的保护和利用。拉脱维亚的梅宗尼斯宫，每年夏天都举办艺术节和展览会，邀请来自本地、意大利和美国的音乐家进行表演，从巴洛克到爵士乐，内容丰富，风格多样，将历史与现代巧妙地予以结合，赋予这一古迹以新的活力与魅力，从而吸引了更多的旅游者，使社会效应与经济效应产生了良性互动。

（二）民俗风情与审美

观赏张择端的《清明上河图》，那城郊农村清明时节四野如市的田园风光，汴河两岸繁华兴盛而又闲适悠然的世俗景象，以及汴梁街市

① 纽拜：《对于风景的一种理解》，见《美学译文》（第2卷，中国社会科学出版社，1982年），第181页。

人欢马叫、歌舞喧天和车轿穿梭等热闹场面，归总起来便组成一幅民俗风情图，其中流溢着生动的生活气息和丰富的审美因素。

一般说来，人文景观中的民俗民风、生活方式、传统礼仪与社会人文环境等因素彼此协调起来会构成一种综合性的风情美。比如走访黄土高原的青海湖，在连接着日月山、穿流着倒淌河的大草原上，灰色的帐篷，白色的羊群，黑色的牦牛，矫健的骏马，服饰鲜艳的藏民，高亢嘹亮的欢歌，悠扬远播的笛声，还有头顶上的长云碧空与四周围的山峦峰影等景象，组成了高原特有的风土人情景观。置身于如此广漠空旷的环境里，你不但不感到孤单惶恐，反而倍感神驰怡然。如果适逢佳节，同当地藏民一起欢度，大家席地围圈而坐，赏歌舞，看赛马，喝奶茶，饮青稞酒，吃手抓羊肉……通宵达旦，其乐滔滔，情深意长，令人终生难忘。

我国地域辽阔，民族众多，文化习俗内容丰富，风土人情各具特色。其中一些主要的节日庆典活动，如傣族的泼水节，蒙古族的那达慕节，回族的古尔邦节，汉族的春节、元宵节、端午节、团圆节，形式各异的庙会、灯节与花市，以及风格不同的民俗歌舞等，在特定的生活环境和文化氛围中，最能反映出当地的风土人情之美，具有求知、交际和审美等多重价值。[①] 以傣族的"泼水节"为例。傣族人爱水是真诚而深沉的。他们把家乡的水看作自然界的首要美物，与水保持着悠久的审美关系。于是，他们为水罗织的神话（如《泼水节的传说》），以水为表现主题所编排的舞蹈（如《水》）和在水中自由嬉戏的欢快情调，均具有独特而永久的魅力。尤其是泼水节这一年一度的盛大庆典，从内容到形式都会给人一种"美是生活"的深切感受。按傣族人的风俗习惯，此节要连续欢庆三天三夜。"第一天，傣族人总是身着盛装，五彩缤纷地聚集在江河边，或在江心里赛龙舟，或在江岸上放升高……无论男女老少，个个喜气洋洋，把傣族人对水的深情一一倾诉给江河。泼水节的第三天是高潮。在这天，傣家人被水与幸福、吉祥更紧密地联系在一起，每个人对愿意在这一天里多多为别人泼水祝福，并且也希望自己能得到许多人的泼水祝福。傣家人传统的泼水祝福，本是一种很文雅的仪式，只取泼水象征祝福就行。但是，现代的傣族青年却

① 全国民族院校文艺理论研究会主编：《民族风情与审美》（红旗出版社，1987 年）。

大大改革了泼水方式，使‘泼水节’的欢愉气氛大大增强了。他们不再满足于用献花、树枝洒水的祝福，而是名副其实地‘泼水’——用瓢泼、盆泼、桶泼了。他们不仅用泼水表示祝福，而且用泼水表示友好、爱慕、欢迎等丰富的情感。他们从大清早就互相追逐、嬉笑着互相泼水，泼得傣乡水花飞舞，泼得年轻人个个衣、裙滴水不止。这才有了傣族青年用盆向周总理泼水，而身着傣装的周总理也以盆泼水还敬的历史场面。每年‘泼水节’，总有上百个国家、民族或地区的代表，争先恐后地来到西双版纳、德宏，参加傣家盛大的节日，领略傣家对水的无限深情”①，同时也体验傣家待客的无限热情。

值得强调的是，因地制宜地利用传统礼仪和民俗风情，会有效地丰富人文景观的内容。众所周知，许多文物古迹等人文景观，是相对“静态”的存在，普通旅游者游览一两次足矣。但若根据历史背景和现实需求，因地制宜地创造“动态”型仿古景观（如在西安大雁塔开辟唐人街，北京雍和宫举办“捉鬼舞”，沈阳故宫增设八旗礼仪演练等），或者组织文化娱乐活动（如开展美食节、泼水节、赛龙舟等），就会不同程度地丰富景观价值，增强对象活力，吸引各方游客，推动旅游审美活动的良性循环。

三　人文景观的意境美

游“六月无暑，九夏生风”、兼南秀北雄之特色的承德避暑山庄（即河北热河行宫），人们不难发现那里的景点全都“因地之势”“度土之宜”，采取分散布局。其中最有代表性的要数艺术风格各异的“外八庙”。若登上磬锤峰（即棒槌山）环顾四野，你会十分惊奇地发现，这些在当时为了联络满、藏、蒙、布鲁特、哈萨克等民族而建立的宗教庙宇，像众星捧月般地面向行宫，象征着各地民族心向中央，巧妙地借助建筑形式表现了“宇内一致”或“一统天下”的主题思想。② 这当然是

---

① 全国民族院校文艺理论研究会主编：《民族风情与审美》（红旗出版社，1987 年）。第 29—30 页。

② 据载，秦始皇统一中国之时，每攻破一座国都，都将其宫殿照原样搬来建在咸阳北山，面对大秦皇宫，用以体现全国统一或江山一统的景象。清朝在康乾盛世时期，借用宗教庙宇来表现疆内大一统的思想，颇有异曲同工之妙。

就特定历史背景下的政教合一或政治用意而言的。如果从艺术欣赏和景观造型的角度分析,此类凭借象征手法和自然布局,将主观意趣、理想(意)与客观感性形式、景象(境)有机地融合起来,所生成的富有典型性特征的艺术境界,便是我们常说的景观意境了。

“意境”是中国美学思想中的重要范畴,是评品审美对象(尤其是艺术作品)的价值标准,是中国古代从长期的艺术实践中总结出来的一条审美规律和创作原则。意境基于真实的景物(或现实生活)与真实的情感(或主观意兴)之上,诚如王国维所言的“境界”。它“非独谓景物也”,因为“喜怒哀乐,亦人心中之一境界。故能写真景物、真感情者,谓之有境界。否则谓之无境界”。① 也就是说,意境近似于“思与境偕”“情景交融”或“神与物契”的艺术境界。其基本特征一般表现为主观与客观、意与境、情与景、有限与无限、鲜明性与含蓄性的统一。所谓“深文隐蔚,余味曲包”(刘勰语),“象外之象,景外之景”(司空图语),“意居笔先,妙在画外”(黄钺语),“一切景语皆情语也”(王国维语),大多讲的是意境的上列特征,即在有限、生动、鲜明的外在形象或景物中,暗示出无限、丰富、含蓄的深远内容或意味来。李泽厚的下述论说兴许有助于进一步思索和探讨有关意境这个问题。他认为,意境至少包含两个方面:“生活形象的客观反映方面和艺术家情感理想的主观创造方面,为简单明了起见,我们姑且把前者叫做‘境’的方面,后者叫做‘意’的方面。意境是在这两方面的有机统一中所反映出来的客观生活的本质的真实……‘境’和‘意’本身又是两对范畴的统一:‘境’是‘形’与‘神’的统一;‘意’是‘情’与‘理’的统一。在情、理、形、神的互相渗透、相互制约的关系中就可窥破‘意境’形成的秘密。”②

我们从意境角度来审视人文景观,就有可能通过其外在的形式组合与具体景象,来感知和领悟其中所蕴含的深广意味,弦外之音,或者如司空图所说的“象外之象,景外之景”。

在我国诸多的人文景观中,追求诗画意境的园林景观,是最耐人寻味的。中国园林的最大特征是综合艺术性和空灵无限性。就前者

① 王国维:《人间词话》,见姚柯夫编:《〈人间词话〉及评论汇编》(书目文献出版社,1983年),第2页。

② 李泽厚:《意境浅谈》,见姚柯夫编:《〈人间词话〉及评论汇编》,第162页。

言,它是由“建筑、山水、花木等组合而成的综合艺术品,富有诗情画意”[1];就后者论,它妙在含蓄,小中见大,通过分隔、变化、曲幽和因借,在有限的面积与有形的景物中创造出空灵玄远的意境和无限的空间。究其本质,园林的意境是主观情趣与客观景象、观赏功能与实用功能的有机统一结果。它在直观、具体和有限的园林景象基础上,融汇了诗情画意的艺术内容,思想哲理的精神内容和游览居住的生活内容,从而构成了丰富、深刻与无限的审美意味或“景外之景”,能给人以“画里移舟,诗边就梦”,甚至超越时空的审美体验。例如苏州的网师园,基于“渔隐”的主题思想,在布局上大胆使用池水。濒水而建的设鸭廊、濯缨水阁与小石桥,皆低临水面,并巧借叠石,使一池清水更显得开阔,构成了“小中见大”的湖山景象与“渔隐”的思想情趣交融统一的意境。游历其中,或悟得闲来垂钓的悠然乐趣,或生发超尘出世的洒脱意念。

说到底,园林终究是一种实用艺术,原本是供人居住之地。因此,在注重观赏价值的同时,也要满足实用的要求,所因借或营造的环境应当使人的视觉、听觉、嗅觉、触觉乃至整个身心均可得到愉悦的享受,这在直接或间接的意义上也丰富了园林的意境美。承德避暑山庄的寝宫正殿“烟波致爽”,为康熙三十六景第一景,因“四周秀丽,十里平湖,致有爽气”而得名。该殿门阔七间,门窗装修不饰彩绘,外观朴素淡雅;殿前古松参天,浓荫铺地;殿后植有各种花木,点缀着山石磴道,一派含而不露的诗画景色与舒适清静的居住环境,是典型的融观赏与实用为一体的园林景观。

中国园林追求诗画意境,在技巧上也必然有因借和移用其他艺术表现手法之处。比较明显的是从中国传统绘画(特别是山水画)中汲取了许多成分。我们知道,中国绘画是诗书画印四位一体的艺术。因此,在意境上讲究“诗中有画,画中有诗”和“以形写神,得意忘形”;在用笔上讲究“书画同源,以线造型”,在章法上讲究“虚实相生,置陈布势”等。所有这些艺术因素都不同程度地浸入到造园艺术之中。但直观地看,绘画中用来点破旨趣、感想或缘由的标题、诗文、题记、边款等,经过变通之后皆以物态的形式应用于园林艺术。结果,造园成了

① 陈从周:《说园》(书目文献出版社,1984 年),第 2 页。

一门“以无形之诗情画意，构有形之水石亭台”的艺术。[①] 现如今，园林中四处可见的匾额、楹联、题记、碑刻等，在理解园林景致和深化园林意境方面起着不可或缺的作用。例如，颐和园内的谐趣园，素有“园中之园”的美称。1751 年仿无锡惠山脚下的寄畅园而造，故取名为“惠山园”，显得过于平淡坦直了些。后于 1811 年重修，易名为“谐趣园”，取“以物外之静趣，谐寸田之中和”之意。此名与园内十三座玲秀的楼台亭榭，迂回曲折的游廊以及竹影参差、花木扶疏、山泉流泻等景象相得益彰，使该园的意境深化了许多。其中那座临水而设的石桥，上置一小牌坊，题名为“知鱼桥”，源自《庄子·秋水》中庄惠二人关于“鱼乐”之辩：“庄子曰，倏鱼出游从容，是鱼之乐也。惠子曰，子非鱼，安知鱼之乐？庄子曰，子非我，安知我不知鱼之乐？”游人至此，若解其意，且临桥观鱼，感受会大不一样。再如苏州拙政园远香堂，是以堂前荷花为题，借周敦颐“香远益清”之意而得名。而苏州留园留听阁，同样以荷花为题，但取李商隐“留得残荷听雨声”的诗意而得名。这两个景点的意境隐含在各自的题名之中。相比之下，前者喻君子洁身自好、不求虚名之德，“出淤泥而不染，濯清涟而不妖”之风，引致游人在观赏荷花之时感悟纯洁、高尚、清雅的意境；后者则把人导向洒脱、幽静、淡泊的意境中去了。

现如今，遍布中国的古镇，因其历史风貌、建筑格局、田园景致和风俗民情等要素，构成了特殊的生活环境与景观意境，吸引了越来越多的中外游客，从而成为人们怀念乡愁和感受诗情画意的旅游目的地。国内排在前十名的古镇包括云南和顺、浙江周庄、安徽宏村等。游览古镇，观赏景致，了解风俗，入住民居，享用当地风味美食，是一种相对完整而独特的经历，当然也是一次深刻而难忘的审美文化体验。

不消说，意境人为，亦有天开；它不仅凝聚于人文景观中，也体现在自然景观里。实际上，当游人以审美的态度静观默照自然景观时，也会发现或创造出不同的意境来。这种意境，与人文景观那种原有的、客观存在的和需要认知感悟的意境相比，具有更大的自由度，并且需要主体的创造意识参与。因为，外在自然景观作为一种审美的刺激物，具有引发或唤起主体情感（或触景生情或以心照物）的效用，能使

① 陈从周：《说园》，第 59 页。

人从单纯欣赏对象的形式美转入主观创造的心理活动，即按照自己的情思意趣，以绘画构图的方式对眼前的景物进行取舍，然后重新组合，继而在内心里构图绘影，创造出自认为能够表现或寄托个人情感、趣致、意愿与理想的新景象、新境界。这是一种不受建筑形式、技术设计、文字符号乃至历史背景等因素直接制约的、自由自在的、随心所欲的主体性心理创造过程，是一种大众化的和颇有成效的旅游观赏方式或旅游审美实践活动。

四 特色为美的城建原则

自改革开放以来，中国旅游产业的发展，不仅全方位地带动了人文景观的开发和建设，而且极大地扩充了文人景观的概念与内涵。以传统建筑为主调的古镇乡村，以现代建筑改造而成的大小城市，一方面造就了新的旅游目的地，另一方面呈现出新的旅游审美空间。当然，在权力美学与形象工程的催生下，在城镇面貌发生剧变的同时，也引发出“山寨式”照搬、“混成型”拼凑以及地方特色流失等诸多问题。

的确，近三十年来，中国城市化的快速发展是不争的事实。全国各地到处在拆迁，到处是工地，到处盖房子，到处建广场，到处修道路，到处上设施，由此以来，代表“中国”的外来语 China 被赋予一种新的寓意——“拆那”。这一黑色幽默式的演绎方式，虽然隐含某种讥讽与无奈的情绪，但也表示一种动态发展与重新建设的热闹景象。

那么，中国的城市化建设现状如何？全国各地的城市形象到底怎样？举凡居住或到过不同城市的人们，肯定都有各自不同的观感。要知道，当你进入一座城市时，就如同参观一座展览馆，当地的楼房与街景，如同展品一样呈现在你眼前，你看也得看，不看也得看。因为，建筑这东西，特别是一些地标性建筑，就堆在那里，其空间形象具有一定的知觉强制力（perceptual compulsion），迫使你观看、凝照或评价，你想躲也躲不掉。凭借审美直觉，四周的建筑群体、空间形态、外部装饰、色泽调配、灯光设计、标识功能等，多少会给你一种或美或丑、或雅或俗的感觉。这种感觉，若借用知觉现象学的话说，是一种“空间性体验”，既涉及空间性，也涉及身体性；既涉及心理，也涉及生理；既涉及“无止境的我思”与“情感的意向性”，也涉及“有条件的自由”与“外在的自我意义”。[①] 在这种双重性或多重性的感知体验中，你会从中发现一种“意义”或给予其一种“意义”，这等于你在当下所做出的一种初步评价。在这方面，我们听到的抱怨往往多于称赞，其中最有代表性的批评莫过于：千城一面，缺乏特点。因为，在大拆大建、求新求洋的都市化或城市化进程中，同质化的建筑样式拔地而起，一大批具有中国风格的旧建筑纷纷被拆，城市或城镇原有的历史风貌遭到严重破坏，在片面追求城市化光鲜、洋气和排场的过程中，导致了城市或城镇面貌的千篇一律化或形式单一化。现如今，随处所见的是大同小异的城市广场布局与豪华的商厦超市门面等。

为什么会这样呢？不少城市费尽心力，打造形象，为何“出力不讨好”，反倒导致这样的负面结果呢？这其中原因很多，譬如都市美学方兴，权力美学作祟，设计美学不给力，大众要求不高，感性欲望膨胀，物质消费先行，商业文化霸道，等等。在我看来，后现代艺术中所流行的制作方式——“拼贴”也是主要原因之一。“拼贴”是“pastiche”的汉译，原文的名词形式表示混合集成或模仿拼贴的文艺作品（音乐、绘画与文学），原文的动词形式表示把各种作品与风格拼凑或混成起来的做法。这方面较有代表性的艺术家当属毕加索，其陈列在巴黎艺术馆里的几幅展品，主要是用画框、颜料、报纸、布条等材料粘贴混成。如果不是出自毕加索之手，一般观众很难将其视为重要而严肃的创作。现如今，这种“拼贴”方式也用于现代城市建设，不仅反映在建筑风格上，也反映在现代设施配套上。这里面有“新旧相宜”的合理化“拼贴”，旨在提高城市的人性化设计与功能建设；但也存在“什么都行”的随意性“拼贴”，由此造成杂乱无章、花里胡哨的城市形象。相比之下，前者更像是有章可循的“拼贴”，后者更像是无章可循的“杂凑”。国内不少新建或扩建的城市，其基本形象与风格样式在很大程度上是“山寨版式”的“杂凑”，相关建筑的设计者做法简单，设计雷同，照抄照搬，更像是无所顾忌的杂凑者或混成型模仿者（pasticheur），而不是具有专业素养和美学眼光的建筑师（architect）。中国建筑界的吴良镛先生，曾在不同场合批评过这种顾此失彼、粗制滥造、不思进取的建筑

---

① 梅洛-庞蒂：《知觉现象学》（姜志辉译，商务印书馆，2003 年），第 196—203、463—469、565—571 页。

“设计”——假如我们还称其为“设计”的话。我们知道,建筑是一个技术与艺术有机整合的综合体。早在古罗马时期,建筑理论家维特鲁威在《建筑十书》中总结出三项基本原则,即坚固、经济、美观;在此基础上,不同建筑形式要因地制宜、自然合宜。[①] 迄今,这三项经典原则,依然在建筑界被奉为圭臬,虽在与时俱进的现代城市语境中,已然引入了生态环境美学的一些积极要素,更讲究人与自然的和谐、人性化设计、低碳低耗等伦理性价值观念。

鉴于上述城建的知觉强制力、形式同质性、设计单一化以及随意性杂凑等问题,我们有必要参照国内外相对成功的经验(譬如英国牛津、西班牙托莱多、德国特里尔、云南丽江等范例),着力强调特色为美的城建美学原则。所谓特色为美,主要是指以因地制宜的方式,在城市总体规划与建筑形式设计上依照当地的环境与气候条件,凸显当地的历史文化意蕴,塑造一种宜居的社会生活空间和独具特色的建筑符号系统。要知道,建筑在审美意义上与象征型艺术形式相对应(黑格尔语),这就涉及建筑符号所表达和凝结的历史文化意蕴。这种意蕴会给居民一种特殊的亲和感和相识的家园感。在此基础上,美观的形式才会产生真正而持久的审美愉悦感,才会有助于提高居民的生活质量乃至生存意义。实际上,建筑,特别是城市建筑,在目的论意义上不是为了单纯满足视觉美学的需求,而是为了营造一个人性化合宜的生活空间,以便满足人类的社会生活与情思意趣。

概言之,特色为美的城建原则可从两个向度上看:一是从城建表现形式上看,需要关注历史文化与传统习俗在建筑形式中的符号化凝聚或象征性表现,这主要涉及传统建筑风格与现代转型,装饰元素与传统习俗,场所命名与文化意味,城市雕塑与历史人物,绿化树种与气候条件,符号空间、生活空间与知觉空间的适宜关系等;二是从主体知觉体验上看,需要关注居民与城市的共存关系,这种共存关系取决于城市生活空间的宜居程度及其符号空间的审美愉悦感。一般说来,如果所在城市宜居程度高,审美愉悦感强,就会在居民心目中构成一种主动型共存关系(active being-with),继而会孕育亲和感与家园感,有

---

① 维特鲁威:《建筑十书》,见汪流等编:《艺术特征论》(文化艺术出版社,1984 年),第 172—173 页。

益于提高幸福指数,有助于引发"旧国旧都,望而舒畅"或"相视而乐,莫逆于心"之类的积极感受;如果其宜居程度低,审美愉悦感弱,就会在居民心目中形成一种被动型共存关系(passive being-with),由此会导致疏离感与异在感,自然会降低幸福指数,有可能导致"梁园虽好,不可久留"或"相看两厌,无心复观"之类的消极感叹。

另一方面,推举特色为美的理念,在某种意义上是为了培育现代城市化语境中的城市知觉或现代感性,是为了以此消解城市化过程中出现的过度商业化、拜物化、性感化以及欲望狂欢化等倾向,当然也是为了在一定程度上持守人类主体性生命自由的审美文化理想,同时也是为了尽可能地营造一种能够满足人类文化心理与美感需求的精神生态环境。这一切无疑需要创构具有一定深度的空间表现形式,也就是象征型与符号化的建筑表现形式(包括纪念碑、主题广场、商厦、办公楼、居民楼、街景、公园等),以便用美感折衡性感,用审美自由折衡欲望狂欢,用生活质量折衡无度享乐。在此视野下,反观康德关于快适艺术与美的艺术的论述和分别,我们依然可以找到一定的关联意义和发展空间,借此涵养和提升人们的生活智慧与审美智慧。康德是这样说的:审美的艺术是以快感作为其直接目的。这种艺术既可以是快适的艺术,又可以是美的艺术:前者伴随着作为诸单纯感觉的诸表现形式,后者伴随着作为诸认知活动的诸表现形式;前者是单纯追求享乐的那些艺术(譬如宴席间享受到的美味佳肴,曲调舒适的背景音乐,津津乐道的传闻故事,活泼随意的高谈阔论,不负责任的欢愉消遣等),后者则是一种具有合目的性表现形式的艺术,虽然没有直接或明确的目的,但却有益于陶冶或修养心灵的诸能力,借此有益于促进社会性的传达作用。应当指出的是,一种愉悦感的普遍可传达性,依然包含在其概念之中,该概念认为这绝非一种来自单纯感性的享乐性愉悦感,而是一种来自反思能力的认知性愉悦感,因为审美艺术作为美的艺术,是以判断的反思能力作为其准则,而不是以单纯的感觉作为其准则。[①] 相比之下,快适的艺术是享乐性和消遣性的,也是不负责任或随兴所至的;而美的艺术则是反思性和认知性的,是有社会担当职

---

① Immanuel Kant, *Critique of the Power of Judgment* (trans. Paul Guyer & Eric Matthews, Cambridge: Cambridge University Press, 2000), 44, 5:305-306, pp. 184-185.

能和有助于陶冶人心的。现代的城建艺术,理应在适当兼顾快适性的同时,花更多气力去创构类似于美的艺术所表现出的那种认知性境界,这样才会使一座城市成为真正意义上的美的城市,宜居的城市,乃至让人流连忘返或魂牵梦萦的家园城市。

在国内外一些历史名城或新建城市里,由于其历史文化特色突出,居民与访客的感受也彼此接近,均会从所在的符号空间与生活空间里达成诸如此类的共识:“牛津就是牛津!”“托莱多就是托莱多!”“特里尔就是特里尔!”“丽江就是丽江!”譬如,在丽江束河古镇的一家庭院式客栈里,主人在设计布局时,一方面考虑当地的古建风格与自然环境,另一方面参照佛学修养的理路与箴言,在不大的庭院里设置精巧的水景与花木搭配,同时用书法宣示平和妙悟的修佛心法要领,特意点缀和衬托出小小院落中静谧的气氛与深远的意境,由此构成特色之美。举凡客人身居其中,会油然产生诗性的感受和美好难忘的回忆。

由此可见,在体现特色为美的同时,这些城市获得了自我身份(self-identification),相应地,生活在其中的居民,也会在认同城市自我身份的同时,自觉地认同自己的身份及其栖居的场所,这是一种包含着物理、地缘、文化与精神等多重认同感在内的家园意识,一种有家可归或有家思归的诗性情怀与自觉意识。如果没有这种情怀与意识,人们不但很难会生爱意,很难会有归属感,很难会确立积极的共存关系,反倒会滋生一种无家可归的浪子心态,会使人们在心理受挫与情感焦虑中淡化“人生值得一过”的应有乐趣。

因此,为了让人们过上不为虚假生活所遮蔽的真实生活,也就是过上有利于怡情养性、身心舒畅的可宜居生活,每一座城镇、村寨、社区的各个阶层,都应担负起历史的责任,在建设与改造过程中,都应真正坚持科学发展与以人为本的理念,从人文、环境、生态、审美、精神、便利、低碳与功能等多种视域出发,切实认真地综合考虑和总体规划,以便为父老乡亲与子孙后代构建出一个个能够长久传世而非经常拆迁的美好家园。

第七章　审美心理要素

旅游审美是旅游者在现实而具体的观光游览活动中所进行的一种价值判断过程。该过程通常伴随着复杂微妙但愉悦自由的心理活动。如同其他形式的审美实践活动一样,旅游审美活动也涉及审美心理的四大要素:审美知觉、审美想象、审美理解和审美情感。这些要素作为特殊的审美心理功能,在互动作用中引发出不同程度的审美愉悦或审美快感(aesthetic pleasure)。对于在异质文化环境中旅游观光的人们来说,这种审美快感还涉及跨文化交际中的关联性、可理解性和平等对话意识等因素。

一　审美知觉

在审美过程中,审美知觉(aesthetic perception)或审美感性认识因素通常起一种先导作用。这在很大程度上是由审美对象的感性形象所决定的。所谓审美知觉,泛指审美对象刺激人的感官而引起的各种感觉与随之而来的知觉综合判断活动。我们知道,人的五官、身体和大脑神经系统集合起来组成了视、听、嗅、味、触等主要感觉分析官能,以此辨别、接受和传达外界的各种信息。然而,在丰富多彩的审美实践活动中,官能的作用是有一定差别的。根据西方传统美学思想,视觉和听觉一般被当作主要的或高级的审美器官。譬如,柏拉图就认为,视觉和听觉产生的快感高于饮食色欲之类的快感。圣·托马斯断言,与审美鉴赏密切相关的是视听觉,因为美的因素在于整一、均匀和色彩鲜明,而这些皆诉诸视觉。黑格尔甚至走向极端,认为"艺术的感性事物只涉及视听两个认识性的感觉,至于嗅觉、味觉和触觉,则完全与艺术欣赏无关",因为它们"只关涉单纯的物质及其可直接用感官接触的性质”。[①]

不可否认，在审美功能和效应上，视听觉比其他感觉享有更高的地位。但我们不能因此而忽视其他感觉系统在审美实践（特别是旅游审美活动）中的积极作用。例如，在美食这种综合性的审美活动中，对宴乐歌舞和环境装饰的审美知觉固然离不开视听觉，但对美酒佳肴的“色、香、味、形、意（趣）”的整体性审美知觉，就离不开味觉的辅助功能。同样，当旅游者身临其境，凝神观照大自然的风光胜景之时，嗅觉对于草木花香和清新空气的感受，对旅游美感的生成与深化就具有不可或缺的独特作用。另外，旅游者在选购中国丝绸、刺绣或瓷器等旅游工艺品时，视觉对于其色彩图案的鉴赏尽管重要，但触觉对强化其美感和刺激其购买欲也具有一种推波助澜的实际功效。再则，运动觉由于受“内模仿”的心理驱使，也有助于启动人的审美敏感性。比如，“我们欣赏颜字那样刚劲，便不由自主地正襟危坐，模仿他的端庄刚劲；我们欣赏赵字那样秀媚，便不由自主地松散筋肉，模仿他的潇洒婀娜的姿态”[②]。其实，我们有时以“无为而无不为”的审美态度凝神观照直插蓝天的大树或者高耸入云的山峰，也会不由自主地挺起腰杆，以内在的方式模仿对象超拔或崇高的形象等。

应当看到，人的感官在审美知觉过程中的作用，不单纯是生理效应，而是在很大程度上折映出社会历史的内容。这是因为，人和一般动物不同。动物的感官完全是以生理需要为导向的，仅仅是为了物种的生存。而人的感官虽然一开始也受生理欲望的支配，但经过长期的“自然的人化”或社会实践活动（包括审美实践活动），积淀和凝聚着世代传承的文化历史与“集体无意识”等因素，因此逐渐摆脱了早先那种狭隘的只为了维系生存的动物性，演化为具有社会性和审美敏感性的感受器官。所谓“自然的人化”（humanization of nature），一方面是指外在自然的人化，即人按照客观的规律对大自然进行改造、利用和保护，从而使自然界带有人的感情色彩和人工创造的痕迹，因此而具有审美的性质和社会化的内涵。“天下名山僧（寺）占多”，可以说是

---

① 黑格尔：《美学》（朱光潜译，第一卷，商务印书馆，1979 年），第 48 页。

② 朱光潜：《谈美书简》，《朱光潜全集》（第五卷，安徽教育出版社，1996 年），第 286 页。

“外在自然人化”的突出成果。在另一方面,“自然的人化”也指内在自然的人化,即人的感官和情感在保持其自然属性的同时不断地社会化、理智化和审美化,从而使其自然或物质属性与其精神或心理属性达到有机的统一,使其具有一定的感性意义上的非功利性或审美的敏感性。譬如,人之所以(有的通过一定的训练)具有“音乐的耳朵”“感受形式美的眼睛”和“道德的情感”,正是内在自然的“人化”的产物。

审美知觉有直接与间接之分。前者是指审美感官与审美对象发生直接接触时所获得的审美知觉感受,这在亲临其境的旅游审美活动中表现得尤为突出,而且最易导致审美的动态感和立体感。后者一般是指对文学作品和音乐艺术的欣赏。它不直接与审美实体接触,而是通过文字符号或声音等媒介的刺激诱导,来间接地领略语言艺术与音乐艺术的审美价值,如小说、诗歌、交响乐、小夜曲等。

审美知觉经常涉及直觉因素。比如,我们有时看一片风景、一幅绘画或听一首乐曲,当下会感到是那样赏心悦目,但又说不出其所以然,类似于一种“只可意会,不可言传”的感觉,这便是我们所说的直觉作用。这种直觉当然不是纯然本能意义上的直觉,而是社会意义上或审美意义上的直觉,它“积淀和凝冻着”一定的社会历史内容和“集体无意识”,并以感性和直观的形式影响着人的审美知觉能力。按照李泽厚的“美感积淀说”,这种直觉作用,在通过“原始积淀”“艺术积淀”和“生活积淀”而成的人的审美心理结构中,占有十分重要的地位。

值得指出的是,审美知觉不同于一般的实用知觉。因为,后者在实用目的完成时便基本终止,不再注意和追求对象外在形体结构是否符合人的内在情感状态,也不再探索或反思对象的内容实质是否影响人的内在精神世界等。而审美知觉则恰恰相反。它渴望借助物我之间的非功利性审美关系或“异质同构”关系,使观赏主体的情感得以表现或陶冶、宣泄或升华。另外,审美知觉具有综合特征。表面看来,它似乎是迅速的直接判断结果,实际上这其中渗透或交浸着情感、想象和理解等心理因素,包含着个体的理想、偏爱、个性、信仰以及生活阅历等内容。

二 审美想象

马克思称想象力(imagination)为“人类的高级属性”,主要是因为人在从事创造性的实践活动(如艺术创作、科学发明、审美欣赏等)中均离不开丰富而自由的想象。按照伯克的解释,想象力是“人心具有的一种自身的创造力”,它“或随意按感官接受形象的次序与方式来表现事物的形象,或用一种新的方式,根据一种不同的次序组合那些形象”。[①] 在现代心理学里,想象或想象力作为一个研究范畴,其内容与功能十分广泛和多样。为了便于说明问题,人们一般把想象分为初级和高级两种形式。初级形式指简单联想,其中包括接近联想和类比联想。[②] 高级形式则指与审美密切相关的知觉想象和创造性想象。我们这里侧重介绍后两种想象形式。

(一) 知觉想象

知觉想象(perceptive imagination)与接近联想和类比联想的共性在于都不能完全脱离眼前具有感性形象的事物。在审美活动中,这种想象是面对着风光绮丽的自然景观或优秀感人的艺术作品而展开的。诚如滕守尧所言:“当人的全部心理功能都活跃起来去拥抱自然或感受艺术品时,当人们的心境、爱情、痛苦、欢乐与大自然完全合拍时,当人们无法把眼前那喧闹的小溪与昔日生活的某种情节和气氛区分开来时,人的想象活动便被激发起来了。”[③]凡到过云南昆明游过石林的人们,大都亲身体验过这种想象活动,即从眼前那座被称为“阿诗玛”的天然石柱上,回想起电影《阿诗玛》所描写的那一动人传说,随着人们从现实心境进入到审美心境,阿诗玛那楚楚动人、如怨如诉的美丽形象便从那块坚硬而无生命的石头中显现了出来。不消说,这种形象并非那石块原有的形象,而是观赏者通过想象赋予对方的一种“虚无的”但却是审美的形象。这种形象说到底是观赏者带有情感色彩的记

---

① 伯克:《崇高与美》(李善庆译,上海三联书店,1990 年),第 9 页。

② 王柯平:《旅游审美活动论》(旅游教育出版社,1991 年),第 54 页。

③ 滕守尧:《审美心理描述》(中国社会科学出版社,1985 年),第 61 页。

忆形象在石柱上的一种投射(projection)或折映(reflection)罢了。在旅游观光中,这种审美想象活动是经常发生的。无论是游桂林的“象鼻山”,还是黄山的“仙人指路”;无论是看桐庐瑶琳洞中的“银河飞瀑”,还是芦笛岩的“虎豹熊狮”……这些山石的空间构景和形状与我们见过的某些形象有着似又不是之处,“这种模糊的原始材料经过想象的加工之后,便成了发乎自然而又不同于自然的东西。外部自然只是一种死的物质,而想象却赋予它们以生命;自然好比一块未经冶炼的矿石,而心灵却是一座熔炉。在内在情感燃起的炉火中,原有的矿石溶解了,其分子又重新组合,使它的关系发生了变化,最后终于成为一种崭新的形象在眼前闪现出来”①。

我们认为,在旅游审美活动中,对景观的命名只要比较贴切,或者说景观命名只要与景观的空间形象趋于吻合,就会在不同程度上激发观赏者的审美想象。但在具体的现场导游中,要切忌简单而且武断的解说(如用手一指便信口开河:“请看!那是‘云中仙子’,那是‘猴子望月’……”),而要以生动的直观的描述作为一种渲染手段,着力于激发旅游观赏者的审美想象,让他们自由地去体味或构想,万不可先声夺人,把话说“绝”。否则,会使看不出名堂的游人感到失望,从而影响他们的游览兴趣。

(二)创造性想象

创造性想象(creative imagination)类似我们常说的形象思维,是一种能够洞察、揭示和表现事物内在本质的艺术想象力。艺术家在创作过程中,通常脱离开眼前的事物(其形象仅起一种激发或诱导情趣的作用),凭借这种创造性的想象力,在内在情感的驱动下对许多记忆表象进行剖析和综合,从中抽象和创造出一种从未存在过的崭新的形象,即艺术的典型形象。严格说来,创造性想象是一个“由表及里”(入乎其内)和“由里及表”(出乎其外)的综合性想象过程。英国著名艺术批评家罗斯金(John Ruskin)曾对此作过生动而形象的描述。他说:“富有艺术想象力的感官把握材料的方式总是这样:它从不停滞在事物的表象或外形上……它会深入内部,追根寻底,汲取对象的精髓。

① 滕守尧:《审美心理描述》,第62页。

一旦亲临其里，它会随心所欲地拨弄对象身上的鲜枝嫩叶，这样一来，真理的汁液就不致外溢；其后它随意加以整枝修剪，使其结出丰硕的果实，而不是衰变成老树上的枯枝秃丫。然而，这项工作往往很难处理，容易出现差错。这就需要抓住根本，把握事物的中心实质。整枝修剪之后即可罢手，因为使命到此已告结束。总之，艺术想象力不是单凭视觉、声音和外部特征来观察、判断和描绘对象，而是从对象的内部实质出发，对其进行陈述、判断和描绘。"①

在艺术实践中，创造性想象通常采用变形、浓缩与黏合等方式，来绘形构影或表现再现。而在旅游审美活动中，创造性想象的主要效用在于从诗情画意的视界出发，依据个人的审美趣味与审美理想，在静观默照周围景观之时以因借、取舍或重新组合等方式，于自己的审美心胸或脑际里另行创造出一种新的图景来。或者说，它有助于观赏者在客观的景致基础上再创造出只有自己的"内眼"(mind's eye)方能看到的新景象。比如，来到颐和园观光的游客，站在昆明湖的东岸，由低往高观看水景、拱桥、画廊和万寿山佛香阁，再由近及远眺望玉泉山宝塔与西山的峰影，有时会在想象中将这些景致有机地连接或组合在一起，从而构成一幅有近、中、远景的山水图画，使自己的审美情趣得到进一步的满足。

三　审美理解

在审美心理活动中，是否包括理解或知性(understanding)这一因素的问题，在美学界一直存在着争论。一般只强调美感仅属于感性认识和情感范畴的美学家们，大都否认美感有理性认识功能，否认美感与理解因素有关。他们通常把美感视为非理性的感知活动或知觉活动。如西方具有影响的美学家赫伯特·里德(Herbert Read)就曾断言："艺术的魅力并非诉诸意识知觉，而是诉诸直觉领悟。一件艺术品并非寄寓于思想，而是发端于感受。它是真理的象征，而非真理的直述……仅靠对艺术作品进行有目的的分析，是不能从中获得快感享受的。快感是在同整个艺术作品的直接交流中产生的。一件艺术品常

① 转引自里德：《艺术的真谛》(王柯平译，辽宁人民出版社，1987年)，第129—130页。

常令人惊讶不已,当人们尚未意识到其存在时,它早已开始发生效用了。"[①]我国老一辈美学家朱光潜虽然认为了解和思考有助于美感,但又否认美感本身包含了解和思考的因素,宣称理解仅仅是审美鉴赏的预备条件,一旦进入审美观照,就要靠直觉,因为审美经验前后虽然会有名理的思考,但两者"不能同时共存"。相反地,实践派美学的代表人物李泽厚则积极地肯定了理解因素在审美意识活动中的作用,认为理解作为一种心理活动,是美感中不可缺少的要素。因为,"感觉到了的东西,我们不能立即理解它,只有理解了东西才能深刻地感觉它"[②]。但由于人们在审美观照时的理解程度不同,往往会形成深浅不同的层次或水平。概括起来,有三个层次。

第一层次的理解主要在于区分现实状态与虚幻状态,即把现实生活中的事件、情节和感情与审美或艺术中的事件、情节和感情区别开来。譬如,在观海市蜃楼时不要把幻景当作可居的实景,在看戏剧时不要把剧情当作现实的真情……一句话,要清楚地意识到审美或艺术世界之"虚"与现实世界之"实"的分别。只有这样,才能在热情中保持冷静,以一种审美的凝思默照态度,从容而自由地进行审美欣赏。

第二层次的理解是对审美对象(特别是艺术对象)之内涵的了悟。比如游中国万里长城,如果不知道其历史背景、基本功能和象征意义,就恐怕难以真正欣赏其"时间的立体性"和"历史的舞台作用",也难以达到"游山如读史"的旅游审美境界。艺术鉴赏更是如此。你若不懂得西方宗教画中的百合花象征着圣玛丽亚的童贞,十字架象征着耶稣受难,羊羔象征着信徒,池边饮鹿象征着圣徒的欢乐等等,你就会觉得莫名其妙,不能完全欣赏这类绘画作品。同样的道理,你去敦煌观光,看到莫高窟"舍身饲虎"之类的壁画,如果不了解其中所描绘的宗教故事和普度众生的佛旨,你会感到怪诞异常,不可思议……

第三层次的理解是对融合在形式中的意味的直观性把握,这是一种深层的和内在的理解。这种意味之于形式,"如水中盐,有味无痕,性存体匿"(钱锺书)。这种理解是审美心理活动中最重要的因素,它积理性于感性之中,溶思索于想象和情感之中,常常在暗中发生效用,

---

① 里德:《艺术的真谛》,第 43 页。

② 毛泽东:《毛泽东选集》(第一卷,人民出版社,1964 年),第 263 页。

使美感不断地得以深化。从实际情况考察,对自然美的凝神观照,在相当程度上就包含着这种超感性而又不离开感性、趋向概念又无确定概念的理解因素。比如,去泰山旅游,其外在形态所引起的感性认识和感官快适,只是审美的初级阶段。要想体验更深的审美愉悦或美感,就得进一步理解和分析泰山形式结构中的意味,如雄奇、宏伟、神秀的风范和历史文化的积淀内容等,这需要参照相关的诗词歌赋或游记文学作品,如杜甫的《望岳》:

岱宗夫如何? 齐鲁青未了。
造化钟神秀, 阴阳割昏晓。
荡胸生层云, 决眦入归鸟。
会当凌绝顶, 一览众山小。

不难看出,杜甫在诗中所抒发的对泰山雄奇之美的深切感受,远远超过了感性印象和感官快适。面对这一不同寻常的自然景观,诗人所发出的一系列赞叹、遐想、感慨、比兴,显然参融着自由的审美想象和复杂的理智思索。“会当凌绝顶,一览众山小”两句,不仅描绘出泰山的巍峨雄奇,而且也表露了作者的伟大抱负。可见,对审美对象的这种审美理解,无疑是一种浸透着情感、想象和意志在内的高级心理活动。

相形之下,对社会生活美的欣赏更有赖于这种内在的非概念性的审美理解。我们知道,社会美的主要方面之一是人在社会关系中所表现出的语言、行为、态度、姿态、风度、技能、性格、心灵和精神之美。对于这些审美品质,不是仅靠感性认识就能全面领悟的,而是需要细致地观察和理性地思考。例如,旅游者在观赏活动中,除了旅游景观之外,也能从接待人员那热情友好的态度中,灵巧娴熟的服务技能中,以及轻盈优雅的体态中,感受到现代人类的文明之美。我们认为这种美不再是单纯外在的美,而是积淀着人类一定特殊情感和历史文化内容的内外交融的美。这当然不是仅凭感性认识就能知晓的。

四 审美情感

首先需要说明的是,这里所谓的“情感”,是指审美经验中所涉及的知觉情感,而非审美诸心理因素达到一种自由和谐的状态时所产生的那种审美愉悦。这种情感通常表现为主体在社会实践(特别是审美活动)中对客观事物的一种主观情绪反应,是伴随着知觉活动而直接产生的。

西方经验派和心理学派的美学家们惯于从联想、移情和客观性质的观点来分析和说明这种审美情感。推崇“联想说”者认为,事物的运动性与情感性是主体(观赏者)根据自己以往的经验推断和联想出来的。树叶无所谓呻吟,风也不可能发怒,花更不会溅泪,只是当观赏主体通过对象的形态联想到人的呻吟、发怒和溅泪时,它们才有了人的情感性质。这种主观联想说仅能勉强解释一些再现艺术,对解释抽象艺术则显得无能为力。标举“移情说”者则认为,联想是依靠被动的感知,而移情却是一种积极主动的投射(projection),是主体暂时抛开实用或直接的功利目的,把自己的人格和情感投射或灌注到对象之中,进而与其回环震荡和融为一体的心理过程。立普斯曾用人们游览希腊巴底隆神庙时的审美体验为例,来形象地图解这种移情作用。他说,当你凝神观照古希腊“多利克式”石柱时,往往会情不自禁地与其“空间意象”融为一体,觉得那石柱具有一种耸立腾飞的气势,这种感受实际上是你把自己在承受重压时不甘屈服和奋力抗争的情绪或观念移入到石柱上的结果。

与“移情说”针锋相的是“客观性质说”。这派人士(如 R. W. 赫卜波恩)认为,外物的各种形体结构能够直接展示出不同的情绪。例如,一根线条被我们说成是活泼的或温柔的,一个眼神被我们说成是严肃的或忧郁的,一部乐曲被我们说成是悲哀的或欢快的,一阵松涛被我们说成是雄壮的或崇高的……这都是由外物自身的结构性质决定的,就像苹果的红色是苹果本身的性质一样,与观赏者的联想或移情没有多大关系。显然,“客观说”强调外物的结构属性是正确的,但它矫枉过正,只看到情感的客观性,而否认情感的主观性,一味离开人的能动反应来论述情感的表现性问题,所以不可能得出全面正确的答案。

真正对情感的表现性作出比较合理而科学的解释的理论当推“结构同形说”或“异质同构说”。此说兼顾了“移情说”和“客观性质说”两者之长,既重视主观心理的内在结构,又重视客观事物的外在结构,试图以大脑力场为中介,从物我同构对应角度把内外两个世界沟通起来。如果抛开泛神论的色彩，这在一定程度上与董仲舒的“天人感应”说有相似之处。“本来，自然有昼夜交替季节循环，人体有心脏节奏生老病死，心灵有喜怒哀乐七情六欲，难道它们之间（对象与情感之间，人与自然之间……）就没有某种相映对相呼应的形式、结构、秩序、规律、活力、生命吗？……孔子曰，仁者乐山，智者乐水，智者动，仁者静。山、静、坚实稳定的情操；水、动、流转不息的智慧，这不正是形式感上的同构而相通一致？‘春山淡冶而如笑，夏山苍翠而如滴，秋山明净而如妆，冬山惨淡而如睡’，‘望秋云，神飞扬；临春风，思浩荡’，‘喜气写兰，怒气写竹’……不也都如此？欢快愉悦的心情与宽厚柔和的兰叶，激愤强劲的意绪与直硬折角的情绪，木叶飘零的秋山与你萧瑟的心境；你站在一泻千丈的瀑布前的那种痛快感，你停在潺潺小溪旁的闲适温情；你观赏暴风雨时获得的气势，你在柳条迎风中感到的轻盈；你在挑选春装时喜爱的活泼生意，你在布置会场时要求的严肃端庄……这里面不都有对象与情感相对应的形式感么？凡·高火似的热情不正是通过那炽热的色彩、笔触传达出来？八大山人的枯枝秃笔，使你感染的不也正是那满腔的悲怆激愤？你看那画面上纵横交错的色彩、线条，你听那或激荡或轻柔的音响、旋律，它们之所以使你愉快，使你得到审美享受，不正是由于它们恰好与你的情感结构一致？”①但应看到，要真正解决情感的表现性问题，还必须把“异质同构说”建立在实践美学的“自然人化说”的基础之上。因为，内在心理结构与外部事物结构上的同形或契合，虽然是无意识的，而且有一定的生理基础，但本质上是人类进行长期社会实践活动之后获得的一种能力。诚如李泽厚所言：“自然与人、对象与情感在自然素质和形式感上的映对呼应、同形同构，还是经过人类社会生活的历史实践这个至关重要的中间环节的。形式感、形式美与社会生活仍然是直接间接地相联系，审美中的身心形式感中仍然有着社会历史的因素和成果。”②

总体而论，以上四种审美心理因素——知觉、想象、理解和情感，在审美实践中是彼此渗透、相互依赖、密不可分的。如果知觉活动没

---

① 李泽厚：《审美与形式感》，见李泽厚：《走我自己的路》（三联书店，1986年），第83—84页。

② 同上书，第86页。

有想象和理解参与，那它最多不过是一种动物性的信号反应，因此也就谈不上什么审美快感；如果想象活动没有理解和情感参与，那就失去了规范和动力，成为一种非理性的胡思乱想；如果理解活动没有想象和情感参与，那就失去了感性的特征和活力，成为在抽象概念中游弋的逻辑思维；如果情感活动没有理解和想象参与，那就失去了方向和载体，成为偶然性或本能性的欲望发泄。简言之，知觉因素是导向美感的起点，想象因素是美感的载体和展现形式，理解因素为美感指明了方向，而情感则为美感增添了动力。故当这四种心理功能达到自由和谐的状态时，美感便油然产生了。

五　跨文化交际与审美

在异质文化环境中旅游，人们通常会因为文化差异（cultural differences）、社会距离（social distance）与陌生的环境（unfamiliar environment）等因素而表现出不同程度的紧张感或忐忑不安的心理状态。与此同时，人们也会对异质文化环境中的景物（特别是人文景观的内容）表现出异乎寻常的新奇感（a sense of novelty）与敏感性（sensibility）。从审美心理学角度看，这后两种心理反应是旅游审美的重要契机。如果通过跨文化交际活动予以积极地引导，将会有效地调动审美感知、审美想象、审美理解和审美情感等心理要素的交互作用，进而满足旅游主体的审美需求。

跨文化交际是旅游活动中的普遍现象。无论是出国旅游，还是在国内不同民族的文化环境中旅游，都必然涉及跨文化交际活动。最早在西方，跨文化交际也被当作一门新兴的学科来研究，也就是有些学者常说的跨文化交际学（intercultural or cross-cultural communication studies）。这门学科始建于 20 世纪 50 年代，有人把豪尔（Edward Hall）的《无声语言》（*The Silent Language*）视为这门学科的奠基之作。此书作者强调文化在人们社会生活与实践中的重要性，认为“文化是人类生活的环境。人类生活的各个方面无不受到文化的影响，并随着文化的变化而变化，或者说，文化决定人的存在，包括自我表达的方式以及感情流露的方式、思维方式、行为方式、解决问题的方式等等。……正是这些在一般情况下十分明显，习以为常，然而很少加以研究的文化方面，以最深刻的和最微妙的方式影响着人们的行为。”①

按照一般的界说，跨文化交际学主要研究具有不同文化背景的人们在各类交际活动中涉及的种种问题。实际上，它侧重于研究影响或干扰交际的文化因素。在瓷研究领域中具有一定代表性的学者波特(R. E. Porter)曾将这些因素归纳为以下八个变项：态度，社会组织，思维模式，角色规定，语言，空间的实用与组织、时间观念，非语言表达。“后来，波特与萨莫瓦尔(L. A. Samovar)又把这八个变项合并成三个方面：(1) 观察事物的过程，其中包括信念，价值观，态度，世界观及社会组织；(2) 语言过程，其中包括语言与思维模式；(3) 非语言过程，其中包括非语言行为，时间观念和空间的使用。”②如果我们为了比较清楚地说明文化的内涵，也可以文化分为四个基本层面：(1) 器物层面(instrumental dimension)，主要包括衣、食、住、行与各种物态化的工具等；(2) 传播层面(communicative dimension)，主要语言和非语言表达方式等；(3) 制度层面(institutional dimension)，主要包括社会制度、成文与不成文的法规、经济体制、通过人们共同遵守的行为规范和准则所表现出来的风俗习惯等；(4) 观念层面(conceptual dimension)，主要包括体现在哲学、宗教、科学和文学艺术中的价值系统、宗教信仰、思维方式、审美观念和道德情操等。不消说，任何层次的划分总免不了一定的牵强性。就文化的上述层面而言，它们彼此之间是相互联系的。文化的器物、传播与制度等层面也会以物态的、语言的和行为的形式包含和体现着相关的观念，也就是说文化观念层面的内容，反之亦然。另外，从文化不同层面来看，从形式到内容到涉及跨文化交际的必要性和可能性，这主要是由文化的民族性(个性)及其对人类智慧和人类整体而言的超民族性(共性)所决定的。

从旅游审美活动的角度来看，观念层面中所涉及的审美趣味具有直接的关联性(direct relevance)。在一般旅游者中间，“新奇为美”可以说是一个最为普遍的审美观念。特别是在异质文化环境中旅游观

---

① 胡文仲主编：《文化与交际》(外语教学与研究出版社，1994 年)，第 18 页；(also cf. E. T. Hall. *The Silent Language*. Greenwish Conn., 1959)。

② 同上书，第 18 页；另参阅胡文仲辑：《跨文化交际学选读》(湖南教育出版社，1990 年)，第 34 页。

光，有些作为人文景观主要内容的外在感性形式，如有些少数民族传统的迎客和敬酒礼仪以及带有原始图腾色彩的歌舞等，其奇特的服饰、节奏、舞姿和歌唱等表现形式给人一种新奇的感受或震撼的作用，显然如同美国旅游心理学家梅奥和贾维斯所说的那样，为“寻求摆脱厌倦的人提供了一种最受欢迎的刺激”，使他们像法国社会学家约夫尔·杜马兹迪尔所说的那样，有可能“暂时躲进第二现实的游戏”。在首次观赏这类景物或景象时，他们通常会显得激动，感到新鲜，尽管对其历史和人文内涵知之不多，但却能够相当敏锐地从中体验到一种新奇的形式美感。不过，在跨文化交际范围内，这种旅游观赏活动也存在一定的变量。我们知道，基于“新奇为美”的审美观念，过于新奇的东西由于超出人们通常的审美感知能力与理解能力，会令人震惊或困惑，容易导致“文化休克”(cultural shock)等心理现象，这样一般难以进入审美的心境。相反，过于熟悉的东西会使人司空见惯，不能引起人们的审美注意，就是说激发不起人们的“游兴”或审美兴趣，这样也就谈不上什么美感了。譬如，让游人连续在北京、杭州和昆明等地观看庙宇里的五百罗汉塑像，或者让游人连续游览石洞或观看捉鬼舞与地戏等，人们就会感到厌倦而显得无动于衷。相比之下，介于过于新奇和过于熟悉之间的景物对象，最容易引起人们的观赏兴趣和审美感受。究其原因，我们认为一方面在于观赏主体的心理准备(psychical preparation)和接受能力(acceptability)，另一方面则在于客观景物的可理解性(intelligibility)或可接近性(accessibility)。譬如观看仡佬族的地戏，就需要对这种舞蹈形式所要表现的观念内容及其历史流变过程提供一种简要的说明或解释，否则文化距离太大，难以收到预期的效果。这就要求导游翻译或接待人员发挥一种桥梁作用。这种作用不仅要促成跨文化交际的活动，而且要实现跨文化沟通的目的。实际上，交际与沟通在英法等西方语言中是同一个词——communication，但却存在两种可能性：进行交际而未沟通和通过交际得以沟通。这其中涉及语言的规则、话语的规则以及文化的背景等方面。因此，要想取得良好的跨文化交际与沟通效果，导游翻译和接待人员应当对此进行细心的观察、深入的研究和系统的总结。

第八章　审美体验分析

在旅游审美过程中,同游某一景区或景点的旅游者会有相同的感受,也有不同的体验。前者通常被认为是美感的共同性或共同感(common sense)所致,诚如孟子所说的那样:“口之于味也,有同嗜焉;耳之于声也,有同听焉;目之于色也,有同视焉。”相形之下,后者在很大程度上与审美个性和审美意识相关。另外,无论是相同的还是不同的审美感受或审美体验,也在很多情况下表现出程度上的深浅或层次上的差异。所有这些方面都需要从审美心理学的角度予以描述。

一　审美个性与类型

个性(individuality)是一个社会范畴,是许多人文学科研究的对象。从社会学角度看,个性受到现实环境和社会关系的制约,是不断学习、实践、积累、充实和丰富的过程,其表征为具体的、活生生的、行动着的人。从存在主义哲学的视界看,海德格尔认为人的个性的本质应当在“此在”(Dasein)中寻找。这“此在”就是“存在于世界之中”(being-in-the-world),即生活在物、动物、机构、人以及人所关心的事事物物之间。这个特指的“世界”(Welt)是三维的,一般呈现为三种基本形式:环境(Umwelt—the world around),共境(Mitwelt—with the world)和我境(Eigenwelt—one's own world)。“环境”指周围环境或生活环境,“共境”指由人或他人所构成的外界,“我境”指一个人自己的意识。因此,存在于这个“世界”之中的人是有意识的“存在”(Being),其个性“具有选择的自由”。从心理学观点看,心理分析理论的奠基者弗洛伊德认为个性与“本我”(Id)、“自我”(Ego)和“超我”(Superego)密切相关。[①] 因素体系说的代表人物卡特尔(R. B. Catell)认为,人的个性是特性的结合体。特性分为"表面特性"(surface traits)和"根源特性"(source traits)。前者大量地表现为个人与环境交互作用时的行为,后者则主要涉及气质因素、动力特性和环境影响等。[②] 个体心理学派的代表人物奥尔波特(G. W. Allport)认为,"个性是个体内那些决定个人特有的行为与思想的心身系统的动态结构"[③]。所谓"心身系统",一般是指遗传的、气质的、社会的和心理的种种因素;"动态结构",意指个性是一种发展、变化的结构,它反映动机的状况。人格学派的代表人物默里(H. A. Murray)认为,"个性是机能形态与力量的连续性,通过有结构的占统治地位的过程和外显行为,以从生到死的序列表现出来"。其中,"机能形态"指有助于个人适应环境的个性活动,"连续性"是作为一种贯穿个人一生的演化发展的连续过程,"占统治地位的过程"涉及动力上的有结构的脑活动。[④] 我国心理学家曹日昌认为,个性是重视社会实践活动与客观现实环境不断影响的结果,"个性具有一定的意识倾向性,这种倾向性体现为个体的信念、理想、世界观;个性还具有鲜明的个体差异性,体现在个体的能力、气质和性格(上)。能力、气质和性格构成个性的心理学方面,统称为个性心理特征"[⑤]。

我们以为,人的"个体差异"(individual differences)是客观的存在。这些差异反映在能力(ability)上,则构成能力差异;反映在气质(temperament)上,则构成气质差异;反映在性格(character)上,则构成性格差异……所有这些差异集合起来,便构成个性差异。个性差异直接影响到人的意志、判断、趣味、言语、外貌和审美等意识形态和实践活动。

就人的审美个性而论,它在很大程度上也是一个社会范畴,其形成与发展是一个极为复杂的动态过程,不仅涉及先天因素,而且涉及

---

① 查普林、克拉威克:《心理学的体系和理论》(下册,林方译,商务印书馆,1984 年),第 252—257 页。

② 同上书,第 257—267 页。

③ 同上书,第 267—275 页。

④ 同上书,第 275—283 页。

⑤ 曹日昌主编:《普通心理学》(下册,人民教育出版社,1980 年),第 178 页。

后天训练。要而言之,先天因素是构成审美个性的自然条件,其中主要包括个人的生理素质(如视听觉等感官能力)、气质禀赋(如根据“体液说”或“血型说”对个性类别的划分)和神经类型(如根据“信号论”对人的高级神经类型的划分)。后天训练是审美个性形成与发展的根本动力,所涉及的因素更为复杂,比如生活实践、个人阅历、教育背景、职业训练、文化氛围,特别是审美活动或艺术创造等。[①] 从前者看,先天失明的人对视觉形象性的审美对象(如书法绘画作品或许多自然景观)的感受性就差,先天失聪的人对听觉时间性的审美对象(如音乐、鸟语、松涛、泉声)的敏感度就低。我们知道,旅游审美活动是一项全身心或所有感官都介入的立体性审美活动。除了视觉和听觉之外,其他感官(如嗅觉之于花香,味觉之于美味)都具有不可或缺的功能,否则,审美效果就会受到影响。从后者看,广义上的社会实践(特别是与其相关的审美活动)所引起的“内在自然的人化”和审美意识形态的积淀,会构成群体性的审美心理结构。同时,再经过具体多样的艺术和审美教育途径,使其落实在个体身上,从而构成个体性的审美心理结构。这种结构与先天条件一旦在个人的生活、职业与活动中与其审美观念、趣味和理想互动融合起来,便创生为人的审美个性。

审美个性的差异性必然导致其类型的多样性。现代实验美学从心理学角度对此作过各种研究。例如,主张“心理距离说”[②]的瑞士美学家布劳(E. Bullough)根据受试者对色彩的审美感受差异,把审美个性分为客观类、生理类、联想类和性格类。属于客观类型的人通常能以一种非个人的态度去观照审美对象,比较注意色彩是否鲜明、饱满、纯粹,态度呈理智优势。属于生理类型的人往往以个人情感和机体的变化为基础,去调节他与审美对象的距离关系,偏于生理效应,例如专注色彩的“冷暖”价值。属于联想类型的人一般强调个人以往经验所形成的记忆表象所唤起的联想,突出对色彩的感应,例如见蓝色就联想到天空,见绿色就联想到树木,见红色就联想到火焰等。而属于性格类型的人则惯于从拟人化的角度来观照审美对象,惯于把审美主体的一些性格和情绪特征假托于审美客体或对象至上,比如从对色彩的

---

① 杨恩寰等编著:《美学教程》(中国社会科学出版社,1987 年),第 325—327 页。
② 王柯平:《旅游美学纲要》(旅游教育出版社,1997 年),“附加篇”。

静观中见出善、勇、狡等不同性格特征来。英国美学家迈耶尔(L. B. Meyer)受布劳的启发,进而通过实验把审美个性划为主观型、联想型、客观型和性格型。另外,推崇“内模仿说”[①]的德国美学家谷鲁斯(Karl Groos)根据人的身心在审美反映中的不同特点,把审美者分为知觉型(sensorial-type)和运动型(motor-type)。[②] 另外,还有人(如德国美学家缪勒·弗雷恩费尔斯[Muller Freienfels])根据人在审美观照中的心理倾向和移情作用(empathy),将其分为分享者(participant)和旁观者(contemplator)两类。前者观赏事物时必起移情作用,把自我投射(project oneself into)或感入(feel oneself into)到审美对象之中,设身处地地分享对象所表现的活动与生命,类似于“物我同一”的境界,与王国维所说的“有我之境”有暗合之处。后者在观赏事物时则不起移情作用,采取的是一种理智而客观的审美态度,在物我之间划出一道界限,但能通过静观明察其形象而感知其审美价值,这似乎与王国维所说的“无我之境”有些许关联。对于这两类审美个性,法国思想家狄德罗在论及表演艺术时也曾借题发挥,提出了一些很有启发性的观点。[③]

总的看来,上述这些实验与观察结果尽管在描述审美个性方面具有一定的参考价值,但由于研究的范围偏窄,受试对象有限,加之对审美感受的理解不尽一致,因此类型的划分难免会失之牵强,这实质上也是“类型学”研究的一种通病。我们认为,审美个性作为一个开放的动态心理结构,既有相对稳定的一面,亦有不断变异的一面。所谓“相对稳定”,是就一定时期内具有一定倾向性的审美能力、兴趣和理想而言;所谓“不断变异”,是就上列因素经常会随着个人阅历的增多、修养的提高、生理的变化和社会的影响而发展和重构而论。不消说,审美个性这种开放性的动态心理结构,也易受偶然因素的影响,会由于一时的内在情趣与心境或外在氛围与景况的变化而变化,结果使审美行为或审美感受形成强烈的反差。就是说,人们的审美判断有时会因注重分析而趋于客观型的理智化,有时会因注重移情而趋于主观型的情绪化;有时因偏重审美直观而对事物的感性形象发生兴趣,有时会因

---

① 王柯平:《旅游美学纲要》“附加篇”。

② 王柯平:《旅游审美活动论》(旅游教育出版社,1991年),第44—49页。

③ 狄德罗:《论戏剧诗》和《演员奇谈》,见《狄德罗美学论文选》(人民文学出版社,1984年)。

偏重审美理解而对内在的价值表现情有独钟；有时会喜好豪放或阳刚型的审美对象，有时会偏爱婉约或阴柔型的审美对象；凡此种种，不一而足。从旅游者的基本要求和旅游观光的活动安排等具体情况看，旅游者的审美个性大体上可分为以下三种类型：

(一) 阳刚型

具有这种审美个性的游客一般年富力胜，血气方刚，具有冒险精神，喜欢攀悬崖，登绝壁，探洞穴，潜海底，漂江河……追慕险峰绝处的无限风光，偏爱宏大崇高的阳刚之美。

(二) 阴柔型

具有这种审美个性的游客一般步入中年，平和沉稳，安全意识强烈，趋于观日出，赏明月，听流泉，荡平湖……偏爱和谐安逸的清雅幽境，热衷婉秀妩媚的阴柔之美。

(三) 中间型

具有这种审美个性的游客一般受生理状况或偶然因素（如情趣和安全系数等）的影响，外出旅游惯于审时度势，量力而为，信奉"当行则行，当止则止，其道光明"的哲学或"游道"。一旦拿定主意，也能涉险以尽其兴，入幽以尽其情，表现出一种灵活机动、"随遇而安"的旅游行为倾向，相应地，其观赏对象的选择范围较大。

二 审美意识系统

旅游者来自世界各地，必有不同的社会文化价值系统和相应的审美意识系统。这将在深层意义上主导着旅游者的审美取向、景观选择和价值判断等。因此，要说明旅游者的美感特质，有必要对一般具有共性的审美意识的基本特性、功能、构成因素与活动过程作一简述。

首先，从发生学上看，审美意识是在现实意识的基础上产生的。现实意识通常以自觉地认知客观的存在范式为主旨。审美意识通常以超越时空因果、趋向自由永恒为特征。因此，审美意识可以说是在现实意识基础上的自由创造，是人们力图超越现实，摆脱外在世界法则和内在生活需求的控制，从而跃入自由的理想王国的重要心理途径。那么,审美意识何以超越现实意识呢?这主要是因为在现实意识中,人们(主体)一般与事物(客体)结为认识和实用的关系。由于对象的外在与内在必然性或规律性,主客体双方经常处于对立或冲突的状态。加上种种欲望作祟,人受到来自两方面的束缚或支配,使自己无往不在枷锁之中。而审美意识作为人的一种特殊意识,其根本职能在于探索生命的本源价值和生存的自由意义,在于寻求恢复和保存人之为人的尊严与地位。另外,现实的人因其"被抛入性"(thrown-in-ness)而像一只空中飘摇的风筝,那条放飞线总是掌握在现实世界或他人的手里。相反地,审美的人则在"生活的那一刻"(就某一片段时间的孤立性而言)已经摆脱控制,能够自由自在地徜徉在个人喜爱和倾慕的审美空间里。此时,他的现实意识已经转化为审美意识,此间一切必然性、规律性的束缚已经淡化或不复存在,人与物达到了同一的境界。如望山峦,那山峦即我,我即山峦;如观云霞,那云霞即我,我即云霞;如闻鸟鸣,那鸟鸣即我心声,我心声即鸟鸣。主客间的关系是浑然不分的,类似"庄周梦蝶"式的"坐以物化"或"燕处超然"的体验。这种体验是作为一种超功利的自发性体验,通常以审美感受为导向来消解与其相对立的其他欲望,因此不再过问将会发生什么事情,也不再关切这对个人有什么直接的实际用处。

从功能上看,审美意识能够唤起人的本来真知,恢复人的独立精神,使其不再受习惯势力的驱动或习惯生活方式的诱惑,不再处于昏然沉睡的惰性状态。这样,人的潜能和创造力就会得到进一步的发挥,就会为自己开拓出比现实表象远为广阔和丰富的生存空间。也就是说,真正意义上的审美意识及其追求, 能使人揭去蒙蔽自我的"习惯眼罩",看破现实生活的假象,消除种种私欲的纠缠,让自己的官能与心智获得解放,从而使自己能够感知和领略到原本丰富多彩的世界,从以往那种习惯于判断外物是否有用的功利观念中跳脱出来,抛开那种惯于给外物粘贴标签的惰性观察方法,而采用一种"无为而无不为"的新视野(disinterested perspective),对大千世界的万物进行审美的凝神观照(aesthetic contemplation),以便从小中见大,从少中见多,从静中见动,从近中见远,从平凡中见崇高。在此意义上,我们才能理解法国著名艺术家罗丹(A. R. Rodin)这句话的真谛:美是到处存在的。对于我们的眼睛,只是缺少发现而已。

从基本内容上看,审美意识作为认识、反映和超越现实的一种特殊方式或心理途径,一般包括审美观念、审美趣味、审美理想、审美知觉和审美感受等彼此关联的五大因素。概而论之,审美观念(aesthetic idea or notion)泛指人在社会实践活动(主要是审美实践活动)中逐渐形成的对美、丑、崇高等审美对象和艺术创造等问题所持有的一种基本看法或观点,是人的世界观、人生观与价值观的重要组成部分。每个人的审美观念均是社会实践特别是审美实践的结果,既有一般的社会性,又有特殊的个别性;既受时代、民族乃至阶级性社会生活的影响,也受社会文化氛围、政治哲学、道德规范、宗教信仰、年龄、职业、经历和其他心理特质的制约,因此并非是一成不变的静态观念。审美趣味(aesthetic interest or taste)是人对审美对象的一种带有倾向性和富有情感性的直接评价,如喜欢或不喜欢、有兴致或无兴致等。这种审美评价的特点除了个体性和自由性外,还常常表现为非道德性与非实用性,故此不能说明相关趣味的孰优孰劣或质量好坏。流行于西方的"趣味无争辩"(Taste is not disputable)之说,也暗含这种意思。需要指出的是,在凭借自我趣味来评价观照审美对象时,情感因素往往渗透在理性以及直觉判断之中。审美理想(aesthetic ideal)作为审美意识形成的驱力,是对审美最高境界(相对于个人而言)的一种追求,是审美评价的至上标准,体现着人类文明发展的终极目的和超越现实的内在希冀。一般来讲,审美理想并非是纯然概念性的,而是表现为完美的感性形象或生动具体的美好图景。用李泽厚的话说,它"具有经验性的形象特征和标准",是从大量审美感受中提炼集中而成的产物。比如,真正上乘的艺术作品,通常就是人的审美理想的集中表现和物态反映,是艺术家基于现实生活但又超越现实生活所创造出来的审美对象,因此也可以说是艺术家审美理想的结晶。关于审美知觉(aesthetic perception),我们认为是指感觉或感性认知(sensual or perceptive cognition)审美对象之内涵价值或意味的一种特殊能力。它发端于感性知觉,在审美理想的推动或导引下,辨别、体认、欣赏以及把握审美对象,从中获得审美享受或审美满足。审美知觉本身还具有促使审美观念、趣味和理想不断发展和完善等功能。此外,它作为一种心理过程,一般还涉及审美注意(aesthetic attention)或审美想象(aesthetic imagination)等多种心理因素,有关方面前文已经谈到,这里不再赘述。审美感受(aesthetic feeling)可谓审美意识系统的结果,是审美需求或欲望得到满足后引发出的一种高度兴奋、神游八极、无限自由的"高峰体验”。这种体验抑或表现为“情景交融”或“物我同一”的和谐心境，抑或表现为了然顿悟或轻松明净的情趣感受，抑或表现为“瞬刻中求永恒，刹那间见千古”的“天人合一”的超然境界。对于这些审美感受的不同特征，我们将在后面论述审美体验的层次时再次谈到。

从系统论的观点看，审美意识系统如同一种心理自调流程，大体上可分为三个相继相连的阶段。首先是准备阶段。该阶段涉及审美态度、审美注意和审美经验。审美态度是对审美对象的一种非直接功利性的观照方式。审美注意是指发现和选择审美信息的能力。审美经验泛指观赏者记忆中对审美对象及其有关外界事物的印象与感受之和，但在此处是指对审美对象的初级观照和体察。接下来便是实现阶段。它通常包括审美知觉、审美理解、审美想象、审美意向与审美愉快（详见本章第二节）。最后是成果阶段。与此相关的有审美观念、审美趣味、审美理想、审美情感和审美能力等。不难看出，上述三个阶段组成了审美意识的开放性整体结构。在丰富多彩的审美实践活动中，它所包含的各种因素相互撞击，不断重构，最终突出地表现为审美敏感性的提高、审美感受的深化、审美趣味的多样和审美理想的升华。李泽厚对审美意识作过深入的思索，首次提出审美意识三阶段发展说，并且为了便于说明自己的观点，还专门设计出下列图表。①

审美意识流程

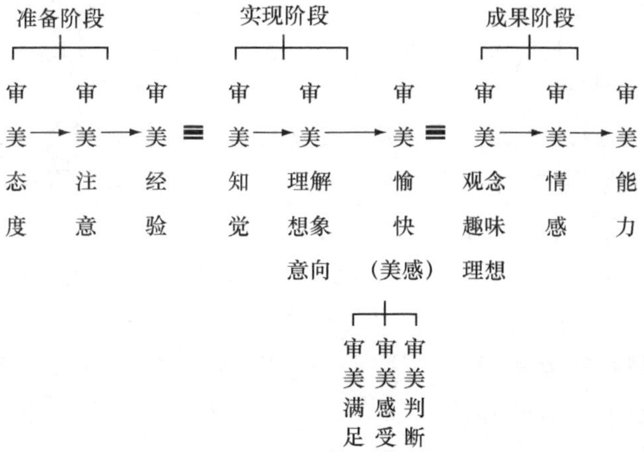

① 王生平：《李泽厚美学思想研究》（辽宁人民出版社，1987 年），第 139 页；另参见李泽厚：《走我自己的路》（三联书店，1986 年），第 73 页。

关于审美意识,国内有的学者试图从其功能方式角度来揭示它的性质,因此假定审美意识的控制论系统模式为:

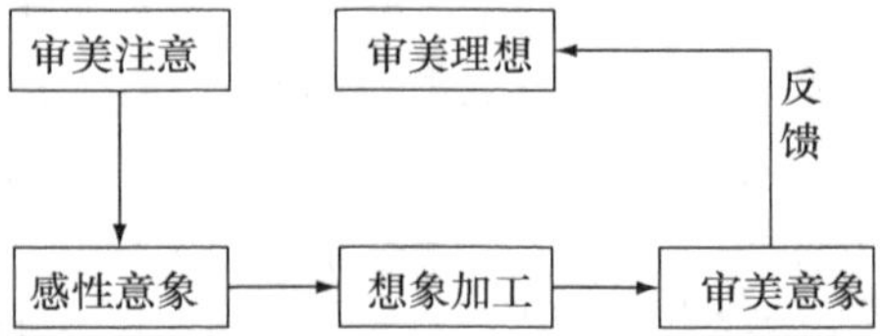

根据这一模式,审美意识活动可分为开端、展开和完成三个阶段,这显然是受李泽厚之说的启发。[①] 值得注意的是,审美意识活动不完全排除自觉意识。它凭借对审美体验的反思或判断能力(如美、丑与否),在调整意向创造,控制想象加工的过程中,是按一定方向进行的,因此不同于失控的梦境。

参照审美心理学现有的研究成果,结合旅游审美活动的特性,我们试图把一般意义上的旅游审美意识活动作以线型的简化描述:

旅游观光的审美意识活动过程

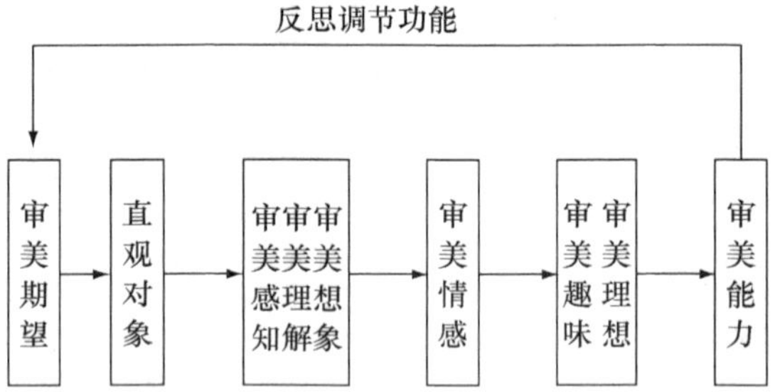

审美期望是旅游者通过旅游审美信息和间接审美经验对相关旅游景观之审美意象与价值的推测或假设。在旅游观光的具体实践中,旅游者在尚未到达旅游目的地之前,已经从大众传媒或声像文字中摄取到一定的和相关的审美信息,因此会对景观意象产生一种朦胧模糊的"先验性"感受。直观对象是指旅游者亲临其境时对先前审美期望的印证过程,或者说,是审视眼前的感性物象,对比原来的心理意象,进行初级审美判断的活动。无论物象与意象两者对应与否,旅游者很快会摆脱这种干扰,采取"随遇而安"的态度,在凝神观照中自由地进

① 杨春时:《审美意识系统》(花城出版社,1987年),第六章。

入到审美感知、理解和想象等具有一定创造性的审美评价阶段。审美情感即狭义上的美感，是观赏或审美体验的结果，一般因人而异，可分为悦耳悦目、悦心悦意和悦志悦神等三个层次。不同的美感会对观赏者的审美趣味和审美理想产生不同程度的影响，随之再作用于审美能力，即审美鉴赏、评价和判断的能力，使其得以强化或提高。最后，旅游者通过直接或间接的审美经验，通过对相关审美信息的体认与反思，再自觉地调节自己对目的景观的审美期望与态度，进而筹划或决定日后的旅游活动与行为。这关系到旅游审美信息的效度与信度（validity and reliability）和旅游审美活动的良性循环等问题，因此应当引起旅游宣传或营销部门的高度重视。

三　审美体验的层次

审美体验（aesthetic Erlebnis）可以说是旅游审美过程中导致审美情感的成果阶段。一般说来，旅游主体的文化修养和鉴赏能力是因人而异的，景观对象的感性形式和人文内涵也是如此。这样，在审美个性、审美敏感性与历史文化心理结构等多种因素的交叉影响下，旅游者在对景物做出能动反映和评价的旅游审美活动中，其审美体验往往会呈现出一种多层次性或个体差异性。

在中国美学史上，从不同感官愉悦的角度来谈不同审美体验的首先是西汉的经学家兼文学家刘向（约公元前77—公元前6）。他在《说苑·修文》中指出："衣服容貌者，所以悦目也；声音应对者，所以悦耳也；嗜欲好恶者，所以悦心也。君子衣服中，容貌得，则民之目悦矣；言语顺，应对给，则民之耳悦矣；就仁去不仁，则民之心悦矣；三者存乎心、畅乎体、形乎动静。"①这里主要谈论的是君子的修养与处世为政之道，分为服饰仪表得体的悦目之美，言语应对顺达的悦耳之美和仁民爱众好德的悦心之美等三个级别。当代美学家李泽厚发展此说，从层次论的观点出发进行比较，认为"审美有不同层次，最普遍的是悦耳悦目，其上是悦心悦意，最上是悦志悦神。悦耳悦目并不等于快感，悦

① 北京大学哲学系美学教研室编：《中国美学史资料选编》（上卷，中华书局，1980年），第113页。

志悦神也并不同于宗教神秘经验”①。这里,我们将其加以变通和引申,用来阐述旅游审美活动中不同层次的审美体验,以期促发广大旅游者的主体性审美内省和高层次的审美追求。

(一)悦耳悦目的审美体验

耳目代表听觉和视觉,是人的主要审美感官。所谓“悦耳悦目”,一般是指观赏者以视听觉为主的全部感官(包括嗅觉、触觉、味觉和运动觉等)在审美活动中所体验到的愉快感受。这种审美体验通常以生理快适与心情舒畅的交融为基本特征,属于直觉性初级审美判断范畴。就好像观赏者在与观赏对象的直接交流中,不假思索便于顷刻间感受到对象的外在形态美,同时得到感官的满足并唤起心理的喜悦。诚如英国美学家夏夫兹博里(Shaftesbury)所言:“我们一睁开眼睛去看一个形象或一张开耳朵去听声音,我们马上见出美,认出秀雅与和谐。我们一看到一些行动,觉察到一些情感,我们的内在的眼睛也就马上辨出美好的,形状完善的和可欣羡的。”②这里所谓“内在的眼睛”(mind's eye),相当于我们常说的“直觉”或“第六感觉”。

一般说来,“悦耳悦目”是广大旅游者最普遍的审美感受形态。例如,初到桂林的游客,尽管这峰林奇景会给人一种陌生感,但当其环顾四野,近观远眺,看到自然景象与田园风光那符合形式美规律的和谐组合,看到适宜人的视觉生理感受的、以绿色为主调的自然色彩,呼吸着富含负离子的清新空气,嗅到空中弥漫的花香,听到林间百鸟的鸣啭,以及回转流动的水声或壮族姑娘的歌声,会不自觉地陶醉其中,在生理舒适与心情愉快的交融统一中,进入到“悦耳悦目”的审美境界,获得初级的审美享受。

这种审美体验,表面看来似乎是纯然感性的,是以生理快适为基准的,而实际上已融合着一定的理性或社会性因素。众所周知,人的感官之所以在功能上有别于动物的感官,如眼睛可欣赏美的形式、线条与色彩,耳朵能欣赏美的音响、节奏与旋律,正因为它们在人类长期

---

① 李泽厚:《中国美学及其他》,见《美学述林》(第1辑,武汉大学出版社,1983年),第27页。

② 北京大学哲学系美学教研室编:《西方美学家论美与美感》(商务印书馆,1980年),第95页。

的社会实践（特别是审美实践）活动中不断地演进或“人化”，积淀和凝结着历史文化心理等方面的内容，能够自然地分辨或本能地趋附美的对象。马克思所说的“音乐耳朵”，就是典型的明证。不过，人的感官虽然会“人化”“社会化”或“艺术化”，但它们毕竟是生理性的东西，仍在一定程度上保持着其生理的特点，从而对人的审美活动具有辅助和制约的双向作用。比如，人若被迫久视一种对象（如杭州西湖“曲院风荷”里的荷花）而无变化，即使对象再美，长期下去也会逐渐不感其美了。听歌曲看舞蹈观绘画赏书法也是一样，重复过多就难以唤起人的审美激情了，因为这种做法违背了“美在新奇”的基本审美原则。[①] 在旅游活动日程安排上，就曾出现过让同一旅行团在北京与昆明等地都去游览“五百罗汉堂”，这种时空虽有变换而观赏内容大体相近的情况，对一般追新猎奇的游客来讲，不但不会强化、反倒会淡化其审美感受，甚至还会招致抱怨或投诉。所以，为同一团队安排游览日程时，要充分考虑上述因素，要力避简单重复，要讲求内容的丰富多样。

（二）悦心悦意的审美体验

所谓“悦心悦意”，是指透过眼前或耳边具有审美价值的感性形象，领悟到对方某些较为深刻的意蕴，进入一种“对心思意向的某种培育”（李泽厚语）的欣快喜悦状态。这是一种基于对审美客体形式美的初级反应而升华了的较高审美层次，主要以凝神观照的审美体察为特征，基本超越了生理快感阶段，净化为相对纯然的精神愉悦体验。

一般说来，在这种审美体验中，审美知觉、想象、理解和情感等心理功能交相引动，逐渐展开，其结果将会使观赏者从有限的、偶然的、具体的形象中，领悟到无限的、必然的、本质的意味。比如，观齐白石的画，你感到的不只是草木鱼虾的可爱形态，同时还包括一种悠然自得、活鲜洒脱的情思意趣；你听壮族姑娘对歌（尽管不知其具体描述的内容），体会到的不只是音色和旋律的形式美，同时还融含一种充满青春美的心声和甜蜜而淳朴的爱情信息。

在欣赏自然景观的过程中，悦心悦意的审美体验表现得尤为突出。旅游者置身于奇峰飞瀑、幽林鸣泉、绿色田园或明月平湖的景象

① 伯克：《崇高与美》（李善庆译，上海三联书店，1990 年），第 25—26 页。

之中,似乎“一切景语皆情语”。随着步移景异或船过景变,游人渐入佳境。周围的诗情画意令人心绪豁然开朗、喜不自胜,或赞美宇宙之神奇,或忘却人间之忧愁,或清静慕远而“悠然见南山”,或飘飘若仙而“欲乘风归去”……我们游莫干山,九寨沟或张家界,那充满鸟语花香的清凉幽静的自然生态环境,常常唤起一种“清新放浪的春天般生活的快慰和喜悦”,使人在心醉神迷中生无限遐想或者超然出世的情怀。这对于长期处于快节奏高竞争大嘈杂生活重压下的人们来说,无疑是情感和精神上的一种朦胧的慰藉和补偿,是人之本性的一种觉醒或自然的复归。陈毅元帅于1952年入莫干山探视病友,喜其风物之美,作莫干好七首,其中有

莫干好,最好游人多。
飞瀑剑池涤俗虑,
塔山远景足高歌。
结伴舞婆娑①

这几行,最能表现出他当时那种悦心悦意的审美情怀了。

总之,如果悦耳悦目的审美体验是以感知或直觉为主要特征,那么悦心悦意的审美体验则以想象或理解为主要特征。在很大程度上,前者表现为在生理基础上的感官快适(当然也包含一定的超感性或社会性因素),后者则表现为在认识基础上的观念上的喜悦;前者通常处于直觉感受状态,大多限于审美对象的形象结构,后者则一般处于自由的想象与理解状态,观赏者“精骛八极,心游万仞”,超乎具体的形象之外,把握其中的深广意味。尤其是当感性形象与观赏者以往经验过的意象发生吻合时,人们就会在自由的遐想中创造出“象外之象,景外之景”,使悦心悦意的感受更为丰富和深化。另外,在悦心悦意的体验中,由于想象和理解等心理活动加强,其美感享受与悦耳悦目初级审美阶段的感性快适相比,具有相对的持续性和稳定性,不容易随着时间的推移而淡忘。就是说,那种使你心悦意满的欣喜感,将会在你的脑海里留下相当深刻而牢固的印象,产生比较久远的影响,甚至伴随你度过漫长的一生。

---

① 陈毅:《陈毅诗词选集》(人民文学出版社,1977年),第149页。

(三) 悦志悦神的审美体验

“悦志悦神”作为美感的最高层次,泛指人们在凝神默照秀美、崇高、静态和动态的审美对象时,经由知觉、想象、理解和情感等心理功能的交互作用,于审美愉悦中进而唤起昂奋向上的意志和精神,激起追求道德超越与完善的动力。

这种审美体验之所以高级而深刻,是因为它体现了观赏者大彻大悟的情怀,体现了从“小我”进入“大我”,从瞬间求得永恒,从有限达到无限的自我超越意识或精神境界,同时也体现了审美主体与审美客体(即自然的、社会的和艺术的对象)的高度和谐统一。譬如,游览黄河、长江,往往在惊叹其壮丽的自然景观时,也唤起我们的思旧怀古之情,给我们以深沉而崇高的历史感。因为,这两条河流是中华民族的摇篮,孕育了祖国的文明。那“九曲黄河万里沙,浪淘风波自天涯”的雄浑气势,那“大江东去,浪淘尽千古风流人物”的壮阔形式,积淀着久远而浓厚的历史文化意味,其中许多地段和景点至今仍然存留着可感可知的名胜遗迹和可歌可泣的传奇故事。在当今深化改革、振兴中华的大潮中,我们作为炎黄子孙,面对奔腾不息的长江黄河,遥想过去的衰变沉浮,在感慨惊叹、意气风发、精神振奋之余,可能萌生一种沉重的历史责任感,一种奋斗拼搏的强烈愿望,甚至一种“君不见黄河之水天上来,奔流到海不复回”的经世济民的“冲创意志”,而不仅仅是那种“念天地之悠悠,独怆然而涕下”的感伤情怀或忧患意识。显然,这其中融含着深刻的理性思考和巨大的伦理情感。再如,登临“惜秦皇汉武”御驾封禅的“五岳之尊”泰山,或游览佛道修身养性的峨眉与武当,那“会当绝凌顶,一览众山小”的伟壮岱宗,或“峨眉一派出昆仑,平畴突起三千米”的雄秀东南的空间形象,怎能不使人胸怀坦荡、生超凡入圣之感呢?

一般来讲,这种“悦志悦神”的美感形式,常常表现为一种“感到自己和自然和整个宇宙合而为一,似乎达到超道德的本体高度”(李泽厚语),也就是贯通中国美学思想发展史的“天人合一”(oneness between Heaven and Man)精神或至高的审美境界。当然,此刻不是追求超时空因果的存在,而是追求“天行健,君子以自强不息”的、在现实时空或社会背景中的、以大自然为永恒标志的感性时空中的超越与不朽。需要说明的是，所谓超道德，并非无须道德，而是一种有规律而不受规律的束缚，有道德而不受道德的强制的自由感受。或者说，是一种个体不再为了一般的生存目的或功利需求而忍辱屈从或虐杀尊严，而是让神志伴随着愉快的心境在时空中来去无碍、纵横驰骋的特殊体验。在这里，人的理性世界与情感世界最起码暂时达到了高度和谐的阶段，在超越现实意识的同时进入了审美的“高峰体验”的状态。在社会心理意义上，这种体验会培养和造就一种博大的情怀，奋进的精神与坚韧不拔的意志力量，从而使人自发地投入到人类创造美这项永无止境的事业之中。

概括起来，上述三种层次有别的审美体验，原则上是观赏者凭借“无限的交流意志”，在审美活动的不断循环中，通过审美知觉、想象、理解和情感等心理机制的交互作用，由低级向高级发展的（如图所示）：

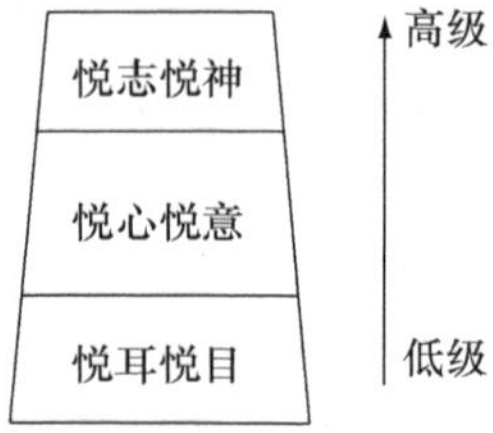

需要指出的是，不同层次的审美体验尽管表现为一个逻辑意义上不断深化的过程，但在实际情况中是因人（审美情趣等）因地（时空背景等）而异的。对于审美经验丰富和鉴赏力高的人们来讲，不同美感同步发生的现象并非是不可能的。但比较而言，“悦耳悦目”突出感性功能与生理快适，“悦心悦意”突出认识功能与愉悦心境，“悦志悦神”则具有突破而不舍弃感性形象、探求理性内容与追求自由无限等基本特点。这样恰如一个正、反、合的辩证发展过程。黑格尔曾说：“大海给我们以无际与渺茫的无限概念，而在海的无限里感到他自己的无限时，人类就被激起了勇气要去超越那有限的一切。”①这种体验，不是一般在感性基础上产生的感官快适，也不是一般在理解基础上启悟到的审美享受，而是在审美崇高感的基础上激发出来的超越现实与追求

① 黑格尔：《历史哲学》（王造时译，上海书店出版社，2006年），第134页。

无限的精神意志。另外，我们还发现，第一层次的审美体验通常以直觉判断和平静安适为主要特征，基本上是易变而不持久；第二层次的审美体验一般以知性谙悟与和谐愉悦为主要特征，具有相对的稳定性和持久性；第三层次的审美体验以感性中有理性和意气风发、无限神驰的心境为主要特征，具有在道德意义上追求超越，在感性时空中追求永恒，在精神世界里追求自由等特质。若联系王昌龄的"三境论"来做比较，我们似乎可以说"悦耳悦目"的审美体验，犹如在"物境"之中，主体全然身受，"了然境象，故得形似"，美感顿生，耳目即悦；而"悦心悦意"的审美体验犹如在"情境"之中，主体驰思兴会，"深得其情"，由外及内，心满意足；最后，"悦志悦神"的审美体验犹如在"意境"之中，主体以心照物，妙悟天开，得其真旨，超以象外，"感发志意"（朱熹语），升华精神。在这里，审美的对象不再是一般意义上的优美事物（the beautiful），而是精神意义上的崇高事物（the sublime）。相应地，审美体验也着上了崇高的色彩，具有了道德的性相，甚至呈现出某种恢宏而神秘、形上而超越的宗教特征。所以说，侧重感性愉悦的西方美学，无法涵盖中国式的"悦志悦神"的道德化、精神性审美体验及其广延性的能指。

不消说，旅游审美活动中的上述体验特质是符合当前时代和社会需要的，是有助于建设精神与物质文明的，当然也是指向未来，可望完善人性、升华精神、实现人的全面发展等"高贵目的"（noble purposes）的。只有从这一立场出发，我们才能真正理解"美学是未来的伦理学"（高尔基语）这句格言的深刻内涵及其历史意义。

第九章　旅游观赏的方法原理

在旅游审美活动中，绮丽多彩的自然景观与人文景观经常使人得到层次不同的审美体验或形态各异的审美意象。这种结果除了涉及观赏者的审美意识、审美个性与鉴赏能力等因素，与一系列行之有效的观赏方法或“游道”不无关系。根据普通美学的相关原理，综合中外旅游观光的实践经验，下列观赏方法有一定参考或借鉴意义。

一　动态与静态

在旅游审美活动中，动态观赏和静态观赏是两个最为普遍的观赏方法。从效应上看，这两者具有明显的互补性。因此，对旅游者来说，根据景观特征和个体需要来灵活地运用这两种观赏方法，是丰富旅游经验的可靠途径。

（一）动态观赏

动态观赏作为旅游审美活动中广泛应用的方法之一，是指人在游览中，沿着一定的风景线，或徒步、或乘车、或坐船，于移动过程中欣赏玩味那些包罗万象、流动幻变的风光胜景。

自不待言，移动涉及速度，速度导致景变，景变影响感受。譬如，步移景异是一种慢速度的游览，人与景没有阻隔，不可分离，在随心所欲和全身心（各种感官）都同时投入的悠然自得的观赏中，会体验到较强的亲切感和立体感。湖中荡舟式的游览在审美效果上与此近似，但视野比较开阔，感受更为悠闲。车过景变或船（快艇或顺江而下的游艇）过景变，是动态观赏活动中快速度快节奏的游览形式。在审美对象方面，远近不同、形态各异、色彩缤纷的景致，犹如一组组电影镜头，或一幅幅活动图画，迎面扑来，使你眼花缭乱、目不暇接。结果，许多局部景点以画面组合的方式连贯起来，在空间腾跃飞动，此起彼伏，形成川流不息的节奏美。在审美主体（旅游观赏者）方面，由于物我双方的空间位移速度快，视觉形象的空间跨度大，在紧张捕捉但易“失之交臂”的观赏过程中，景物产生一种具有“倾向性的张力”，向一定方向倾斜聚集，给人的视知觉以强烈的幻觉性运动感，使人得到一种生机盎然、气势浩荡的审美感受。唐代大诗人李白在《早发白帝城》中所记述的“两岸猿声啼不住，轻舟已过万重山”那直下江陵的情景，以及现代诗人贺敬之在《西去列车的窗口》中所描绘的“一重重山岭闪过，似浪涛奔流……”那流动的景象，均是对运动感以及流动美的精彩写照。

总之，旅游动态观赏过程如同一种由移动、速度、景变与感受等四大因素组成的“魔圈”，其中移动涉及速度，速度导致景变，景变影响感受，感受反过来又调节速度，彼此关联，循环往复，交互作用，旅游者一旦步入其中，将会在“无限交流意志”的驱动下，俯仰六合，尽情玩味，畅神怡性，“欣然而乐”。

（二）静态观赏

宋代哲人程颢诗曰：“万物景观皆自得，四时佳兴与人同。道通天地有形外，思入风云变态中……”这里显然是在强调静观默照之道与“天人合一”之境。我们不妨借此提示人们在游览有些景点之时，要设法入静，在静观中感悟景物的诗情、画意、哲理或禅味。从古至今，这种传统的审美风范，一直“积淀和凝冻”在广大国内旅游者的深层文化心理结构之中。实际上，中国的名山大川和古典园林，在布局和设计上也充分考虑到这一审美情趣，主要的景点均置有亭、台、楼、阁、榭、廊等，如泰山的松涛亭和瞻鲁台，上海豫园的静观厅，昆明滇池的大观楼，北京颐和园的佛香阁等。它们一方面构成景致，一方面供游人憩息，另一方面还供游人静观周围的景象，是观赏功能和实用功能有机统一的产物。

一般说来，旅游审美活动既离不开动态观赏，也离不开静态观赏。相形之下，后者是一种选择性极强的观赏方法，是旅游者停留在某一时空背景中有选择地凝神观照周围景致的方法。需要指出的是，动观与景观是相辅相成的。事实上，动中求静、静中求动、动静结合的观赏方法，也符合旅游者在搜奇览胜过程的生理—心理节奏。另外，上面涉及的动静关系，主要是从观赏者在时空中的感知形式角度来谈的。就景观对象中的动静关系而言，也存在一定的互补性，即动态景观（如行云流水）与静态景观（如山崖亭台）的互补功能。

在旅游审美活动中，无论从主体角度还是从客体角度来谈动静关系，其中往往存在一定的相对性。园林美学专家陈从周对此有过十分精当的阐述。他说：

> 动静二字，本相对而言，有动必有静，有静必有动，然而在园林景观中，静寓动中，动由静出，其变化之多，造景之妙，层出不穷，所谓通其变，遂成天下之文。若静坐亭中，行云流水，鸟飞花落，皆动也。舟游人行，而山石树木，则又静止者。止水静，游鱼动，静动交织，自成佳趣。故以静观动，以动观静，则景出……
>
> 静之物，动亦存焉。坐对石峰，透漏具备，而皴法之明快，线条之飞俊，虽静犹动。水面似静，涟漪自动。画面似静，动态自现。静之物若无生意，即无动态。故动观静观，是造园产生效果之最关键处，明乎此，则景观之理得初解也。[①]

细心的读者会从中看出，这段话不仅谈的是景物在空间中所展现出的动静相对关系，而且也触及观赏者的审美心理与动观静观相结合的妙用。因此可以肯定，这是对“万物静观皆自得”之说的一种补充，是中国式“游道”的高度概括，对于园林观赏而言尤其如此。

另外，基于动态观赏与静态观赏的山水审美感应方式，人们往往会在一定的时空背景中产生立体性的审美体验。就是说，面对山水景观，除了视觉（sense of sight）和听觉（sense of hearing）发挥积极主导的作用之外，嗅觉（sense of smell）、味觉（sense of taste）与触觉（sense of touch）等其他感官也会一起开放，各显神通，“觅求和捕捉所感知的山水景观的相应特征，然后各个感官通过不同的渠道，把获得的各个方面的审美信息输送到大脑，最后经过与脑中所贮存的经验掺和化合，就融合成山水景观完整的、立体的形象，并得到综合性的审美享

① 陈从周：《说园》（书目文献出版社，1984 年），第 56—57 页。

受”①。实际上,在大自然的怀抱中,由色彩、线条和体积等物理要素所构成的空间形象或视觉形象,由风声、雨声、涛声和鸟声等音响所构成的真切的听觉形象,由花香、草香和清新的空气等因素所形成的特殊的嗅觉感受,由温暖的阳光、扑面的熏风与流云飘雾等因素所形成的温馨的触觉感受,以及由品尝甘泉和呼吸山中或田园里的清新空气所体验到的某种醇和、滋润或透亮的味觉感受,通常会经由审美的直觉、联想或想象等心理要素而产生一种“化学反应”,从而在相互作用中形成一种类似“联觉”(synaesthesia)的审美感受。这种审美感受的强度,一般大于各相关部分的简单相加,因此具有不同寻常的“审美增值”(aesthetic plus)效应。

对于这种五官开放式的或联觉式的山水审美感应方式,古代先贤曾经有过深入的观察与生动的描述,认为观赏者在浪迹山水、神与境偕时,“身并于云,耳属于泉,目光于林,手缁于碑,足涉于坪,鼻慧于空香,而思虑冲于高深”。现代诗人徐志摩正是运用这种方式,翔实入微地记述了他畅游意大利名城佛罗伦萨郊外山景时的真切感受:

> 在这里出门散步去,上山或是下山,在一个晴好的五月的向晚,正像是去赴一个美的宴会。比如去一果子园,那边每株树上都是满挂着诗情最秀逸的果实,假如你单是站着看还不满意时,只要你一伸手就可以采取,可以恣尝鲜味,足够你性灵的迷醉。阳光正好暖和,决不过暖;风息是温驯的,而且往往因为它是从繁花的山林里吹度过来,它带着一股幽远的淡香,连着一息滋润的水气,摩挲着你的颜面,轻绕着你的肩腰,就这单纯的呼吸已是无穷的愉快,空气总是明净的,近谷内不生烟,远山上不起靄,那美秀风景的全部正像画片似的展露在你的眼前,供你闲暇的鉴赏。②

从这段描述游赏山景的经历中不难看出,相应的景观特征和五官的开放参与是互为因果的。如山林繁花之于视觉,风息吹度之于听觉,幽远的淡香之于嗅觉,阳光水气之于触觉,恣尝鲜果之于味觉……这无形中使游者和读者都融合到一种全身心的审美感受之中,将一般

① 任仲伦:《中国山水审美文化》(同济大学出版社,1991 年),第 50—51 页。
② 徐志摩:《翡冷翠山居闲话》,转引自上书,第 51 页。

只诉诸视觉和听觉的感受大大强化、深化和丰富化了。

二 移情与距离

在不同形式的审美实践或艺术创作中，中国人讲“触景生情”或“情景交融”，外国人则讲“移情作用”；中国人讲“超然物表”或“出乎其外”，外国人则讲“心理距离”。结合中外美学的相关原理，联系旅游审美的具体情况，我们可以看出移情观赏与观赏距离的有效性和借鉴作用。

（一）移情观赏

凡游过泰山、观过日出的人，大都有这样的体验：拂晓，你站在观日峰上，只见脚底飞渡过乳白色的流云飘雾，东方茫茫的海面上空浮动着鱼肚白色的云团。你屏住呼吸，凝神翘望，渐渐地，那云团染上了淡红色，愈来愈深，成为朵朵翻飞的丹霞；继而，似乎含羞带笑的红日慢慢地浮了起来，霎时，像一只火轮似地一下子跃出地平线，光芒四射，万物生辉。此时，你心神振奋，只觉得自己的生命在扩张，体积在增大，仿佛感到这云霞、红日中有你，你胸中亦有这云霞、红日……这是什么缘故呢？是移情观赏（empathic appreciation or contemplation）所产生的作用，是人与物交感融贯的结果，或者说是“人的生命和宇宙的生命互相回还震荡”的结果。

前面讲过，“移情说”是德国美学家立普斯的创举。他认为移情作为一条最基本的审美原理，不是一种身体或生理的感觉，而是把自己“感入”到、或将自己的生命与情感“灌注”和“外射”到审美对象中去的心理现象。关于这种现象，正如法国作家波德莱尔（Baudelaire）所描述的那样：“你聚精会神地观察外物，便浑忘自己的存在，不久你就和外物混同一起了……同理，你看到蔚蓝天空中回旋的飞鸟，你觉得它表现出一个‘超凡脱俗’的终古不磨的希望，你自己也就变成一只飞鸟。”[①]德国美学家费肖尔（Robert Vischer）也曾有过类似的描述。他认为审美主体到了“移入情感”（即立普斯所言的 empathy—“移情作

① 朱光潜：《朱光潜美学文学论文选集》（湖南人民出版社，1980 年），第 79—80 页。

用”)之际,审美活动才达到最完满的阶段。此时此地,“我们把自己完全沉没到事物里去,并且也把事物沉没到自我里去:我们与高榆一起昂然挺立,同大风一起狂吼,和波浪一起拍打岸石”①。这显然是物我“互相回还震荡”的审美体验。

在中国传统美学思想中,“情景交融”或“物我同一”等美学原理与移情作用颇为暗合。关于这方面的例证,在古往今来的山水诗词里十分常见。比如,在“相看两不厌,惟有敬亭山”(李白)两句中,“相看”与“不厌”就一语道破了人与物同、物与神契的移情作用。再如“感时花溅泪,恨别鸟惊心”(杜甫)两句,那“花”何以能“溅泪”?那“鸟”何以能“惊心”?只不过是观赏者把自己的悲伤愁苦之感外移到花鸟身上罢了。

在旅游审美活动中,我们把移情观赏作为重要原理之一,是指游人在凝神观照旅游景观的过程中,于审美知觉和理解的基础上,展开审美想象的飞翼,动用以往积累的直接或间接审美经验,将自己的思情意趣投射到外在的景观中去,使景化为情,使情化为景,达到“情景交融”或“一切景语皆情语”的主客之间“无差别境界”,从而实现畅神怡性、从“小我”进入“大我”的最终目的。那么,如何才能取得移情观赏的审美效果呢?我们认为下述三种途径不容忽视:

首先是入景。近代贤哲王国维曾言:“诗人对宇宙人生须入乎其内,又须出乎其外。入乎其内,故能写之;出乎其外,故能观之。入乎其内,故有生气;出乎其外,故有高致。”②这里当然是在谈诗歌创作原理与人生哲学的,但对包括旅游在内的审美实践活动也同样适用。就是说,旅游者要想寄情于山水,须先“入乎其内”,乘游兴全身心地投入到景观欣赏之中。

其次是择景。旅游景观丰富多样,审美个性因人而异。有的景观形态与甲的审美心理结构契合或接近时,便产生移情或共鸣,容易导入不同层次的审美体验;而与乙的审美心理结构相悖时,则难以沟通,会形成“视而不见,听而不闻”的无动于衷或两相对峙的现象,故有“良辰美景虚设”之叹。因此,旅游观赏者一旦入景,既要人入(身),

---

① 朱光潜:《西方美学史》(下卷,人民文学出版社,1979年),第604页。

② 刘刚强编:《王国维美学论文选》(湖南人民出版社,1987年),第135页。

也要神入(心),同时还须根据自己的情思意趣来选择相应的景致,利用取舍与组合等方式(如同电影艺术中的蒙太奇),使其典型化和同构化,以期达到满足旅游观赏需要的目的。

最后是融景。随着择景过程的完成,观赏者在凝神默照中,充分展开自由的想象,暂时逃开日常的自我,越出现实的意识,抛开直接的功利目的,将自个的情感借助审美想象假托或外射到景观之中,从中幻化出第二个自我,创造出第二个景致,进入到"神与物游,情与景谐"的自由审美境界。就像法国作家乔治·桑(George Sand)所描写的那样:"我有时逃开自我,俨然变成一棵植物,我觉得自己是草,是飞鸟,是树顶,是云,是水,是天地相接的那一条水平线,觉得自己是这种颜色,或是那种形体,瞬息万变,去来无碍。我向着太阳开花,或栖在叶背安眠……总而言之,我所栖息的天地仿佛全是由我自己伸张出来的。"①

(二) 观赏距离

瑞士美学家布劳认为,距离是一种审美原理,是审美悟性的一种特征。距离使得审美对象成为"自身目的",将其提高到超出实用关系和实用目的的领域之外。因此,"美,最广义的审美价值,没有距离和间隔是不能成立的"②。对于广大旅游者来说,距离也是一种必不可少的观赏原理。在这里,距离主要指心理距离和空间距离两种。

1. 心理距离

关于"心理距离"(psychical distance),布劳曾有过这样的解释:设想海上涌起大雾,船上大多数的乘客除了感到烦闷和忧虑之外,还会产生一种奇特的焦虑之情,对难以预料的危险感到恐惧和紧张。这一切使得这场大雾变成了海上的一场大恐怖,因为它那极端的沉寂与轻飘迷茫而显得更为可怕。"然而,海上的雾也能够成为浓郁的趣味与欢乐的源泉。就像所有那些兴高采烈的登山的人们并不计体力上的劳累及其危险性一样,你也同样可以暂时摆脱海雾的上述情境,忘掉

① 朱光潜:《朱光潜美学文学论文选集》(湖南人民出版社,1980年),第79页。

② 北京大学哲学系美学教研室编:《西方美学家论美与美感》(商务印书馆,1980年),第278页。

那危险性与实际的忧闷，把注意力转向‘客观地’形成周围景色的种种风物——围绕着你的是那仿佛由半透明的乳汁做成的看不透的帷幕，它使周围的一切轮廓模糊而变形，形成一种奇形怪状的形象；你可以观察大气的负荷力量，它给你形成一种印象，仿佛你只要把手伸出去，让它飞到那堵白墙的后面，你就可以触摸到远处什么能歌善舞的云中仙子；你瞧那平滑柔润的水面，仿佛是在伪善地否认它会预示着什么危险；最后，还有那出奇的孤寂以及与世隔绝的情境，宛如只有在高山绝顶上才能感受到的情况。这种经历把宁静与恐怖离奇地糅合在一起，人们可以从中尝到一种浓烈的痛楚与欢快混同起来的滋味。这种情绪与另一些方面所形成的盲目而反常的焦躁之情形成了尖锐的对比。”①

我国老一辈美学家朱光潜对此作过明晰易懂的阐述。他曾断言，心理距离“其实不过是由于暂时脱开实用生活的约束，把事物摆在适当的‘距离’之外去观赏罢了。我们在游历时最容易见出事物的美。东方人陡然站在西方的环境中，或是西方人陡然站在东方的环境中，都觉得面前的事物光怪陆离，别有一种美妙的风味。这就是因为那个新环境还没有变成实用的工具……它们和你的欲念和希冀之中还存在一种适当的‘距离’。池塘中园林的倒影往往比较实在的园林好看，也是因为‘距离’的道理”②。这一审美原理如果运用到艺术观赏上，其结果也相当类似。如看人体绘画（如法国古典派画家安格尔的《泉》和《大宫女》等），有的观众一见到这柔美动人的裸女胴体，就起邪念或占有欲，想入非非，忘乎所以；而有的则能将观赏对象“摆在适当的‘距离’之外”，透过外在的形体，超然物表，开掘其中丰富的内涵和美的特质——如圆润流畅的曲线美、媚而不俗的神态美和纯真无华的情感美等。以上两种截然不同的观赏态度与体验，也正在于是否拉开这种“心理距离”的缘故。

2. 空间距离

所谓“空间距离”（spatial distance），亦指实际距离，即人与物之间

---

① 布劳：《作为艺术因素与审美原则的“心理距离说”》，见《美学译文》（卷2），第93—94页。

② 朱光潜：《朱光潜美学文学论文选集》，第58页。

的远近长短间隔。距离不等，所看到的景致相异。如同电影镜头一样，距离远，构成远景；距离近，构成近景或特写；距离适中，则构成中景。这些具有一定差异的景致，往往使人获得不同的审美体验。

比如，驱车前往莫干山游览，从五公里开外的远距离望去，轻雾缭绕的山色峰影就像一幅影影绰绰、青虚淡雅的写意水墨画；若靠近三公里左右，景象大为改观，眼前层峦叠嶂，峡谷幽深，满山遍野的翠竹，将游人的眼睛几乎都染绿了。此时此地，呈现在你面前的景致立体深邃，俨然像一幅以绿色为主调的大型艺术挂毯。可当你钻进山里，穿过竹林，来到剑池，那飞流直下的三迭泉，"万绿丛中一点红"的观瀑亭，此起彼伏的鸟啭，清凉幽静的环境，使你心醉神迷……所有这一切，显然与"远眺轮廓，近观细部"、"远望之，以取其势；近看之，以取其质"之类的"游道"或"距离"原理不无关系。

不言而喻，空间距离的远近对于欣赏地貌造型更显得重要。位于云南昆明滇池的西山，素有"睡美人"之称。而这一"美人的睡态"形象，只有在可构成全景的客观基础(如距离、时机、光照、角度等)之上，才能通过空间意象，勾出轮廓线，视其形态美。假如距离太近，你也许只能看到满山的杂树，遍野的荒草，零乱的岩石，而丝毫见不到"睡美人"的踪迹。

上述两个实例正好印证了德国美学家费歇尔关于距离的一段精辟论述："我们只有隔着一定的距离才能看到美。距离本身能够美化一切。距离不仅掩盖了物体外表的不洁之处，而且抹掉了那些使物体原形毕露的微小细节，消除了那种过于琐细和微不足道的明晰性和精确性。这样，视觉的过程本身，在把对象提高到纯洁形态方面而起到了一定作用。"①总之，距离，无论是心理的还是空间的，在旅游审美活动中占有十分重要的地位，对提高旅游者的观赏水平或美感层次有着不可估量的作用。一般来讲，在具体地游览某些景观的过程中，心理距离多由个体自行调节，而空间距离则有赖于导游因地制宜或因势利导。

---

① 转引自车尔尼雪夫斯基：《生活与美学》(周扬译，人民文学出版社，1957年)，第39页。

三　时机与位置

人们要建功立业,必然论及“天时、地理、人和”等主客观条件。人们在观赏有些旅游景物时,也离不开时机与位置这样的外在条件和个人文化与审美修养等主观条件。与景观欣赏相关的时机和位置所构成的时空背景,是相应的旅游审美活动取得预期效果的关键所在。

(一)观赏时机

大自然是美的源泉,是慷慨大度的。她提供给游人多种多样的美,如色彩美、线条美、形象美、音响美、动态美、静态美、阴柔美与阳刚美等。然而,所有这些丰富多彩的美,只有在一定时机才为观赏者所领略。

当人们置身于巍巍的泰山之顶,不同的时机都会使人感受到不同的景致。从观日石上望去,晨曦中有红日喷薄欲出时的绚丽神奇的色彩美。从观月峰上远眺,黄昏时有夕阳余晖洒落黄河而构成的“黄河金带”式的线条美。夜来站在玉皇顶上,有幽寂而挺拔的东岳与其脚下的万家灯火相衬而出的形象美。如遇山风云雾,你来到瞻鲁台上,还将有机会欣赏到由松涛飞瀑汇成的音响美,以及由飘飞的流云与虚幻的雾气所构成的飞动美和朦胧美……这正如宋代郭熙所言,一切景物,“朝看如此,暮看又是如此,阴晴看又是如此。所谓朝暮之变态不同也”①。

“朝暮之变态”实指景观的时间性与变异性。若无时间的流动,光照的转换,无以谈日出奇观、夕阳彩云、朦胧月色;也无所谓“日落红湖白,潮来天地青”或“一道残阳铺水中,半江瑟瑟半江红”之类幻变奇丽的美景。所以,要想欣赏特定时空中的景观形象,旅游者务必掌握好观赏时机,因为这种特定的景致只有在特定的时空中才能充分展现出特定的风韵。如游杭州西湖,“葛岭朝暾”“苏堤春晓”和“三潭印月”等著名景点,是随着朝暮时光的变幻而变幻,观赏者若不把握好时机,就难以直接体味其独特的审美价值。

---

① 郭熙:《山川训》,见《中国美学史资料选编》(下册,中华书局,1981年),第14页。

当然，景观的形态变异，不仅受朝暮光照的影响，而且也受季节的制约。宋朝诗人杨万里笔下所描绘的六月西湖就是一个范例。他认为："毕竟西湖六月中，风光不与四时同。接天莲叶无穷碧，映日荷花别样红。"可见，同一景观，在不同的季节往往呈现出不同的色彩和形象。这是因为导致景观变异的光照、植被、云雾、雨雪等自然因素，具有明显的季节性，从而使同一景观按时令顺序表现为春景、夏景、秋景和冬景。诚如郭熙所言："山，春夏看如此，秋冬看又如此，所谓四时之景不同也。"①实际上，这"四时之景"的变化是因山水的云气和烟岚的变化而定。这云气，"四时不同：春融怡，夏蓊郁，秋疏薄，冬黯淡"；这烟岚，"四时不同：春山淡冶而如笑，夏山苍翠而如滴，秋山明净而如妆，冬山惨淡而如睡"。② 相应地，观赏者的审美心理活动与审美感受也呈现出不同的特征来："春山烟云连绵人欣欣，夏山嘉木繁阴人坦坦，秋山明净摇落人肃肃，冬山昏霾翳塞人寂寂。"③

景观变异的季节性，也向旅游者提出了一个观赏时机问题。故此，如游燕京八景中的"琼岛春荫"，应在桃红柳绿的春季，择风和燕舞之日前往；观"居庸叠翠"，应在草木葱茏的夏季，择雨后方晴之日寻访；看"西山红叶"，应在天高云淡的秋季，择明净气爽之日览胜；不消说，要赏"西山晴雪"，应在寂静萧瑟的冬季，择雪后日出之时登临。我们谈景观的变异，也包括那些稍纵即逝的特殊景观。如蓬莱仙岛的"海市蜃楼"和峨眉金顶的"佛光"等自然幻景。这类景观时间性尤为突出，大有"机不可失，时不再来"的特点，慕名而访的旅游者能否如愿以偿，那就要看其时运与造化如何了。

（二）观赏位置

在旅游审美活动中，观赏位置也是不容忽视的原理之一。从广义上讲，观赏位置涉及视点、角度、方位乃至距离。这几种因素联结起来，会对旅游者的审美经验产生直接的影响。比如，"会当凌绝顶，一览众山小"，就关系到一个从上至下，自左到右或自右到左地俯视环顾

① 郭熙：《山川训》，见《中国美学史资料选编》（下册），第 14 页。
② 同上书，第 13 页。
③ 同上书，第 14 页。

的观赏点，否则就不可能产生这种雄浑坦荡的崇高美感。游庐山的人们，大多都吟诵过李白的《望庐山瀑布》——

日照香炉生紫烟，遥看瀑布挂前川。
飞流直下三千尺，疑是银河落九天。

自不待言，要想欣赏该诗所描写的意境，就须在理解的基础之上诉诸艺术的联想与审美的想象，从中化出一个间接的景观意象。若亲临其境，按字索"骥"，势必要寻找出适当的位置和距离，特别是一种能观赏瀑布全貌的仰视角度。否则，就无法感其奔流跌宕、飞泻雄奇之美。

总之，不少旅游景观只有从一定位置或角度望去，才能发现其特有的魅力。假若由玉泉山眺望万寿山，其景观将会大为失色。若站在颐和园昆明湖的东堤仰观万寿山佛香阁，会感到其形象是那样清晰、高大、堂皇、恢宏。此时，玉泉山有些朦胧，而那亭亭玉立的宝塔仍然引人注目，西山的群峰则显得青虚淡远、弥漫悠悠。这样，西山的峰峦、玉泉山宝塔和昆明湖西堤的烟柳，皆成为万寿山的陪衬或背景，天造地设般地融为一体，呈现出一幅以西山峰影为远景、玉泉山宝塔为中景、万寿山佛香阁为近景同昆明湖水景构成多层次的山水画卷。同理，到云南石林观看神话中的"阿诗玛天然石像"，也存在一个观赏位置与角度的问题。通常，从正前方十步开外望去，那尊"石像"犹如一位穿裙戴帽、亭亭玉立的妙龄少女。但若从偏左方八步开外看去，该"石像"顿时变成一位瘦骨嶙峋、风烛残年的老太婆。同一景物，从不同的位置和角度看去，就会呈现出截然相异的形象，这显然是观赏位置的戏剧性效果所致。

四　节奏与重点

在现代生活中，原本作为音乐术语的"节奏"已经泛化为一个常用的概念，譬如生活节奏、工作节奏、运动节奏等。在旅游审美活动中，观赏或旅游节奏的适当与否，对旅游者的体能、心境和情趣等有着直接的影响。另外，在时空因素的制约下，进入景区的游人如果不能抓住重点，也就是侧重观赏其中有代表性或独特性的重要景点，那么就会与其"失之交臂"，铸成憾事。因此，把握好观赏节奏和终点观赏的原则,就有助于获得较大的旅游满足感。

(一) 观赏节奏

“节奏”(rhythm)原本是一个音乐术语,泛指轻重缓急、长短交替的音响运动形式。节奏的构成,首先表现为对立两极的变化,即轻重、大小、强弱、快慢、起伏等(视觉与听觉)因素在时空运动中的交替出现与对应变化。其次表现为循环重复或有序列的组合。从广义上看,无论在宇宙空间的万事万物中,还是在人类生活的各个领域中,都存在着特定形态的节奏。

就人类活动而论,心脏的舒张、胸肺的呼吸、脉搏的沉浮、情绪的波动、声音的高低、步伐的缓急、动静的交替、用力的大小、思维的变化与活动的快慢等,均贯穿着各种节奏。事实上,节奏在人类的劳动生活中,早已成为一种可以感知的力量,对人类的动作、情绪、心态等方面,起一种难于言表的协调作用,如抑扬顿挫的劳动号子、热情欢快的韵律体操等。

就旅游景观而言,季节更替、山色变幻、日月升降、峰峦起伏、潮涨潮退、花开花落、块面交错、空间宽窄等现象,像钟摆一样周而复始,循环往复,无疑也贯穿着各种节奏。当然,这些景观节奏,与以听觉形象传达于心的音乐节奏不同,它们随着时间的流动、空间的广延而展现出来,以视觉形象作用于心,给人一种视觉上的节奏美感。比如游览北京故宫,那些具有独特建筑形式的大屋顶乍看上去会给人一种异常沉重甚至压抑的感觉,但随着视觉的移动,眼前建筑四角飞檐的弯曲翘起,展翼腾飞,原先的那种重压感被减弱了。接着,一排排小巧玲珑的斗拱由下而上伸展开来,似乎毫不费力地托起大屋顶。斗拱之下,是粗壮有力的廊柱和阔大坚实的台基,这样,整座建筑的立面给人一种重轻重的节奏感。从平面看,飞檐、廊柱、门窗、夹柱、斗拱,也同时形成一种起伏变化的整体序列感。此外,建筑群的高低起伏、逶迤错落、虚实结合、疏密交织、对应幻变,亦产生节奏效果,给人以无穷的观赏兴味。因此,人们通常也把建筑称之为“凝固了的音乐”。

当然,观赏节奏的另一层意思是指旅游活动过程中的观赏节奏。这种节奏是旅游景观的物理节奏与旅游者的生理—心理节奏趋于对应合拍或同步运动状态时,形成的一种特殊节奏。所谓生理—心理节奏,具体说来,是由人的呼吸、动作、心跳、思想、感情、意趣、知觉等生理与心理因素构成。实践证明,旅游者的生理—心理节奏,会直接影响,甚至决定他对旅游景观的审美态度。这就是说,景观的静态节奏与游览中的动态节奏尽管在审美意义上会给游人带来生理与心理上的快感,但它们如果超出了人的生理—心理负荷能力,那就会适得其反,给人带来痛感。因此,高强度长时间的奔波使人紧张,同样程度的闲散使人不快。人们不喜欢杂乱,也害怕单调;喜欢变化,又讨厌无规律的运动;喜欢交替,但又回避无休止的重复。所以,要想解除紧张,摒弃单调,避免烦乱,获得审美感受,就必须使主客观的节奏协调同一起来,使观赏节奏趋于合理化。否则,就难以达到赏心悦目、流连忘返的游览目的。

（二）重点观赏

旅行游览,尽管在审美意义上是一项自由自在、随兴所至的精神性活动,但在实际过程中,常常受到来自主客观诸因素的制约。就主观方面而论,旅游观赏者主要受到个人闲暇时间、体能和财力等因素的限制。每次亲临内容丰富的名山胜水或古迹奇观,欲逐一观览,怕时间不够或体力不济;若走马观花,则难以尽兴;想游其一角然后再次造访,又得盘算经济来源等。就客观方面来看,景观空间面积大、游览内容多虽是好事,但有时会使受主观因素制约的游人难以适从,会因为选择不当而顾此失彼或因小(景)失大(景),结果盲目奔波、扫兴而返。另外,在自然界,“千里之山,不能尽奇;万里之水,岂能尽秀?”[①]一处景致,不可能样样皆美,没有瑕疵。再说,即便眼前的景物都美,也犹如那“触目横斜千万朵,赏心只有两三枝”的满树梅花。那么,在游览过程中,又当如何解决这一繁多与取舍间的矛盾呢?通常的做法是因景制宜,观其精粹,也就是我们这里所要说的“重点观赏”原理。

所谓重点观赏,是指有选择地观赏景物对象中最具有个性特色或最富有审美价值的景点。据此,旅游者每次出外游览某一景区或胜地,需要事先查阅有关资料,了解对象的基本风貌,在获得一定背景知识的基础上确定观赏重点,做出于时于人于景均有利的游览计划。譬

① 郭熙:《山川训》,见《中国美学史资料选编》(下册),第15页。

如,游览誉为“京东第一山”的盘山,须知该山有五峰(挂月峰、紫盖峰、自来峰、九华峰、舞剑蹬),八石(悬空石、天井石、将军石、晾甲石、夹木石、摇动石、蛤蟆石、蟒石),有残存的玲珑宝塔和寺观等。但就其整体景观特征而言,“上盘之松,中盘之石,下盘之水”乃为盘山三胜,颇有观赏价值。于是,涉足谷底,应以水景为主要观赏对象,可坐以谛听清流淙淙的溪流;爬上中段,应以石景为主要观赏对象,攀巨岩登怪石,出没其间,得其天趣;登临峰顶,应以松景为主要观赏对象,静观默察,任山风吹拂,闻松涛呼啸,观夕阳晚照,在大自然的怀抱里,尽情领略天地山野之趣。乘兴所至,心满意足之后,起身回返,轻松愉快,精神充实,也觉得不虚此行。

上述八种观赏方法,均因循自身的美学原理,各有所长,互为补充。旅游观赏者可以根据自己的需要,因地制宜,因时而用,大不必“画地为牢”,自我限制。因为,在丰富多彩的旅游审美活动中,主体的审美敏感性和个性化自由创造是最为可贵的。而每位富有个性的游客,都无须将个性沉淀在共性之中。为此,有必要充分发挥自己所长,提升审美敏悟能力,在灵活运用上列观赏方法的同时,尽力尝试和创建适合个体兴致的观赏方法,以便真正获得完整的观赏体验。这种体验的完整性,既需要动观,也需要静观,更需要冥想与灵视,也就是以“心灵之眼”(mind’s eye)来观景、赏景和构景。由此所见所感所思,才是完整的体验,深刻的认识,难忘的记忆,是一生值得回味的永恒瞬间。笔者十年间前后赴敦煌鸣沙山三次,唯有最后一次感悟较多,难以忘怀,如下所记:

月牙泉边秋色浓,
芦花烟落碧水中。
胡杨情深恋倒影,
古柳怀春送暖风。
瀚漠斜阳夕照明,
百仞沙脊一抹红。
归客笑语驼铃声,
日暮楼台暗几重。

第十章　旅游审美与山水旅游文学

古往今来，中国人对大自然抱有特殊的情怀，与大自然结有异乎寻常的“亲合关系”(affinity)。究其本质，这首先与传统的“天人合一”思想有关。这种思想认为，自然界是一个有机的整体，人是自然界的一部分；自然界是人的庇护所或养育者，而人是自然界的“立心”者或协助者。因此，儒道所言的天人关系，一方面倡导“天行健，君子以自强不息；地势坤，君子以厚德载物”，即标举天地之道为君子之道的参照框架；另一方面要求人应“知天”“用天”和“事天”，负有“赞天地之化育”和“曲成万物而不遗”的责任，同时还享有“与天为徒”和“与物为春”的自由，据此方可跃入“与天地参”或者“原天地之美达万物之理”的境界。

其次，这种“亲和关系”是中国山水旅游文学所滋。特别是从孔子提出悦山乐水的“仁智说”和庄子推崇“逍遥游”的生存方式以来，名士优游、恣情山水与吟咏风物，几乎成了中国历史文化长河中历久弥新的社会时尚。从“山川之美，古来共谈”(陶弘景)之文到“刚柔共古今，仁智恣潇洒”(魏源)之诗，历经魏晋六朝，特别是唐宋明清直到近代现代，自然山水作为观赏与寄情的对象，言志与畅神的凭借，吟咏与明道的题材，表白政治态度与生活方式的途径，结出了丰硕的山水旅游文学之果，进而滋养着国人的“山水意识”或旅游审美意识，塑造着民族的文化心理结构，同时还丰富着中国自然山水或广义上的旅游景观的文化内涵或审美意味等，从而构成一种我们所说的“审美增值”(aesthetic plus) 现象。因此，人们现在外出旅游，相关景致的山水旅游文学内容已经成了观赏过程中不可缺少的组成部分。

“山水旅游文学”的提法肇始于1980年代，认同于1990年代。作为一个新的学科或文学门类，“它包容着传统所说的山水文学和当代所说的旅游文学，是将两者融为一体的新概念”，具有“兼容古今、时代适应性强”和能够鲜明地体现出“人与自然、山水与旅游的统一，突出山水在旅游和文学中的地位与作用”等特点。[①] 不过，也有一些学者沿用“旅游文学”这一称谓，将山水文学融含其中，并在功用和范围等方面对其作了不同的界定。[②] 按照通常的理解，山水旅游文学的基本内容一般包括描写或记叙山水景象和旅游活动的诗词、歌赋、游记、名胜楹联、小说、报告文学等。我们认为，在实际的旅游观赏过程中，有益于引导旅游者审美注意和深化其审美体验的主要是那些与山水景致相得益彰的诗歌、游记、楹联和传说，因为它们各自具有以典型的艺术表现手法写景、构景、抒情、明道、言志、“画龙点睛”、灌注活力和人伦教化等作用。

一　旅游审美与山水诗歌

存在主义哲学家海德格尔在沉思人类的生存状况与“此在”（Dasein）的本质时，曾借用过荷尔德林的一行诗：“人建功立业，但诗意地栖居在这个大地上。”[③]这里所言的“诗意”与“大地”，均具有各自特定的内涵。从形而上或形而下的立场来看，前者一般表示人生的态度、“此在”的意义或生存的最佳方式等，后者大致是指“此在”或生存的基础、场所与可能性等。当然，我们无法以三言两语来“破解”（decode）海氏的真正用意，也许本身就无须这样做，因为每个读者都会以自己的方式去解悟，都会从中得出带有个人色彩的“结论”。

颇为有趣的是，对于大多数有一定文化修养的中国人来讲，这句话无论是纳入日常的生活范围还是引向玄远的精神领域，都具有不同寻常的应用性含义。这主要是因为中国人生活在一个诗的国度里。尤其是具有悠久历史和辉煌成就的山水诗，若从曹操的《观沧海》算起，距今已有一千八百余年，中经唐、宋发展时期和成果阶段到后来的继承或翻新阶段，享有盛名的诗人达千家之多。这其中有许多诗人浪

① 藏维熙主编：《中国山水的艺术精神》（学林出版社，1994 年），第 4 页。

② 冯乃康：《中国旅游文学论稿》（旅游教育出版社，1995 年），第 4—19 页。

③ 海德格尔：《诗·语言·思》（彭富春译，文化艺术出版社，1991 年），第 185—291 页。

迹山水、遍访名胜、见景生情,其诗作内容与相关景物交融互补,不可分割。另外,多数中国人从儿时的学语、识字、唱歌,到后来的读书、练字、作文、吟诵、看画、听戏以及今日从事广泛的社会化旅游观光活动,都与诗(特别是山水诗)结下了不解之缘。所以说,即便思想家们把"诗意地栖居"划分出什么样的层次,我们都始终认为基于日常功用性的"诗意地栖居"总不失为其中一个层次,否则,上述诗化的陈述就成为一个过于抽象而且等于挂空的理念玄思了。我们所说的"日常功用性",就包括旅游审美活动中对相关的山水诗歌的欣赏以及通过这些诗歌对相关景致的理解。

众所周知,国内的旅游者不管是到江海湖泊、五岳黄山观光,还是到历史古迹、园林花圃览胜;不管是听涛观潮,还是赏月看花,我们都会读到、听到或者联想到描写相关景物对象的诗句。这些诗句中有许多是流传已久、脍炙人口的佳作,是中国传统山水诗歌中的精华。通常,在亲临其境的旅游审美过程中,人们在凝神观照眼前景物的同时,潜心品味相关的诗词歌赋,不仅能够助兴或提高"游兴",而且能够丰富景观对象的审美价值和提高观赏者的审美理解水平。因为,从旅游审美的角度分析,山水诗歌至少在以下四个方面会对旅游者产生积极的影响:典型形象美、诗情画意美、哲理内涵美与历史沧桑感。

(一) 凸显景物的典型形象美

在山水诗歌中,对相关景物形象的描写,大多都艺术化了或典型化了。因此,我们从中所感悟和想象出的景观形象,是艺术化了的典型形象。这种典型形象既包括景观在一定时空背景中所显现出的富有个性的客观特征,而且也包括连同周围环境在内的综合性客观特征,当然也凝结着诗人的审美视界与感性认识(aesthetic perspective and perceptual knowledge)等主观因素。在现代旅游活动中,人们亲临特定的景观,重温相关的诗句,会从所描写的典型形象中得到一定量度的指向性审美信息,在增加人们"游兴"的同时强化人们的审美感受。

譬如,去河北昌黎县登碣石山远观渤海,或者到北戴河海滨的鹰角石观看海上日出,自然会联想到曹操的《观沧海》这首被认为是我国文学史上较早并且较完整的山水诗:"东临碣石,以观沧海。水何澹澹,山岛竦峙。树木丛生,百草丰茂。秋风萧瑟,洪波涌起。日月之行,若出其中;星汉灿烂,若出其里。”这首史称“碣石”篇的绝唱,据明末清初的朱嘉征和乾隆年间的朱乾所说,是“魏公北征乌桓时作”[①]。余冠英在注释中亦称:“建安十二年(207)夏五月曹操出兵征乌桓,七月出卢龙塞,九月胜利班师,经过碣石山”,登山观海,吟写此诗,为《步出夏门行》篇中的首章。[②] 诗中对秋风阵吹和波涛摇荡的动态写照,对群山耸立和植被葱茏的静态描绘,构成了一种动静结合的景观。随后对日月银河出没大海的描写,生动而形象地展现出沧海博大的胸怀和天地交融的壮观景象。此情此景,现代旅游者还会联想起毛泽东的《浪淘沙》一词:“大雨落幽燕,白浪滔天,秦皇岛外打鱼船,一片汪洋都不见。　　往事越千年,魏武挥鞭,东临碣石有遗篇。萧瑟秋风今又是,换了人间。”显然,上阕重在再现实景,下阕重在怀古喻今;前者展现的是雨中的海景或海上的雨景,后者强调的是魏武的功业文才与作者欣然自得的感慨。对旅游者来讲,如果在置身其境的同时联想当年秦皇汉武碣石观海的事迹,吟咏魏王毛公描写海景的诗作,一定会有新的感悟。当然,在具体的游览活动中,由于时空背景的变迁,我们可能看不到那样典型的景致,但诗化的描写会在积极的意义上起一种补偿的作用,会在一定程度上拓宽我们的审美空间或想象力。

山水诗歌所描写的典型形象美,在游览国内山水名胜时都会起到上述作用。譬如,若游长江三峡,自然会联系到李白的《早发白帝城》:“朝辞白帝彩云间,千里江陵一日还。两岸猿声啼不住,轻舟已过万重山”;若观钱塘大潮,自然会联系到陈师道的《十七日观潮》:“漫漫平沙走白虹,瑶台失手玉杯空。晴天摇动清江底,晚日浮沉急浪中”;若春游杭州西湖白堤,自然会联系到白居易的《钱塘湖春行》:“孤山寺北贾亭西,水面初平云脚低。几处早莺争暖树,谁家新燕啄春泥。乱花渐欲迷人眼,浅草才能没马蹄,最爱湖东行不足,绿杨阴里白沙堤”;若泛舟漓江游桂林山水,自然会联系到韩愈的名句:“江作青罗带,山如碧玉簪”。另外,若松下赏月,自然会联系到王维的诗句:“明月松间照,清泉石上流”;若游园观白牡丹,兴许会联系到刘禹锡的绝句:“庭

---

① 朱嘉征:《乐府广序》与朱乾:《乐府正义》。

② 余冠英选注:《汉魏六朝诗选》(人民文学出版社,1979 年),第 97 页。

前芍药妖无格，池上芙蓉净少情。唯有牡丹真国色，花开时节动京城。”

总之，在所有与景物相关的诗歌中，诗人基于自己的观察和感受，以比兴、夸张、联想等艺术手法，再现和丰富了景物的典型形象美，为现代旅游者或观赏者提供了用之不竭的旅游文化资源或审美催化剂。

（二）描绘景物的诗情画意美

自魏晋以降，自然山水不仅是人们自由游赏的对象，而且是其抒情感怀的凭借。事实上，中国山水诗人历来有“触景生情”的文化心理习惯与“托物寄情”的艺术创作传统。前者如陆机所言：“遵四时以叹逝，瞻万物而思纷；悲落叶于劲秋，喜柔条于芳春。心懔懔以怀霜，志眇眇而临云……”①后者如刘勰所言：“昔诗人什篇，为情而造文。”②因此，“物色之动，心亦摇焉……是以献岁发春，悦豫之情畅；滔滔孟夏，郁陶之心凝；天高气清，阴沉之志远；霰雪无垠，矜肃之虑深；岁有其物，物有其容；情以物迁，辞以情发”③。于是，恣情山水的诗人，其情不仅为物所动，而且常以物迁；其诗不仅写景抒情，而且追求情景交融的境界。诚如辛弃疾所言：“我看青山多妩媚，料青山、见我应如是。情与貌，略相似”（《贺新郎》）。这显然下启王国维“一切景语皆情语”的说法。另外，中国山水诗与山水画是彼此相通的。山水诗人一般都具有山水画家的眼力，习惯于从画家取景的视界出发来写景，从而使诗歌表现出画意，反之亦然。故有“诗中有画，画中有诗”的定论，同时也有许多以诗作画或为画题诗的实践。如柳宗元的《江雪》一诗与马远的《寒江独钓图》一画便是范例。这样，许多山水诗便基于客观的景物、作者的情感和音乐般的节奏，采用特殊的艺术描写方法彰显了相关景物的诗情画意美，从而也为当今的旅游者创造了观赏“景外之景”的可能性。再则，山水诗人大多“才高词盛”，在主观上惯于“窥情风景之上，钻貌草木之心”（刘勰），在赋诗时讲求“情必极貌以写物，辞必穷力而追新”，其辞采之美与景物之美契合为一（如谢灵运的“池塘

① 北京大学哲学系美学教研室编：《中国美学史资料选编》（中华书局，1980 年），第 155 页。

② 同上书，第 201 页。

③ 同上书，第 205 页。

生春草，园柳变鸣禽”等），从而进一步丰富和美化了景观的审美价值。

在我国诸多楼台中，最著名的莫过于黄鹤楼。此楼相传创建于三国吴黄武年间，后于各代屡毁屡修。据六朝和唐代的文字记载，宋元明各朝绘图与清朝丝织品图案和清末所摄照片所示，昔日的黄鹤楼重檐翼舒，耸天峭地，轩昂壮观，峥嵘缥缈，几疑“仙宫”，附会着王子安乘鹤由此经过和费文祎驾鹤返憩于此等民间传说。1884 年毁于火灾后，其遗址仍为人们流连。随着我国现代旅游业的发展，1980 年代于武昌蛇山顶新复原的黄鹤楼旧观，气势宏伟，高标瑰丽，来访的各地旅游者络绎不绝。这其中的重要原因之一在于历代山水诗人的吟唱，最为驰名的当推崔颢的绝句《黄鹤楼》：“昔人已乘黄鹤去，此地空余黄鹤楼。黄鹤一去不复返，白云千载空悠悠。晴川历历汉阳树，芳草萋萋鹦鹉洲。日暮乡关何处是？烟波江上使人愁。”据《唐才子传》所载：“崔颢游武昌，登黄鹤楼，感慨赋诗。及李白来，曰：‘眼前有景道不得，崔颢题诗在上头。’无作而去……”后来，李白遭变相放逐，于漫游金陵时依照此诗原韵写下了吊古伤今的《登金陵凤凰台》，亦成千古绝唱。就崔诗而论，作者是借神气佛佛的民间传说，先从仙人野鹤着笔，后写所见的景物，再抒不尽的乡愁，以行云流水般的诗句和怀恋惆惝的情调，把传说、景物与乡愁自然而然地交织在一起，意象扑朔迷离，令人无限遐想。前四句主要写鹤去楼空的传说与空荡悠远的白云，似乎全然叙事状物，而两个“空”字却使人朦胧地感受到其中潜含着满腔遗憾眷念之情。“晴川历历汉阳树，芳草萋萋鹦鹉洲”，不仅画面清晰旷远、色彩富丽，而且遣词真切雅致、诗韵和谐流畅，令人赏心悦目。联系“白云千载空悠悠”一句中所描绘的浮云，再看“日暮乡关何处是”一句中西下的落日，不禁使人想起“浮云游子意，落日故人情”的心理写照。而“烟波江上使人愁”则以江波浩渺的空阔背景把难于言表的乡愁烘托了出来，使人不免顿生恻隐之心，一方面会敏悟到“游子悲故乡”的家园意识，另一方面会感发出“愿君乘黄鹤，高飞还故乡”的希冀。总之，诗中所表现出的诗情画意，会引导游人欣赏眼前直观的景象，而且更重要的是让人不同程度地体悟到一种“景外之景”和“情外之情”。这后者可以说是意境，是景观深层的东西，当然也是吸引八方游客的真正魅力所在。自不待言，除崔诗之外，其他诗人有关黄鹤楼的描绘，如黄庭坚的《鄂州南楼书事》、范成大的《鄂州南楼》与陈孚的《鄂渚晚眺》等,都会对前来黄鹤楼的游客产生积极的影响,并且有助于丰富黄鹤楼景观的诗情画意或意境之美。

在旅游名胜繁多的祖国大地上,山水诗歌所表现出的诗情画意美是随处可见的。譬如,登万里长城,人们会从"鞭石千峰上云汉,连天万里压幽并。东穷碧海群山立,西带黄河落日明"(康有为)这雄阔深沉的诗篇中窥见出一幅浓缩了的气势磅礴的长城万里图。若去地处大西北的陇上旅行或到嘉峪关外的戈壁漫游,人们会从"黄河远上白云间,一片孤城万仞山。羌笛何须怨杨柳,春风不度玉门关"(王之涣)等诗句中,感受到一种雄浑高迈的气势与哀怨凄然的情愫。若登临中岳嵩山,人们会从"日暮北风吹雨去,数峰清瘦出云来"(张耒)等诗句中欣赏到水墨画般的雨后山景。若游览八百里洞庭湖,人们会从"气蒸云梦泽,波撼岳阳城"(孟浩然)、"淡扫明湖开玉镜,丹青画出是君山"(李白)和"遥望洞庭山水翠,白银盘里一青螺"(刘禹锡)等著名诗句中,感受到体态万端的景观形象。若在春明雨后天晴时分沿岸环游杭州西湖,以苏轼的诗画描写——"水光潋滟晴方好,山色空蒙雨亦奇。欲把西湖比西子,淡妆浓抹总相宜"——来应对眼前柔美绮丽、欢快多变的景致,那便是另外一种感受、一种欣然而乐的感受了。

(三)彰显景物的哲理内涵美

如前所述,孔子悦山乐水,倡导"比德"之说,即以山水的静动特征比拟君子的仁智之德。若根据中国山水文化意识、天人感应思想与西方的"异质同构"理论来看,这其中蕴含着人对山水的哲学、伦理以及美学思考的契机。据传孔子有"见大水必观"的爱好,一是从中联想到飞速流逝的时间,由此思考客观的自然法则,故发"逝者如斯夫"的感叹;二是从中得到关乎道德功利的理性启发,由此思考人如何能在模山范水过程中提高自身的品性修养和维系社会的正常秩序。据《荀子》一书所载:一日"孔子观于东流之水",子贡问:"君子之所以见大水必观焉者,是何?"孔子曰:"夫水,大遍与诸生而无为也,似德。其流也埤下,裾拘必循其理,似义。其洸洸乎不淈尽,似道。若有决行之,其应佚若声响,其赴百仞之谷不惧,似勇。主量必平,似法。盈不求概,似正。淖约微达,似察。以出以入,以就鲜洁,似善化。其万折也必东,似志。是故君子见大水必观焉。"(《荀子·宥坐篇》)可见,先秦时代的山水,尽管已经开始“人化”或“圣人化”,但依然在人们的意识中保持着令人崇敬的神秘、威严乃至超然等品格特性。魏晋之后,自然山水已经成为人们游乐欣赏的对象,上列品性相继淡化,但原先的观念则积淀和凝冻在人们的山水意识和文化心理结构中。于是,人们在观照或描摹自然山水景观时,仍然遗存着哲思玄悟的习惯,即自觉或不自觉地根据人与景之间的“异质同构”等心理感应,或从山水中得到富有哲理的启示,或将自然的哲理思考寄寓于山水之中,也就是魏晋以来为“纵意丘壑”的文人雅士所推崇的那种“以玄对山水”的“优游”态度。这种态度实际上是在很大程度上遵循“文以载道”“文以明理”以及“诗言志”等惯例或法则,凭借描摹自然山水而达到“载道”“明理”“言志”与“知性”等更高一层的目的。诚如朱庭珍所概括的那样,诗人“以人之性情通山水之性情,以人之精神合山水之精神,并与天地之性情、精神相通合矣”。在这种“神与物游”或“物我同一”的状态中,诗家“以其灵思,结为纯意,撰为明理,发为精词”①。如此一来,许多中国山水诗歌中便表现出一定的融含情理和伦理等因素的哲理内涵。作为旅游文化或旅游审美文化的丰富资源,这些具有哲理内涵美的山水诗歌有益于提高旅游景观的审美文化价值和深化旅游活动的审美教育意义。

一般说来,山水诗歌表现哲理内涵的主要形态约有两种,即引理出景和寓理于景。就前者言,是指人按照自己的理解,从写景咏物的诗句中引申出富有哲理的内涵,日后则根据具体的情景或需要而加以借用,借此取得委婉或含蓄表达自己意思的特殊效果。常见的范例有描写秋日江景的“无边落木萧萧下,不尽长江滚滚来”(杜甫);描写日落景色的“夕阳无限好,只是近黄昏”(李商隐);描写赣江景致的“青山遮不住,毕竟东流去”(辛弃疾);再现旅游经历的“山重水复疑无路,柳暗花明又一村”(陆游)和“昨野西风凋碧树,独上高楼,望尽天涯路”(晏殊)等。另外,也有吟咏野草的“离离原上草,一岁一枯荣。野火烧不尽,春风吹又生”(白居易);吟咏晚秋枯荷的“秋阴不散霜飞晚,留得残荷听雨声”(李商隐);赞许早春杏花的“春色满园关不住,

① 朱庭珍:《筱园诗话》,转引自李遵进、沈松勤:《风景美欣赏》(上海人民出版社,1987年),第93页。

一枝红杏出墙来”（叶绍翁）以及标举寒冬梅花的“墙角数枝梅，凌寒独自开”（王安石）等。当然，这些诗句本身是“景语”，在相关的景致中，也同样有益于增强观赏者的游兴和深化他们对风景的感悟。

关于“寓理于景”，那是作者有意而为，也就是说作者以摹景咏物为凭借或手段，通过艺术化了的、具体可感的和生动鲜活的自然景象来“明理言志”，表现自己所体悟到的道理、意趣、志向、抱负以及政治和生活态度等内容。这种“寓理于景”的表现形态虽是将上述哲理内涵寄托在自然景观或物象之中，借艺术化的诗歌话语将其传达给读者，但在实际上至少会产生三重效果：一方面使哲理因自然景象而彰，另一方面使自然景象因哲理而显，最终“使作品形理兼备，别具情趣”①。这方面的范例很多，譬如陶渊明的《饮酒诗》（之一）：“结庐在人境，而无车马喧。问君何能尔，心远地自偏。采菊东篱下，悠然见南山。山气日夕佳，飞鸟相与还。此中有真意，欲辩已忘言。”此诗可谓庄子“得意忘言”这一思想的绝妙阐释，的确体现了如何“诗意地栖居在这大地上”的可能途径。诗人悠然自得，以目观景，以心会景，深解“真意”，但却不予言表。那“真意”就包容在那秀丽幽寂而充满生机的景色中，在那“悠然”而自由的静观默照中，在那追求遗世独立的理想人格中，在那“与物为春”、超然物外的生活方式中，所有这些都是难以言说的，只能靠自己的修养水平和体悟能力。

值得指出的是，陶潜的表现方式是十分含蓄的。相形之下，杜甫的《望岳》、王之涣的《登鹳雀楼》、黄巢的《不第后赋菊花》、苏轼的《题西林壁》和陆游的《卜算子·咏梅》等诗词中的有些句子，在明理言志方面则要清晰的多。如以“会当凌绝顶，一览众山小”来寄寓或彰显“登泰山而小天下”之意；以“欲穷千里目，更上一层楼”来表示“登高壮观天地间”和“登高能赋”等意；以“不识庐山真面目，只缘身在此山中”来暗喻应当“入乎其中”并“出乎其外”等全面看待事物的道理及其必要性，这些似乎有些漫不经心的吟唱，实为诗人在观赏山水景物中得到启发而借题发挥，道出个人的志趣情怀和宇宙、人生等方面的深刻哲理，用以提醒和激励自己与他人。

---

① 徐应佩：《山水文学的哲理性》，见臧维熙主编：《中国山水的艺术精神》（学林出版社，1994年），第252页。

（四）再现景物的历史沧桑感

旅游者在游览古迹名胜时，往往会回顾与景物相关的文化历史。这种旅游现象在中国尤为普遍和必要。众所周知，由于自身文化和历史等原因，中国人的文化心理结构中积淀着浓厚的历史意识。相应地，中国的山水名胜大多具有“时间的立体性”与“历史舞台”的色彩。我们登泰山，会缅怀秦皇汉武等古代帝王封禅的盛况；我们访秦陵，会遥想“秦王扫六合”的壮举与“焚书坑儒”的暴行；我们看“华清池”，会联想到唐玄宗与杨贵妃的爱情故事与其悲剧结局，此情此景，我们会感受到历史沧桑的脉动，会产生思旧怀古之情，会极大地丰富旅游观赏活动的内容及其审美体验，从而受到不同程度的文化历史教育。

在中国的山水诗歌中，有许多是以“怀古”为题的，是凭借描摹名胜古迹的景色来抒发作者的历史情怀的。这类诗歌抑或吊古伤今，抑或借古喻今与借古讽今，因此其中的历史沧桑感表现得特别突出。譬如陈子昂脍炙人口的《登幽州台歌》，可以说是一首最为简短的“怀古”诗，其慷慨悲愤的情怀与悠远苍凉的历史氛围感人至深。

目前，在旅游景观和旅游市场的深度开发中，与山水名胜相关的怀古诗作在丰富景观内涵、吸引客源和深化旅游审美体验和文化历史体验等方面，具有不可忽视的积极作用。譬如，在长江中下游沿岸开辟“三国旅游线路”和促销“看三国，游赤壁”等活动中，与“三国”历史事件相关的怀古诗作便是必不可缺的旅游审美文化资源。比较起来，这其中将山水描写与吊古伤今十分巧妙地交融在一起的当推苏东坡的《念奴娇·赤壁怀古》。

在此，需要强调的是，山水诗歌的上述审美价值——典型形象美、诗情画意美、哲理内涵美和历史沧桑感——均离不开诗化了的山水景观的感性形象这一基础，否则就不能有效地感动人、激励人或教育人。另外，有些山水诗歌是融上述审美价值于一体。譬如毛泽东的词《沁园春·雪》，也同东坡、稼轩的有些怀古之作一样，既摹景绘色，写自然风光；也抒情言志，写江山英雄；而且也思接千载、吊古论今，评秦皇汉武、唐宗宋祖到今朝的风流人物。不过，与他人相比，毛公胜出一筹，不仅壮怀神州、天马行空，而且风华正茂、厚今薄古，因而其词意境更为高迈深广，这同他自己集诗人、领袖、思想家和革命家于一身的特殊人格、品性与气度不无关系。

二　旅游审美与山水游记

在华夏古典文学发展史上,山水游记与山水诗歌作为相对独立的文体,其生成过程都经历了一个相当长的时期。一般来说,山水游记的形成阶段可上溯魏晋南北朝,受早先汉赋[1]与当时“纵意丘壑、优游山水”的隐逸之风影响较大,从鲍照的《登大雷岸与妹书》、陶弘景的《答谢中书书》与吴均的《与朱元思书》等篇可以窥知其雏形。山水游记的定型阶段为唐代,以元结的《元次山集》和柳宗元的《永州八记》为主要代表作。山水游记的巩固和发展阶段为宋代,名作甚多,如欧阳修的《醉翁亭记》、范仲淹的《岳阳楼记》、王安石的《游褒禅山记》,苏轼的前后《赤壁赋》、苏辙的《黄州快哉亭记》和范成大的《峨眉山行记》等。山水游记创作经过萧条的金元时期之后,于明清再度复兴繁荣,名家荟萃,如徐霞客、“公安派”的袁氏三兄弟和“桐城派”的方苞、姚鼐等人。简而言之,山水游记通常以游踪为骨架,以景物描写为主体,是一种兼叙事、议论和抒情的文学性散文。[2]

从旅游者的角度看,山水游记同山水诗歌一样,其基本功能也在于表现景物的典型形象美、诗情画意美和哲理内涵美等方面。譬如去登岳阳楼游洞庭湖,书写在木雕屏上的《岳阳楼记》则为必读之物。情与景交相辉映,意与趣彼此对应,其诗情画意与哲理内涵溢于言表,超然象外,对渲染眼前直观的景致、激发来访者的游兴或深化旅游者的审美体验具有特殊的作用。

不过,体式玲珑、手法灵活、篇幅自由的山水游记还表现出如下一些特征与功能:

(一)在摹写方面比较细腻

譬如柳宗元在《至小丘西小石潭记》中对水中鱼儿的描绘:“潭中

---

① 章沧授:《论汉赋对山水旅游文学的贡献》,见臧维熙主编:《中国山水的艺术精神》,第366—377页。

② 王立群:《论游记文体的形成》和崔承运:《古代山水游记述略》,同上书,第305—321页。

鱼可百许头,皆若空游无所依。日光下澈,影布石上,怡然不动。俶尔远逝,往来翕忽,似与游者相乐。”对触景所生之情的描写也是如此:“坐潭上,四面竹树环合,寂寥无人,凄神寒骨,悄怆幽邃。以其境过清,不可久居,乃记之而去。”这里没有一般山水诗文在抒情方面所常见的那种时空背景的跳跃性,其直接的因果关系比较明晰可辩,至于文外的缘由和字里行间的寓意则要另当别论了。

（二）在内容方面富有知识性

与山水诗歌比,山水游记所提供的信息量较大且具体,在状物叙事中展现了相关的地理地貌、人文历史和民间传说等,因此具有丰富的知识性。范成大的《过三峡记》和陆游的《入蜀记》等篇便是例证。

（三）在游道方面具有启发性

游记的作者大多经验丰富,在搜奇览胜或旅游观赏活动中善于考察研究,并且惯于将自己的心得体会融贯在模山范水之中。譬如,王安石在《游褒禅山记》中,表述了如何寻访奇伟瑰怪景观的可能途径与相关条件,今天读来依然不失其启发意义:“古人之观于天地、山川、草木、虫鱼、鸟兽,往往有得,以其求思之深而无不在也。夫夷以近,则游者众;险以远,则至者少。而世之奇伟瑰怪非常之观,常在于险远,而人之所罕至焉。故非有志者,不能至也。有志者,不随以止也,然力不足,亦不能止也。有志与力而又不随以怠,至于幽暗昏惑,而无物以相之,亦不能至也。然力足以至焉,于人为可讥,而在己为有悔;尽吾志也而不能至者,可以无悔矣,其孰能讥之乎？此予之所得也。”另外,袁宏道在《游盘山记》中,对景中下盘水胜、中盘石胜和上盘松胜的描写,对有效的旅游观赏活动具有方法论似的引导作用。郑日奎在《游钓台记》中对“以为游,则亦游矣”这一命题的阐述,以及对“目游”足不及游之景,“鼻游”随风飘来之香,“舌游”甘甜清净之泉,“神游”四围雄秀之山,“梦游”空蒙滴沥之状,“耳游”远近景物之声等游道或旅游观赏方法的推举,均有助于人们从事全方位的游赏活动。

（四）在旅游开发方面具有构景的功能

在华夏旅游景观的形成与发展过程中,比较普遍的做法是因人

(历史人物)设景和因物(客观景物)设景,而最具特色的是因文(摹景华章)设景。前两者取决于历史人物的功业德行与客观景物的价值特征,而后者则取决于摹景华章的优美境界。譬如湖南的旅游名胜桃花源与武陵旅游景区,便是择善地附会于陶渊明的《桃花源诗并记》。桃花源自唐代始建寺观与后代不断修缮扩建成其格局,而武陵旅游景区则是新近旅游开发建设的结果。在我国繁多的旅游胜地中,因文设景并成为名胜的先例不少,譬如湖北宜昌附近临江的风景名胜"三游洞",便是因白居易、白行简和元稹同游此洞并作《三游洞序》及咏景诗文而设。湖北黄冈的旅游景点"东坡赤壁",也是因苏轼的前后《赤壁赋》与《赤壁怀古》等美文华章而建。

需要说明的是,无论是因人设景与因物设景,还是因文设景,不仅在许多情况下是相互关联的,而且都以一定的自然或人文条件为基础。另外,景与人与文相彰,人因景因文而名,文以景以人而显,彼此互动,交相辉映,故有人杰地灵之誉与山秀文明之风。诚如许多先贤所言:"山川之秀,实出人才;人才之出,益显山川"(王鏊《洞庭西山赋》);"山川虽灵秀,非人不显"(桂冲云《小营山记》);"一元之气融结于亘古,归气于山泽而有孕灵育秀。僻在荒陬,不经名贤游览,遂寂寥无闻,江阴诸山是矣"(朱德润《游江阴三山记》);"仁贤昔时经履之地,山川草木光采尤存,表而出之以昭来世"(张栻《武侯祠记》);特别是屠隆在谈及苏轼时所说:"一代文章万古稀,山川赖而亦增辉。"所有这些说法不仅深刻地揭示了景、人、文之间的相互关系,而且也简要地道出了华夏民族的旅游审美文化心理的某些特征。

三　旅游审美与名胜楹联

西方有一位名叫赫西(Hussey)的美学家认为,与风景美相关的是一种审视"画境"(picturesque)景色的习惯。这种审视习惯一般把眼前的景色看作可以入画或绘画的素材,所以常以素描家的眼光来看待自然美。[①] 这一见解在中西方都有其普遍性。所不同的是,在中国和东南亚一些受中国文化影响的国家(如日本、韩国和新加坡等),众多

---

① Cf. F. E. Sparshott. *Structure of Aesthetics* (University of Toronto Press, 1963), p. 96.

山水名胜处或风景园林中均设有牌坊门楼、亭台阁榭或石碑摩崖等，其上通常书写或镌刻着与景物相关的楹联或题辞。这种表现形式就像中国传统绘画中的题诗或题名一样，对景物起一种“画龙点睛”的作用，对观赏者则起一种引导的作用，因此成为景物中不可或缺的组成部分。《红楼梦》中专有一章是写大观园建成后贾政约人在游赏中为亭台楼阁题辞兴联，并在欣然兴酣之时归纳说：“偌大景致，若干亭榭，无字标题，任是花柳山水，也断不能生色。”此说虽有言过其实之嫌，但却也道出了楹联作为如画风景之“标题”的重要作用。

楹联又叫对联、联语，俗称对子。兴于五代，盛于明清。作为统称，楹联可划分成不同类别。在内容上分述事、状景、抒情、晓理、论评等；在文字上分长短两种；在写法上分自拟与集句等；在应用上分春联、喜联、寿联、挽联、题画和胜迹联等。人们在许多旅游胜地的牌坊门楼或山石崖壁上，经常看到的主要是一些状景抒情的“胜迹联”，也就是我们通常所说的名胜楹联，实际上是山水诗歌的一种变体，是山水旅游文学中的一个特殊门类。

从旅游观赏的角度看，名胜楹联也像山水诗歌一样，具有与景物相关的典型形象美、诗情画意美、哲理内涵美和历史沧桑感。譬如云南昆明湖大观楼上的180字长联，就是一个范例。上联为：

> 五百里滇池，奔来眼底。披襟岸帻，喜茫茫空阔无边。看：东骧神骏，西翥灵仪，北走蜿蜒，南翔缟素；高人韵士，何妨选胜登临，趁蟹屿螺洲，梳裹就风鬟雾鬓，更苹天苇地，点缀些翠羽丹霞；莫孤负四围香稻，万顷晴沙，九夏芙蓉，三春杨柳。

下联为：

> 数千年往事，注到心头。把酒凌虚，叹滚滚英雄谁在？想：汉习楼船，唐标铁柱，宋挥玉斧，元跨革囊；伟烈丰功，费尽移山心力，尽珠帘画栋，卷不及暮雨朝云，便断碣残碑，都付与苍烟落照；只赢得几杵疏钟，半江渔火，两行秋雁，一枕清霜。

这副长联出自清代诗人孙髯翁之手，被誉为“古今第一长联”或“海内长联第一佳者”。上联纵情放歌烟波浩渺的滇池，以比兴的手法与华美的辞采，将四周的山峦形态和风光胜景描绘得活灵活现。绮丽的山水田园在翠羽丹霞、芙蓉杨柳的点缀下，层次丰富，如诗如画，充分表现出景物的典型形象美和诗情画意美。下联笔锋一转，怀古伤今，一方面怀着激奋与悲凉交织的复杂心情缅怀汉、唐、宋、元等朝代的风云人物及其伟大壮举，另一方面由以无奈的语调感叹朝代的更替与历史的兴衰，寓意深远，发人深省，使人从中看到历史长河中来去匆匆的过客和往事如烟般的人世功业。若将上下联一起参照，我们感到作者似乎是以永恒的大自然来比照显赫一时的人世功业，以悦山乐水的欣喜之感来凸显自己对社会现状的怨怼，或以无限的时空来反衬有限的人生，从而流露出一种“喻世”“醒世”和“警世”的玄理，充分表现了与景物相关的哲理内涵美和历史沧桑感。

当然，名胜楹联有长有短，其审美功能各有侧重。有的主要表现相关景物的典型形象与特征，如题江西庐山瀑布的“白鸟远行树，玉虹孤饮潭”。有的主要是摹景抒情，如题云南通海海潮寺的“海色澄清，云雾荡开天地撼；潮声汹涌，波涛洗尽古今愁”。有的则借写景而寓玄理的，如题浙江天台赤城山紫云洞的“洞口有尘风自扫，禅门无锁月常来”。有的则主要以写景来言志的，如题山西太原晋祠公园不系舟的“碧水名泉，不舍昼夜；古松老柏，能耐风霜”。有的则主要抒发思古幽情的，如题长城的“阅古今，历沧桑，千年秋月寒金阙；跋山海，涉嘉峪，一脉春光叩玉门”。也有的在观赏方法上给游人以某种提示，如题江苏扬州乐园的“雨后静观山意思，风前闲看月精神”。也有的叠字联，以一字连用的方式表现景色的多变性、奇异性和丰富性，如题杭州西湖中山公园的“山山水水，处处明明秀秀；晴晴雨雨，时时好好奇奇”。而有的谐音联，利用汉语一字多音、一音多字或同音歧义的特点写成，多用来吊人胃口，不失为一种文字游戏或幽默之笔，比较著名的是题山海关孟姜女庙的“海水朝朝朝朝朝朝朝落，浮云长长长长长长长消”，这幅一字多音联的实际意思是指“海水潮，朝朝（音召）潮，朝潮朝落；浮云涨，长长（音常）涨，长涨长消。”

需要补充的是，名胜楹联的书写和制作工艺也会构成旅游者的观赏对象。如上述昆明大观楼的长联，是清光绪十四年（1888）云贵总督岑毓英托赵藩以工笔楷书刻成的木制联，蓝底金字，书法遒劲，形体优美，具有很高的艺术价值和审美韵味。

四 旅游审美与风物传说

现代人去世界各地旅游观光,每到名山胜水处,通常会接触到一些依丽于景物的神话故事。对生活在科学时代的大部分旅游者来讲,这些故事在逻辑上显然荒诞不经,但在情理上又那么津津有味,为人乐道。这其中必有心理与文化的缘故。

在神话学(mythology)研究人员中间,有的认为"古代人的神话(myth)是人类精神最深刻的成就之一,是天才的创作智慧所产生的充满灵感之作——这种创作智慧……为深邃的宇宙领悟开了方便之门"。有的则认为"古老的神话同仪礼和仪典紧密相关,神话无非是'有声的仪礼',神话和仪礼无异于一枚奖章的两面"。有的则认为"神话原为一种纯属虚构的叙述(invented narration),最初具有释源功能",旨在阐释世界的本质、人类境遇、当时的习俗、信仰和举措的缘起以及神圣处所和显赫人物的由来等。也有的心理学家把神话视为原始心理、原型观念或原型动机的沉积,其功用是对集体下意识或集体无意识予以揭示和诠释。而有的语言学家则认为神话是"语言的弊病",是人们试图表达无法表达的东西或者试图表述无法表述的东西时,于徒劳无益乃至流于谬误的结果中导致了神话的生成。[①] 马克思则认为,神话是人类在童年时代于"幻想中经过不自觉的艺术方式所加工过的自然界和社会形态"[②]。可见,神话虽是幻想中的神化和人格化了的自然现象与社会形态,但也是具有艺术意味的审美对象。恩格斯进而指出,这种对象在功能上能阐明人的"精神品质,使他认识自己的力量,自己的权力,自己的自由,激起他对祖国的热爱"。上述说法各有侧重,对生活在科学时代的现代人来讲,在某些方面仍不失其启发作用与现实意义。因为,现代人的有些话语交往与思维活动总是多多少少地隐含着神话意识的痕迹,诚如西方学者米勒(Max Muller)所言:"神话是语言投射在思维上的阴影。这道阴影永远不会消

---

① 克雷默:《世界古代神话》(魏庆征译,华夏出版社,1989年),第3—4页。

② 马克思:《政治经济学批判·导言》(见《马克思恩格斯选集》第2卷,人民出版社,1973年),第113页。

失……在人类思想史的早期阶段,神话曾经放射出更为夺目的光辉,但它永远不会失去其光彩。我们完全可以相信,一如荷马时代,今天依然存在着神话,只不过我们对其视而不见罢了;因为我们自己就生活在它的阴影之中。"①

其实,在现代旅游活动中,人们不仅仅是生活在神话的阴影之中,而是亲领神受以自然山水为时空背景的神话传说与其特殊的人文氛围。这种情况在中国更为普遍。譬如,人们游长江三峡,会乐道巫山神女的传说;游云南石林,会为阿诗玛的爱情故事所感动;登黄鹤楼,会沉浸在描绘仙人野鹤的诗情画意之中。具体说来,这些传说故事是神话的一部分,是附丽于山水景物的,大多运用想象、幻想与神化的表现手法,侧重于描写自然的奥秘和叙述景物的产生及其名称的来源等,因此被习惯地称为风物传说。这些传说是民间口头文学的重要组成部分,其中有一些已被整理成文字传布于世,有不少仍散流于民间。就其总体意义而言,"它将给有名的景观带来新的生机,给旅游者增加精神食粮;它将对人们认识产生影响,扩大文化视野,并有利于作家的创作;它将使一些边缘地区开发中的景观得到重视,在熟悉名山胜水的人们面前展现出崭新的视界"②。但从旅游审美角度来看,附丽于山水景观的风物传说将会勾连起积淀在人们心理结构深层中的"神话制作意识""集体无意识"或"原型观念",从而回味起大自然原始的神秘力量;将会把某种神秘的、超自然的或人文的生气与活力灌注到静态的景物之中,从而构成动态的、富有文化、情感和精神内涵的景物形象;将会通过表现惩恶扬善的主题与歌颂追求仁爱自由的精神,对广大旅游者产生某种人伦教化或潜移默化的作用,最终不同程度地深化旅游审美体验和达到美育德育的目的。风物传说的上述作用概括起来就是:超越自然的神秘感、灌注活力的生动感和人伦教化的道德美。

(一)超越自然的神秘感

在自然崇拜时期,人类生产力与认识水平的低下,使他们在崇山

---

① 卡西尔:《语言与神话》(于晓等译,三联书店,1988年),第33页。

② 陆坚、孙秀华:《神话传说与旅游文学》,见臧维熙主编:《中国山水的艺术精神》,第293页。

伟岳、浩江瀚海和风雨雷电等自然现象所呈现出的巨大威力面前，显得无能为力，于是将这一切都归于神灵所为。这些神灵作为想象的存在，不仅具有超越自然的力量、意志和智慧，而且寄托着人的情感、追求或理想，因此是人格化的神灵，是体现人的思想观念与美好愿望的"化身"或"超人"。传说中的主要人物往往神通广大，谙悉人情，建有伟烈丰功。有的"力拔山兮气盖世"，可以移山倒海，降龙伏虎。如西岳华山传说中协助大禹治理黄河的"巨灵神"，"身躯不知有多么高，力气不知有多么大。只见他走上前去，伸出两只巨手，紧紧抓住南面华山的山顶，顺势用脚使劲去蹬北面中条山的山根，要把两座连在一起的山硬分开来。他这一鼓劲，中条山倒给他蹬开了，黄河也顺利地从他蹬开的缺口流过去了。可是由于用力过猛，好端端的华山也被他掰裂，一高一低，成了两半。高一些的就是现在的华山，又叫太华山（原名'花山'，因其形若花状而得名）；低一些的就是现在的少华山"。故李白有诗为证："巨灵咆哮劈两山，洪波喷流射东海。"①

另外，也有一些风物传说中的主人翁悲天悯人，为民造福而牺牲自己，如桂林山水传说中的"三公主"，为引仙泉而操劳过度而死。死后又将双眼化为一汪流水，汇入仙泉，使泉水清澈见底。人们为了纪念她而将这汪流水称为相思江，将这股仙泉称为漓江。还有一些传说中的人物为复孝慈，不畏艰险，敢向恶神挑战，如"劈山救母"的小沉香等。所有这些光怪陆离的故事，冥冥莫测的巨灵，超越自然的力量，一方面反映出原始先民的泛神意识和"神话制作意识"，同时也给山水草木注入了神秘的色彩，戴上了神性的光环，激发了人们的幻想，在实地游览过程中会使人体验到一种惬意而奇幻的神秘感受。

（二）灌注活力的生动性

去过云南石林的旅游者，大都观看过那座称为"阿诗玛"的天然"石像"。在他们的眼中，那不是一块僵硬的、没有生命的石峰，而是一位含愁带恨的、如怨如诉的少女的"化身"。从心理学方面看，这种景物转化现象通常被视为联想或幻觉的结果。但从神话学的角度看，这可以说是一种"原型现象"，是人的"神话制作意识"和神话传说相互

① 柳苇：《中国山川掌故与传说》（中国展望出版社，1984年），第91—93页。

作用的结果。而在美学范围内,这种景物转化现象被认为是人的审美意识在神话传说的刺激下向对象灌注生气或活力的结果。这种化静为动、化死为活或化无情为有情的旅游审美现象,正是风物传说的生动性所致。

正是由于这种生动性,有些风物传说便能把人们带到一个超然物表的境界,一种使人看到"景外之景"和"情景交融"的审美境界。这样,人们会从原本普通的景物中感知到特殊的内涵、意味甚至生命力。游石林观看"阿诗玛"是如此,过巫峡遥望"神女峰"也是如此。相关的传说使景物活了、高大了和丰富了。这些原本属于"虚"的东西与眼前"实"的景物,通过人的主观想象交融在一起,彼此互动,相得益彰。也正是由于这种生动性,人们无论是游浙江的瑶琳洞,还是观贵州的织金洞;无论是探北京地区的石花洞,还是访宜昌的白马洞,总习惯于"以虚化实",用人所编造的传说(如唐僧师徒取经等)或著名的历史人物(如霸王盔等)来描绘洞中的景物,给原本天然形成的石笋石钟等,赋予传说中的人物"形貌"乃至人的某些情感或愿望等,以期增加景物的观赏意义,提高游人的兴致或审美情趣。值得指出的是,不顾景观所处的地域性和人文环境,以简单雷同的方式利用某些传说(如唐僧取经)在洞中造景是不可取的,那样就不能彰显出洞景的个性,也不能给旅游者以审美震撼作用(aesthetic shudder),因为这有悖于"新奇为美"的美学原则。

(三) 人伦教化的道德美

古人论"诗教",认为其功能在于"经夫妇,成孝敬,厚人伦,美教化,移风俗"(《毛诗大序》)。总体而论,风物传说的大部分内容也具有类似的特点,均是通过表现惩善扬恶或仁民爱物的主题,以期达到人伦教化和移风易俗的社会目的,使人在寓教于乐的艺术化交际形式中受到相应的道德启示与教育。譬如,歌颂忠贞善良之德的石林阿诗玛传说,歌颂母子孝慈之德的华山劈山救母传说,歌颂舍己为人之德的桂林三公主传说,歌颂仁民爱物之德的巫山神女传说等,都表现出一种倡导人伦教化的道德之美,具有明显的道德目的性或伦理功利性。

若从美学角度进一步分析,我们发现由于风格和内容的差异,有的风物传说偏于表现一种悲壮的阳刚之美,譬如“鬼斧神工龙门成”传说,说的是滇池岸边一位心灵手巧的石匠,在他心爱的姑娘被有钱有势的强人抢走逼死之后,悲痛欲绝,只有拿起石錾子,凿着姑娘生前喜爱的花鸟时,才能暂时忘掉人间的不平和不幸。他决定不再成家,一生从事艺术创作。他带着工具和简单的行装,来到滇池西山高峰上最险峻的罗汉崖,参加了一项大型的石雕工程。他不畏艰辛,日复一日,精心雕刻,把全部心血化在石雕上,直到额纹累累,鬓角霜白,终于在龙门洞窟中凿出了栩栩如生的文昌像、关胜像、魁星像……那天,老石匠看着自己多年心血的结晶,怀着无限喜悦的心情,最后开始雕琢魁星手中那支笔。他精心地凿着,雕着,一支笔的形状很快地显现出来了,眼前只要稍一加工就可大功告成。可是,不知是因为心情过于激动,还是因为年迈眼花,就在刹那间,“叭”的一声笔头断了。老石匠顿时浑身发抖,无法相信这件凝聚着几十年心血的完整作品,竟会在最后时刻留下疵瑕,心里受到沉重的打击。在痛苦的沉思默想中,如烟的往事再次浮现脑际,涌注心头:现实世界的遭遇与艺术世界的失败,使他感到人生中的一切是那样的冷酷、无情和不幸,于是热泪盈眶,伤心无比,长叹一声,纵身一跳,跳进了百丈悬崖下面的滇池中……①这一惨痛悲壮的故事感人肺腑,动人魂魄,不亚于一出真正意义上的悲剧作品所给人的审美震撼与道德启示。

相形之下,有的风物传说偏于表现哀婉的阴柔之美。譬如北京香山卧佛寺东边的万花山,一直流传着“万花娘娘”的动人故事,讲的是一家财主的女儿“爱女”,天真美丽,心地善良,曾是父母的掌上明珠。不幸的是,母亲死后,父亲娶了后妈,生了小妹,自个却备受虐待。她从小同情经常早出晚归但经常遭打挨饿的放牛娃,俩人渐渐长大、相爱,后被后母发现,唆使其父将牛娃远卖,无情地拆散了这对鸳鸯。爱女十分感伤,于绝望之余离家出走,跋山涉水来到万花山的小庙里。她又饿又累,坐在小庙供桌上歇脚时,结果“立地成仙”。② 同类的传说很多,如家喻户晓的西湖断桥“白蛇传”和洞庭湖“君山斑竹泪一人”等。

---

① 李晨:《中国名胜古迹掌故与传说》(中国展望出版社,1983 年),第 80—82 页。
② 金受申:《北京的传说》(北京出版社,1981 年),第 106—109 页。

当然,鉴于中国传统文化中刚柔并济的审美趣味,有的风物传说集悲壮的阳刚之气与哀婉的阴柔之情于一体,表现出一种刚柔相谐之美。譬如,在洛阳龙门石窟这一著名景点就流传着这样一个故事:很久以前,洛阳城南有一座巍峨的大山。大山北面有家财主,雇有放羊娃山娃和打杂丫头水秀。有一天,山娃放羊时听到大山肚子里爆发出轰隆轰隆的响声,好像在问"开不开? 开不开?"后听人说千万不能回答说"开",否则大山就会裂开,山洪就会喷射出来。财主贪财,看到山娃与水秀相爱,就许诺山娃若能把羊放得满山满坡,就把水秀配他成婚。山娃拼死拼活、起早摸黑,四出放牧,真把羊放得满山满坡,要与水秀完婚。未料财主不仅翻脸不认账,而且还把山娃赶出门,连夜将水秀卖给别人。山娃发疯一样跑到山上,望着水秀远去的地方,心痛如刀割,悲愤满胸膛。就在这时,再次听到大山肚子里发出轰隆轰隆的响声,"开不开?"的问话又传到他的耳边,于是大喊一声:"开吧!"结果一声巨响,大山开裂,洪水喷射,转眼间淹没了老财主的家和狠心的老财主,也卷走了奋勇去救水秀的山娃。后来洪水退走,出现了一个山口,远看像一座大门,人们称其为龙门。山口两边的悬崖峭壁上,出现了许多石洞,里面有大大小小的石佛像,也就是我们现在所看到的石窟艺术。而在当地的山洼里也长出了许多奇花异草,其中有一株鲜红耀眼的并蒂莲花,人们说那是山娃和水秀变的。这种把悲壮与柔情、激烈与平静、贪婪与善良等对立因素糅合在一起的风物传说,一方面给人以刚柔并济的审美感受,另一方面也从不同的侧面反映了人们惩恶扬善的心理与好事多磨的愿望。

常言道:"山不在高,有仙则名;水不在深,有龙则灵。"这显然与风物传说密切相关。但需要说明的是,旅游者在实地游览过程中,要想比较充分地欣赏风物传说的上述功能,就得悬置起"逻辑思维"(logical thinking)方式,启用"隐喻思维"(metaphorical thinking)方式,充分利用自己的审美想象力,抛开日常的实用功利心,在"似与不似"之间观照景物的形象和感悟传说的内涵。倘若一味求"实"较"真",那只能是缘木求鱼而已。

第十一章　审美期待与接待艺术

在旅游观光中,旅游审美关系一方面表现为游客对景观对象的鉴赏活动,另一方面表现为游客对接待服务的评品过程。我们知道,旅游业作为一个以人(游客)为导向的服务性行业,首先需要全体雇员确立“宾客至上”的共同价值观和提供相应的优质服务,以期满足游客的各种合理需求(尤其是广义的审美需求)。以往的实践经验表明,决定一个旅游服务性企业成败的主导因素不是别的,而是旅游接待艺术。

一　旅游者的审美期待

在正常的社会交往中,人们彼此之间习惯于从各个方面来审视评品对方,譬如从生理角度(如性别)、审美角度(如美丑)、心理角度(如喜怒)、或伦理角度(如善恶)等。一般说来,这是一个由表及里不断深化的过程。

旅游审美心理学告诉我们,当旅游者(或称“潜在的旅游者”——potential tourists)萌发旅游动机并通过各种大众传媒开始搜集相关信息和选择旅游目的地时,其审美期待心理也随之进入了动态的发展阶段。这种审美期待尽管在开始主要指向景观对象的审美价值的,但随着旅游目的地的确定与旅游行期的临近,这种期待心理将会更多地转向旅游接待服务,因为后者直接关系到他们旅游审美需求(当然也包括其他合理需求)是否能够得到如愿以偿的问题。

自不待言,大多数旅游者是以自我为中心的。他们惯于从自身的文化修养、审美趣味或生活方式出发,期望在异国他乡所享受到的接待服务能够达到他们所认同的标准和满足他们的合理需求。因此,当他们刚一接触到开往旅游目的地的交通工具(如飞机、火车、轮船或汽车)，便在期望值、紧张感、陌生感和新奇感等心理因素的驱使下，对旅游接待人员进行全方位的审视与评价。这样，从空中小姐、海关人员、饭店职员、商店销售人员和导游翻译(包括单纯用中文讲解的导游与用外语讲解的导游)等旅游接待人员，都于有意或无意之中成为游客的直接审美对象。通常，这种审美评价集中地体现在仪表美、风度美、心灵美和服务美等四个方面。

(一) 仪表美

人的仪表美是形体美、服饰美与发型美的有机综合美。就形体美而言，中西方的审美观念日益趋向融合与一致：在讲究身材、五官、容貌与肤色的同时，也推举一套相应的比例参数。在直接的生理意义上，人体美通常表现出人的健康状况与身体素质。从劳动美学观点看，人们更倾向于欣赏和追求健康的美，富有活力或生命感的美，而不是病态的美，即苍白无力或"弱不禁风"的美。从旅游美学的实际出发，旅游者对接待人员的形体美要求突出地表现在健康美上。因为，这直接关系到整个旅游审美活动的正常进行及其接待服务的效果，至于经济方面的考虑就更不用说了。

服饰美是构成仪表美的另一要素。俗话说"三分长相，七分打扮"，这是有一定道理的。服饰之美，不仅反映出人的品格与审美趣味，给人以美感，而且更重要的是对人体具有"扬美"与"抑丑"的双重功能。就前者而言，如果对服饰加以科学而巧妙的应用，就会使其与人体构成和谐的美，起一种相得益彰、锦上添花的效用。事实上，人们在长期的社会实践中，往往结合自己形体的某些美点，借助服饰的色调和款式加以突出。例如，肤色白净的女士，服装的色调不妨明快鲜亮一些。若着桃红，在红(衣)白(肤)的自然对比调和中会产生一种"人面桃花相映红"的审美效果。如再淡淡地涂上一抹口红，更显得楚楚动人，美而不艳。就抑丑的功能来说，服饰色泽、式样图案的变化，在光的作用下会使人产生一种错觉，运用得当便可以弥补或遮隐形体的某些缺陷。人有胖瘦高矮，纹样有圆横曲竖，款式有华朴宽窄等。在衣着上，什么形体选择什么色彩、纹样与款式，应该遵循扬长避短或扬美抑丑的美学法则。另外，色调有冷(如紫、蓝)暖(如红、黄)之分，给人的感觉有收缩与扩张之别。因此，瘦人不宜穿黑色的、带竖条的衣服,胖人不宜穿白色的、带横格子的衣服。否则,瘦者会显得更瘦更单薄,胖人会显得更胖更横宽。反之,效果就大不一样。

发型是构成仪表美的三要素之一。发型在一定程度上属于实用造型艺术,是体现人的审美需要与性格品味的直观形式,是自然美与修饰美的有机结合,同时还折映出人们的物质与文化生活水平以及时代的精神风貌等。自不待言,发型也像服饰一样,具有积极的装扮美化作用。英国美学家荷加斯认为,发型"能使整个人的美有一定程度的增进,这要看它们安排得是否合乎艺术的规则"①。一般来说,整洁、自然、蓬松和带有波纹的头发本身就美。假如将其弄乱,就会变得很不好看,"因为眼睛没有出路,不可能去追寻这样多没有秩序、没有条理和混乱不堪的线条"。② 在实际生活中,人对发型美的追求尽管呈现出多元取向,但"个性化"依然是一条指导性原则。所谓发型的个性化,就是根据个人的身材、脸型、头型、发质、年龄和职业特点,来设计修剪发式,使其能反映出个人的特点和情趣,取得整体和谐的审美效果。比如,脸型颈部较长、身材高大、发质较好的人,配上较长的发型会显得飘逸大方,风度翩翩。而脸型瘦小、颈部短粗、身材矮胖的人,如果留长发、蓄鬓角,就会给人一种头重脚轻、臃肿做作的感觉。

由形体、服饰和发型等因素集合而成的每位接待人员的总体仪表美,直接影响着旅游者的审美视知觉。从审美心理角度分析,典雅端庄的仪表会给整个旅游审美活动创造一种积极而欢快的前奏曲气氛。从文化社会学观点看,这种仪表美不仅在一定程度上表现出个体的精神面貌与审美修养,而且还折映出相关民族的文化素质与形象,以及相关社会的物质与精神文明发展水平等。因此,旅游接待人员作为"祖国的一面镜子"或"民间大使",应充分认识仪表的审美属性与社会意义,应重视自己的仪表或"形象塑造"(image construction)。

(二)风度美

一个人的风度,是在漫长的社会生活实践和不同的历史文化氛围中逐渐形成的。风度是个人行为举止的综合产物,是社交活动中的无

---

① 荷加斯:《美的分析》(杨成寅译,人民美术出版社,1986年),第117页。
② 同上书,第37页。

声语言,特别是个人性格、气质、情趣、素养、精神世界和生活习惯的外在表现。通常所说的“风姿”“风采”或“风韵”,基本上属于风度的具体显现。

欣赏风度和讲究风度,可谓人类的共性。因为,“这种必要性不是来自社会身份或等级地位的虚假观念,而是来自崇高的人类称号;不是来自礼仪体面的虚假观念,而是来自人类尊严的永恒观念”(别林斯基语)。同仪表美一样,风度美也是社会生活美的一项具体内容,是人类按照审美需要、实现自我完善的结果。一般来讲,由于个人在职业、修养、审美追求和价值体系等方面的差异,风度往往呈现出多彩多姿的形态。比如,学者有学者的风度,演员有演员的风度,军人有军人的风度,运动员有运动员的风度,政治家有政治家的风度,旅游接待人员(从空中小姐、饭店服务人员到导游翻译等)也应当养成与自己的职业相应的风度。

风度虽在很大程度上反映人的内在美,但总是通过外显的行为,即站态、坐态、步态和其他身体语(如手势、表情)等可视因素展现出来的。常言道:“站要有站相,坐要有坐相”,这对风度美提出了最基本的要求。我们认为,旅游接待人员在同客人交谈或讲解时,首先要注意站态。既不要两脚并拢,笔直挺硬,也不可双腿叉开,摇头晃脑。手势与表情也不宜过于夸张或激烈,更不可用手指点人说话。因为,这种站态与手势不是过于紧张生硬,缺乏亲切感,就是过于随便粗俗,令人生厌。正常的站态要求两脚叉开时不超过肩宽,腰板应自然挺起。而手势(一般用五指并拢的手掌作为辅助性表达手势)则要求柔缓优雅,面部要带微笑(一般是舞蹈演员式的“二度微笑”),这样会给人一种稳定感、轻松感和亲切感,有利于思想感情的沟通与交融。

坐态也有一定的规范。据统计,人所坐的时间几乎占其一生的三分之一。如果坐态失常,不仅难看,而且会导致人体畸形变化(如脊柱歪斜),损害身材的自然美。旅游接待人员大多是站立服务的,而导游翻译则有例外。无论是座谈游览计划或共同就餐,入座时要先客后己,彬彬有礼,轻缓得体,离席时切忌猛坐猛起,弓背哈腰或半躺半坐。总之,要在实际活动中细心观察、不断总结,力避呆板僵直、懒散粗鲁的坐态,追求端正大方、自然舒适的坐相。

步态美主要表现为从容稳健、快慢自然、轻巧敏捷的行走姿态。

反之,前摆后扭、上颠下簸、头摇肩晃的行走姿态,则难以构成步态美。相形之下,步态由于动态性强,比站态和坐态更难把握,因此也更具有观赏价值。培根曾言:"论起美来,状貌之美胜于颜色之美,而适宜并优雅的动作之美又胜于状貌之美。"①

可以说,站态、坐态和步态是人的自然形体在空间中的具体显现,加上优雅的手势与温和的表情,会构成一种和谐统一的空间形象。从静观或动观的角度看,这种直观的空间形象是风度美的客观表现形式。但这并非是说,风度就是这"三态"的简单组合。在严格的意义上,风度美属于社会美范畴,是人的内在美(气质、修养、情趣等)的自然流露。因此,风度美要求内秀与外美的统一,要求"诚于中而形于外"。

(三) 心灵美

从社会美角度来判别人的美时,我们总是习惯于把仪表美和风度美归于"表层"的美,而将心灵美称为"深层"的美,并且认为这两者的和谐统一可造就一种"完整的美",即一种表里如一的内外综合美。只有这种美,才是人类美学的峰巅。

毋庸讳言,心灵美是人的其他美的真正依托,是人的思想、情操、意志、道德和行为之美的综合体现。心灵美的核心是善。在中西美学史上,将美善并举和等同的说法颇为常见。无论是从孔子、孟子到宋明理学,还是从柏拉图、亚里士多德到普洛丁、康德,通常认为美即善或善即美,美是道德的象征。孔子所推崇的理想人格——君子,不仅要"文质彬彬",而且要"尽善尽美",要"成人之美,不成人之恶"。在论及衡量君子的尺度时,还提出"五美"之说——"君子惠而不费,劳而无怨,欲而不贪,泰而不骄,威而不猛。"不难看出,孔子所宣扬的"五美",是以"中和"为基本原则的五种仁善行为。就善而言,它是社会生活中人与人在正常交往中的道德行为规范。一个人的思想行为如果符合这些规范,那就善就美。否则,就恶就丑。

旅游接待人员的心灵美主要体现在他们所提供的优质服务上。据报道,有位陪同法国"东方之友"旅行团的导游翻译,在整个游览观

---

① 培根:《论美》,见《培根论说文集》(水天同译,商务印书馆,1986年),第157页。

光过程中，积极热情，任劳任怨，关心游客，讲解认真，语言生动，把中华文化的精义与旅游景观的特征真正介绍或传播给了客人，同时还为团中的老人排忧解难，上搀下扶，关怀备至。临别时，游客感激不已，依依惜别。尔后，寄来多封热情洋溢的感谢信，对此番在华旅行给予了很高的评价，对导游的服务表示了高度的赞扬。像这类层出不穷的事例，是对旅游接待人员心灵美的构成与意义的活的说明。国旅系统所制定的“五要五不要”[①]接待原则，表面上看是对导游服务的规范要求，实质上是对导游人员如何塑造心灵美进行了高度而集中的概括。特别是对其国格和人格方面的要求，在社会学意义上可以说是旅游接待人员塑造心灵美的起点。自不待言，只有讲究国格与人格者，才有可能追求自我完善，追求从仪表、风度到心灵的“完整的美”。

需要强调的是，心灵美与道德伦理虽然有着最直接最密切的关系，但不能把二者简单地完全对等起来。因为，心灵美作为美的一种特殊形态，具有一切美的共同特征，即直观性与可感性。这就是说，“深层”或内在的心灵美，要通过“表层”或外在的美（如行为美、仪表美、风度美和服务美等）显示出来。所以，每个旅游接待人员在为游客服务和追求自我完善的过程中，要力求心灵美、仪表美、风度美、行为美和语言美的和谐统一，要避免重外美轻内秀或重内秀轻外美等偏差现象。俄国著名作家契诃夫说过：人的一切都应该是美丽的：面貌、衣裳、心灵和思想。古希腊贤哲柏拉图也曾指出：身体美与心灵美的和谐一致，是最美的境界。对于旅游接待人员来讲，这种“最美的境界”才是追求自我完善的终极目标。对于旅游者来讲，这种“最美的境界”才具有至为丰富的审美价值。

二　旅游接待人员的形象塑造

旅游接待人员一方面作为旅游者的直接审美对象，另一方面作为所在企业单位的代表或代理，有必要依照一定的美学法则搞好自己的

---

① 五要：要和颜悦色，热情服务；要主动翻译导游，积极介绍情况；要耐心解答客人的问题，保守国家机密；要满足客人的购物和其他合理要求；要关心客人的安全与健康。五不要：不索要小费和物品；不倒换外汇；不收取回扣；不利用工作之便与客人拉关系，谋求私利；不作任何有损国格人格的事情。

“形象塑造”(IC,Image Construction)。这不仅是为了满足游客的审美期望或需求,更重要的是为了树立良好的企业形象,以便吸引客源,维系和拓展市场。形象美的构成要素除了形体美、服饰美与发型美之外,还包括服务美。这其中涉及一系列应用美学与服务艺术的基本原则。

(一) 灵活与适度

人是万物之灵。人的形体美不仅是艺术家所珍视的表现媒介,而且也是广大众所热衷的审美对象。因此,许多旅游企业择员标准是“五官端正,体态苗条,曲线优美,身材适宜(女性高度不低于 1.65 米,男性高度不低于 1.70 米),视力正常,动作敏捷,口齿清楚……”这些貌似宽泛而实际上甚为苛刻的择员条件,尽管一直遭到许多异议,但却依然被奉为选拔员工的常规。实际调查表明,大多数中方经营的旅游企业单位(如饭店等),比较侧重于选拔员工的相貌,而合资饭店则侧重于雇员的心灵素质。曾在北京建国饭店任总经理的瑞士企业家宋茂罗先生与在华长期从事员工培训的莫尔先生等一致认为,多年来,旅游业(尤其是饭店业)对员工的形象美的功能过于夸大了。一位长相标致但惯于照镜自赏甚于搞好本职工作的职员,若与一位长相一般但却兢兢业业的员工相比,前者显得毫不足取。从社会经济效益角度看,这一见解具有相当的现实意义和参考价值。

我们认为,旅游作为一种涉外行业,在择员时务必适当考虑人体的美感因素与游客的审美期望,但不可过分拘泥于人为的预设标准(比如男性身高 1.7 米以上,女性身高 1.65 米以上),而应从本民族的生理特点出发,采取一种富有弹性或灵活性的“人体美学参数”。这就是说,只要身体发育正常,动作敏捷,形体匀称,上下身的比例适度(以肚脐为分割点,基本符合“黄金分割率”,即下半身与上半身之比为 1∶0.618 或 8∶5),便可录取试用。因为,旅游接待人员的外在形体美尽管能够产生审美视觉上的“光环效应”或具有正面价值的第一印象,能够将客人导入初级的审美愉悦体验。然而,随着服务过程的展开,认识的深化,实用目的的泛起,客人对形体美的观照会逐渐淡化,而对服务态度美和技能美的审视则不断增强。这一点特别需要引起旅游企业人事部门的高度重视。

（二）多样的统一

如前所述，服饰是形象塑造的要素之一，既体现个人体态与现代时尚，亦体现民族风格与时代精神。关于旅游接待人员的服饰，一般根据各行业的实际情况而定。譬如，空中小姐与导游翻译的服饰，通常在参照国际性或民族性的基础上，前者讲求标志与款式的统一，而后者则比较宽松，只讲求标志的相对统一。而饭店员工的服饰从功能和审美的角度考虑，则要求多样的统一。门卫、前厅、客房、餐厅、酒吧、商品部与健身房等部门，其服饰应当风格多样、款式不同而又局部统一。这在很大程度上是出于工作性质的需要（便于识别等），但在客观上构成了一种多样统一的服饰环境，能够给人一种鲜活多变而又和谐有致的视觉美感。从视觉的生理与心理方面看，人们普遍忌讳色彩单一、形式刻板、格调俗腻的环境与事物。如果视觉神经总是受到同一式样、同一色调的外物的刺激，生理上就会产生一种不可名状的疲劳感，心理上也会相应地产生一种厌倦感。事实上，视觉作为高级审美感官之一，习惯于追寻形态变化但又有章可循的观赏对象。因此，饭店宾馆作为游客吃、住、购、娱的主要场所，应当充分应用服饰美学的观赏效应和多样统一的设计原则，尽力创造一种能够满足客人视觉审美需要的生活环境，这对塑造企业形象和吸引客源是有一定意义的。

（三）环境和谐

这里所谓的环境和谐，主要指旅游接待人员的工作服饰与工作环境在风格上彼此和谐或相互调配的关系。通常，在宾馆饭店的中餐厅里，内部装潢和饮食器具总离不开雕花桌椅、竹木阁楼、古董字画、瓷盘碗筷等。所有这些陈设与器物皆具有浓厚的民族饮食文化的特色。如果服务人员身着西服革履，难免会大煞风景，体现不出中国饮宴特有的审美品位。但若身着民族服装（如旗袍），效果就大不一样。此时，服装与环境在总体风格（即具有民族性的风格）上统一协调，相得益彰，会使客人耳目一新，得到一种特殊的文化享受。另外，旗袍作为东方女服的代表，上下结构严谨，没有重叠的衣料、外显的带绊和口袋等繁饰，显得简洁明快、干净利落、雅致端庄。旗袍两旁的开衩，美观实用,使跨步方便,给人以活泼轻盈之感。旗袍一般讲究贴身合体,线条流畅,无论是“燕瘦环肥”的身材,均能衬托出女性婀娜多姿的优美体态。

服饰与环境的和谐美还反映在色彩的均衡方面。这涉及亮、暗、冷、暖等色调的互补关系或调配方式等问题。根据波长,人们将颜色分为冷色(如青、绿、蓝、紫等)与暖色(红、橙、黄等)。若用语言来描述两者的对比作用,冷色具有收缩、镇静、理智、圆滑、微弱、沉稳、稀薄、远而轻等属性,后者则具有扩散、前进、热烈、激越、刺激、稠密、近而重等属性。一般来讲,饭店的服饰与环境在用色上以中性或调和色为宜,这样便于创造一种平稳柔和、明洁悠然的视觉美感,有助于宾客在轻松安静的氛围中解除身心的疲劳与紧张。但要看到,饭店的部门众多,功能各异,因此在色调上要讲究多样化。前厅一般要求华贵庄重,餐厅要求清洁明快,客房要求柔和安静,舞厅要求热烈活泼,酒吧要求优雅沉稳,因此用色需要冷暖相济,“因地制宜”。各部门的工作服饰也应当与环境相映成趣。比如,在酒吧与舞厅这类娱乐场所,华艳喜庆的内部装潢、迷离幻变的五彩灯光以及客人追寻愉悦的心情意趣,要求服务人员的服饰具有新颖的款式(如西服套裙或中式旗袍)与鲜丽的色彩(如玫瑰红色),这对烘托气氛、刺激视觉美感颇有效益。

(四) 含蓄为美

含蓄作为中国传统的审美趣味与标准,不仅是艺术美所追求的境界,而且也是服饰美所追求的境界。中唐诗人李贺在描写宫女游猎的着装时,曾有“宝袜菊衣单,蕉花密露寒”等句。若按字索“骥”,我们似乎看到一群仪态万方的宫女,以薄薄的菊花色单衣罩在红似蕉花的内衣上,黄里透红,明丽娇艳,微露媚形,似隐似现,从而构成一种朦胧含蓄之美(这种服饰从功能角度看并不适宜狩猎)。

就中国旅游接待人员的服饰而言,含蓄的样式是值得重视的一项美学法则。目前,有的饭店的酒吧或舞厅盲目求“洋”,一味采用袒胸露背大开叉式裙装,臆想增添“服务的魅力”。殊不知这种不顾东方人的身材形体与忽视民族审美意识的做法,一方面无益于创造积极健康的审美环境,另一方面也未必能够满足客人(特别是那些见多识广、追求异质文化美的游客)的审美需求。当然,我们强调含蓄美,并非完全扬藏抑露，恢复封闭式的衣着旧俗，而是倡导“万绿丛中一点红，动人春色不须多”的美学风范，进一步解决好藏与露的适度关系。也就是说，讲“藏”，要使其能起到护体和遮羞的效果，但无气闷封闭的感觉；讲“露”，要使其能起到展示人体自然美的作用，但无逸荡低俗的流弊。正像孔寿山所说的：“既露既藏，亦实亦虚，朦胧含蓄，可谓极致。”[①]在这方面，时装文化奖获得者吕兰所设计的手绘直筒裙，为我们提供了一个富有参考或借鉴意义的范例。此裙构思巧妙，上下浑然一体，胸前正面画有葡萄，水墨淋漓，颇具国画意境；肩部网状结构如同葡萄架，与下摆网状穗在彼此呼应中相映成趣。上部两肩与颈部以及下部大腿以下都是裸露的，正中身体主要部分是隐蔽的。这样，既露既藏，亦实亦虚，朦胧含蓄，婉约雅致，可谓民族特点与现代新潮有机融合的上乘之作。如果按照季节，在讲究含蓄美的原则基础上，使用中国丝绸面料，以水墨画的艺术处理方式来设计饭店餐饮部门或娱乐场所的女装，想必会收到良好的审美效果。

（五）整洁为美

旅游接待人员的仪表美不只是从形式美学的观点加以审视，而且也从整洁卫生的角度予以评价。因此，整洁为美的原则不仅适用于空中小姐、海关人员、导游翻译和驾驶人员，而且更适用于饭店宾馆的各类服务人员。

从事过十七年导游工作的美国花园城阿达尔菲大学旅游学教授帕特里克·克伦博士，在他的著述中着意强调：“学校和工业中的着装规定已成过去，但在旅游业中，这些规定大概永远不会废除。穿着得体是基本要求，如同修饰得体一样……你给团队的第一印象对确立领队地位至关重要。因此，第一次与团队见面，男子应着衬衣、西装、打领带；女士应穿外衣或套服。穿着得体比浓妆艳抹更能表现出趣味的高雅和含蓄的风度。”[②]实践告诉我们，与团队首次见面是一种具有工作或职业性质的特殊社交活动。在这种场合，导游（翻译）好比一位演

---

① 孔寿山：《愿您的服装更美——服装美学与穿着艺术》（上海人民出版社，1985 年），第 129 页。

② 克伦：《导游的成功秘诀》（李中泽译，旅游教育出版社，1989 年），第 26 页。

员登台亮相，因此需要对自己的形象、仪表与“做派”特别注意，应以最佳的“姿态”出现，以便全方位地吸引住观众（这里指游客），设法给他们留下一个美好的第一印象。这往往会产生一种我们前面所述的“光环效应”，对尔后开展导游工作与旅游审美活动均能起到积极的诱导作用。

在旅馆饭店的特定环境里，尤其是与客人直接接触的功能部门（如餐厅和酒吧等），整洁可谓形象或仪表美的先决条件。不难想象，餐厅服务人员的衣着如果失去整洁，其他形式美感也就无从谈起，诚如中国成语所说：皮之不存，毛将焉附？有鉴于此，异常讲究整洁的日本旅馆业一致认为：

> （1）清洁是对向客人上菜上饮料的服务员的起码要求。外表，服装，特别是需要模餐具的手要清洁，指甲要修剪，要养成餐厅开业前洗手的习惯。
>
> （2）头发要洗理好，要去掉头皮屑，一定要梳理匀贴，并防止体臭和口臭。
>
> （3）要身穿干净的衬衣、外衣和熨好的裤子，搭在腕上的毛巾要清洁，脚蹬的黑皮鞋要擦亮。
>
> （4）应穿规定的服装、衬衫和领带。①

实际考察表明，国内大部分饭店十分注意工作服饰与整洁卫生的统一，这不仅使客人享受到一种形式美感，而且也使其在心理上产生一种有关饮食卫生和个人健康的信赖感和安全感，对吸引客源和开拓市场具有重要的推动作用。相反地，在少数饭店（特别是档次偏低的旅馆饭店）里，其工作服装若从大处着眼，拉开一段空间距离来看，委实不乏形式美感。但若从近处微观，衣上的污点，鞋上的尘土，怠于修剪的指甲，沾在衣领或散落在肩部的头皮屑等不洁现象，则严重地冲淡或消解了原有的魅力，令人产生一种不好的联想，进而对饮食的卫生程度表示怀疑，致使企业形象与市场经营蒙受不必要的损失。

（六）个性与共性

不消说，旅游接待人员的形象仪表美是一个综合性的概念。除了

---

① 参阅《日本旅馆饭店基本服务》（中国旅游出版社，1981 年），第 96 页。

形体、服饰与整洁等因素之外,还涉及发型。我们前面讲过,发型作为一门实用的造型艺术,是体现人的审美趣味和性格素养的直观形式,是自然美与修饰美的有机结合,并在一定程度上反映出员工的精神面貌和相关的企业形象及其管理水平等。

我们认为,旅游接待人员的发型应遵从个性原则,即根据个体的生理特点(如脸型、头型和发质等)来修剪自己喜欢并能起到扬长避短等美化作用的发式。但在一般情况下,要从工作性质考虑,要对发长做出相应的共性规定。通常,"男不过耳,女不过肩"(相对而非绝对)仍不失为一条普遍有效的员工发长规范。这种合乎功能目的性的发长,一方面符合饮食服务卫生的要求,另一方面会给人一种干净利落、潇洒敏捷、精明强干的心理感受。

需要补充说明的是,在一些开设古代宫廷风味的餐厅里,或者仿古式的旅游景点内,服饰与发型的历史统一性或近似性尤为重要。因为,要想营造一种古代的文化氛围与生活情调,借此给人一种思旧怀古的体验或满足游客的好奇心理,工作人员的服装、发型、头饰与举止等,都应当力求与所在环境取得风格上的统一。自不待言,从整体和谐美角度看,这还涉及饮食餐具的风格造型、餐厅内部的装潢陈设、宴席音乐的选择调配、服务程序的礼仪规范、节目表演的历史背景等因素。

必须指出,在谈论旅游接待人员的形象塑造时,绝不可顾此失彼,只注意形体、服饰与发型等自然与物态因素,而忽视了与形象仪表美密切关联的风度、言谈与举止等动态因素。而旅游接待人员的风度、言谈与举止,通常具体地表现在艺术化的服务过程之中。与此同时,员工的形象仪表美也只有与实际的服务艺术融合起来才有意义。也就是说,任何脱离工作职能与效绩的"为美而美"的修饰打扮是毫不可取的,因为那样只能塑造一些"中看不中用"的"花瓶式"人物。

三　旅游服务艺术的基础分析

如前所述,旅游业或招待业在本质上是一种"以(客)人为导向的服务性行业"。根据实践经验及其客观效应,旅游接待艺术的构成要素一般可以归纳为热情、礼貌、周到、规范、舒适与安全等几大服务要领或基本原则。[1] 但要看到，这一系列要领或原则首先是建立在“微笑服务”基础之上的。

（一）微笑——态度美的感性显现

微笑作为一种面部表情，在人与人的相互交往中具有一定的情感心理学意义。卢那察尔斯基曾就此写道：“在一个人的脸上看到温柔的笑容，我们能够联想到这样的表象：这个人对我们有好感，他会许诺我们以利益和愉悦。”[2]显然，这与“出门看天色，进门看脸色”这句中国俗话的意思颇为相近。

在旅游接待服务中，员工脸上自然而柔和的微笑在宾客眼里通常具有特殊的内涵。因为，客人总习惯于透过员工的面部表情，来窥视对方是否欢迎自己。记得日本游客就曾对一家饭店的接待人员提出这样的要求：“你们见到客人为何不笑呢？你们笑一笑，我们心里会非常高兴，知道你们是欢迎我们的。”可见，微笑同服务态度与热情、礼貌等接待原则密切相关。如果套用黑格尔的名言——“美是理念的感性显现”，我们不妨把微笑这一直观可感的愉悦性表情形式，界定为服务态度美的“感性显现”。

希尔顿饭店总公司董事长康纳·希尔顿深晓微笑服务的妙用，并将其奉为治店的法宝。每次巡查下属工作时，见面首先便问：“你今天对客人微笑了没有？”他数年来一直向员工呼吁：“我请各位记住：万万不可把我们心里的愁云摆在脸上。无论饭店本身所遇到的困难如何，希尔顿饭店服务员脸上的微笑永远是属于旅客的阳光。”无独有偶，举世闻名的泰国曼谷东方饭店，曾两次被列入“世界十佳饭店”之首，其成功的秘诀就在于把“笑容可掬”作为一项迎宾待客之道，从而给光临该店的八方游客能够留下美好的印象与回忆。而这种美好的回忆，正是美国康纳尔大学旅游学界权威人士所说的那种“旅游业最关心的最终产品”。

---

① 王柯平：《旅游审美活动论》，第177—184页；另参阅陆永庆、吴宝华编：《旅游服务礼貌礼节》（云南人民出版社，1993年）。

② 转引自布罗夫：《美学：问题和争论》（凌继尧译，上海译文出版社，1987年），第77页。

（二）微笑服务的情绪感染效应

面部表情通常是人的内在情感的一种反映或流露。一定的情绪往往是一定外物的刺激结果。一般来讲，情绪具有外扩散与内扩散的双重性质。所谓外扩散，是指情绪对他人的感染力；所谓内扩散，是指情绪对自身心境的影响力。

世界犹如一面镜子。当你照镜自观时，必然得到对应的感受。你对它笑，它也对你笑；你对它哭，它也对你哭；你对它做鬼脸，它也对你做鬼脸……在旅游接待服务中，明朗、甜美和自然的微笑似乎也具有"镜子"的功能。也就是说，微笑作为一种特殊的身体语形式，对游客起着积极的情绪诱导作用。一方面，它会使服务对象感受到服务人员愉快明净的心绪和热情欢迎的态度；另一方面，它会有助于创造出温暖如春的友好气氛，舒缓游客初到异地的紧张感与陌生感，进而使对方产生心理上的亲近感和愉悦感。这样，来宾才会食而有味，寝则能安，心平气和地观赏与审视周围的环境或人物，有益于积累或形成旅游业的最终产品——"美好的回忆"。反之，冷漠、生硬或愁闷的面孔，则会给客人一种消极的情绪感染，令其望而却步，心灰意冷，给整个游览活动投下阴影。这种面孔还有可能导致游客的逆反心理，使他们变得百般挑剔，对美好的事物视而不见，听而不闻，结果是"良辰美景虚设"，造成难以弥补的损失。正如康纳·希尔顿所告诫的那样："如果饭店缺少服务员美好的微笑，就好比花园里失去了春日的太阳和熏风。假如我是顾客，我宁愿住进那虽然只有残旧的地毯，但处处能见到微笑的旅馆，也不愿住进只有一流设备而不见微笑的饭店。"

自旅游业兴起以来，微笑服务一直受到广泛的重视，并被当作一种卓有成效的经营手段和优质服务的衡量标准。希尔顿饭店集团的振兴，曼谷东方饭店的崛起，无一不是提倡和推行"微笑服务"的结果。

（三）微笑展现的线条魅力

从形式美感角度分析，微笑的魅力主要表现在面部的线条上。经验告诉我们，人在微笑时，眼与口会构成柔和而轻灵的曲线（见图甲），这与板着面孔时所呈现出的那种冷漠僵硬的直线（见图乙）形成鲜明的对比和反差。

（图甲）

（图乙）

根据英国艺术理论家威廉·荷加斯的分析，曲线是一种富有装饰性的美的线条，比直线更能创造美。实际上，人在微笑时，面部肌肉相对松弛，线条比较自然，容易给人一种亲切动人的美感。但要看到，微笑因情绪的复杂波动（情绪则受外物的不同刺激）往往会呈现出不同的样态。譬如神秘的微笑、妩媚的微笑、轻蔑的微笑、忧郁的微笑、醉人的微笑、呆痴的微笑、难以捉摸的微笑、明朗甜美的微笑等。不言而喻，不同样态的微笑会给人以不同的情绪感染或心理体验。从旅游接待服务的实际工作出发，明朗甜美的微笑是最值得推崇的。因为，这种微笑一方面最富有人情味和积极的感染力，另一方面会在嘴角构成优美的曲线，能给人以妙不可言的审美体验。当然，这种微笑要讲究一定的“度”（二度微笑为宜）。因为，失去分寸的笑，比如哈哈大笑，“会比任何其他表情更使聪慧的面孔显出愚蠢或难看的样子，因为由于笑，嘴的周围会形成规则的、简单的线条（好像括弧），有时候这会像哭”①。

值得指出的是，在旅游接待服务中，微笑只有作为优质与规范化服务的辅助手段才具有意义。所以，微笑应当始终伴随着有效而周到的服务。如果与具体工作脱节，微笑就会蜕变为一种内容苍白的呆傻表情了（即人们常说的“傻笑”）。另外，微笑应当以主动、热情和真诚为游客服务的工作意愿为基础，应当是某种良好的情态志趣的自然流露。要知道，任何强作欢颜式的表情，比如电影《满意不满意》中所描述的那种吓人的“笑脸”，会弄巧成拙，产生适得其反的效果。这一点务必引起旅游管理人员与服务人员的重视。

① 荷加斯：《美的分析》，第114页。

四　旅游审美信息的传递艺术

在旅游接待服务过程中，导游(翻译)所起到的作用最为独特。从政治、文化和社交意义上讲，英国人认为“导游是伦敦的大使”①，埃及人认为“导游是祖国的一面镜子”②，美国人认为导游翻译是“理解和友谊的桥梁”③，日本人称导游为“文化古迹的保护者和民谣民俗的传播者”④。习惯上，我们称导游翻译为“民间交往的大使”。为此，已故总理周恩来先生对导游翻译人员提出了政治思想、专业知识和外语水平“三过硬”的要求。从实际工作中所扮演的角色来看，他(她)不仅像其他接待人员一样作为旅游者的直接审美对象及其日常生活的安排照应者，而且还作为旅游审美信息的传递者与旅游审美行为的协调者。

首先，需要说明的是，我们是从信息论美学的角度出发，来看待导游翻译作为旅游审美信息的传递者这一重要角色的。众所周知，在当代社会(有人称其为信息社会或信息时代)，信息是科学技术发展与文化经济生活中不可或缺的客观存在或“无形的资源”。作为旅游观赏对象的自然景观与人文景观，也同其他艺术表现媒介一样，都可以被视为一种特殊形式的信息，一种关乎实际观赏效果的审美信息。在旅游审美活动中，由于个人差异(包括社会阅历、文化修养的深浅与审美能力的高低等)与文化距离(包括语言障碍与异质文化的陌生感等)诸因素的存在与干扰，旅游审美信息往往需要借助一种中介力量——导游翻译来编译和传递(这里无意排斥其他技术形式的编译和传递手段，如电视、录像、广播、书报等)。如此一来，导游翻译便成为旅游审美信息的传递者，其基本职能在于因时因地为旅游者加工处理或编译输送旅游审美信息。相应地，旅游者则成为相关信息的接受者，即在特定的时空背景中通过审美心理活动(涉及审美感知、想象、理解和情

---

① 参阅《伦敦旅游局如何培训导游》，见《外国专家论翻译导游》(中国旅游出版社，1983年)。

② 马斯赖：《导游是祖国的一面镜子》，同上书，第63页。

③ 参阅《国外怎样培养、选拔翻译导游》，同上书，第23页。

④ 参阅《日本导游专家谈日本的导游工作》，同上书，第17页。

感等几大要素）来分析和鉴赏此类信息，以便强化自己的审美体验和加深自己的审美感悟。传递和接受信息的通道诚如信息论美学的奠基人莫尔斯（A. A. Moles）所言，“可以是视觉，听觉，或其他的感受系统”。

另外，需要强调的是，旅游者面对以自然资源为主要背景的名山胜景，会凭借外在的感性形式直接领略其多彩多姿的审美价值，进而获得不同层次的审美体悟（或悦耳悦目，或悦心悦意，或悦志悦神）。他们亲临其境，无限神驰，兴许忘却了导游翻译的存在，因为“此处无声胜有声”。然而，当他们来到以人文资源为主干的景观，如中国圆明园遗址，若无导游人员的具体指点、阐释或传递相关的历史文化信息与审美信息，恐怕难以从眼前的残垣断壁、石柱土垛中比较正确而充分地体味到这座古迹所凝冻的内在意味了。显然，在这类场合，导游翻译的作用是非同寻常的。如果在渊博的历史、地理、文化和艺术知识基础上，他（她）能以艺术的方式，把蕴涵在风景名胜与文物古迹中的历史故事与神话传奇等审美信息有效地传递给旅游者，就会使对方在审美感知、审美想象、审美理解和审美情感等心理因素得到强化的同时，产生更为深刻的审美体验（或文化体验），获得更高层次的审美感受。通常，旅游审美信息的传递艺术具体地落实在导游（翻译）的语言艺术和导游技巧之中。

（一）语言艺术的五大层面

这里所谓的“语言”，并非指作为静态的语言符号系统的语言（langue or language），而是指作为动态的言谈话语行为的言语或话语（parole or speech）。由于习惯上的称谓，我们仍沿用“语言”这一概念，但我们所说的语言艺术实指言语或话语艺术。

众所周知，语言是社会交际或沟通的主要工具之一，是借以传达意义、思想、情感与态度的媒介或符号。对于从事导游（翻译）工作的人员来讲，言谈话语的艺术化是至关重要的，因为这直接影响到旅游审美信息的传递质量与观赏主体的审美满足水平等。

俗话讲：“话有三说，巧说为妙。”老一辈美学家朱光潜曾说过：“话说得好就会如实地达意。使听者感到舒适，发生美感。这样的说话就成了艺术。”如此看来，提高导游讲解的语言艺术主要应在“达意”和“舒适”上下一番功夫。“达意”要求说话人发音清楚，用词准确，也就是常言所说的“修辞立其诚”。因为，只有这样才能引起游客的注意，才能满足其求知明理的需要，才能创造有益于领悟旅游审美信息（即译码）的基本条件。“舒适”则要求说话人声调柔和悦耳，吐字娓娓动听，节奏抑扬顿挫，风格诙谐幽默，情感真诚激越。因为，只有凭借自然流畅、谈笑风生的导游讲解，才会唤起游客听觉与情绪上的快感，并且达到益智添趣，促动审美心理，获得审美满足等多重目的。根据以往的实践经验与国内外有关学者的研究成果，[①]我们认为导游（翻译）的语言艺术主要表现在以下五个方面：

1. 语言的准确性

说话是否“达意”，常以准确为衡量尺度。所谓准确，首先要求导游翻译的音质清亮明洁，没有含糊生硬的成分。无论在任何交际场合，“含糊其辞”或音质含糊不清总让人感到不快。尤其是在旅游观赏过程中，发音吐字不清不仅不美，而且容易导致误解或曲解。准确性的另一层含义是言之有物，用词恰当。这就要求导游翻译在讲解景观对象的背景、形态、特征与功能时，要有具体的针对性，要与眼前的直观对象达成一种默契。与此同时，还应注意词语得当，组合相宜，既要表达充分，又不夸大其词。

2. 语言的音乐感

所谓音乐感，主要是指语调的抑扬、语流的畅达、语句的长短与语速的快慢所构成的语言节奏美。一般来讲，语调的抑扬一方面是由于字音的高低所致，但另一方面也关涉到情绪的变化起伏。乐者欢快激越，哀者悲伤忧郁。这对语调有着直接的影响。语流的畅达反映在衔接自然的语句中与连贯而无断续的表述上。举凡侃侃而谈、毫无阻滞的言语行为，自身具有一种行云流水之美，能给人以舒适欣快之感。语句的长短也是构成语言节奏美的要素之一。在导游讲解中，句式不宜复杂冗长，而要简短明快、变化多样一些。从语义学角度来看，简明的句式容易形成各自相对独立的意群，便于旅游者理解和接受。从审美角度来看，这类句式节奏性强，就像听“华尔兹”舞曲一样，容易强化

① 克伦：《导游的成功秘诀》；另参阅《外国专家论翻译导游》；王连义：《导游翻译二十讲》（旅游教育出版社，1990 年）。

其艺术感染力。另外,从当代社会文化心理的角度考察,现实生活节奏的不断加快,人们的感受系统和情绪系统也相应地加速,因此更偏爱明快简洁的交际或沟通方式,不大容得繁杂冗长的语言或言语行为。

3. 语言的生动性

国内外专家均达成这样的共识,导游在讲解过程中要"注意简明扼要,语言生动,发音准确,声音洪亮;要有感染力,要像演员那样注意说话的技巧。对一些重要的东西可以巧妙地予以重复,以便加深游客的记忆"①。导游在讲解相关景物的背景或传奇故事时,只有通过语言的生动性才能把游客导入诗情画意之中,使其产生共鸣。因为,娓娓动听的语言,绘声绘色的讲解,会使游客通过联想或想象等心理活动,观赏景物的内在神韵,感悟其内在的审美价值。

自不待言,这就要求导游(翻译)在掌握丰富的景观知识和语言词汇的基础上,注意修辞技巧,学会恰当地运用对比、夸张、比拟、借代、明喻、直喻、映衬等修辞手法,使讲解艺术化和形象化。也就是说,借助形象思维,通过精当的遣词用句,创造出生动的语言画面,达到主客之间相互交流沟通、引发审美共感的目的。

4. 语言的风趣性

导游翻译的语言风趣性,主要表现在幽默或诙谐的言谈风格上。这是语言艺术的重要方面。在美学意义上,幽默是西文 humour 的音译,属审美范畴之一,是喜剧性的一种表现形式。它通过比喻、夸张、象征、寓意、双关、谐音、谐意等修辞手法,借助多义、单义、歧义等语义学特征,机智运用凝练、风趣的词语,对现实生活中的各种乖谬、矛盾以及不合理现象进行含笑率直的揭示与讽刺。在导游活动中,语言的风趣性尽管与这种幽默不无联系(譬如在表现手法上),但主要还是指另一种形式的幽默,也就是轻松地开玩笑或善意地逗乐。

就效果而言,风趣幽默的话语可以活跃气氛,激发游兴,特别是在长途旅行中,风趣的话语更能显示出消除疲劳、振奋精神、调节情绪的疗效,使游客在轻松的欢声笑语之中,度过快乐的时光。

---

① 迈尔森:《怎样当好导游》,见《外国专家论翻译导游》,第41页。

5. 语言的情感性

导游在游客进入审美观照状态的前后，往往需要对景观的审美意味进行口头的描述或渲染。这里，讲解话语不应是直陈的、抽象的或程式化的，而应该是形象生动、富有情感色彩的。在导游过程中，若想唤起游客的审美共通感，就须在导游讲解中“动之以情，晓之以理”，也就是常言所说的“情真意切”。语言的情感性不光是指有声的感叹语所传导的情绪信号，而且还包括无声语言的直观情感表现，如眼神、手势和面部的表情等。这是因为人的喜怒哀乐、七情六欲，往往可以从眼睛的神态、手势的力度与面部的线条中显露出来。

讲“眼神”，素有“传神写照，正在阿堵中”之说。因为眼睛是心灵的窗户，最富有传神或表现的能力。谈“脸语”，素有“回头一笑百媚生”的美谈。因为笑脸呈现出柔和的曲线，含有妙不可言的审美韵致。论“手势”，我们认为它是人的性格和内在情感的外化，有时在表现意义上比有声语言来得更直接、更快捷。就导游工作来说，在讲解过程中恰当运用手语亦可起到事半功倍的辅助效果。一般说来，手势的速度与大小要求适中，这样，其空中轨迹较易形成优雅的弧线，可给人一种柔软、亲切与自然之感。应该强调的是，导游话语的情感性强弱与否，关键在于导游人员自身是否进入角色，是否喜游乐导、动之以情。假若一位在风光胜景面前无动于衷的导游，像和尚诵经似的只会干巴巴地背程式化的“台词”，恐怕难以打动慕名而来的游客。

自不待言，导游话语艺术的上述几种因素（准确性、音乐感、生动性、风趣性与情感性）是相互联系的，绝非孤立的。任何顾此失彼或把握不当，都会在不同程度上破坏话语整体的美，影响旅游审美信息的传递效果。例如，苛求准确可能会导致枯燥无味，过分诙谐可能会造成滑稽庸俗，故作多情可能令人生厌反感。正如洪毅然先生所言：“欲求语言之‘美’，如果只重语义内容，对于词藻、语音、腔调等，根本全不在意，诚然未免片面；反之，如果徒求语音之优美，腔调之圆润，节奏之抑扬，词藻之华丽，非‘诚于中’而仅‘饰于外’，甚至别腔别调，装腔作势，矫揉造作，便将华而不实，虚有其表，误入语言之邪道，必定令人作呕，那就更加难免欲‘美’反‘丑’了！”①

（二）导游技巧的五大要领

若想把旅游观赏者吸引到自己周围，以期达到有效传递审美信息的目的，导游（翻译）务必不断总结经验，善于因地制宜地运用各种导游技巧。实践证明下列几种手法是比较适用的。

1. 虚实相间法

通常，平铺直叙的导游讲解尽管可以使人明理，但因枯燥单调，缺乏感染力，故而很难吸引或打动游客，给其留下深刻的印象和美好的回忆。相应地，旅游主体的审美满足水平也自然不会很高了。要想改变这种状况，导游人员务须另辟蹊径，采用虚实相间或故事化的方式，把对游览对象（实）的程式化介绍同有关的神话传奇（虚）结合贯通起来，使导游讲解虚实相间，情景交融，引人入胜。职业导游都知道，每次导游活动如同登台授课一样，要安排好所讲内容的先后层次，准备好中间所要穿插的典故、轶闻、趣事、传说等，以便在单位时间内的讲解中，形成起伏变化、多样统一、扣人心弦的节奏和丰富生动的内容。

譬如，陪团游览昆明玉案山的筇竹寺，仅介绍其修建年代、面积、位置与结构，游人当然不会满足，有关这方面的信息他们兴许早已从书面导游指南中获悉。如果导游人员能利用高氏兄弟追赶犀牛的美丽传说，来点缀该寺的宗教历史背景，游人的情趣便会大为改观。随后，乘着高涨的游兴，在观赏活动中，再从容地讲出其他内容，如该寺的建筑风格，罗汉堂的彩塑艺术特征，以及与寺庙相关的佛经故事等。再如吃当地风味“过桥米线”，若只就事论事地告诉游客其做法与特点，那仅能取得一般的效果。如若穿插上那段夫妻恩爱的动人故事，效果就大不一样。此时，游客会得到双重的享受，即一饱口福的生理快感和陶情冶性的精神愉悦，最终还会融为一种超越感性和理性、时间与空间的审美文化体验。

如上所述，这种虚实相间的导游手法，所取得的直接效果是情景交融，引人入胜，使游客回味无穷，感触万端，在娱乐中得到情感净化

---

① 洪毅然：《“语言美”琐谈》，见《大众美学》（第二辑，四川省社科院出版社，1983年），第3页。

和审美教育。正像一位旅行者所说的那样，一则娓娓叙来的生动寓言，或优美的神话故事，配上跟前可观可触的景致物品，会激起人们轻松愉快的心绪及其遐想的广度和观赏的兴味，使静止的东西变得鲜活起来，给人以更为深刻的体验和感受。

2. 进入角色法

无论是登山、玩水、钻洞、游园、参观文物或探访古迹，导游工作者务必进入角色，有导有游，同游客自觉地结为一体，在实地搜奇览胜过程中，以丰富的地貌风物知识或加工后的审美信息，具有真情实感和自然质朴的导游语言，适时运用触景生情的美学法则来诱发游客的审美情趣，将其逐步导人凝神观照的境界。如果导游工作者只导不游（譬如只介绍长城而不登长城的“放羊式”导游），无形中就同游人在心理情趣上隔了一层。这样，无论你讲得多么天花乱坠，也不一定能打动游者，因为欠缺亲临其境的说服力和感染力。另外，只导不游的讲解还会给人一种虚假做作之感。比如，有一次去游览一个新开辟的石灰岩溶洞，一位只导不游的“讲解员”站在五光十色的溶洞中央，像背台词一样滔滔不绝，东一指说是“银河飞瀑”，雄奇壮观；西一指说是“仙女下凡”，婀娜多姿。此时此刻，游人目不暇接，反应不及，活像装有电脑程序的机器人似的，受其摆布几乎到了可笑的程度，令人甚感厌腻。至于只游不导的“导游”，那就是严重的失职了，还遑论什么效果。

3. 制造悬念法

当旅游者置身于景物中时，有经验的导游（翻译）惯用制造悬念的手法，引出游客的审美注意焦点。所谓制造悬念，就是在实际的导游活动中，导游工作者利用游客追寻景观特征、故事结局、文物来历和风俗习惯的迫切心理，巧妙地安排讲解内容。但在关键地方可提出问题，引而不发，给游客以稍加思索的时间，最后再用三言两语点破奥秘。这种方法实质上是“吊胃口”“卖关子”，目的在于活跃气氛，引人注意，把“旁观型”的旅行者转化为“参与型”的观赏者，以便取得审美共鸣的效果。

例如，杭州西湖有一座断桥，车到桥前，导游一般要讲述一段《白蛇传》。这个优美动人的、带有悲剧色彩的故事，常使游人打破传统的审美习惯，一反憎恶冷血动物的常态，对善良多情的蛇妖——白娘子深表同情，非常关切她的命运。考虑到这一心理趋向，有经验的导游往往不是一口气将故事讲完，而是先行铺设相关的情景，鼓励游人凭借想象自己去推断故事的结局，然后在归途中重过断桥时再将其娓娓叙来。这样，会把游人的注意力吸引到自己周围，使自己始终处于主动地位，在归途中有话可讲，并能冲淡旅游归途中的困倦，充实旅行生活，激发思情意趣，丰富审美享受。但要注意的是，制造悬念必须控制好时间，在多数情况下不宜拖得过长，因为"胃口"吊得太高就会失去"胃口"。此外，制造悬念一定要首先做好铺垫工作，以便唤起游客的情趣，否则会使人茫然若失，得不到预期的效果。

4. 点面结合法

任何艺术，既讲究整体，亦突出重点。导游艺术也不例外。我们知道，面面俱到的导游讲解是不可能、无必要的。在旅游审美活动中，大部分景观对象从整体上讲属于美或崇高的形态，但其典型性主要凝聚在特定的景点上。因此，要把握审美对象的精髓，导游（翻译）务必在顾及"面"的同时，要设法找出蕴含在整个对象之中的典型部分，也就是重点，将其讲深讲透，其余的部分有时则可一语带过，这样更有益于加深观赏主体的审美印象及其感受。人文景观也是如此。例如，陪同日本游客观览颐和园的长廊，先要从"面"入手，对其背景、结构、内容、功能等作一概要介绍。然后，应主要以日本人比较熟悉的、有关中国古典名著《三国演义》中的人物彩画（像"桃园结义""三顾茅庐"等）为重点予以讲解。切不可逢画就讲，没完没了。因为，这样做不仅时间不允许，而且会冲淡客人的游兴，显得出力不"讨好"。

5. 跨文化交际法

旅游者（特别是国际旅游者）一般来自不同国家和地区，客观上存在着社会的差异和文化的距离。因此，要想把旅游目的地的自然景观和人文景观讲解得清楚明了、通俗易懂，并非一件易事。特别是在我国，悠久而灿烂的历史文化，使绝大多数旅游景观积淀和凝冻着不同时代的印迹，这自然给导游讲解和游客领悟带来许多困扰。譬如，陪同国际游客去参观故宫，有的导游人员会把故宫的建筑时间说得非常具体——"明永乐四年（1406 年）始建，永乐十八年基本建成……"殊不知按中国表达习惯讲得越详细，客人反而会觉得越糊涂，这主要是文化差异所致。如果采取跨文化交际的方法，也就是我们通常所说的文化比较方法,即在两种不同文化系统之间采用对应性比较或类比的方式,将相关景物的背景与特征彼此参照起来讲解(比如说:“紫禁城建于15世纪初,相当于意大利文艺复兴早期”),那么,理解方面的障碍便会比较顺利地得以“沟通”或清除。实践证明,在跨文化交际中,确切、形象和恰当的类比,可使导游讲解取得事半功倍的效果。

所谓导游审美信息传递过程中的跨文化类比,就是将两个处于不同或近似时空与文化背景中的旅游景观加以比较。通常,是以游客熟悉的东西来对照和解释他们不熟悉的对象。马可·波罗曾形象地把苏州喻为“东方的威尼斯”,有的日语翻译导游也曾把上海的城隍庙比作“东京的浅草”,把上海的南京路比作“东京的银座”等。这些类比手法均可适当加以应用。就其效果而言,它不仅使旅游者易于理解所讲解的景观内容及其特征,而且还会使其产生一种“虽在异国他乡,犹如置身故里”的亲切感,在一定程度上满足其民族自尊心与自豪感。值得强调的是,准确、恰当和形象是评价跨文化类比质量的直接尺度。这就要求导游人员不断学习探索,丰富知识结构,争取达到学兼中西的程度。

五　旅游审美行为的协调方法

在同旅游者结成的审美关系中,导游(翻译)还扮演着协调游客审美行为的重要角色。这一方面是导游活动(一种再创造的艺术活动)的基本内容,另一方面也是旅游观赏者的实际需要。在旅游审美实践中,导游往往利用自己的历史文化知识与地貌风物知识,主要从旅游观赏节奏、位置与时机等几个主要方面来协调游客的审美行为,以便使其获得最大的审美满足。

(一)调节观赏节奏

如前所述,生理节奏正常,人体的内部机能才会处于稳态;心理节奏适度,人的内心生活才会趋于平和;观赏节奏恰当,人的审美需求才会得到满足。旅游者是具有生理—心理结构的活生生的人,旅游审美是一项有劳体力和鉴赏力的综合性实践活动。一般来讲,导游工作者应该从人的本体出发,使观赏节奏符合旅游者的生理负荷、心理趋向和审美习惯。所谓旅游观赏节奏，泛指游览活动的张弛、行进速度的缓急、导游讲解的快慢、声音语调的高低，以及导游过程的停顿等因素构成的多样统一的动态旅游审美过程。常用的协调技巧与原则包括：

1. 张弛并济

常言道："一张一弛，文武之道。"旅游审美活动也应该注意这一点。在组织游览活动时，要考虑到旅游者的生理适应性，解决好日程安排的紧与松、劳与逸的关系问题。不言而喻，人的审美心理与其生理机制是密切相关的。如果运动节奏超过了生理节奏（心跳、呼吸、血液循环等），就会打破人体内在机能的平衡，导致疲劳或其他症状，这对审美活动来讲如同"釜底抽薪"，失去了依托。也就是说，作为审美条件的生理基础一旦失去，审美活动也就难以独自进行了。游览活动的张与弛，一般通过全程安排、日程安排以及具体的节目安排反映出来。这就需要根据旅行团队的人员构成（年龄、体力、需求等），设法使观赏内容丰富多样（而非单一、雷同），旅行活动紧松相宜（而非紧张疲劳），以便达到使游客感到轻快自然和不虚此行的最终目的。当然，游览活动的张弛程度，要视对象而定。对热衷于"拼命工作、拼命游玩"（work hard, play hard）的日本中青年游客来讲，较快的观赏节奏也许更适合他们的习惯与追求。

2. 缓急有度

在具体的游览观赏中，行进速度的缓急也形成一定的节奏。这种节奏对旅游审美效果会产生直接的影响。例如游园，有的人习惯于宏观欣赏，即从大处着眼，注重建筑的轮廓形式或假山水榭的布局等；而有的人则喜好微观细察，即从小中见大，玩味一幅彩绘、一个透窗或一处盆景。如果导游工作者忽视了个人的审美习惯差异，或是像赶羊似地一个劲地催他们快走，或是放任自流地随其所便，或是因为时间宽余而故意慢慢吞吞，均会对旅游者的正常审美情趣产生消极的影响。所以，导游（翻译）应像乐队的指挥一样，要在整体协调和因势利导的基础上，把握好行进速度的节奏变化，对哪儿该快，哪儿该慢，哪儿该停，必须心中有数，事前做好统筹安排，以便使游人在快、慢、稍快、稍慢和停憩的节奏变化中，从容自如、轻松悠闲地享受游览观赏的乐趣。值得一提的是，一年四季的景致循环变幻，旅游审美习惯因人（或因旅行团的人员构成）而异，用程式化的方法来调节同一景区的游览速度，是绝对靠不住的。这就要求导游工作者在实践中着意摸索，总结经验，灵活掌握，因时因地因人调节好观赏节奏。

3. 快慢相宜

导游讲解的速度快慢也构成节奏。太快，游客不是反应不及就是听不清楚，时间一久，会导致听者注意力涣散或精神过度疲劳；太慢，会使人听了上句等下句，容易给人一种断续零乱或迟钝不适之感。这两种情况均不利于旅游审美活动的正常进行。我们先前在讨论导游语言艺术时讲过，流利畅达、快慢有致、节奏恰当是传递旅游审美信息的有效手段。如果导游人员只图自己一时痛快，讲解时指手画脚、滔滔不绝、一气呵成，而旅游者尚不知所云，茫然若失，那么就没有达到传递审美信息的目的。反之，导游讲解如果吞吞吐吐、慢慢悠悠或断断续续，让听者失去耐心，感到兴味索然，那显然也是一种失败。

在正常情况下，导游讲解的节奏以不紧不慢、流畅生动为准则。快时不妨利用设问作为缓冲，以增加节奏的变化和松弛游客过度集中的听觉神经。自不待言，讲解的速度要视听众对象而定。对听觉灵敏、反应迅速的年轻人，可适当快一点；而对老年人则要适当慢一些，吐字更清楚一些，有时甚至应有必要的重复。另外，还要根据景观对象的具体情况来调节讲解速度。通常，人文景观的内容复杂，需要传递的信息量较大，可适当快一些。自然景观的直观性强，需要传递的信息量较小，可适当放慢一些，给游客留有观照玩味以及印证的余地，以确保观赏活动的自由性或愉悦性。

4. 音调和谐

无论是否使用扩音设备，导游讲解时音量的大小和声调的强弱，与观赏节奏亦有密切联系，对旅游审美行为亦有一定影响。实践证明，声音太高会给人以刺耳不适之感，太低又会给人以含混不清之感；语调平淡会给人以枯燥无味之感，过于激扬则又会给人以矫揉造作之感。因此，导游工作者理应因地制宜，根据听众的多寡与空间的大小，适时地控制和调节自己的音量与声调。一般来讲，音量的大小要以距你最远的本团游客能听清为宜，声调的变化要以自然质朴、抑扬顿挫为好。当然，声调往往具有表感功能(emotive function)，或者说感情色彩。当导游者亲临其境，全然进入角色之际，眼前的景观之美或相关神话故事的动人情节，必然会唤起其自身的审美情趣。这样，声调会随着情感的起伏而起伏，或激昂，或深沉，或欢乐，或忧伤，或抑或扬，或强或弱，从而构成一种富有节奏变化的真情实感的语流音调美，在不知不觉之中，感染和吸引着游客的审美情趣和审美注意。

5. 停顿适时

很难想象，一位“金口难开”的导游翻译会受到游客的欢迎？同样，一位喋喋不休的导游翻译会赢得游客的赞赏？我们知道，停顿与讲解均是导游工作的需要，二者处于一种对立统一的关系之中。在旅游审美活动中，适时的停顿不但不会影响，反而有助于游客的观赏。因为，审美在很大程度上是一种自由的个体性价值判断过程，过多的诱导会蜕变为一种干扰或强迫，使人难以在平心静气的凝神观照中领悟眼前的景观之美。游山逛水尤其如此。如果导游翻译在旅行途中已用有关的风物知识或神话传奇激发起了游客的审美遐想，如果游客在宏丽明媚的自然景观（像漓江的九马画山或黄山的奇峰云海）前已进入兴致勃勃的观照状态，再若无休无止地讲解下去就会显得有些唠叨、多余或讨嫌，因为“此处无声胜有声”。游客在寂静永恒的大自然里，会展开审美想象的飞翼，或以情托物，或借物抒情，进人物我两忘或天人合一等不同的审美境界。

调节旅游者的观赏节奏是一个复杂的问题。它不仅涉及心理的因素与导游的技巧，而且涉及游客的生理、体能、日程安排与游览内容等方面的情况。因此，我们根据实践经验总结出三条基本原则：舒适愉悦原则、多样统一原则和灵活对应原则。第一原则关系到舒适的旅游住宿与交通条件、卫生而富有营养的饮食、良好的健康状态与心理环境以及在一定时空背景中的自由愉悦的游览方式等。第二原则关系到游览内容的多样性、丰富性和新奇性。任何重复或雷同的观赏对象及其活动，只能构成一种产生负面效应（如厌倦、神不守舍或无注意力）的观赏节奏。第三原则关系到因人因时因地把握、调节和选用旅行游览速度、导游讲解速度、景观审美信息等实际操作过程。[①]

（二）选择观赏位置

如前所述，从旅游审美活动的物理基础来看，景观对象只有在一

---

① 王柯平：《旅游审美活动论》，第95—96页。

定的角度或地理位置才能显其最大的魅力。葛岭朝暾如此，西山晴雪如此，庐山瀑布如此，泰山日出亦如此，许多天然的空间构景莫不如此。

观赏位置主要涉及观赏距离与观赏角度。① 譬如，观赏云南昆明滇池的西山“睡美人”，如果距离太近，角度过偏，则看不出全景；如果距离太远，角度失当，景观便显得模糊不清。只有从适度的距离与角度所交结的位置望去，才会欣赏到“睡美人”那静穆、秀美、飘逸的空间意象。同样的道理，游人要想亲临目睹云南石林中“阿诗玛”的天然石像，就必须在导游人员的协助下，选择好观赏位置。实际考察表明，从正前方十步开外望去，那尊“石像”犹如一位穿裙戴帽、亭亭玉立但愁容满面的少女。但从偏右方八步开外望去，那“石像”顿时幻变成一位瘦骨嶙峋、风烛残年的老太婆。同一景物，从不同位置观照，竟会呈现出两种截然相异的“形象”。可见，观赏位置所产生的戏剧性审美效应是不容忽视的。对于十分熟悉风景点的导游（翻译）来讲，在观景现场帮助游客找到最佳位置不仅是其本职工作的重要内容，而且是协调游客审美行为、避免盲目性的有效手段。

但要知道，仅仅告诉游人何处去观赏仍嫌不足。若想引人入胜，还必须再费一番心力，如穿插一些与观赏对象密切相关的地理知识、历史背景以及神话故事等，来提高游客的观赏兴趣。需要指出的是，某些自然景观的空间造型远不如模拟实物的雕像那样精确或形似，其呈现在游客面前的空间意象往往是一种粗线条的轮廓。因此，只有当游人的主观联想和审美想象与其大致吻合时，才能产生预期的共鸣。所以，我们在导游过程中，应设法给游客留有一定的想象余地或想象宽度（犹如中国传统水墨画构图中的“留白”），协助他们主动进入角色，诱导他们去自行发现，而不是采用先入为主的简单方式，强他人之所难，把个人的感受直接强加给他人。譬如，去黄山旅游，导游翻译不宜手指某座山峰，像发号施令般地信口就向游人道出：“请看！那就是‘仙人指路’……那就是‘猴子观海’……”不言而喻，这种导游方法对于能够即时发生共鸣或看出“门道”的游客还比较适用，但对于其他游

① 王柯平：《旅游工作者要懂点旅游观赏学》，见《旅游工作指南》（中国青年出版社，1986年），第77—79页。

客就行不通了。一旦他们在导游讲解的“提示”或“指点”下,左观右瞧,看不出什么“仙人”或“猴子”的形态时,心里会感到十分窝火,容易引发一种“己不如人”的心理压力,或产生一种遭人戏弄的反感情绪。这无疑有碍于导游工作的顺利进行和旅游审美活动的积极开展。因此,特请导游(翻译)在实际工作中予以注意。

(三)把握观赏时机

如前所述,大自然是生命与美的源泉。她不仅供给人们衣食住行所需的资源,而且还能满足人们的爱美之心,提供了色彩、线条、形象、音响、动态、静态、朦胧、飘逸与绮丽等形形色色的美景。然而,所有这些丰富多彩的美景,只有在一定时机才能为观赏者所领略。

对导游工作者来讲,观赏时机主要还意味着在动态观赏过程中,抓住重点,把握时机,做好现场指导,协调游客的审美行为,提高其审美满足感。例如,在顺江而下乘船游三峡的过程中,由于动态性强,常常发生船行景移、时过景迁的现象。其中有的景观只有几秒钟的可见时间,稍纵即逝,失之交臂,难以弥补。针对这种情况,导游人员应该做好重点景观的讲解工作。我们知道,“放舟下巫峡,心在十二峰”。巫峡是三峡中的佼佼者,有“巫山七百里,巴水三回曲”的奇山秀水,是导游与观赏的重点。十二峰中,尤以神女峰最为出名。毛泽东的“神女应无恙,当惊世界殊”等诗句,使其大为增色,是游客观赏向往的重点。于是,在重点景观出现之前,导游人员首先需要运用相关的诗词歌赋或神话传奇对其作一番生动的描述和渲染,做好观赏行为的铺垫工作或审美情绪的酝酿工作;其次,要把握好观赏的距离与方位,特别是时间,并提醒游客准备好照相机、摄像机。当时机一到,用倒计时的方式高喊“五、四、三、二、一”,随即挥手一指,使游客迅速捕捉住目标景观,在一饱眼福的刹那间,留得一张美好而难得的纪念照。

总之,“乐导出热诚,善导出佳绩”。导游人员只有注重自身的职业道德与美学修养,发扬“成人之美”的优秀品德,熟练掌握和运用语言艺术与导游艺术,才会在创造自我形象、实现自我价值的同时,有效地传递旅游审美信息,协调旅游审美行为,在游客与景观之间构筑起沟通审美机缘的桥梁。同样的,所有旅游接待人员,只有不断提高自己的职业道德与自觉的审美意识水平,才能“按照美的的规律”更好地塑造自己的职业形象,更有效地完善自己的服务艺术。

第十二章　旅游工作者的审美修养

中国美学家宗白华说："没有眼睛能看见日光，假使它不是日光性的。没有心灵能看见美，假使他自己不是美的。你若想观照神与美，先要你似神而美。"[1]这就是说，你要想欣赏美或美的事物，你自己必须具有发现美的眼睛或者相应的审美判断能力。如何培养这种能力的问题，也就是我们常说的审美修养问题。审美修养对旅游者来讲十分重要，对旅游工作者来讲甚至更为重要，因为后者还担负着接待服务工作和满足前者审美需求的使命。

概而论之，个体的审美修养并非孤立的存在，而是以自身的文化素养与艺术教育的水平为依托的。因此，提高个人的审美修养就需要具备广博的知识，特别是文学、艺术、历史、哲学、美学、心理学、民俗学乃至宗教学等人文学科的丰厚知识。另外，审美修养也不是一蹴而就的，而是一个不断追求完善的过程。就旅游工作者的审美修养而言，除了一般所要求的内容之外，还需要认真考虑旅游这项跨地区社会交往和跨文化交流沟通的行业特点，有针对性地拓宽自己的国际文化视野，了解和研究旅游对象国的大众审美文化心理特征，以便提高旅游接待工作的有效性。

一　审美修养的基本内涵

从旅游行业的特殊需要出发，审美修养的基本内涵包括以下六个方面：审美敏感性、自觉的审美意识、服务对象的审美类型、旅游观赏与导游艺术、再创造的能力与管理美学思想。

---

① 宗白华：《美学散步》（上海人民出版社，1981年），第204页。

（一）强化审美敏感性

同游北京故宫的金銮宝殿，有的人感其富丽堂皇的色彩形式之美；有的人则在惊叹之余，遥想当年帝王的至尊地位与赫赫威严；也有的人会继而沉思历史的兴衰沉浮，或生“都付于苍烟落照”的惆怅，或怀“修齐治平”的宏愿，或发国泰民安的祝福……所有这些审美感应上的差异，均与观赏主体的审美敏感性有密切的关系。

所谓审美敏感性，泛指审美悟性或审美鉴赏能力。从生成学角度推测，审美敏感性是方法知识结构与审美心理结构综合的产物。在旅游审美活动中，方法知识结构一般由山水风物知识和旅游观赏艺术组成。它具有开放性，需要在反复的实践（多游）和不断的积累（多学）过程中，得到扩展、重构和丰富。而审美心理结构，则是一个甚为复杂的方面。它作为一种活的能量，一种把握和省察外物审美价值的心理机制，主要涉及审美感知力、审美想象力和审美理解力这三种要素。

1. 审美感受力

敏锐的审美感知力是人类社会实践（特别是审美实践）活动的产物，是审美主体（人）通过感官对外部自然美形式和艺术美形式的把握而逐步得到培养和强化的。

在实际生活中，有的人感受力强，有的人感受力弱；有的人读一首诗，观一幅画，听一部乐曲或游一处景致，会情不自禁地拍手称快、喜于言表；而有的人则木然相对、无动于衷。究其本质，这种反应上的差别就是感受性的差别，或者说是审美感觉的差别。正如马克思所说，从主体方面看，“只有音乐才能激起人的音乐感；对于没有音乐感的耳朵来说，最美的音乐也毫无意义。不是对象，因为我的对象只能是我的一种本质力量的确证，也就是说，它只能像我的本质力量作为一种主体能力自为地存在着那样对我存在，因为任何一个对象对我的意义（它只是对那个与它相适应的感觉说来才有意义）都以我的感觉所及的程度为限……只是由于人的本质的客观地展开的丰富性，主体的、人的感性的丰富性，如有音乐感的耳朵、能感受形式美的眼睛，总之，那些能成为人的享受的感觉，即确证自己是人的本质力量的感觉，才一部分发展起来，一部分产生出来。”[①]由此可见，人要想真正发现外物的审美意味，领略对象的审美价值，真正欣赏音乐、绘画、诗歌、风景等对象的形式美与内容美，就得培养与其相适应的美感或审美感受力，就得使自己“没有音乐感的耳朵”转化为“有音乐感的耳朵”。当然，这种感受力的培养和提高并非是一厢情愿、仅靠苦思冥想就能唾手可得之事，而必须积极地投身于广泛的审美实践活动之中，在同自然、艺术、社会、生活的相互交往中，仔细观察对象特有的生命形式和情理结构，“使自己的感觉活动逐渐适应对象世界中对称、均衡、节奏、有机统一等美的活动模式，最后形成一种对这些模式的敏锐选择能力和同情能力”[②]。

前面说过，旅游观光是一项综合性的审美实践活动。旅游观赏者要想提高自己的审美体验层次，就得首先培养和提高自己的审美感受力。这需要在浪迹山水、漫步园林、寻访名胜的过程中，充分利用自己的全部感官，立体性地探寻峰峦叠嶂的空间构景，体味江河飞瀑的生命律动，倾听幽林鸟鸣的空灵乐音，观照亭台楼阁的诗情画意，追思古迹名胜的历史风貌。总之，通过无数次凝思默照外部景观中的变化、秩序、组合、运动、色彩、造型、“有意味的形式”“时间的立体性”与“历史的舞台作用”或历史文化价值等审美因素，通过无数次游览观赏和物我交流，使它们与观赏者相对应的内在情感体验交融互动，转变为“内在图式”，积淀在观赏主体的深层审美心理结构之中，最终化作审美感受能力中相对稳定和持久的组成部分。这样，每到一处游览，进入视野的外在景观形式，会通过感觉知觉的自动筛选，与游人的某种情感结构联系起来，使其在以物抒情或寄情于物的心理过程中，得到一种特殊的审美体验。

2. 审美想象力

质而论之，审美想象力就是在直观审美对象的基础上，借助大脑中积蓄的“内在图式”以及主体的审美理想，对其加以改造、丰富、完善与创新的心理过程。旅游者在观赏云南石林的“阿诗玛”、山海关孟姜

---

① 马克思：《1844 年经济学哲学手稿》（人民出版社，1985 年），第 82—83 页。

② 滕守尧：《审美教育》，见蒋孔阳主编：《美学与艺术评论》（第 3 集，复旦大学出版社，1986 年），第 56—57 页。

女庙的“望夫石”或黄山奇景“仙人指路”等冰冷僵硬的自然石块时，从中能够幻化出活鲜生动的生命形象和感人的神话般的意境，全有赖于相关的风物知识与审美想象能力。

丰富审美想象力，概括地说，主要应当注意内在情感的培育和内在图式的蓄存。人的情感，作为动物性和人性、意识和无意识的对立统一的产物，是在形形色色的社会实践中或繁杂多样的生活经历中，于有意或无意中日积月累、不断丰富的。因此，从审美角度来看，只有广泛游历天下名山胜水，大量接触各类艺术作品，勇敢正视种种险峰绝壁，才能陶情畅神、脱去俗念，使出于本能的简单情绪反应升华为细腻高雅的情思意趣。这样，每受到任何一种形式美（或自然美、艺术美、社会美或生活美）的刺激，心中均会燃起热情之火，这火又会把大脑中的内在图式熔化，从而在神思飞扬之中重铸出全新的审美意象，给人以生动的审美感受。我们通常所说的“登山则情满于山，观海则意溢于海”的体验，如果没有丰富的内在情感和审美想象力是难以达到这一境界的。

相形之下，内在图式与审美想象力有着直接而深层的关系。这种图式作为以信息形式积存在大脑中的各种意象，通过直接或间接的联想、梦幻或回忆等特殊刺激方式，便可复现出来。比如，看过电影《刘三姐》的观众，事隔多年，刘三姐的形象与歌声也许早已淡忘了。可有朝一日，无意间翻阅有关的剧照，或作为旅游者观临据传是刘三姐当年对歌的那棵大榕树下，刘三姐那活泼的形象与清丽的歌声，突然间跃于眼前、响彻耳际，这种情景会在无形中起到增加旅游审美场值的效应。

在审美活动中，内在图式的基本作用首先是帮助知觉选择，即对外来的审美信息进行取舍。一般说来，与内在图式相应的对象，会自然而然地引起主体的注意和亲近，容易产生共鸣。否则，便导致排斥和冷漠。比如，同时播放一首中国歌和一首外国歌，听众会各有侧重。这种自发性的选择正是受内在图式之影响与诱导的结果。当然，我们并不提倡褊狭的趣味，而是鼓励广泛的爱好，这样需要扩大审美视野，接触各种各样的审美对象，增加内在图式的贮存，进而拓宽审美选择的广度与深度。另外，内在图式在审美过程中作为想象活动的原料，需要丰富的情感予以激活。总之，内在图式与情感同样丰富的人，每观照审美对象时,刹那间会启动大脑中的大量相关图式,使它们像走马灯似的复现在大脑的"屏幕"上,并且在情感的熔炉中发生变化,随之重新组合为鲜活的审美意象。至于那些内在图式贫乏、审美情感淡漠的人,通常不是全然的被动接受,就是缺乏审美创意,因此很难得到上述那种审美体验。

3. 审美理解力

审美理解力亦称审美知解力,是指一种在感觉基础上把握和鉴赏审美对象之意味或内涵的能力。无疑,这种能力不是与生俱来的,而是感性接触大量审美对象与广泛参加审美实践活动的产物。

培育和提高审美理解力,通常有两种基本途径。一是靠学习积累历史、地理、文学、艺术、美学、文物、民俗和神话等方面的知识,借助实际观察和具体印证等手段,以期增进对各种景观之审美价值或其"有意味的形式"的理解和欣赏水平,譬如自然景观的历史文化意义,各种艺术作品与手工艺品的表现技巧,各种情感符号与宗教符号(如莲台、塔形、金刚、罗汉等)的象征意义,各种民俗风情的精神意义与审美追求等。

另一途径则是通过直观体验。这首先要打破日常生活中把事物形式视为认知目标,并迅速加以分门别类的纯理性思维习惯。因为,这种习惯往往以科学逻辑分析为主导,结果偏离了靠形象思维来创造和感悟艺术作品或其他审美对象的轨道。譬如观雨后彩虹、海市蜃楼、黄山奇松或凌空苍鹰,若仅从一般的物理学、地理学、植物学或动物学的观点来看,就会落入逻辑与科学意义上的理智分析与实用态度之网,难以从其外在形态上领略到对象特有的审美意趣。如果克服理性思维的惯势,将科学和日常实用的态度转化为超功利的审美态度,超然物表,凝神默照,专注于眼前的形象或形式,让情感与想象活跃起来,继而投射或假托于对象之上,使心与物、情与景、内在情理结构和外在形式结构相融相汇,进入物我同一、神与物游或物与神契的审美境界。这样,我们不再是席勒所说的那种"具有一颗冷漠之心"的"爱抽象思维的人"了,而是情思飞扬、喜爱形象思维或审美判断的人。相应地,我们会从彩虹中幻化出飞天的仙女,从海市蜃楼中欣赏到缥缈的琼宫玉宇,从石松的奇曲形式中领略到生命的张力与诗情画意,从长空翱翔的苍鹰身上联想到雄强与崇高的精神,所有这些感受结果,均有赖于直观体验,有赖于以情感为中介、乘想象之飞翼、不计事物因果或利害关系的审美理解力。在这方面,有经验的旅游观光者与导游工作者一定深有体会。

(二)培养自觉的审美意识

审美修养是具体的而非抽象的,需要从物质生活和精神生活领域的各个方面出发,广泛地培养个体的自觉审美意识或审美自觉性,使自己的仪表、风度、心灵、语言、情趣和技艺等,均符合“美的规律”,符合个体与社会审美化的发展要求。

就仪表而言,旅游工作者在有些场合不仅代表国家和民族及其个人的精神风貌,而且反映所在企业单位(如民航、饭店、旅行社和旅游景区)的服务规格和业务水平。譬如,导游一出场,就如同演员登台亮相,其仪表会给游客留下第一印象。按照“光环效应”的心理原理,第一印象对确立导游的领队地位至关重要。因此,导游人员应当根据主客观的自然条件(如身材、性别、年龄、季节、气候等)和社会条件(如职业、时尚、团队类型、场合等),力求穿着得体,富有神采。自不待言,在仪表方面也要注意和遵守和谐原则,使自己的体态、服饰与发型构成一种干净利落、相互映衬、符合大众审美习惯的整体美形象。一般来讲,奇装异服与怪诞的发型尽管会惹人注目、突出自我,但与周围的生活环境与文化氛围格格不入,容易给人一种招摇过市的炫耀感或滑稽感,从而失去和谐为美的社会基础。

应该看到,随着主客之间交往的增多,旅游者的注意焦点会从服务人员的仪表转向风度。无疑,潇洒、优雅的风度,会强化人们对仪表的审美感受;反之,则会冲淡这种感受,甚至使先前的印象模糊或流失。风度美并非一日之功,其形成与完善需要一个过程,通常离不开环境的熏陶与自觉的演练。这就要求旅游工作人员在社会生活和劳动实践中,注意观察和体味模仿其他社会成员(特别是本行业中的杰出人物)的优雅、自然、得体、实用的姿态(坐态、站态、步态、笑态、语态和工作中所需要的手势等),从中概括或抽象出对自己适宜的参照系,随后再加以综合重构,在反复的模仿演练中使其逐步个性化乃至内化,不露出任何生硬做作、“东施效颦”的痕迹。就实际情况而言,每个人都有可能成为一名艺术家,其生活风范均有可能成为一件艺术品。

其关键在于自我是否具有强烈的艺术化心理追求,是否具有自觉的审美意识,以及自觉的自我塑造能力,也就是按照“美的规律”来创造性地塑造自我形象和风度的能力。

不消说,旅游工作人员的仪表美与风度美固然重要,但其内在的心灵美或道德美更为珍贵。在旅游审美关系中,旅游者的审美体验常常表现为一种不断深化的过程,或者说是一种“由表及里”的认知过程。譬如,许多国内外游客对导游(翻译)的评价,最终总是落实在周到的服务与和善的人格上。实践证明,旅游工作者对自身心灵美的培养,关键要看本人是否具有人道主义精神或助人为乐的高尚情操。这种精神或情操必须落实在具体的言行之中,落实在礼貌用语、文明接待、周到服务以及为游客及时排忧解难的超常服务之中。由此可见,心灵美是通过语言美和行为美这样的感性形式显现出来的。前者属于内在动因,后者属于外显结果,前后两者存在一种因果关系。所谓“诚于中而形于外”,讲的就是这样一种道理。

总之,人的发展是自我的发展。没有自觉的审美意识或者缺乏追求自我完善动力的旅游工作者,就像缺乏灵感而创造不出精品佳作的艺术家一样,是很难提高自己的审美修养或搞好自己的本职工作的。

(三) 研究游客的审美需求及其类型

如前所述,旅游观光者由于审美个性的差异、审美需求及其动机的多样,通常从宏观上被划归为不同的类型,如自然审美型、艺术审美型、社会审美型和饮食生活审美型等。另外,我们还根据游客的审美个性及其偏好,将其分为阳刚型、阴柔型与中间型。在旅游活动中,如何使不同类型的旅游观光者获得最大限度的审美满足,便成了旅游接待人员(尤其是导游工作者)的主要任务。

首先,受理接待和制订行程计划的旅行社工作人员,应当在线路与景点安排上,充分考虑游客的需求与提议,尽可能使游览日程和内容符合其基本意愿。要知道,现在的大众传媒十分便利,大部分游客经验丰富,他们的提议大多是经过深思熟虑的,因此旅行社计划部门不可先入为主、强行其是。即便是为游客着想而做些合理的调整,也要通过双方的协商,努力达成共识,为一次愉快的旅游打下基础,或者说免得埋下日后诱发摩擦的隐患。

随后，具体从事计划事实的导游工作者，务必根据旅行团队的构成与行程安排，一方面仔细研究游客的实际需求、职业、社会背景、民族特性、文化水平、兴趣爱好等相关信息，另一方面参照规定旅行线路中的游览内容，事先确定其审美类型，并像准备讲演稿一样有针对性地做好相关景点的资料筛选或信息提炼工作。在内容的深浅、讲解的格调与用语的雅俗或难易等方面做出适当地调整。对导游工作者来讲，这在某些程度上犹如一位艺术表演家，为了保证演出的成功或为了争取观众的好评，就必须了解一般观众的审美情趣与感知能力，以便知彼知己，有的放矢，取得预想的效果。否则，有可能顾此失彼，事倍功半。

概而论之，根据游客的类型而有针对性地筛选旅游观赏重点及其相关的审美文化信息，可以说是导游工作成败的关键。这一原则基本上适用于各种审美类型的旅游者。譬如，对于游长江三峡的自然审美型游客，应以巫峡的山水地貌为主要对象，在导游讲解中有选择地提供巫峡典型的自然美和人文美（风物传奇、诗词歌赋等）方面的审美信息，以便在游客的游览活动中构成注意的焦点，激发观赏者的审美想象或期待心理，最终在亲临其境的直接观照中，获得真切的感受，留下深刻的印象。接待赏书画、观石刻和游园林等艺术审美型游客，宜从感性形式入手，由浅入深地描述和揭示艺术对象的内在意味、情趣、哲理、意境和艺术特征等。对于非专业性的旅行团队或个人，一般不宜过多渲染特种艺术门类的技巧。因为，繁难琐细的讲解，有时非但无益于激活或诱发游客的审美情趣，反倒有可能使人紧张不安，茫然不知所云，甚至还会在焦躁与困惑中产生扫兴或厌倦之感。譬如给一般游客讲解中国传统山水画，可就线条的节奏、笔墨的变化、虚实（或黑白）相生的动态与形神兼备的关系等方面来表述画面的形式结构美，或者其可观、可游、可居等艺术特征。至于技巧性过强的各种用笔（如雨点皴、卷云皴、斧劈皴等）或用墨（如积墨、破墨和泼墨）技法，讲解时通常宜粗不宜细，甚至可以略去不提。讲解京剧这类中国传统表演艺术，也主要突出介绍“念、唱、作、打”的一般表演程式与“生、旦、净、丑”等主要行当及其各种脸谱的象征意义，对于不同表演流派的细节最好浅尝辄止（少数专门研究者例外）。对于热衷古今历史、政治经济、民俗风情的社会审美型游客，在陪同游览中最好就地取材，言之有物;在谈古论今、陈事析理过程中,力求讲正史严而不疏,插野史善取精华,以免流于庸俗。同时,也要讲究诙谐与生动。涉及社会制度、道德风尚与相关的价值观念时,不妨采取对比反衬方法,抑或以古鉴今,指出时下弊端;抑或以今映古,称颂时代进步。总之,要通过客观的描述,给人以真实而非虚幻之感,这方面要力戒不适当的政治化色彩与意识形态化习惯。对于那些意在品尝佳肴美味的饮食审美型游客,无论是导游人员还是餐厅服务人员,也应遵循重点原则。在宴会桌上,要以风味独特的艺术拼盘和名菜美酒为主要讲解对象,从"色、香、味、形、意"等五个方面,向游客讲述中国烹饪艺术的基本特征,使其在一饱口福、享受生理快感的同时,也能不同程度地获得某种精神性的愉悦感受以及中国式的饮食文化体验。

总之,对旅行社负责安排行程的计划人员、导游人员和饭店餐饮业的服务人员者来讲,充分考虑游客的审美需求及其动机,认真研究游客的审美类型,是搞好旅游接待工作的重要环节。在此基础上,旅游接待人员采取"投其所好"的灵活对应原则,预先选定游客最感兴趣的东西,搜集和加工富含审美价值的信息,并在实际游览中加以详略得当和生动的讲述,以便引起旅游观赏者的共鸣。

(四)掌握和运用旅游观赏原理与导游艺术

在旅游审美活动中,旅游观赏的有关原理对调节旅游审美行为及其效应具有十分积极的作用。这是因为,形态各异的景观对象,只有借助不同的观赏方法(如动态观赏、静态观赏、移情观赏、观赏距离、观赏时机、观赏位置与观赏节奏等原理)才会显现其特有的魅力,才会与旅游者的审美心理契合,或者说,才会使其在凝神观照中进入物我交感或物我同一的审美境界,从而获得一定程度的审美体验。

当然,熟练掌握和灵活运用旅游观赏艺术,需要一个循序渐进的学习和实践过程。一般来讲,刚刚从事导游工作的新手,首先应从审美角度深入地了解景观对象的周围环境(天时、地理)、内外结构(布局、形式、意味)、文化内容(史料、神话、传奇)与审美形态(阳刚之美、阴柔或崇高、婉秀)等,以期丰富自己的景观知识和审美能力。这方面的道理很简单,要想引导游客欣赏景观对象,自己首先要学会欣赏,实可谓"工欲善其事,比先利其器"使然。其次,导游工作者作为审美信息的传递者和游客审美行为的协调者，有必要提高自己的美学理论知识，需要多读一些美学书籍，最起码弄清“快感说”“净化说”“客观说”“主观说”“主客观同一说”“移情说”“模仿说”“距离说”“表现说”“原型观念说”“异质同构说”“有意味的形式说”以及“美感积淀说”等基本美学原理的主要内涵，并勤于思索、勤于观察，主动联系实际，变通应用，提高导游的质量和游览的审美效应。另外，还需要多读多背一些山水诗歌或游记散文，并在实地考察游览和亲自体验的基础上，试从审美角度去分析景观对象的审美特征及其价值，反思自身的审美心理与相关体验。这样，在具体的导游过程中，就有可能凭借自己的真情实感与艺术化的导游语言，调动游客的审美心理诸要素（即感知力、想象力、理解力和情感），引导他们欣赏和体味景观的形式与意味，丰富和深化他们的审美感受。

值得强调的是，导游工作者在如何把握观赏节奏方面，需要懂得一些基本的生理学与心理学知识。如前所述，观赏节奏过快，会使游客疲于奔命，引起生理机制失调，冲淡游览的愉悦感，导致不适感、厌恶感、痛感或丑感。这就如同陷入绝境的游人一样，当求生欲或恐惧感占据上风时，再美的景观对他们也失去意义。反之如果观赏节奏过于单调缓慢，也同样会产生消极作用，常会使游客的审美期待指数降低，观赏兴趣减弱。因此，旅游观赏节奏务必同人的生理—心理节奏相互协调统一，形成共振关系，使游客处于良好的审美心境。合理地解决这一问题，就需要导游工作者依据实际经验、团队人员的构成年龄、线路安排、具体日程、交通条件和健康状况等因素，适时调节，灵活把握，切勿铁板一块，过于拘泥原来安排或为了个人利益（如购物）而置游客的生理—心理承受能力于不顾。否则，就达不到愉悦性旅游观赏活动的预期目的。

毋庸讳言，合理地运用导游艺术也是旅行成功与游客满意的关键所在。在诸多导游技巧中，“化实为虚”或“虚实相生”的手法具有代表性。我们知道，旅游审美活动的最大特征之一是“借物抒情”。然而，现实中众多景物是相对静态的，或者说是“僵死”的。譬如山海关孟姜女庙后的“望夫石”与云南石林的“阿诗玛”等自然景物，从表面上看几乎没有多少形式美可言。但若能将其化实为虚，“化景物为情思”，用动情的语言将孟姜女哭长城或阿诗玛的传奇故事娓娓道来，面前普通的石块就会变成“有意味的形式”,就会在游客眼里幻化为如怨如诉、楚楚动人的女子形象,积淀和凝冻于其中的历史文化内容和深刻的人类情感价值,就会在观赏者的心里激起无限的追忆或有趣的遐想。正如美学家宗白华先生所言:“以虚为虚,就是完全的虚无;以实为实,景物就是死的,不能动人;唯有以实为虚,化实为虚,就有无穷的意味,幽远的境界。”①

自不待言,在此类化实为虚、“化景物为情思”的过程中,导游工作者所扮演的中间角色,如同制取氧气时所使用的催化剂二氧化锰一样,旨在解释景物的本质内涵,诱发观赏主体的思绪情怀,最终达到物我沟通与相互交融的审美目的。需要指出的是,“化景物为情思”,不仅涉及虚实结合的方法问题,而且要求导游工作者具有丰厚的知识结构和审美理论素养,能够从浩繁的风物传奇、神话故事和古今山水旅游文学中提炼出比较纯净而有效的审美信息,并擅长于讲解艺术和语言艺术。与此同时,还需要在导游过程中善于捕捉游客的审美情趣,把握时机,借题发挥,以景抒情或以情托物,在虚虚实实的“客串”中引发游客的审美想象,使其进入情景交融或物与神契的美感体验之中。

(五) 提高再创造的能力

从旅游观赏角度分析,导游过程实质上是一个艺术性的再创造过程。其间,导游工作者凭借艺术化的语言,故事化的讲解,联系直接的实际体会,借鉴前人的相关经验,参照游客的审美需求,运用相应的观赏原理,“化景物为情思”,使游客在悠然自得的气氛和随心所欲的游览中,得到审美上的满足,情感上的陶冶,乃至精神上的升华。

这种再创造过程是提高导游服务质量的保证,它有赖于一种再创造能力。为此,导游工作者首先要提高自己景观鉴赏能力,一方面对其内在的蕴涵(社会历史文化内容)有比较深刻的体认,另一方面对其外在的结构(有意味的形式组合)有审美的感悟。其次,要推敲和精练自己的语言,强化审美敏感性,培养自觉的审美意识和独立的价值判断能力。大家知道,优秀的艺术作品之所以动人,关键在于它所表现的丰富而微妙的思想情感。推而论之,导游作品之所以为人接受,主

---

① 宗白华:《美学散步》,第 34 页。

要在于它所传达的有效审美信息与真情实感。如果导游工作者无动于衷,或故作多情,或一味重复他人的经验,没有或缺乏个人的直接感受与独到发现,结果犹如隔雾看花,不见真相,更不用说尽情尽兴了。

提高再创造的能力,导游工作者还应弄清自身与景物对象的相互关系。在这里,导游同时扮演着双重角色:一方面是景物对象的观赏主体,另一方面又是景物特色的介绍者,或者说是沟通游客与景观的桥梁。有鉴于此,导游必须导、游兼顾,有导有游;"导"时从阐释角度去揭示景观内在的历史文化意味,"游"时从审美角度去感悟景观对象的审美价值或艺术特征。与此同时,充分利用"化实为虚"或"虚实相生"等讲解技巧,使导游作品既符合景观原型,又有所创新(或独具匠心)而不简单雷同,给人以生动鲜活之感和某种情思意趣上的启迪。

提高再创造的能力,导游工作者还必须明确自身与旅游者的审美关系。如前所述,导游作为旅游者的直接审美对象,就需要按照"美的规律"来塑造自己的形象并且不断完善自己;作为审美信息的传递者,就应当研究游客的审美需求与类型,善于筛选富有价值的审美信息,并能在实际导游过程中,结合景物予以生动而充分的表述;作为游客审美行为的协调者,就必须研究游客的审美心理趋向,学会灵活运用旅游观赏艺术与导游技巧,掌握导与游的主动权,不断创造出具有感染力的导游作品。

最后,导游工作者还应尊重游客固有的审美趣味及其习惯,注意在现场导游讲解中为对方留下一定的审美"空白"。也就是说,有时要以启发、诱导或制造悬念等方式,鼓励游客自己评价观赏对象,避免自己和盘托出或把话说绝。考虑到旅游审美活动的自由性,任何强制性的导游讲解,不仅难以为人接受,而且有可能招致反感。许多导游作品中出现败笔,主要是由于导游讲解的简单化或强制性所致。

(六)管理美学的一般原理

目前,类似旅游饭店这样的企业单位,不仅要"按照美的规律来建造"(马克思语),而且要按照相关的美学思想来管理。我国一些旅游饭店依然存在着"设施档次高,管理水平低"的现象,这就更加突出了研究管理美学的必要性和迫切性。

实际上,现代旅游业发展的现实,要求从事旅游饭店管理工作的人员从社会、劳动、生活和个体审美化的大趋势出发，自觉提高管理美学的意识，一方面搞好物业管理，使建筑外部环境、内部装潢陈设、员工服饰、劳动条件、餐具菜肴等，皆符合实用和美观的标准；另一方面要搞好人员管理工作，使员工的服务态度、服务技巧、言语行为，特别是精神风貌等，皆符合职业的规范与要求。

要而言之，运用美学方式来管理人力资源，其终极目的在于培养员工健康的心理环境，引导他们以“五讲四美”为自我完善的基本标准，进而确立企业共同的价值观念，激发劳动和创造的热情，增强企业发展的活力。按照马克思主义实践美学观，美是人的本质力量的对象化，是自由的象征，是“道德纯洁、精神丰富和体魄健全的强大源泉”（苏霍姆林斯基语）。而且，随着社会的进步与文明的发展，人的爱美之心也愈加强烈、广泛。正像高尔基所说的那样，“他无论在什么地方，总希望把‘美’带到他的生活中去”。对于管理者来讲，认识到这一现实需求是非常重要的。这样，管理者就不会总以管人的权威或“工头”自居，反而会理解和尊重人们爱美求美的心理欲望，会明白“社会的进步就是人类对美的追求的结晶”（马克思语），并且会认同人类对美的追求就是社会进步的动力这一要义。

对于具体的服务专业，管理者能够熟练掌握，率先垂范，从技术美和劳动美的角度，训练和要求员工，鼓励他们精益求精，标举热情的服务态度，确立以店为荣与宾客至上等共同的价值观念，采取一切可能的措施激发和维系员工的工作积极性和创造性。在这方面，常见的物质与精神激励方式包括评选技术标兵、优秀服务员或劳动模范，因时因地召开表彰会，奖励度假旅游或提供学习深造机会等。

针对员工的问题行为，管理者要做大量的思想工作。简单地使用惩罚手段来矫正有些问题行为仅能起到暂时的作用，久而久之反而会弄得物极必反，使企业凝聚力减弱或造成过多的“跳槽”现象。说到底，思想工作是一种教育手段。能否取得预期的效果，不在于简单粗暴的训斥、威胁或空洞的说教，而在于管理者能否处理好自身与工作对象的关系，能否把自己的工作化作“随风潜入夜，润物细无声”（杜甫诗）的春雨，使自己的所言所为能够打动对象，进而得到对方的理解、接受和欣赏。要想如愿以偿，管理者需要注意发掘其中的审美因素，灵活运用下述几个方法原则，努力实现思想工作的审美化。

1. 真诚原则

真诚,就是真实诚恳,不虚假做作。交谈期间,必须实事求是,待人以诚,推心置腹,情真意切,绝不节外生枝,装腔作势。一句话,要讲求"真"而非"假"。中外艺术家和美学家历来均强调"真"的审美价值。譬如,孔子认为,"巧言令色鲜于仁"。罗曼·罗兰断言:"真实的东西,才是美,它不会使人失望,而令人对未来充满信心。"别林斯基宣称:"失去了真,同时也就失去了美,与真实对立的就是丑。"他同时还指出:"只有真才美,只有真才可爱。虚假永远无聊乏味,令人生厌。"从实际效果看,只有真诚,才能感人动人。所谓"精诚所至,金石为开",说的就是这个道理。光靠说假、大、空的套话,是难以服人的,更不用说感人动人了。

2. 善意原则

实践证明,思想工作若失去真实,就不能服人;但若缺乏善意,也就不能救人。善,作为重要的伦理范畴,在美学领域也属于最为重要的范畴之一。无论是重人伦教化的中国儒家美学思想,还是重实践理性的西方古典美学思想,均把善与美等同视之。子曰:"尽美矣,亦尽善矣。"亚里士多德道:"美是一种善,其所以引起快感正因为它是善。"圣托马斯亦言:"美与善是不可分割的。"鉴于善与美的互动关系,我们在开展思想工作的过程中,应坚持与人为善的原则。对于在工作中出现问题行为的员工,要多些关爱之心,多给人悔过自新的机会,不要揪住把柄不放或者动辄严惩不贷,置人于死地而后快(构成犯罪者例外)。

3. 愉悦原则

积极有效的思想教育工作,如同寓教于乐的各种审美活动一样,使人在相对愉悦的气氛中反省、认识问题、悔过自新和振作精神。思想工作应当提倡一种对话交流的形式,讲究生动、活泼、融洽或亲切等愉悦特性。因此,管理者在交谈过程中,要密切注意对方的表情反应和心理状态,掌握和适时调整言谈的分寸、技巧,设法让人感到"如坐春风"而非"如坐针毡",是"心心相印"而非"貌合神离"或者"芒刺在背",是丢掉思想包袱后明净轻松的心情,而非加重思想包袱后苦不堪言的烦恼。

4. 情感原则

优秀的艺术作品能令人百看不厌,关键在于它以情动人。思想教育要使人"达理",务必以"通情"为前提。古人云:"感人心者,莫先乎情。"人有理智,亦有"七情",是一种异常复杂的社会存在。相应地,做人的思想工作绝非易事。无数事实表明,要想真正使人"心悦诚服",真正唤起人求真、向善、爱美的激情,仅诉之于理而不动之以情,仅以理服人而不以情感人,均不能取得良好的效果。因此,思想工作者还需要讲究"人情味"、温暖感。也就是改变居高临下或冰冷说教的习惯,把自己设身处地地同对象摆在同一层面上,于真情实感的相互交流中,发人深思,促人猛省,达到说服教育的目的。

二　提高审美修养的主要途径

在旅游接待业中,直接为游客服务的除了导游工作者之外,再就是旅游饭店的员工了。如果说"美是生活"(车尔尼雪夫斯基语),那么,饭店工作的主要性质之一就在于美化游客的生活,使其在优雅舒适的环境中获得物质、审美乃至精神生活的享受。为此,饭店员工的形象仪表、服务态度、言谈举止和劳动技能,以及饭店的建筑形式、室内装潢和饮食宴乐等,必然成为宾客评价的客观对象。所以,提高饭店员工的审美修养与组织相关技能的培训同样重要。根据旅游饭店工作的基本特点,比较适用的美育途径有如下几种:

(一)举办美学讲座

饭店员工大多是年轻人,一般具有强烈的爱美心理,特别对服饰和发型之美十分热衷。但由于个人审美修养的层次不同,审美趣味也表现出一定的差异性或盲目性。譬如,有些爱美心切但忽略和谐与个性综合美的人,常常会为了时髦而时髦,被动地效仿他人,把自己打扮得不伦不类,给人一种滑稽可笑之感;有些忽视语言艺术修养的人,尽管学了不少"洋动作""洋手势",可一旦张口讲话,抑或出言不驯,抑或粗俗张狂,令人侧目。因此,在饭店职工中有针对性地举办专题性美学美育讲座,或组织员工阅读相关的美学美育书籍,普及一些有关色彩美、形式美、体态美、服饰美、语言美、行为美和劳动美等方面的基本知识,使员工自觉地提高自己的审美意识和审美敏感性,进而按照美的规律来不断地塑造和完善自己。

(二) 开展艺术教育与实践

"艺术对象创造出懂得艺术和能够欣赏美的大众"(马克思语)。艺术教育在提高人的审美趣味与能力方面,具有其他教育形式不可企及的功用。这一方面是因为,艺术是现实生活的集中反映,其典型化的艺术形象与普遍性的人类情感,会给人以似曾相识的震撼与强烈的审美体验,有助于提醒和引导人们辨别真、善、美或假、恶、丑。另一方面是因为,这种以审美为目的的艺术教育形式,不同于空洞的说教或知识的传授,而是"寓教于乐",尽量使人在兴致勃勃的自由观照与沉思默想中,情感得以陶冶,心灵得以净化,精神得以升华,趣味也随之高雅。譬如,阅读优美动人的诗歌、散文与小说,人们会受到文辞、思想、行动、情操、精神、道德以及美与和谐的形象的感染。在产生共鸣和价值判断的同时,文中所描写和颂扬的那些崇高、庄严、雄伟或婉约、欢快、喜剧等品行,也会在一定程度上潜移默化读者的性格、情趣、理想、生活与劳动态度等。

当然,年轻人喜好艺术是多方面的。旅游企业管理人员若能根据这一特点,经常组织他们听音乐、看舞蹈、参观美术展览或者练习绘画书法等高级而健康的文化娱乐活动,一方面有利于丰富员工的业余文化生活,另一方面有利于培养和提高他们的审美情趣与鉴赏能力,这两者对于调整服务业员工的工作情绪和接人待物的态度方式是有相当益处的。国内一家著名的饭店,当得知一批志同道合的青年员工喜爱书画时,便由饭店工会与团委出面,主动创造条件,协助他们成立了员工书画会,并邀请名师指导,定期组织活动,同时还举办阶段性成果展览,并在饭店小报上选登优秀作品。这样做不仅促进了员工的艺术实践活动,为满足其审美需求、艺术创造欲望和自我实现的意愿(即成就感)提供了机会,而且有效地增强和维系了团体内部的凝聚力,融洽了企业内部的人际关系,对个人和集体事业的发展均为有利。

(三) 讲究服务语言艺术

在服务业,流行着这样一种说法:"一句话可以使人笑,也可以使人跳。”其效果之所以两样，关键在于这句话说得是否得体、巧妙，是否符合语言美的基本要求（如文明、礼貌、准确、风趣、生动等）。总之，“话说得好就会如实地达意，使听者感到舒适。这样的说话就成了艺术”（朱光潜语）。

从旅游接待工作的性质看，文明服务“十一字”法不能仅限于本国语，还应扩展到外国语。对于海外游客来讲，没有比语言不通更令人难堪的事了。因此，为员工开办主要语种（如英、日、法、德、俄、西班牙语等）学习班是很有必要的。不少旅游饭店对员工学习外语采取水平测试与相应的奖励制度，不失为一种值得借鉴的方式。

无疑，“可使人笑”或令人喜闻的服务语言是一门实用艺术。合理运用这门艺术不仅需要熟练掌握相关的文字符号与结构法则，而且需要了解不同服务对象（特别是外国游客）的文化习俗，以便使用得当，不失分寸。目前，常用的语言艺术教授方法主要有“角色扮演法”与“模拟游戏法”等。可让员工在语言学习过程中扮演主（服务工作者）客（服务对象或游客），轮流互换角色，在模拟性的服务对话中体验语言的实际功效，借此培养员工完善自己语言行为的自觉意识以及提高其语言行为的质量。

（四）组织姿态训练

旅游企业的形象塑造，在很大程度上取决于服务的质量与效率。但从直观角度看，企业形象塑造与其员工的形象塑造密切关联。鉴于旅游饭店的工作性质，一线员工的形象塑造除了形体与仪表因素外，应当侧重主要包括站相与步态在内的姿态训练。

优雅的站相，要求头部、两肩、双腿、双手呈现出端正而自然的姿态。人们常说的“亭亭玉立”和“昂然挺立”，就是两种具有代表性的站相。前者具有阴柔之美，适合女性参照；后者包含阳刚之气，便于男士习仿。经常从事体操和形体等项目的训练，有利于养成优美端庄的站相。当然，在旅游服务业，上述两种站态要根据工作特点灵活运用，适时调整，不可机械照搬。

所谓步态，也就是走路的姿势。对旅游饭店餐厅等部门的员工来讲，自然、轻盈、敏捷是步态美的要领。因此，值班时要穿轻便合脚的工作鞋，不宜蹬嗒嗒作响、行走不便的高跟鞋。有些饭店在训练员工步态方面动了不少脑筋，有的还聘请外籍教官，采用行为模式和自我矫正等方法，借助录像放像设备，传授餐厅员工托盘上菜时的走路姿势，对肩部、腰部与步速进行适当地调整，收到了良好的效果。

有些应用美学家对步态作过实际研究，并上升为一定的理论。譬如，奥夫相尼科夫就曾归纳说："训练优美的走路姿势，应该注意脚尖不要向内撇，也不要反过来，又向外撇成八字脚。这会使身体姿态显得紧张，步伐蹒跚。走路如果不弯膝盖，像'踩着两根棍子走'一样，或者相反，拖着脚步，鞋底沙沙作响，或者脚跟乱歪，那么从旁看来，就会显得十分难看。两肩和头部不摇晃或'摆动'，才能保持优美矫健的步伐。最好两肩略微伸开，但需注意不要凸出胸部，也不要凸出肚子；走路不要驼着背，不要凹胸拱肩，也不要侧着身子。走路如果两肘张开，两臂使劲摆动，或者把手插在衣袋里，同样会显得难看。"①自不待言，这些比较典型的描述与总结，对矫正个人的步态是有指导意义的。

（五）推广简易的美容知识

随着物质文明与精神文明的不断发展，人们需要生活环境美化的同时，也追求自我形象的美化。这样一来，美容这一新兴的行业自然受到社会各阶层（特别是年轻人）的广泛欢迎。但是，有些人由于爱美心切可又缺乏美容知识，因此在打扮化妆时往往顾此失彼，达不到预想的效果。这种现象在旅游行业的一些新员工中同样存在。为此，有些涉外饭店专门邀请外国美容培训公司参与举办员工美容培训班，其收效相当显著。

对于那些无缘参加美容培训班的员工，我们不妨推荐帕波罗·曼佐尼的"十分钟美容法"，作为自学美容的参照系。这位举世闻名的化妆师，为了造福于所有女性，通过反复实践，将复杂的化妆艺术精简为以下 12 个美容步骤：②

（1）净面——先做好准备工作。用适当的清洁剂洗净脸上的污垢和原来化妆遗留的痕迹，然后根据个人皮肤类型（干性、油性或中性），选用柔性或强性的收缩剂，以便使化妆保持得更久。

---

① 奥夫相尼科夫：《美学》（刘宁译，上海译文出版社，1982 年），第 100 页。

② 参阅《健与美》杂志，1987 年第 6 期，第 10 页。

(2) 湿润剂——随即将湿润剂涂于面部，勿忘嘴唇及颈前部位。如果眼睑很干燥的话，不妨也涂上一些。擦拭湿润剂的最好办法，是先将该剂滴到前额、两颊和下巴上，然后用海棉球或手指均匀抹开。

(3) 底彩——先将底彩分别在鼻子、前额、下巴和两颊上各涂一大点，用化妆海棉球将其均匀地抹于整个面部，包括鼻子周围及内眼角，以盖住瑕疵点；然后用面巾纸擦掉多余的油，再用海棉球擦匀。打底彩最关键的是不能在脸上留下任何条痕。

(4) 掩饰膏——此膏应涂于眼睛底部、皮肤较细的内眼角，以掩饰天然的暗色。万勿将其擦在眼外角，否则，你在微笑时它会出现裂痕。此膏之色一定要与底彩相同，决不可浅于底彩，这至关重要。否则，眼睛周围会形成一个白圈。

(5) 胭脂膏——把胭脂点在颧骨上，用海棉球打匀。选用膏状胭脂会使两颊颇有光彩，还能使胭脂粉保持长久。若把胭脂淡淡地施于头发的轮廓线和鼻梁上，则会使您显得更健康、更活泼。这里，关键在于擦拭均匀。

(6) 施粉——用粉刷或粉扑将香粉施于面上。使用粉饼比使用松散的末状香粉更为舒适、自然。

(7) 胭脂粉——将胭脂粉扑在胭脂膏的同一部位上（在鼻孔与耳垂之间设想出一条线，万勿使胭脂色超过此线之下！），可使胭脂色保持长久些。

(8) 眼影粉——眼影粉会使眼睛给人一种模糊、朦胧感。先从眼睑开始，在眼皮折线以下，从内眼角到外眼角施上眼影粉，要使用柔和的色彩，如淡紫色、梅红色、灰色或棕色。在眼皮折线和眉骨之间，用红棕色眼影粉，这样会使眼皮部位显得凹深，无肿泡感。最后用海棉球将眼影粉的边缘涂开一些，以便显得更加柔和。

(9) 眼线——先用眼线笔在下睫毛下勾出与眼影相协调的眼线，然后在上、下睫毛的根部用深棕色、灰色或黑色眼线笔淡淡地点出一条虚线，再用一潮湿的小刷子将这些点刷成一条柔和的线。这样以点画线的方法比直接划出一条实线要自然得多。

(10) 睫毛油——用深棕色或黑色睫毛油施到睫毛端部，先从内向外刷,然后再从下向上刷。勿忘下睫毛。施睫毛油时,应用一把精巧的睫毛梳或睫毛刷将上下睫毛分开。

(11) 眉毛——此步骤因人而异,可有可无。若你的眉毛本身就有很好的弧状线,则只需用一支颜色与你的发色相当的眉笔勾画一下,再用棉花签将眉笔的笔痕涂得柔和一点。

(12) 唇膏——用唇膏笔沿嘴唇画出。注意:必须沿着自己的唇形线画齐,不要试图改变嘴唇的自然形状。最后再用唇膏棒或刷把整个嘴唇画好。

不难看出,"十分钟美容法"具有简明易学、迅速完美等特点,给爱美的广大女性带来了福音。当然,在化妆过程中,还可根据自己的时间、情趣与"设备",利用和谐自然与突出美点等审美原理,进一步删繁就简,达到事半功倍的目的。另外,还可参照电视美容讲座所介绍的不同方法以及他人的实际经验,在相互补充的原则基础上,结合自身条件不断整合与完善,力求在省时节约的同时,取得最佳的美容效果,从而以美好的自我形象和爽快的心情迎接工作、拥抱生活。

三 国际审美文化视野

从事国际旅游接待工作的人员通常会发现,来华观光的西方游客比较关注中国人的社会生活,日本与韩国游客比较侧重中国的历史文化,海外华侨与港澳台同胞比较热衷于欣赏故土的风光胜景。这种倾向性固然与其好奇心、旅游需求和动机有关,更重要的是涉及他们各自的民族心理特征与审美文化习惯等因素。因此,要提高旅游接待工作的质量与水平,也需要广大旅游工作者拓宽自己的国际审美文化视野,对我国主要客源国的大众审美文化心理特征要有一个基本的了解,这样有利于在相互理解的基础上有针对性地搞好旅游接待工作。这里就美、英、法、德、日等国的大众审美文化心理特征提供一点粗略的信息仅供参考。

(一) 美国人的审美文化习惯

众所周知,美国是一个移民国家,是一座兼容并蓄着多种文化传统与价值观念的"大熔炉"。比较而言，影响美国大众意识形态的主要是宗教信仰和实用主义等哲学思想。美国绝大多数人信仰基督教，多种教义和教派并存。据统计，美国教会成员占其总人口的50%以上。不过，人们信教的程度与方式有一定差别，其意识形态也呈现出一种多元的倾向，但讲究实际又不乏幻想、追求民主自由和个性但又具有强烈的国家意识与自豪感则是大部分美国人的显著特点。

在社会生活领域，美国人待人处世比较豁达大度，容易交往。他们一般认为人生应该是快乐的，应该尽情地享受人间的幸福，绝不能自寻烦恼。这种生活观必然会反映在他们的消费行为上，一旦经济条件允许，就去买汽车、建房子、周游世界、品尝美味佳肴、参与文化娱乐活动等。在价值观上，美国人一般重视个人的价值与发展，喜欢独立进取，争取个人成就，推崇个人奋斗。在许多场合，美国人大多喜欢标新立异，轻视从众心理，惯于表现自己的独立性和个性，强调个人的权利与自由，即便到国外参加团队旅游，也要求导游人员将他们当作个体对待，因此遇事就得征求他们个人的意见，不能想当然。就整体来看，美国人喜欢标举"创造性思维与开拓性精神"。

了解美国大众审美文化的习惯与心理，不能仅仅局限于从好莱坞的电影风格与西部牛仔传奇故事来分析推断，还应研读美国文学之父马克·吐温的小说代表作《汤姆·索亚历险记》和《哈克贝里·芬历险记》，以及诗人惠特曼的《草叶集》和罗伯特·福罗斯特、杰克·伦敦、斯坦贝克以及海明威等人的作品。一般来讲，美国人的审美文化习惯表现为四个基本特征：(一)追新猎奇，不拘一格，通常喜欢那些富有新鲜感、娱乐性和刺激性的东西。迪斯尼、冒险者乐园之类的游乐场之所以首先在美国出现，与此审美文化习惯很有关系。(二)讲究场面与视觉感受。美国主要的文体娱乐活动与电影歌剧通常以大场面取胜。在美国洛杉矶举办的"奥运会"开幕式上的钢琴演奏与电影《坦泰尼克号》就是典型的例证。(三)偏爱壮美，喜欢快节奏、坦率、轻松、自如、诙谐、幽默的表演方式。美国的西部牛仔片与百老汇的有些经典歌剧之所以久演不衰，主要与此有关。(四)厚今薄古、喜欢科幻题材。这和美国历史较短、移民较多、现代科技与经济发达的国情有关。因此，《星球大战》《外星人》《蝙蝠侠》等娱乐影片之所以诞生于美国也就不足为奇了。[①]

上述审美文化习惯也在不同程度上影响到美国人的休闲观念与娱乐方式。一般说来,美国人惯于把休闲时间当作发挥和发展个人兴致与才能的机会。他们喜欢体育活动,特别是参与型的群众性体育活动与文化娱乐活动。他们不仅希望从中得到精神的享受和社交的乐趣,而且也希望从中得到某种实际的效益,如健壮的体魄、掌握某种或某些技能等。就娱乐方式而言,大部分美国人喜欢由明星组合的、描写英雄救美人之类的具有浪漫色彩和戏剧性的电影、电视节目,也喜欢音乐与舞蹈等艺术形式。不过,他们通常比较偏爱热情奔放、自由表达情感的爵士乐、摇滚乐,当然也有不少美国人偏爱抒情、优美和吟唱式的乡村音乐。据统计,美国各广播电台每周播放 1500 小时的音乐节目,其中也包括古典音乐,但是古典音乐的听众约占音乐爱好者总数的 1/5。另外,轻松活泼的歌舞喜剧(或者闹剧)在美国仍有相当的市场。从娱乐的时空上看,美国人喜欢每年 6 月到 9 月在露天举办的演出活动,而在日常情况下,则喜欢光顾酒吧、舞厅或夜总会等公共娱乐场所。

需要注意的是,美国人因居住的地区不同,形成的性格与生活习惯也有一定的差异,这必然会反映到外出旅游时的追求与需要等方面。相对而言,来自美国东部的游客思想比较保守,在旅游中追求优质服务和物质享受,不易接受过于新奇和刺激的旅游项目和旅游产品。而来自美国西部的游客正好相反,他们追新猎奇、追求刺激的东西,更喜欢冒险探险。来自美国中西部的游客显得比较淳朴、实在,办事稳重、谨慎,在购物时注重产品的质量,讲究货真价实。来自美国南部的游客因富裕阶层的比例较高,所以外出旅游时大多参加豪华旅游团,追求舒适、享受,同时也富有探险、冒险和征服的精神。[②]

(二)英国人的审美文化习惯

英国历史悠久,文化灿烂,自文艺复兴时期,特别是工业革命以来,在世界政治、文化、经济等领域一直占有重要的地位。英国地处英

---

① 陈志学编著:《导游员业务知识与技能》(中国旅游出版社,1994 年),第 186 页。

② 王兴斌主编:《中国旅游客源国/地区概况》(旅游教育出版社,1996 年),第 333 页。

伦三岛加北爱尔兰。英国人主要由英格兰人、威尔士人、苏格兰人和北爱尔兰人融合而成，但仍保持着各自的民族意识和传统，因此喜欢称其为不列颠人（British），而非英格兰人（English）。比较而言，英格兰人尊重传统，相对保守，讲究社会等级，同时又注重实际，不尚空谈，维护个人自由。威尔士人性情比较浪漫，而且能言善辩，为人处世比较开朗。苏格兰人严肃诚挚，简朴节俭，热爱自己的文化传统与表现方式。但总体而论，英国人讲究绅士风度，尊重女性，遇事保持克制，耐心从容，认为明显流露出烦躁情绪或恼怒发火，是缺乏教养与修养的表现。

在意识形态领域，英国人主要受宗教信仰与经验主义哲学思想的影响。英国的国教基督教新教，亦称圣公会或圣公教，以国王为教会的世袭领袖，以坎特伯雷大主教为教会的宗教领袖。据统计，该教会有 1386 个教区，数百万教徒。不过，现在许多人只是名义上有宗教信仰，而实际上很少参加宗教活动。由于经验主义哲学在英国有着久远的传统，因此英国人一般偏重实证，凡事喜欢要有证据，要有实践检验的结果。因此，美国著名学者爱默森声称英国是“理智和知性的故乡”。在社会交往方面，许多英国人由于传统等级观念比较强，一般对王公贵族还有根深蒂固的敬重心理，从而使贵族后裔凭借祖先的爵位或头衔而自视清高。这种等级观念的积极效果在于，英国人在社会生活中比较遵守纪律，办事讲究秩序，与人交往讲究礼貌礼节。在价值判断方面，许多英国人显得不那么急功近利，而是有点重名轻利，喜欢悠然自得、清静平和的生活方式，虽然也讲究实际利益但也不忘保持绅士的派头。

英国的哲学美学与文学艺术源远流长，孕育了一大批人文巨匠，如文艺复兴初期与后期的诗人乔叟和诗剧作家莎士比亚，18 世纪的小说家笛福，18 世纪的经验主义哲学家和美学家休谟和伯克等，19 世纪的湖畔派诗人华兹华斯、柯尔律治和拜伦等，小说家狄更斯、哈代和奥斯汀等，文论家和艺术鉴赏家罗斯金、阿诺德、佩特等，风景画家泰纳和庚斯博罗等，20 世纪的文学家萧伯纳和“披头士”（或译“甲壳虫”）现代乐队创立人列侬等。所有这些文化成就必然直接或间接地影响到英国人的大众审美文化心理或习惯，因此喜爱文学艺术与自然美景几乎成为英国人生活中的重要组成部分。

概而论之,英国人的大众审美文化心理有以下特征:首先是欣赏庄严凝重之美。如女王御林军的服饰、换岗仪式、女王的出行、宗教活动等历经百年,仍为英国人喜闻乐见。其次是推崇华丽均衡之美。莎士比亚的戏剧、十四行韵律诗皆以华章丽辞、对仗押韵而闻名于世。其三是喜欢含而不露、文雅机智的幽默。英国人习惯于"轻描淡写式"的幽默,即就地取材、词句含蓄、需要琢磨才能领悟的妙语珠言。其四是习惯于重行轻言的表达方式。英国人性格都有点沉默寡言,比较信奉"善辩是银,沉默是金"(Eloquence is silver, but silence is gold)的格言,因此不善随便交际。在审视周围世界,尤其是文娱世界时,也时常把个人性格当作审美的尺度之一。这也就是他们喜欢音乐、哑剧这类抽象艺术形式的原因之一。其五是酷爱自然美。这与英国风景优美、英国人热爱大自然的传统有关。他们的确是"爱屋及乌",不仅喜爱山水,而且喜爱乡野;不仅喜爱花草,而且喜爱动物,尤其是猫、狗之类的宠物。[①]

就休闲观念而言,英国人最显著的特征是独善其身,讲究尊重个人天地,诚如一句谚语所说:"英国人的家就是他的城堡。"他们休闲时,喜欢与家人同行,不欢迎外人插入,有时宁可独处一隅,沉思默想。他们也把休闲时间当作发展自己才能与兴趣的机会,但与众不同的是,他们比较喜欢各行其是,互不干扰。在娱乐方式方面,英国人平常喜欢以家庭为单位,到乡间别墅、公园或自家花园里度过周末或一般假日。与其他西方人相比,英国人的夜间娱乐活动通常不是很多很晚,只有特殊情况例外。出外旅游时,由于英国人习惯按既定的计划办事,有些墨守成规,因此往往不愿意做出也不愿意看到突然的变更,这需要安排和实施旅行活动日程的导游人员引以为戒。另外,由于英国人一般不喜欢随便交际,因此在随团队旅游时,不喜欢将自己的私事随便告诉别人,也无意打探别人的事情。经常为了避免与他人寒暄或交谈,乘车时喜欢埋头读书看报,这时一般不要打扰。

从娱乐内容看,大多数英国人喜爱体育运动,如足球、网球、板球、打猎和钓鱼等。特别是号称英格兰"国球"的板球,除了投球击球跑垒之外,整个比赛过程显得慢条斯理,不慌不忙,衣着整洁、动作优雅,十

① 陈志学编著:《导游员业务知识与技能》,第189页。

分讲究运动员的风尚，最能反映英国人参加体育娱乐的风格与品位。此外，英国人也喜欢音乐、歌剧、舞蹈、绘画、园林、电影和电视。英国伦敦有些剧院专门演出古典作品，较小的城市大都有“保留剧目剧院”，如莎士比亚的纪念剧院就是典型的代表。在娱乐场所方面，英国人一般喜欢开放性的场所。最早的英国剧场舞台继承了古希腊、古罗马的遗风，主要在露天，这样便于举办“露天音乐会”或者“散步场音乐会”，让听众站着欣赏音乐歌舞演出，享受轻松自然的环境气氛。在生活中，英国人注重衣着确是事实。但是，现在的英国人在工作或休闲时也喜欢着便装，只是在重大场合才穿西服、打领带或着礼服、戴首饰。一般英国人喜欢喝啤酒，尤其是带有苦味的啤酒或黑啤酒。纯正的苹果酒也很受欢迎。在去高级酒店或餐厅用餐时，比较讲究穿着和餐桌礼仪，服装不整、刀叉乱响、伸手越位夹菜（应当请临近的同桌用餐者递过来）或吃东西出声等，都被认为是失礼或缺乏修养的表现。

（三）法国人的审美文化习惯

法国于5世纪由法兰克部落建立王国。国名法兰西由拉丁文Francia演变而来，意指“勇敢、自由的国家”。法国人口中有93.5%是法兰西人，但其成分复杂，可以说是欧洲各民族的国际大融合，因此生活在与英、德、意大利和西班牙等国接壤或临近地区的法兰西人之间，在外形与心理特征等方面有着一定的差别。

在意识形态领域，由于受法国启蒙运动与法国大革命的影响，“自由、平等与博爱”（Liberté, Equalité, Fraternité）等人权主义观念在法国民众中根深蒂固。在巴黎，这三个字雕刻在许多历史建筑的立面门廊上。虽说有90%的法国人接受天主教的洗礼，但虔诚的教徒不到1/5。有统计数字表明，54%的人说他们从不忏悔，只有6%的人定期去教堂做礼拜，另有15%的人明确表示不信宗教。因此，以萨特为代表的存在主义哲学思潮对一般法国人影响较大。以笛卡儿为代表的理性主义虽然诞生于法国，但许多法国人却富有理想色彩以及唯心色彩。他们十分重视个人价值，喜欢与众不同，认定自己的生活方式和理想模式，惯于把自我设计、自我选择和自我创造确立为自己的发展和生活信条。所以，不少法国人容易给人以夸夸其谈、沉湎于幻想或者不切实际的印象。在政治方面，法国人自由浪漫，享受公民权利，甚至有些无政府主义倾向，对政府、社团没有多少依赖心理，适合自己口味的就拥护，否则就背离或反对，很少一条路走到黑。在文化方面，法国人普遍有一种优越感，对自己丰富的文学艺术遗产赞不绝口。与此同时，绝大部分法国人认为法语是世界上最优美的语言，有时表现出些许语言沙文主义的倾向。譬如，在巴黎问路用英语或其他语言，一般法国人听懂也装糊涂。但只要用法语，即便讲得一般，他们也会喜笑颜开，乐意为你服务。在社交方面，法国人显得热情、大方、开朗。交往中表现得既浪漫而又不失文雅，既幽默而又不落俗套。所以，即便是萍水相逢，也会亲热交谈。但是，他们出于礼貌礼节，不便当面回绝他人的请求，因此好许诺，却少兑现，显得有些"轻诺而寡信"的味道。

法国大众审美文化的关于心理或习惯，人们认为有如下几个基本特点：（一）追求独特不凡的风格。法国人一般比较喜欢那些与众不同的风格和出类拔萃的东西。为此，他们会不惜工本，独辟蹊径，不怕流言，甘冒风险等，这在时装美学上表现得尤为突出。（二）注重浪漫情调和印象之美。法国人通常喜欢那些飘逸潇洒的艺术形式，对那些可以随意加入自己见解的抽象艺术尤为钟情。（三）艺术模仿自然但又高于自然。许多法国人认为艺术不仅是反映现实的一面镜子，而且是人们行为举止的典范。人们可以从艺术中受到启发，但很难从自然中得到什么。[①] 此外，法国大众审美文化意识中还表现出（四）尊重传统与融合现代趣味和科技的特征。譬如，在法国国庆之夜，他们经常独出心裁，把贝多芬的《欢乐颂》乐曲通过装备有现代录放音设备的车辆分布在巴黎主要景点（如埃菲尔铁塔、凯旋门、协和广场等），与燃放在夜空的各种礼花巧妙地融合在一起，形成壮观动人的景象。（五）法国人的艺术品位虽高，但他们一般不去人为地区分高雅与通俗（high-brow and low-brow）文化艺术。只要觉得作品吸引人感动人，具有审美价值，就认为是好作品，就能够获得不同形式的艺术奖，至于题材、内容、雅俗、难易、深奥或浅泛等因素则不大考虑。所以，德国与英国的读者或观众认为法国人的艺术品位比较特别，在他们看来属于庸俗或不登大雅之堂的东西，法国人却十分推崇；而他们认为高雅或

① 陈志学编著：《导游员业务知识与技能》，第 195 页。

严肃的作品，法国人可能会不以为然。欣赏艺术作品或者现实生活中的审美因素，在法国人那里就像品尝蛋糕一样，只要好吃好看就行。

（六）与中国人相近的是，法国人也把“美食”视为艺术，即实（食）用艺术。他们爱美食，也会享受美食，认为个人饮食应当符合自己的教养和社会地位。法国大菜在世界烹饪艺术之林中享有很高的声誉。法国烹饪艺术也讲究色、香、味、形，不仅用料考究、品种繁多，而且注重营养搭配，其主要特点是香浓可口、鲜嫩味美。有人戏言：世界上也许只有中国美食家与法国美食家最有资格同桌共品佳肴，“青梅煮酒论英雄”。

就休闲观而言，法国人的兴趣爱好正在逐渐脱离习俗，正在摆脱过去那种由身份和工作来决定的模式，变得更加多样化和个性化。许多人往往自得其乐，根据自己的喜好或兴致来选择某种休闲活动，而不怎么考虑其他社会、文化、教育甚至经济等因素。在娱乐方式方面，法国人在业余时间喜欢到公共娱乐场所消遣，如艺术博物馆、运动场、图书馆、剧院等。许多法国人也喜欢一个人坐在路边的酒馆或咖啡馆要一杯葡萄酒，悠闲地看上一两个小时的街景。在休闲内容方面，法国人喜欢运动。如网球、足球、体操、钓鱼、打猎等。全法国约有 250 万人打网球，每年一度的法国网球公开赛不仅是国际职业网球四大赛事之一，而且是法国或者欧洲网球爱好者的喜庆节日。有关的预测还表明：每 10 个法国人中，就有 3 人喜欢练习体操，2 人爱好钓鱼，1 人热衷打猎。法国人也喜欢旅游，喜欢海水、阳光，偏爱大自然。法国人在启蒙思想家卢梭的感召下，最早倡导“返回大自然”的口号，印象派画家更是积极的实践者，加上城市居民与乡村有着密切的联系以及优美的乡野风光，法国人除了海滨外最喜欢到乡村旅行度假。其度假时间一般集中在夏季七八月份。在具体的文化娱乐项目上，法国人喜欢跳舞、听音乐、听歌剧、看马戏、看芭蕾舞演出、看电影电视等。法国年轻人比较喜欢流行音乐，在这方面受美国流行音乐的影响甚大，几乎有 90% 的产权掌握在美国唱片公司的手里，因此不少儿童对美国流行歌曲的熟悉程度如同对法国催眠曲一样。

有一点需要注意，与法国人交往，送礼是友好的表示或者友谊的象征，因此礼物不一定贵重，但要讲究包装。如果送鲜花，要注意选择品种。一般来说，不宜向法国人送红玫瑰（情人的礼物）、黄色的花

(不忠诚的表示)和菊花(葬礼上适用的花)。

(四) 德国人的审美文化习惯

德国的早期历史可以上溯到古罗马占领时期。公元前113年,有史料记载的只是几个日耳曼族的部落而已。公元7世纪到8世纪,基督教会在德国建立。这也许是德国真正文明的开端。10世纪初形成德意志国家。德国文化主要以古希腊和基督教文化为源泉。通过文艺复兴时期的影响和酝酿,到了18世纪启蒙运动时期,德国的许多学者(如鲍姆加通、温克尔曼和莱辛等人)一方面研究诞生于邻国法兰西的大陆理性主义以及英国的经验主义,另一方面重新评估包括哲学、美学和艺术在内的希腊文化,从而为德国文化的发展奠定了坚实的基础。这一文化传统在尼采的哲学美学与瓦格纳的音乐歌剧中,发挥到了极致。

在意识形态领域,德国人一方面主要受基督教和天主教宗教信仰的影响。16世纪马丁·路德(Martin Luther)所领导的宗教改革也在德国人的精神世界里占有重要的地位。德国公民中约有43%信仰天主教,42%信仰基督教新教。另一方面,以康德、谢林、黑格尔以及叔本华和尼采等人的理性主义与意志主义哲学、美学思想,对德国人的民族性格和审美意识也产生了深远的影响。所以,德国日耳曼民族具有深沉好学的传统,保持辩证思维的习惯。相对而言,他们对人对事能取发展变化的观点,顺心时不会忘乎所以,逆境中能够忍耐奋进,既严谨、认真、勤奋,又不乏热情、幽默、机敏。所以,美国思想家爱默生把德国描绘成"神秘哲学与梦想的国土"。在社会政治方面,德国人对国家和社会的权威有一种理智而实际的服从精神,对法规纪律有着一丝不苟但又能审时调整的务实态度。在价值取向方面,他们能够正视现实,但又抱有理想;既追求物质财富,又重视精神财富,重视个人健康的生活方式。譬如,注意营养、休息、锻炼,为保持强健的体魄,舍得合理的花费。

就德国的大众审美文化心理而论,其主要特征如下:(一)德国人把美视为生活中的重要组成部分。他们注重整洁,钟爱黑白两色,喜欢布置居室,内部装潢设计比较推崇"包豪斯学派"(Bauhaus)的风格。与英美人相比,德国人(瑞士人、法国人和欧洲其他一些国家的人也是如此)尤其喜欢装饰自家的窗户。临街的窗口大都挂有洁白的窗纱或漂亮的窗帘,有的还摆上自己心爱的盆栽花卉等。(二)德国人珍视文化传统,注重理性分析。德国的哲学家、美学家、诗人、文学家、音乐家和艺术家人才辈出,闻名世界的大师级人物很多,这是德国人最引以为豪的。德国人对古典音乐的热情和理解超出常人,这与他们本人的欣赏能力和音乐所表现的哲学底蕴有着密切的关系。曾以卡拉扬为首席指挥的柏林爱乐交响乐团之所以在国际上享受崇高的声誉,与德国人的审美追求是分不开的。(三)庄重、简洁、流畅与实用趋于一体的艺术表现方式,可以说是德国人传统审美心理与现代审美文化交融的结果。在这个"音乐与工程师之乡",人们试图在大众文化娱乐中把抽象玄妙的音乐与具体的现代技术结合在一体,很能显示出一种凝重但又轻松、精巧但又波普的特点。①

就一般德国人的休闲观而言,其最大的特征就是把休闲当作接受教育、增长知识的机会。德国人有好学好问与全民教育的优良传统,绝大部分人的文化素养较高。在休闲期间,喜欢在运动、旅游、手工制作等实际活动中学习知识、提高技能、增长才干。因此对文化旅游项目兴趣甚浓。即便从事一般的旅游观光,许多人也要大量阅读相关的资料和图书,以便做到有备而来。譬如,到中国旅游的不少德国人,在出发之前学习过使用筷子,到中国后,还会在餐桌上向导游认真求教,争取成为"行家里手"。在娱乐方式方面,参加体育活动、听音乐、跳舞几乎成为德意志民族文化娱乐活动的基本内容。许多人喜欢足球、网球,偏爱健美运动,能够弹奏乐器。今日的德国青年因受美国通俗文化的影响,也喜欢不拘形式、充满激情和可以自由发挥的摇滚乐和爵士乐。因此,在德国的一些城市,规模不同、内容丰富的文化节相当多,其活动内容涉及音乐、喜剧、电影等。光在柏林,每年 2 月举行"国际电影节",每年 9—10 月举行"柏林文化月",每年 11 月初举行"柏林爵士音乐周",以及"柏林戏剧节"等。此外还有波恩的"贝多芬音乐节",慕尼黑的"戏剧文化节",维尔茨堡和奥格斯堡的"莫扎特音乐节",拜罗伊特的"瓦格纳文化节"等。需要注意的是,德国虽然于 1990 年统一,但由于现代经济文化发展的时间差,原东德与原西德的

---

①　陈志学编著:《导游员业务知识与技能》,第 192 页。

人在娱乐方式上依然存在少许差异。比较而言,许多原东德人喜欢去剧院、音乐厅和电影院等大型的文化娱乐场所,而不少原西德人则习惯光顾餐馆、酒吧、俱乐部和歌舞厅等小型活动场所。值得一提的是,向来严谨的德国人,也会在欧洲传统的节日——狂欢节之际一反常态,彻底地轻松一下。在德国,狂欢节在重要性和规模上仅次于圣诞节。狂欢节期间,莱茵河畔各大城市都要举行化装游行,人们涌上街头,戴着各式各样滑稽可笑的假面具,身着色彩绚丽的奇装异服,以乐队为先导,表演各种以神话、传说和现实生活为题材的滑稽剧与民间舞蹈,随后是装点得千姿百态的各种造型彩车,人们从彩车上向沿途的观众撒放甜食水果,象征甜蜜和幸福。①

(五)日本人的审美文化习惯

邻国日本是中国的主要客源国之一。"日本"的意思是"日出之国""太阳升起的地方"。日本是世界上少有的单一民族国家,大和族占总人口的99.3%。北海道地区目前仍有2万多阿依奴族,但已经失去了其体质上的特征与固有的文化。在意识形态领域,日本主要受宗教信仰与日本式融合主义思想的影响。日本有起源于古代历史和神话的神道,有6世纪经中国、朝鲜传入的佛教,也有于1549年从西方传入的基督教等。不过,一个日本人信仰两种以上宗教的现象十分常见。在一般家庭里,神龛与佛坛并列。在祭祀活动中,他们既去神社,也去寺院或者教堂。结婚仪式大多按神道仪式在神社举行,而葬礼则差不多采用佛教仪式。因此,不少日本人认为信奉神道可以尽情享受人生,不受什么约束;信仰佛教可以在死后进入西方极乐世界,使自己的灵魂有安顿之处。日本民族善于学习,对于东西方文化、风俗、哲学、科技等,通常采取一种拿来主义和为我所用的方法,在学习、模仿、消化和改造的过程中将自己喜欢的东西融合到自己的文化之中,最终发展成为带有日本色彩的东西。日本的文字演变、各种节庆活动、日常的生活方式以及对比性强的建筑环境等,很能反映这方面的成就与特征。日本人一般崇洋而不媚外,比较热衷文化与政治上的国际化。日本人信奉"没有不幸就是幸福"的生活观,追求悠闲、共处的理想境

① 陈志学编著:《导游员业务知识与技能》,第194页。

界。现在的日本青年受西方文化影响较大,享乐主义与个人主义等思潮开始呈蔓延之势。

在社交方面,日本人讲礼貌、好寒暄,但有时是外热内冷;崇尚“和”(*Wa*),讲团结,故标举集团主义,尊重国家与组织的权威,服从命令,听从指挥,具有“献身热情”。另外,比较好面子,表面上尽量不伤和气,以此维持社会交往或组织内部的融洽表象。① 因此,如果当面征求日本游客的意见,一般总是赞扬声一片,但随后旅行社可能收到对方的投诉信。最好的办法是导游给他们每人发一张意见调查表,这样你会知道他们的真实想法和建议。在职业道德方面,日本人堪称“工作狂”,把工作视为生活的目标,把忠诚视为价值判断的基本尺度,通常把上司的批评责罚视为对自己的关切与栽培。

日本的文学艺术最早受中国的影响,随后又受西方的影响,在不断的贯通或磨合中,融汇了自己的理解与改造,从而形成了比较独到的日本特色。譬如,日本独特的文学形式有产生于平安时代的“和歌”,其中含短歌、长歌和旋头歌;有产生于江户时代的“俳句”,算得上是世界上最短小精悍的诗歌。另外,日本独特的艺术形式有出现于奈良、平安时代的“大和绘”,出现于江户时代的“浮世绘”,起源于14世纪的古典歌舞剧“能”剧,出现于16世纪末、反映宫廷及武士生活的历史剧目“歌舞伎”,形成于16世纪的木偶戏“文乐”,以及受中国影响但有所本土化的“书道”“茶道”与“花道”等。所有这些对日本大众审美文化习惯的形成与发展均有一定影响。②

据一些日本学者研究,日本大众审美文化心理有这样几个特征:

(一) 喜欢清明洁白的美。古代日本人的色彩感,关系到日本人的审美意识之根本。在古代日本人的世界观中,是以人们所喜爱、所尊敬的白色为中心的,白色所象征的深远意味总是同生命、希望、素雅、清净、纯洁、愉快等联系在一起的。诚如日本著名美学家今道友信所言:“日本人的审美意识就明显地表现出与宗教和道德相结合的性格。在同样重视白色的作法上,有喜爱白色而多方加以利用的倾向,

---

① Junichi Mizuno. *JapaneseLikingfor Circles* (Kenkyusha Printing Co., 1984), pp. 22-28, 62-68, 94-98.

② 王兴斌主编:《中国旅游客源国/地区概况》,第49—50页。

也有敬畏白色而只在祭礼等方面使用的倾向；尽管它们都不过是相对的倾向，但两种不同的态度作为倾向则是一起出现的。不过，在日本，作为‘素’的白，正像不饰色彩的木材建筑和清淡的调味那样，多被用于日常生活之中；而作为色彩的白，在很大程度上带有神仪的象征意味。白正是联系人与神的色彩。因此，神社才铺满白砂，神官才穿着白色的装束。”①

（二）喜爱“幽玄之姿”与“幽玄之趣”，也就是说，日本人（特别是文人雅士）崇尚用表面的语言难以表现的意境，因此讲究“风的美学”与“姿的美学”（今道友信语）。这“风”一般包含“风情”“风体”“艺风”和“风姿”等意，与“气”和“流”相关，无法用语言固定为一个形体，所以不可捉摸，但又能够让人用心感悟和品味其间蕴含的东西。“姿”则与“风”相对，包括“形状”“形态”“相貌”“样子”或者“姿态”“姿势”“姿心”等意。如此说来，姿是有意做出来的美的体态或应有的样子。一言以蔽之，姿可以说是流丽的姿势、身体的造型、有某种方向的意识自然流露的状态、按照设想做出的身体的美妙造型。……但在诗歌里面，姿含有格调、表现样式或样体以及超过样体的意思。日本学者定家在《每月抄》里说：“姿于歌中必先言秀逸之体，遗万机而不滞于物，然此十体中无论何体皆不可见，而觉姿似可挟，余情荡漾，必令人有见心襟坦荡，衣冠整肃者之感。”②

（三）追求形式上的小巧凝练，崇尚“闲寂”或“寂”等心理上的神韵，重视一元的、非理性的不平衡的美。所谓“闲寂”或“寂”，是难以用语言来界定的心理潜流。有一则传说也许可以帮助我们理解或意会其中的真谛。被称为日本茶道之祖的千利休，有一次来到一个打扫得干干净净的茶院，很不高兴。于是，他便径直走入庭园深处，摇动树干，散落一地枯叶，然后对园主说：“这才是闲寂和寂之心。”③

（四）喜欢兼容并蓄的美，既尊重传统的审美意识和格调，也不忘现代的时尚。

（五）大部分年轻人受到美国大众文化的影响较大，对快节奏、通

---

① 今道友信：《东方的美学》（蒋寅等译，三联书店，1991年），第184页。

② 同上书，第211、213页。

③ 陈志学编著：《导游员业务知识与技能》，第182页。

俗化、戏剧化、有刺激性、视觉形象多变的东西越来越感兴趣，而对节奏缓慢、动作优雅的传统歌舞形式则敬而远之。

就日本人的休闲观来看，他们一般比较推崇“努力工作，尽情游玩”的信条，所以在工作时尽心竭力，旅游时马不停蹄，喜欢日程紧凑。当然，也不能一概而论。有的日本人仍然是“工作至上主义者”，休闲对他们来讲只是工作时间和空间的某种补充，认为消遣和娱乐不含有享受人生的积极意义，只起“解闷”或“休养生息”的作用。但大部分年轻人则自有主张，认为休闲是发掘自己工作范围之外能力的良机，消遣和娱乐的目的就是积极地表现自我和享受生活。

日本人的休闲时间比较集中，一般在每年 4 月末 5 月初，这期间节假日较多，有“黄金周”之称。许多日本人喜欢把年假放在黄金周里一起连休，这样出外旅游的人数最多，通常高达 6000 万之众。在文化娱乐方面，日本人喜欢看电影电视，喜欢听音乐唱歌，尤其是酒后放歌，喜欢模仿自己崇拜的歌星影星。每年除夕举办的“全日本红白歌手大赛”吸引了大量的日本观众。另外，他们也喜欢综合性的文体娱乐场所，如游乐园或公园等。在饮食方面，日本人有其独到之处。一方面喜欢新鲜的配料和食品的色形美观，另一方面重视精美的器皿。至于味道如何，那并不重要，因此不少外国人认为日本饭菜“中看不中吃”。但在注重饮食营养、卫生和形式美感的当今时代，这种受传统口味影响的评价也在发生着某种变化。

俗话说，“千人千面”。即便是一家人或亲兄弟，其性格与爱好也会有一定的差别，更何况一个民族或一个国家的民众呢？上面所述几个主要客源国的大众审美文化心理与习惯，是就总体性的基本特征而论；如果落实到具体的人，就需要具体分析、酌情对待了。另外，域外游客来华观光，在了解旅游对象国审美文化的同时，重点在于研究中国的社会、文化、艺术与风俗民情。因此，旅游工作者，尤其是导游人员，需要谙悉本国的审美文化，以便更好地扮演自己的职业角色和传播中国文化艺术的精髓，协助和引导八方游客在旅行游览中领略和体认华夏文明的价值特征。

四 旅游与文化的哲学思考

值得注意的是,近年来的旅游产业发展态势,越来越多地吸收和参照了文化产业的发展机制,这无疑是一个与时俱进的有效举措。2011 年,国内旅游学者在组织每年一度的“北京对话”时,将主题确定为“旅游、文化、视野”,其目的在于探讨旅游与文化进一步发展和会通的新视野或新途径。按照通常的说法,现代旅游业是一项基于景观文化和服务产业的经济活动,其构成要素包括行、游、购、娱、食、宿,等等。因此,无论从旅游的角度审视文化,还是从文化的角度审视旅游,都会发现两者有着密切的内在联系与动态的互补关系。这里不妨从旅游文化哲学角度出发,简要思索和阐述如下三点:旅游业的目的性追求、惬意原则的基本功能、“人文化成”的发展视野。

(1) 旅游业的目的性追求

如果我们接受上述界说,将旅游业视为一项“基于景观文化与服务产业的经济活动”的话,那我们又应当如何看待这项“经济活动”呢? 按照西方的认知系统,涉及产、销、供、人、财、物等一系列关联性经济活动是经济学研究的对象。而经济学最初在亚里士多德那里始于家政学,属于实用智慧范畴。到了亚当 · 斯密(Adam Smith,1723—1790)那里,以《国富论》(1785)为标志的经济学虽然相对成型,但依然镶嵌在以道德哲学为背景的《道德情操论》(1759)里。因为亚当 · 斯密作为苏格兰学派的主要人物之一,他从本业上讲是一位道德哲学家,至于其经济学家的称号则使后人追认的结果。在《1844 年经济学哲学手稿》里,我们发现马克思所讲述的是经济学的要义,但强调的则是实践哲学的精神,并从异化劳动这一点切入,提出了“人的生产是全面的……人也按照美的规律来建造”这一经典论断。[①] 到了 20 世纪新黑格尔学派那里,克罗齐(Benedetto Croce, 1866—1952)依然把经济学和伦理学纳入实践哲学,把美学和逻辑学归于理论哲学。现如今,特别是 2008 年的金融危机爆发以来,一般学者都习惯性地将

---

① 马克思:《1844 年经济学哲学手稿》(人民出版社,1985 年),第 53—54 页。

其视为经济问题,而只有少数学者和业内人士(如辞职的高盛公司高管)将其视为道德问题。在我看来,这种道德问题实际上就是哲学问题,尤其是实践哲学问题。

我讲这一点的主要用意在于,学科的划分是人为的产物。自工业革命以降,这种学科划分的步伐在不断加快。这种做法尽管具有促进学科发展等诸多积极作用,但过于狭隘的学科划分与萎缩的认知视野也会产生消极作用。譬如在一些金融或经济部门,所推崇的是以工具理性和盈利手段为代表的“技”,所忽视的则是以道德理性和人文智慧为代表的“道”。这样一来,重技而轻道几乎演变为一种自以为是的常态。中国古代贤哲庄子讲过“庖丁解牛”的故事,所用牛刀十九载未磨而如新刃,宰起牛来使刀于无间,游刃而有余,其过程如同游戏,可达到“合于《桑林》之舞,乃中《经首》之会”的自由境界。所观者都夸这位庖丁拥有“神技”,但他本人却回应说“技近于道”,意思是说他展示出来的是“技”,但最终追求的是“道”,其“神技”只不过是接近于“道”的一种表现而已。反过来说,正是因为他追求的是“道”,其“技”才达到如此出神入化的程度。

在古希腊,哲学作为“爱智求真之学”,原本是统摄一切学科的总学科,侧重研究的是“道”,其他一些分支学科侧重研究的是“技”。从研究、教育和从业等角度看,如果能道技并重、道技兼用,其长远效果可能会好一些,其短视问题可能会少一些。

若从中国的认知系统来看,所谓“经济”,旨在“经世济民”。所谓“经世济民”,就是要把这个世道或市场筹划、安排和管理好,从而帮助大众获得合理的实惠,过上像样、体面或幸福的生活。如果把“经世济民”视为“经济活动”的目的性追求,那么,旅游业作为一项基于景观文化与服务产业的经济活动,也应当以“经世济民”奉为自身的目的性追求。其实,近三十年来,中国旅游业发展的动力之一就在于“经世济民”,在一些发展滞后的地区,发展旅游业的最初定位就在于“扶贫脱贫”。在这方面,所取得的成绩很大,所存在的问题不少。这些问题主要体现在自然景观的保护和利用上,人文景观的内涵与形式上,服务过程的衔接与质量上,市场定位的视野与门票定价的规则上,凡此种种,不一而足。有些景区的人文景观以当地的文化传统和生活习俗为主要内容,但在设计时流于形式化,在展示过程中过于商业化,急于求富发财的欲望和“雁过拔毛”的心态，在走过场的程式化演示背后表露无遗。

老子曾向人们提出如下忠告：“企者不立，跨者不行”[①]；而“善行无辙迹”。[②] 意思是说踮起脚跟立不牢，跨步前行走不远；而善于行走的则步履轻盈且不留痕迹。如果把老子的忠告作为一种旅游产品开发和营销策略，尽力丰富景观价值，真正突出优质服务，完全抛开“搭台唱戏”那一套假把式，这样或许能让旅游目的地的经济效益持续得更长久一些，能让当地的旅游景观价值变得更诱人一些，同时也能让旅游者的满意度更高一些。有口皆碑的“丽江现象”很值得关注。

(2) 惬意原则的基本功能

谈到旅游者满意度的高低，这既是一个消费心理问题，也是一个审美心理问题，但在根子上也是一个旅游服务的职业水准和道德问题。这便使人油然想起亚当·斯密的终生好友、苏格兰学派的另一位代表人物大卫·休谟(David Hume, 1711—1776)的相关学说。在《道德原则研究》(1751)里，休谟从“有益性为何令人愉悦”的角度出发，分析和总结了具有道德和审美内涵的“惬意”原则。

概而言之，“惬意”原则的基本功能有三：一是“有益于我们自己的品质”，二是“直接让我们自己惬意的品质 ”，三是“直接让他人惬意的品质”。

就第一功能而言，所涉及的主要品质包括谨慎、细心、事业心、勤劳、勤奋、节俭、善意、诚实、尽职、真挚、耐心、周到、有序、敏锐等，这些品质不仅有益于我们自己的成长发展，而且有益于我们自己的不断完善，同时还有益于我们自己的身心健康。举凡具有这些品质的人物或形象，只要一出现在我们眼前，就会令人喜不自胜，令人乐于接近，令人从中联想到幸福、快乐、成功和富足这类理念，令人的头脑充满情投意合与人道情怀所带来的快感。[③]

---

① 《道德经》，第二十四章。

② 同上书，第二十七章。

③ David Hume, *An Enquiry Concerning the Principles of Morals*, in *Enquiries Concerning the Human Understanding and Concerning the Principles of Morals* (Oxford: The Clarendon Press, 1955), pp. 234-243.

就第二功能而论,所涉及的主要品质来自令人欣然而乐的影响和心理上的感应,它们抑或表现为富有感染力和令人产生共鸣的幽默和情操,抑或表现为果敢的美德与高尚的言行,抑或表现为平静的性格与仁爱的关怀,抑或表现为温文尔雅的风度与宽宏大量的胸怀,等等。这些品质抑或体现在人物性格上,抑或表露在诗歌风格中,其表达的方式和给人的满足,不仅直接使我们自己感到惬意,由此赢得友情和尊重,而且还使我们在想象中推己及人,感同身受,由此体验到更为平和的喜悦与乐趣。不过,要欣赏这些品质的美和诗性的美,就需要具备一种敏悟能力,也就是一种趣味的灵敏性或敏锐的鉴赏能力。这种能力本身就是一种具有个性的美,可表达最纯洁、最持久和最率真的诸种快乐。拥有这种能力的人,自然也就可以从这些快乐中领略到直接的快感。①

就第三功能来讲,所涉及的主要品质来自社会交往过程中的互动、互助与合作关系,具体表现为合群、遵从、礼貌、儒雅、睿智、善良、雄辩、谦和、慷慨、言行得体、干净利落,等等。在有教养的人之间,相互照应是彼此影响的,轻慢他人是予以伪装的,权威地位是藏而不露的,注意力是要轮流给予的,随兴所至的交谈是要设法维持的,交谈期间无需激愤,不可打断别人,切勿急于争强斗胜,更不可摆出居高临下的派头。倘若注意和尊重这些品质,不仅会直接使他人感到惬意,会善待彼此有益的意向,而且还会直接博得他人的好感,会促进彼此敬重,增进个人美德,匡正自身行为等。值得一提的是,无论双方是否熟悉,无论彼此是否殷切,所有这些品质都会对我们的想象力产生惬意的影响,会使我们体验到满意和赞同的感受,进而成为我们判断所有风范和人品的原则。②

我在这里讲述惬意原则的目的,是想将其挪用到旅游接待业上来。不难理解,如果旅游景观与景区的开发建设、旅游产品与服务的经营管理,都符合惬意原则的基本要求,都具有惬意原则的基本功能,也就是说,其审美价值与文化内涵所构成的内在品质,既是"有益于我

---

① David Hume, *An Enquiry Concerning the Principles of Morals*, in *Enquiries Concerning the Human Understanding and Concerning the Principles of Morals* (Oxford: The Clarendon Press, 1955), pp. 250-260.

② Ibid., pp. 261-267.

们自己的品质”，也是“直接让我们自己惬意的品质”，同时也是“直接让他人惬意的品质”，那么，生活与工作在这种环境里的人们，一定会在惬意的感受中提高自己的生活质量；而来旅游观光的客人，也一定会在惬意的感受中体味到不虚此行的生活乐趣。

为了建设和提供使自己和他人惬意的旅游景观与旅游服务，业内人士需要高度的审美文化素养，充分利用自己的才智与真诚，保护利用具有悦耳悦目之功效的秀美景观，保障提供具有悦心悦意之功效的优质服务，建设创构具有悦志悦神之功效的壮美景观。悦耳悦目的秀美景观通常以田园风光与自然和谐为基础，以侧重直觉反应的感性审美判断为原理；悦心悦意的优质服务通常以热情好客与真诚相待为尺度，以侧重利害反思的理性审美判断为准则；悦志悦神的壮美景观通常以崇高宏大与冲突震撼为元素，以侧重道德评价的综合审美判断为参照。限于时间，这一复杂问题只能点到为止。

(3)“人文化成”的发展视野

在西方，“文化”通常被视为人类的综合性生活方式，其内在结构涉及四个层面，即由各种生产与实用工具组成的器物层面，由各种社会系统与机构组成的制度层面，由各种符号与语言组成的交际层面，由各种思想与价值组成的观念层面。这四个层面又呈现出三个向度，即功用向度，认知向度与精神向度。一般说来，精神向度涉及宗教、伦理与审美；宗教关乎安身立命的个人信仰，伦理关乎人之为人的行为规范，审美关乎修身养性的感性体验。

在中国，“文化”在传统意义上等同于“人文教化”。这一概念源自《周易·贲卦》彖辞：“观乎人文，以化成天下。”其要旨是说利用人类文明或优秀的人文成就，来感化天下大众，来推行教化促使人世昌明。今天，我们从“人文化成”的理念出发来探讨旅游发展的视野，至少赋予其三种职能：人文教化职能、赞天化育职能、人文辅助职能。

首先，要落实人文教化职能，就需采用寓教于乐的方式，借助“一切景语皆情语”与“此处无声胜有声”的客观效应与审美价值，使旅游景观与景区的所有活动符合惬意原则的基本要求，从而具有“所过者化，所存者神”的教育和示范作用。要知道，集自然景观与人文景观为一体的旅游景观，不仅可以激发人们的好奇心与求知欲，满足人们的社会交往需求和审美文化需求，还可以引致人们挑战自我的极限，追求实现自我完善的需求。当然,发展旅游是要讲究经济效益的,这可谓有目的的目的性。但事实证明,真正富有人文教化功用的旅游景观或景区,其经济效益既可观且长远,大多胜过缺乏人文教化功用的旅游景观或景区。

其次,要落实赞天化育职能,就需要诚心诚意地采取因地制宜的积极措施,诚心诚意地对旅游环境进行科学的保护与利用。中国贤哲在论及人与自然的关系时,经常强调仰观俯察之德,天人合一之道,高明至诚之理,要求人们在"知天"与"用天"的同时,还要"尽性"与"事天",也就是因循"天理"或"天道",既要"尽人之性",也要"尽物之性",由此诚心正意地服侍或协助天地万物正常而自然地繁衍成长。此为儒家一贯倡导的"仁民而爱物"或"天人合一"思想。这种思想要求人类"赞天地之化育""曲尽万物而不遗",也就是这里所言的"赞天化育职能"。应当看到,在生态环境不断恶化的今天,基于"人文化成"理念的旅游发展视野,更要强调和推行具有利他主义品质的环保伦理思想和作为,要将这种思想和作为贯穿在旅游开发、建设与经营管理的整个过程之中。

再者,要落实人文辅助职能,就需要深刻认识山水与人文的关系或山水与文章的关系。我们常说,"山不在高,有仙则名;水不在深,有龙则灵"。这"仙"属于神话,这"龙"属于想象,两者均为人文因素。但这小山浅水,却借助人文因素而名扬天下。其实,在中国人的山水意识中,经常会衍生出这样的审美态度:山水者,无字之文章;文章者,案几之山水。自古及今,山水因文章而名扬;文章因山水而灵秀。彼此相互增色,彰显各自美景。可见,开发和建设以山水为主体的新旅游景观或景区,委实需要深厚的文史知识,需要切实的人文辅助。

总之,我个人坚信,同时也期待,重视"人文化成"的旅游开发与建设视野,将有助于创构出符合惬意原则及其基本功能的旅游景观与景区,有助于满足人们悦耳悦目、悦心悦意、悦志悦神等不同层次的审美需求,同时也有助于实现旅游业经世济民的终极目标,从而使旅游业成为促进社会、文化与经济健康发展的有效推手,成为改善广大民众生活质量的积极动因。无疑,要真正做到这一点,旅游从业人员和专家学者还需要付出更多的努力,不仅应从自身的审美意识与文化修养上,而且应从哲学观念和思维方式上,都要走上新的台阶,攀登新的高度,创造新的成就,由此方能确保旅游产业的可持续发展和人文化运营。

第十三章　旅游过程中的审美消费

在今日商品社会，一切都会魔术般地被转化为消费的时尚，旅游观光也不例外。面对现实，当代美学的任务之一就在于切入生活，对具体情况作具体的分析，对形形色色的消费活动进行剥离，以便昭示其中的审美因素，使人们在物质消费的形式中窥察出审美消费的内容。也就是说，通过这种个体的参与和实际的体验，使人们能够在普遍的物质性与功利性生活层面中，体察和感悟到一定的精神性与审美性价值意味。这实质上也是构筑“新感知”“新感受力”[①]或“新审美意识”等过程中的重要一环。

就旅游活动而论，我们在前文中将其界说为一种集自然美、艺术美、社会美与生活美之大成的综合性审美实践活动。之所以得出这样的结论，是因为构成旅游全过程的“行、游、住、食、购、娱”等六大部分，不仅涉及各种不同的生活与文化领域，而且充满丰富多彩的审美鉴赏活动。因此，从旅游审美文化的角度看，旅游观光过程也是一个与现实生活联系密切的审美消费过程。那么，该审美消费过程中的主导形式是什么呢？其基本特性又是怎样呢？另外，这其中有没有可供参考、因借或实用的方法原理呢？所有这些正是本章所要探讨的问题。

一　旅游审美消费的形式

如果说，众多的业余艺术爱好者“之所以喜欢赏绘画、听音乐、读

---

① 马尔库塞：《新的感受力》，见马尔库塞等：《现代美学析疑》（绿原译，文化艺术出版社，1987 年），第 47—69 页。

诗歌、观芭蕾等等，是因为他们委实从中得到了审美感受或审美享受”①的话，那么，我们有同样充足的理由断言：普天之下的旅游者之所以外出旅游，是因为他们委实在观光过程中得到了审美的感受或享受，委实成了地地道道的“审美消费者”。

作为审美消费者，旅游者正是凭借主观的审美敏感性或感受力，在诸多旅游审美消费的活动过程中，即在审视、观照、评品和鉴赏相关的审美对象的过程中，得到了相应的审美感受或享受。这审美对象，按照杜卡斯的自由主义美学观，一般是指以审美态度凝神观照的任何对象或客体。据此，任何事物，如果进入主体的审美视界，便在特定的时空背景中成为“审美对象”。这无疑大大拓宽了审美的领域。

依据旅游业的六大构成要素——“行、游、住、食、购、娱”，旅游审美消费过程中的主导性活动形式通常可以分为以下六类：名胜游览活动、艺术欣赏活动、环境评品活动、饮食宴乐活动、旅游购物活动与文化娱乐活动。

（一）名胜游览活动

在旅游观光过程中，游览目的地的名胜古迹是最为重要的组成部分。这名胜古迹，既包括以自然旅游资源为主体的名山胜景与以人文旅游资源为主体的文化名城，而且包括历代王朝遗留下来的建筑古迹与历史文物。

中国地域辽阔，素有“南秀北雄”的自然风光；历史悠久，享有上下五千年的历史遗迹与辉辉文物。就前者言，有“五岳”黄山、长江黄河、南沙北海等，更不用说峨眉的金顶与漓江的山水了。就后者论，有半坡遗址、炎黄古陵、长城故宫等，更不用说江南的园林与塞北的山庄了。总之，中国丰富多彩的山水名胜与历史古迹，为旅游观光提供了用之不竭的资源，给旅游审美注入了常游常新的活力。

（二）艺术欣赏活动

在旅游目的地，美术馆、音乐厅和歌剧院也是旅游者经常光顾的地方。其中，不同历史时期、不同流派与不同风格的绘画、雕塑、书法、

---

① 杜卡斯：《艺术哲学新论》（王柯平译，光明日报出版社，1988 年），第 9 页。

音乐与歌舞等经典作品,必然成为旅游者直接的审美对象。

在中国,除了上列地方之外,各种画廊、画店与古董店也都有绘画与书法等精品展出,从而为大众化的审美鉴赏活动打开了方便之门。此外,敦煌、龙门与云冈等著名石窟和秦始皇兵马俑等博物馆,也为广大旅游者欣赏中国古代雕塑艺术提供了诸多的机会。

(三)环境评品活动

旅游者所到之处,必然下榻于宾馆酒店或民间客栈。置身异地他乡,他们对所居住的环境格外敏感。实际的情况是,他们会把周围的环境视为旅游观光的有机组成部分,会自觉或不自觉地依据个人的审美趣味,或从以往的审美经验出发,或受新奇感的驱使,对自己的居室环境与就餐环境进行一番评品:评品其中的陈设布置、装饰风格与情调色彩等。

另外,旅游观光者还会步出居所,对外部的建筑环境与社会环境进行相应的审视和判断。也就是说,他们会从形式美学与伦理美学的观点出发,对四周建筑的外形,城市的景观,社会的风尚与生活的方式等等进行多方位的评价。

(四)饮食宴乐活动

总体而论,人类文明的脚步在很大程度上是伴随着饮食文化的发展而前进的。古人言,食必常饱,后求其美。从茹毛饮血的原始生活到美酒佳肴的现代生活,人类的饮食活动一方面持续着满足人类生理需要的实(食)用职能,另一方面也附带着满足人类精神需要的审美职能。

在具有“民以食为天”与“羊大为美”之传统的中国,饮食文化的典型特征就在于兼备“实(食)用”与“审美”这两种职能。而且从古至今,中国人在追求饮食与宴乐合一的综合形式中,走的是一条“实(食)用品艺术化”的道路。因此,在食品与饮品的制作、造型与命名等方面,十分讲究艺术性与文学性;在请客宴会活动中,也十分讲究接人待物的礼节观念与乐舞安排的协调原理。于此,毫不夸张地说,就连举世推崇的法兰西饮食文化也难以比肩。数年来,一批批来自法国与其他国家及地区的“美食访华团”,交口称赞中国饮食之美便是明证。

实际上,在物质生活不断富裕的今天,饮食宴乐活动,特别对旅游观光者来讲,不再是简单的"吃"与"喝",而更重要的是"品"(味)、"观"(形)与"赏"(乐)等,因此成了旅游审美消费过程中最基本、最直观的活动形式之一。

(五)旅游购物活动

旅游购物是一种特殊的消费活动。在旅游目的地的主要景点,旅游者一般要选购一定的旅游纪念品或其他形式的旅游商品。在狭义上,前者通常是指具有地方特色和文化内涵的工艺品(如小型的景观壁挂或微型的兵马俑),而后者则指具有民族特色与传统工艺的实用品(如杭州的丝绸与云贵的蜡染)。

与其他形态的旅游审美消费对象相比,这类物品不仅具有纪念意义与实用功能,而且具有陈设价值与观赏情趣,以及与人们的日常生活联系更为紧密、更为广泛等特征。旅游者在选购一只花瓶,一件漆器,一柄画扇,一段丝绸,一台端砚或一匹唐三彩奔马时,必将对其造型、图案、色彩、装饰、质料、款式、纹样与功能等因素进行全方位的评品与审视。这种具有普遍性的旅游购物过程,决定了旅游商品审美消费的特有规律。① 我们在本章最后一节将对此进行专门的论述。

(六)文化娱乐活动

不同形式的文化娱乐活动是构成旅游观光过程的重要内容。这类活动一方面涉及有组织的专业演出,另一方面则更多地表现为一种参与型的和群众性的自娱自乐形式,可从历史、文化与传统等不同维度反映出当地的风俗民情与生活方式。

在中国这个多民族的大家庭里,人们在一年四季不同时间以不同的方式欢庆不同的节日。驰名海内、影响巨大的有汉族的端午节、春节和元宵节,傣族的泼水节,苗族的芦笙会,藏族的赛马会,蒙古族的那达慕大会,回族的开斋节与维乌尔族的肉孜节及古尔邦节等。这些节会历史悠久,内容丰富,已经成为人们一年一度的文化娱乐活动。届时,人们身着节日的盛装,载歌载舞,欢声笑语,普天同乐。特别是

---

① 安旭编著:《旅游文物艺术》(南开大学出版社,1991 年)。

在少数民族地区，旅游者不仅能够欣赏，而且能够参与反映当地民族风情的歌舞庆典活动，譬如壮族的对歌，侗族的踩堂舞，瑶族的长鼓舞，苗族的接龙舞或土家族的摆手舞等。这类活动具有深厚的文化意味和久远的民俗传统，除了给人以直接而动人的文化体验和历史感受之外，还能给人以丰富而多样的审美享受。[①] 为了便利旅游者，各地都以不同的规模建立了民族文化园之类的旅游点。其中组织的那些模拟性的节庆表演，虽然不能给人以原汁原味的真切感受，但也多少可以窥其一斑，使人获得初步的感性认识与审美体验。

二 旅游审美消费的导向

不消说，构成旅游过程的上述六类活动形式一旦被纳入旅游审美消费的范畴，那自然具有一定的审美属性。但要看到，由于它们的具体内容与功能各有侧重，因此显现出不同的导向与特征。依据上述六类活动的主要表现形态，我们把旅游审美消费的基本导向分为以下三种：直接功利性、精神愉悦性与文化历史感。

（一）直接功利性

要而言之，直接功利性与满足人的实际生活需要（如生理与物质需要）密切相关，主要涉及实用价值判断。旅游观光过程中的饮食宴乐活动、环境评品活动与购物活动，尽管不乏可观的审美因素，但它们毕竟是以直接的功利性为主要导向的。因此，其中相关的鉴赏活动或审美体验是否能够发生，首先是以对象的实（食）用价值及其质量为先决条件的。

譬如，饮食是供人果腹的，客房是供人居住的，物品是供人使用的。这样，食品饮品首先必须符合卫生标准并且富有营养；房间布置首先必须符合安全要求并且清静舒适；旅游商品首先必须符合适用目的并且便于携带。至于那些“为美而美”却“中看不中吃”或“中看不中用”的东西，肯定会使消费者望而却步，遑论激发他们的审美情趣了。

---

① 全国民族院校文艺理论研究会主编：《民族风情与审美》（红旗出版社，1987 年）。

（二）精神愉悦性

相形之下，精神愉悦性与满足人们的精神生活需要（如情感与审美需要）密切相关，主要涉及审美价值判断。显而易见，旅游观光过程中的名胜游览活动与艺术欣赏活动是以精神愉悦性为基本特征的，两者通常表现出一种“为美而美”的超功利性。这期间，旅游者所追求的是“悦耳悦目”“悦心悦意”和“悦志悦神”等不同层次的审美体验，最终渴望获得“来去无碍”的精神自由，达到“超然物表”的人生艺术化境界。

（三）文化历史感

所谓文化历史感，主要是指人们在旅游观光过程中所经历到的各种特殊形态的文化体验与历史感受。这是一种既有别于实用价值判断，又有别于审美价值判断的文化或历史价值判断。这在异质文化的氛围中表现得尤为突出。

譬如，旅游者在文化娱乐过程中，通过参与和观看不同民族与不同风格的节庆活动，会在自娱自乐和开阔眼界的同时，从中了解当地的风俗民情，发现异质文化的魅力，进而理解或接纳文化多元论的价值观念等。另外，还会从传统的庆典活动与淳朴的民俗民风中回顾过去，比照现在，由此而“感发意志”，唤起诸多思旧怀古之情。

在前文中，我们已经用相当的篇论述了以精神愉悦性为导向的名胜游览活动与艺术欣赏活动，以及以文化历史感为主要特征的文化娱乐活动。这里，我们将从旅游审美消费的角度出发，重点考察和揭示以直接功利性为基本导向但富有特殊审美因素的饮食宴乐活动与旅游购物活动。

三　饮食宴乐中的审美因素

中国烹饪作为一门实（食）用艺术，在满足人的直接功利需要的同时，能给人以多方面的美感享受。所有那些讲究“色、香、味、形、意（趣）”的美味佳肴，不仅给人以形式美感（色、形），嗅觉美感（香）和味觉美感（味），而且还能给人以精神美感（意趣）。此外，舒适优雅的饮食环境,造型别致的饮食器具,轻松悦耳的音乐配置,也会给人一种综合性的审美体验或文化体验。

(一) 饮食环境的装饰美

人们出于生理—心理需要,总希望饮食环境洁静、舒适,有益于松弛肌体,解除疲劳,进而惬意悠然地品尝美味佳肴;同时也希望饮食环境优美、雅致,在赏心悦目之中诱发明净欢畅的情趣,创造刺激食欲和令人陶醉的氛围等。因此,举凡旅游宾馆、饭店或有名的菜馆、酒楼,常常通过因地制宜或人工装饰等艺术手法,使其内外环境在舒适优雅方面达到有机的统一,以便丰富饮食活动的审美内容。

1. 外部环境

饮食的外部环境主要包括饭店或酒楼的建筑外观与周围的自然(或人文)外景。在濒湖而建的杭州"楼外楼"用餐,凭窗远眺,近处的水色与以孤山为背景的白堤相映成趣;稍远处有苏堤的柳浪,天尽头是缥缈的峰影,放眼望去,宛如一幅层次丰富的湖光山色图。在南京金陵饭店顶层的旋转餐厅做客,临窗俯瞰,南京市容历历在目,旋转中一览城市风光,得其全景,是一种静中有动的欣赏过程。概括说来,这两者均采用了巧借外景的手法,达到了美化饮食环境的目的。特别是前者,手法类似"框景",在各个酒楼餐厅应用十分普遍。后者的手法类似电影艺术中的"摇镜头",引导现代高级饭店建筑新潮流。

建筑外观设计也是外部环境美的重要组成部分。在实际生活中,相对庞大的建筑实体,以其宏丽、精巧与堂皇等艺术风格和庞大、壮观的空间形象,给人一种强制性的审美体验。目前流行的饭店与酒楼样式主要有园林式、民族式、西洋式与综合式等四类。

园林式主要采用斗拱、飞檐、漏窗等古典建筑形式,并配以亭台、水榭、长廊、假山、悬泉、鱼池、花木与修竹等物,构成曲径通幽,浑然一体,富有诗情画意的优美环境。杭州的"天香楼",扬州个园的"宜雨轩",北京的"竹园宾馆",颐和园内的"听鹂馆"等均属此列,其中有的原本是皇家园林或文人园林的组成部分。

民族式是指狭义上的各民族的特殊建筑形式,如维吾尔族那种外表装饰华丽、富有穆斯林建筑艺术韵味的清真菜馆,傣族那种造型风格简朴、富有边塞自然情调的竹楼餐厅等。随着旅游业广泛而深入地发展,以及游客自身热衷于追新猎奇的审美心理,各地民族式餐厅与风味作为特殊的旅游吸引物,将会拥有更大的市场。

西洋式以线条纵横、块面平直的几何形体为基本特征,以象征性的表现手法和宏大挺拔的空间构景给人以赫然亢奋之感。如北京国际饭店、南京金陵饭店、广州白天鹅宾馆和上海华亭宾馆等。这类饭店的造型与气派对追求大而洋和现代豪华生活的人们吸引力较大。

综合式是一种融园林式、民族式和西洋式为一体的混合建筑形式。鉴于广大游人追求异国情调的心理趋向,建筑师们往往选胜布局,移花接木,在高楼大厦之中置以中国式的庭园,设有假山、亭台、鱼池、画廊,借以调节建筑气氛,创造一种自然的情趣。实际上,这两种建筑风格对比鲜明,交相辉映,妙趣横生,给人一种特殊的欢悦之感。比较典型的例证有广州东方宾馆、中山温泉宾馆、北京香山饭店、上海龙柏饭店与桂林榕城饭店等。

2. 内部环境

内部环境美是由诸多装饰因素融汇而成,譬如墙面上的书画、天花板上的吊灯、窗帘上的图案、地毯上的花纹、屏风上的浮雕彩绘、风格多样的家具、形态古雅的陈设、柔和的光照和悦目的色彩等。

就墙面装饰、窗帘图案、屏风彩绘和地毯花纹而言,应以主题轻松明快、形色和谐素雅为宜。这样有益于创造清静舒适的氛围,安然悠闲的情调,对促成畅快的饮食心境颇有帮助。如果内容惊心动魄,形色杂乱耀眼,会给人一种紧张不安、头昏目眩之感。这不仅有碍观赏,而且影响食欲。有的餐厅在墙面上饰以壁画,以神话故事(如金陵饭店旋转餐厅)、田园山水(如北京饭店东餐厅)或民俗风情(如北京国际机场餐厅)为主题内容,对烘托整个饮食气氛和美化内部环境有着明显的效果。但这一般适用于那些空间大而且豁亮的餐厅。对于空间小而且幽暗的餐厅,通常宜以尺度相应的字画饰之。

就吊灯来看,一般要视餐厅的功能而定。西餐厅宜用晶莹透亮的玻璃或水晶石吊灯,中餐厅宜用古香古色的中式宫灯。前者构成富丽堂皇的形式美感,后者化出典雅逸然的闲适氛围。

谈到家具,同样也涉及与餐厅功能协调配套的问题。通常,西餐厅用方桌长背靠椅,材料大多取自钢木,风格富有时代气息,以几何形对角排列为特征。中餐厅用圆桌矮背靠椅,材料大多取自纯木(如楠木、红木或椴木等),风格趋于古雅,以众星捧月般的团圆格局为特征。但无论怎样,家具应讲究成套组合,尽量与饮食环境形成统一和谐的审美形式或风格,切忌桌椅板凳随意拼凑,搞成非中非西、不伦不类的景象。

从陈设艺术角度考虑,举凡仿古文物、瓷瓶、插花、挂毯、字画、摄影以及盆景等工艺品,对丰富和深化餐饮的内部环境美具有不可低估的作用。但在选择与摆设时,要从餐厅整体空间出发,讲究尺度相宜,位置适当,要少而精,素而雅,要起锦上添花的点缀作用,而非琳琅满目的炫耀或推销功能。

餐厅光照以柔和、清朗与折射为宜,切忌炫目、刺眼与直射灯具。采用自然光时须顺应季节变化。冬季可拉开窗帘,让外光透窗而入,给人以温暖之感;夏季可挂上淡绿色窗帘,缓冲遮挡外光强度,给人以凉爽之感。至于色彩,一般以四季咸宜的中性色为主,亦可随季节调换冷暖色。事实上,餐厅内部的光色,往往合二而一,直接影响就餐客人的食欲。国外心理学曾做过下述实验:在某个餐厅开宴时,先打开黄色灯光,菜肴立即呈现出鲜嫩可爱的色相,宾客食欲大振;随之熄灭黄色灯,打开蓝色灯,满桌菜肴则呈现出腐朽、霉烂与变质的样态,宾客几乎没有食欲;最后换上正常灯光,食欲恢复正常,但逊于黄色光。可见,饮食行业应特别注意色彩的效应,要研究用色的规律,以便达到美化饮食环境、招徕顾客的目的。

(二) 饮食器具的造型美

自不待言,饮食活动中所需的餐具酒具茶具等,像所有其他物品一样,兼实用目的与审美价值于一身,始终伴随着不同历史时期的技术水平和审美趣味,在不断地演变、改进、提高和完善。

1. 中国饮食器具的历史沿革

纵观中国饮食器具的发展,大致历经五个主要时期。

首先是原始陶器时期。该时期素以新石器时代为盛,流行盆、碗、钵、杯、豆等饮食器具。若按装饰手法和表面色彩,可分为彩陶、黑陶、红陶、灰陶和印纹陶等。譬如,仰韶文化的彩陶(以半坡村、庙底沟和马家窑类型为代表),纹饰多采用墨色绘成,动物型花纹较多,具有古朴单纯、形象生动、手法简练和笔触粗放等特点。其装饰美主要表现在造型丰满,色彩鲜明和匀称均衡等方面。代表作品有半坡村型人面纹盆、鱼纹盆与纹饰陶钵,庙底沟型勾叶纹饰陶盆,马家窑型同心圆陶钵等。后期的马家窑型彩陶,或以制作精细、节奏分明、体态雍容清秀、红黑两色相映见长,或以纹饰繁复、柔和多变、线条纵横斜折、风格粗犷朴实著称。再后到了龙山文化时期,黑陶工艺取得了长足的进步,与前期的彩陶竞相媲美。其中碗、盆、高足杯等食用器具,色黑光亮,厚薄均匀,装饰简朴,造型规整,风格单纯精巧,更加适用和美观。山东东安景芝镇出土的黑陶高足杯与河南出土的黑陶盆等堪称其代表作。总之,原始陶器兼有实用和美观的双重价值。其装饰图案,不论是采自人物、动物、植物,还是源自树叶、水波、旋涡的叶脉纹、水波纹和云雷纹,都反映出原始先民淳厚的情感和质朴的趣味,积淀着一定的社会内容和思想观念,是为"实用之外还要求美观"的目的性需要而生产出的"有意味的形式"。

其次是青铜器时期。中国的青铜工艺,历史悠久,堪称人类文化宝库中的珍品,世界艺术园地中的奇葩。从以往收藏和新近出土的文物来看,青铜器一反陶器的单纯与明丽之风,转化为狞厉与神秘之美。这不仅表现出"如火烈烈"的时代风尚,积淀着一股浑沉与崇高的历史力量,而且还保持着原先那种天真与拙朴的稚气,"荡漾出一种不可复现和不可企及的童年气派的美丽"[①]。譬如,"商枭尊"上所凸现出的风格化造型与幻想化形象,使人感受到一种神秘的内涵与威力的象征。"兽面纹鼎"上所刻饰的饕餮纹样及其雄健的线条,更能体现上述风格与精神,同时还"恰到好处地体现了一种无限的、原始的、还不能用概念语言来表达的原始宗教的情感、观念和理想"。[②]

再则是漆器时期。漆器工艺起源甚早,于战国成型,其图案取材广泛(如传统的龙凤、鸟兽和各种几何纹),用笔自由挥洒,纹样飞动流畅,色泽光润平滑。从长沙出土的"狩猎奁"和信阳出土的"人物瑟"残片来看,漆绘的艺术已经发展到相当高的阶段。其中所表现的那种张弓待发、挺矛突刺、攀扶流云、腾龙飞凤等富于幻想和体态优美的生动图景,反映了战国时期楚文化的浪漫主义美学风格,使人不由联想

① 李泽厚:《美的历程》(文物出版社,1981 年),第 39 页。

② 同上书,第 37 页。

起屈原的诗句:“吾令凤鸟飞腾兮,继之以日夜;飘风屯其相离兮,帅云霓而来御。纷总总其离合兮,斑陆离其上下。”①

由于漆器兼有轻便耐用、装饰典雅、色彩绮丽和防腐蚀等特点,因此继战国之后,开始流行于世,其工艺水平在西汉达到高峰。从长沙马王堆西汉墓发掘出的数百件漆器中,计有勺、盘、奁、卮、耳杯盆等器具,其巧妙的造型和精美的图案令人叹为观止。

最后是瓷器时期。瓷器是中国劳动人民的伟大创造,具有胎质洁白坚硬、表面光润明亮、轻便精美和卫生易得等特点。故问世以来,便在餐具中取得了统治地位,成为中国饮食活动中的主要器具。瓷器于商周时代已具雏形(原始瓷),随后发展为汉代六朝的青瓷,隋朝的白瓷,唐朝的三彩瓷等不同品类。宋瓷集先朝各代瓷器工艺之大成,不仅造型秀雅灵动,质地韵致隽永,装饰耐人寻味,而且达到了使用与审美的高度统一。闻名域内甚至海外的有灿烂如霞的钧瓷,莹润如脂的汝窑瓷,色质如玉的景德镇白瓷,翠绿晶润的龙泉瓷,布满断纹的哥窑瓷等。从元、明、清至现当代,要数景德镇青花瓷成就最高。以青色钴料于瓷器上绘制出各种图案,清新典雅,具有水墨画般的装饰效果。

需要补充说明的是,在中国饮食器具中还有造型精美的玉石器和质地豪华的金银器。前者出现于战国,后两者兴盛于唐代。但因造价昂贵,大多供奉宫廷享用。目前除了“夜光杯”仍付之实用外,其余仅供陈设观赏。

宏观上,目前属于融合发展时期。由于中外文化的交流融合,旅游业的不断发展,我国现代饮食器具为了满足人们的不同需要,虽然仍以瓷器为主,但在造型和装饰手法上吸取了西方餐具的许多特长,形成简洁明快和富有现代精神的工艺美学风格;另外,取材更为广泛,如玻璃、不锈钢、搪瓷、陶瓷以及塑料等,不仅制造全套中餐具,而且配置全套西餐具。总之,为了满足人们的实用与审美需要,中国饮食器具工艺走上了一条中西结合、百花齐放的综合发展道路。

2. 饮食器具的美学原则

不言而喻,饮食器具有着明显的实用目的,必须便于进餐、饮酒、品茗或喝咖啡等。因此,它们首先应当符合目的性,即讲究实用或适

① 屈原:《离骚》,见《楚辞鉴赏集》(人民文学出版社,1988年),第3页。

用,讲究操作得心应手,尽实惠便利之能事。与此同时,也应当讲究造型美观,装饰雅丽,看上去赏心悦目,有益于增进美食之情趣、美饮之逸兴,这是人们普遍的审美需求使然。于是,实(适)用与美观的有机统一,便成为饮食器具造型和装饰方面的指令性原则。

从功能角度考察,饮食器具可分为餐具、酒具、茶具和咖啡具。餐具一般包括碗、碟、盘、勺、盆、筷、刀、叉、夹等。其尺寸大小、造型图案、质地高低,通常要视菜肴档次和宴席规格而定,以便取得相辅相成的整体效果。从适用方面看,餐具要求清洁卫生,成龙配套,形体完整,质地优良,装饰简明,色彩淡雅,能够给人一种实用、适宜、整洁与雅致之感,切忌五花八门的胡乱拼凑。

清代袁牧曾言:"美食不如美器,斯语是也。"其意显然旨在强调餐具的审美价值及其重要性。推而论之,美酒只有配上美的酒具,方相得益彰,辉映成趣。一般说来,酒具造型讲究精美玲珑,装饰注重自然流畅,质料要求纯净优良,实用时务必清洁卫生。

我国是茶的故乡。相应地,茶具历史悠久,工艺精湛,品类繁多。目前流行的有景德镇白瓷茶具、浙江青瓷茶具和宜兴紫砂陶茶具等。白瓷茶具造型婉秀,色泽润亮,饰以金边,给人以恬静高雅之感。青瓷茶具造型古朴,质地细腻,色泽青莹,给人以清逸幽雅之感。紫砂陶茶具造型简朴,色泽古雅,风格淳厚,富有民族和地方特色。海内外宾客享用之时,定会从中得到不同程度的民俗文化体验。

咖啡具自西方引进,近几年发展甚快。一般来讲,咖啡具造型讲究简练中求大方,灵秀中见端庄,装饰纹样要求鲜明而忌繁褥,色调偏于热烈(如紫红或橙红等暖色调)而非冷淡(如蓝或绿等冷色调)。

(三) 美味佳肴的审美属性

中国烹饪作为一门实(食)用艺术,不仅讲究"色、香、味、形、意(趣)",而且风味各异,菜系多样。宏观而论,有四大地方风味(四川、齐鲁、淮扬与粤闽),八大菜系(鲁、川、苏、浙、粤、闽、湘与徽)或五大菜系(以粤菜为中心的华南菜系,以淮扬菜为中心的长江中下游菜系,以川菜为中心的西南菜系,以鲁菜为中心的中原菜系,以内蒙古菜为中心的北国少数民族菜系)之说。有的研究工作者还将地方菜系风味与地区文学风格予以比较,以期说明两者之间的互动作用或相互关系

（如图所示）。[①]

地区	菜系	原料	烹饪	文学	风格
华南	粤菜	猛兽异禽	华丽奇特	粤 风	热烈明丽
江南	扬菜	水鲜果蔬	清淡平和	吴声歌	温婉清幽
西南	川菜	山珍土产	灵巧多样	竹枝词	新巧灵秀
中原	鲁菜	海味家畜	壮观排场	拟民歌	浑厚深沉
北方	蒙菜	牛马羊驼	质朴浓烈	折杨柳	坦荡粗犷

总的说来，中国烹饪是一个包容各种风味或菜系的整体性实（食）用艺术。从审美角度看，其艺术特征主要表现在材料美、技术美、形态美、味道美和意趣美等五个方面。

1. 材料美

材料或食品原料是食品造型艺术的物质基础。材料美泛指食品原料之美，通常包括色泽美、质地美和原形美三者。首先，就色泽美而言，食品原料固有的色彩与光泽，若充分而合理地加以利用或加工，会构成菜点的形式美。如红色原料（如樱桃、胡萝卜、西红柿、山楂、红辣椒等）明艳夺目，具有点缀作用；绿色原料（如菠菜、芹菜、油菜、黄瓜等）生气勃勃，给人以清爽明媚舒适之感；白色原料（如豆腐、莲子、山药、干贝、鸡胸脯肉等）如雪如玉如脂，给人以晶莹软嫩之感；黑色原料（如海参、黑木耳、紫菜等）若与白色和绿色原料搭配实用，亦可以产生调和色与特殊魅力。当然，原料经烹饪加工之后，原色会发生变化。譬如，虾与蟹等水产品加热后会由灰变红，鲜艳美观。而单纯的生肉片做熟后则由红变为灰白，凡此种种，需要厨师掌握规律，综合利用，必要时还可借助食用色素等来装点菜肴。其次，就质地美而论，食品原料的优良质地是构成精美食品造型的重要因素。譬如，葡萄如珠似玉，樱桃如红色宝石，木耳发得犹如片片花瓣，鸡蛋白质地近似洁净细腻的白瓷，所有这些原料若利用得当，会对食品形式产生积极的点缀或美化作用。最后，就原形美来看，食品原料的固有形状（如整鱼、整虾、整蟹、整龟、整鸡、整鸭、整乳猪、鹌鹑蛋、鸽子蛋和一些鲜果等），会给人以不同的印象，或威严，或灵秀，或玲珑，或诡秘，或憨直，或滑

① 高桂喜：《饮食与文学》，见《江苏商专学报》1987年第2期。

稽……若能巧妙因借，艺术加工，可保持自然形态，益于调节饮食情趣。

2. 技术美

据说，两千多年前的孔老夫子有“食不厌精”的饮食习惯。依《论语》所载，他本人也提出过“割不正不食”的饮食要求。

同西方烹饪文化相比，中国烹饪文化在技术要求上更为精细微妙，这主要落实在刀工与火候两个方面。举凡食品造型，务必依赖刀工，将原料切削成块、片、丁、丝和各种其他花样，随后在盘中加以形式上的组合，从而构成不同的图案。娴熟的刀工，可将一只猪耳朵切成23片之多，再将其切成细丝，几乎达到“透明发亮薄如纸，穿针引线细如丝”的程度。著名的“水磨丝”就是典型的刀工菜。关于火候，有口皆碑的北京烤鸭便是佐证。此鸭素以外脆里嫩、色泽鲜艳著称，这全靠火候所为。在实践中，有的高级厨师在掌握火候、温度和颠翻技术方面达到了出神入化的境界，常用“飞火”炒菜，使白者更白，绿者更绿，色泽更艳，味道更美。

不消说，烹饪艺术要求刀工与火候技巧的有机统一。通常，切削之物务必厚薄一致，便于烹调，避免夹生；另外，还要大小适度，便于入口，容易嚼咽。两者相辅相成，对品尝佳肴具有直接的影响。

3. 形态美

在世界烹饪艺术园地里，中国食品的形态美独树一帜，久负盛名。许多艺术拼盘，灵秀精巧，造型优美，具有很高的观赏价值。因此，摆上宴席后，常使海内外宾客惊叹不已，不忍动筷。

食品形态美除上面提到的自然形态（如整鱼、整鸭等）外，主要有几何形态和象形形态。前者属于有规律的组合排列，根据餐盘与菜点的形状和色泽，采取均衡或点缀等表现手法，拼成方、圆、梯、锥、扇、椭圆、半圆等多种形式，呈现出一定的序列、节奏与图案之美。后者则以模拟手法为主，附之以绘画构图和雕刻装饰手法，拼成鸡、鸭、鱼蟹、荷花、蝴蝶、凤凰、孔雀、宫灯、亭台或楼阁等。这些形状往往妙在“似与不似之间”，追求美观、大方、吉祥、夸张和天趣，有益于创造宴会的欢快气氛和文化品位。

4. 味道美

如前所述，中国的审“美”意识与“味”有关字（参阅前文中的“羊大为美”说）。如此一来，中国艺术讲究“味”（韵味），中国饮食更讲究“味”（味道）。孔子提出“臭恶不食”，显然是从另一角度对“味美”做了积极的肯定。

同材料、技术和形态这三种诉诸视觉的食品形式之美相比，味道则是诉诸味觉的，关乎食品内容之美的要素。对多数人来讲，“中看不中吃”的事物是断然不美的。令人称奇的是，中国食品具有五味（咸、甜、苦、辣、酸）俱全的多样性调和特征。这种以调和之法追求“味外之味”的中国食品，同以含蓄的手法追求“象外之象”的中国艺术似乎具有共通和因借之处。另外，味道作为一种以生理快感为主要特征的，融含自然性与社会性内容的初级审美快感，在特定情况下对审美敏感性或感受力较强的人来说，有时会演变或升华为比较高级的精神愉悦与比较深刻的文化体验。譬如，著名宋史专家邓广铭于杭州八卦楼品尝过仿宋宫廷名菜之后，兴奋之余，即席题诗曰：“我读南宋史，不知南宋‘味’；如今八卦楼，方知宋菜美。”可见，美味给他的感受远远超过了生理范畴中的一般快感。

实际上，按照“味美四原则”（本味、调味、适口、合时），品尝美味佳肴也诚如曹植所言，不仅“可以娱肠”，而且“可以和神”，即调谐人的精神情绪，使人感到舒畅愉快，“悦心悦意”。另外，还可以使人产生一种审美的联想。如吃武昌鱼，会使人想起毛泽东的“才饮长沙水，又食武昌鱼”与范成大的“却笑鲈乡垂钓手，武昌鱼好便淹留”等诗句。①

5. 意趣美

我们说中国园林讲究诗情画意美，殊不知中国饮食亦然。只因太受时空与物质表现手段的限制，我们姑且把中国饮食所追求的艺术境界谓为意趣美或意趣情理美。

据说古时有位秀才，持两个鸡蛋和一撮韭菜，请位名厨以此为原料做两盘菜，且各冠以诗名雅号。厨师思索稍许，将鸡蛋煮熟，剥出两个蛋黄，分摆在白瓷盘上，并饰以绿色韭菜，命曰“两个黄鹂鸣翠柳”；随后，又将蛋白切成大小块，按顺序排列在一只蓝瓷盘上，谓之“一行白鹭上青天”。如此精巧构思，诗化命名，使两道平常不过的菜幻化出不同寻常的诗情意趣。再如现在流行的地方风味“半月沉江”，原名

---

① 郑奇、陈孝信：《烹饪美学》（云南人民出版社，1989 年）。

"当归面筋汤",后来郭沫若按"半月沉江底,千峰入眼窝"诗句易名,不仅形象生动地描绘出形圆色黄的面筋半沉半浮的状态,而且注入了诗的意境,增添了雅的情趣,可谓以意趣之美取胜的范例。从上述两例中可以看出,中国食品的意趣美,突出地表现和包容在菜肴形态美与命名美的交互作用之中。特别是命名,讲究风雅含蓄,富有文学意味,如同中国散文与诗的题目或西方音乐的标题,起着提示和美化的作用。

从审美形态角度分析,中国菜肴名称所给人的感受是丰富多样的。譬如,"孔雀开屏"和"桃花香扇"等艺术拼盘,可给人以阴柔婉秀之美;"龙虎斗"和"红烧狮子头",可给人以阳刚崇高之美;"霸王(蟹)别姬(鸡)"等,可给人以悲壮之感;"佛跳墙"等,可给人以喜剧之感;"报财鸡"等,可给人以欢悦或幽默之感,凡此种种,不一而足,均显示出中国烹饪艺术的独特美学风貌。

(四)宴乐配置的基本原则

古往今来,中国人很看重"饮食的亲合作用"[①],习惯于在饮食活动中谐和人际关系。为了达到这一目的,人们十分讲究饮食时的气氛,认为只有在欢悦热烈、伴有音乐歌舞的宴会上,才能乐和尽兴,才能变得洒脱起来,才能解决某些在其他社交场合难以解决的问题,或者达到那种"今日良宴会,欢乐难具陈。弹筝奋逸响,新声妙入神"的诗化境界。这种趋向可以追溯到"礼乐文化"鼎盛的周朝。《诗经·小雅·宾之初筵》中所描写的那种"宾之初筵"上的气氛与状况:"宾之初筵,左右秩秩……酒既和旨,饮酒孔偕。钟鼓既设,举酬逸逸……籥舞笙鼓,乐既和奏……百礼既至,有壬有林……"作为有力的佐证,使现代人可以从中窥知一斑。

总之,无论是从"礼乐文化"的视界看,还是从实践经验的角度看,欢宴离不开音乐的调配辅助作用。这是因为音乐对人的情感或身心的影响来得最快,最直接,最强烈。"尤其当我们很激动或忧郁的时候,我们特别强烈地感到音乐对我们心情的特殊力量。"[②]音乐借助和

① 王学泰:《华夏饮食文化》(中华书局,1993年),第87页。
② 汉斯立克:《论音乐的美》(杨业治译,人民音乐出版社,1980年),第74页。

声、旋律,突然袭击我们,使我们在由变化无穷的优美形式和色彩中,进入到比万花筒高超万倍的理想境界。

历史上,中外的思想家、美学家和音乐家等,对音乐的情感作用和审美效应均有过高度的评价。譬如,孔子就有过下述体验:“子在齐闻《韶》,三月不知肉味,曰:‘不图为乐之至于斯也’!”①在《乐记》中,音乐的功能得到了理论上的高度总结。其中有“乐者,天地之和也”;“乐至则无怨”,“故听其雅之声,志意得广也”;“故乐者,天地之命,中和之纪,人情之所不免也”等说法,十分看重音乐的陶情怡性的心理作用与和谐人伦的社会价值。

西方哲学美学家黑格尔把音乐视为“道地的浪漫型艺术”,“音乐的独特任务就在于它把任何内容提供心灵体会”,借此来打动最深刻的主体内心生活,使心灵获得解放。因此,“音乐是心情的艺术,它直接针对着心情”,直接诉诸人的精神与灵魂,致使“声音的余韵只在灵魂最深处荡漾,灵魂在它的观念性的主体地位被乐声掌握住,也转入运动的状态”。在此意义上,“音乐就是精神,就是灵魂,直接为自己而发出声响,在听到自己的声响中感到满足”。从艺术效应上看,音乐,特别是美的音乐,旨在满足人们精神方面的需求。它“在使情绪和想象流露于音调之中却仍然应使沉浸在这种情感中的灵魂超出这种情感之上,即不受内容的约束而回翔自如,这样就替灵魂辟出一个境界,使它可以从沉浸于情感的状态中恢复过来,不受干扰地单纯地感觉到它自己”。结果,人在音乐中获得单纯的感官享受的同时,其精神被引导到一个更高的领域,“其中像在自然界一样,基调是徜徉自得的幸福感”。②

鉴于音乐对情绪、精神或身心所具有的特种调节作用,现代旅游饭店内部均装有音响设备。无论走进大厅、餐厅、酒吧、舞厅还是客房,可随时随地听到不同风格的音乐,感受到不同的气氛,产生不同的体验或感受。在举办宴会的过程中,音乐更是必不可少的内容之一。从宴乐配置上看,一般把轻松悦耳奉为指令性原则。这便要求所选用

---

① 北京大学哲学系美学教研室编:《中国美学史资料选编》(中华书局,1980年),第16页;另见《论语·述而篇》。

② 黑格尔:《美学》(朱光潜译,第3卷上册,商务印书馆,1979年),第328—390页。

和播放的音乐必须具备旋律典雅欢畅、节奏明朗轻快与音量控制适当等特点，以期创造一种宜人惬意的宴会气氛，调节宾主的心理情趣。通常，古典乐、轻音乐、圆舞曲以及某些描写田园风光的乡村音乐等，均在选用之列。至于那种音响杂乱且富有刺激性的迪斯科或摇滚乐等，仅适用于某些舞厅晚会，而非餐厅宴会。

当然，宴乐配置还应当讲究协调原则。也就是说，要依据宴会的主题与程序来配置相宜的、有利于创造融洽气氛的音乐。一般说来，大型宴会要求庄重而热烈，入席时播放《迎宾曲》或《欢迎曲》等，既欢畅又明朗，颇能烘托气氛；上菜时，可伴以《进行曲》，给人以轻快流动之感。至于朋友聚宴，则配上《友谊地久天长》或《祝酒歌》等轻音乐，借此增进听觉环境和心理情态的趣致，引发人们对往事的快乐回忆。如果品尝中国宫廷风味，宜用中国古典乐曲，如《春江花月夜》等，这样，食品与曲调在风格上相得益彰，会使人们享受到一种富有思旧怀古之情的、特殊形式的审美文化体验。

四　旅游购物中的审美因素

广义上的美，诚如法国艺术家罗丹所言，是到处都有的。对于我们的眼睛，只是缺少发现而已。在当今时代，追求美感已成为物质与精神生活的主旋律。人们不再囿于传统之见，仅在诗歌、散文、绘画、雕塑、音乐或舞蹈等艺术作品中去探寻审美价值，而是大大拓展了观赏对象的范围，也开始在千姿百态的商品中寻求兼容实用功能的美感。

关于美感，大可不必将其过于复杂化。按照美国美学家杜卡斯的话说，“任何于审美观照中获得的感受皆为审美感受”。而“审美观照作为一种状态，非但毫不神奇莫侧，相反地，就连普通人也十分熟悉，且有无数次亲身体验（即便只有片刻工夫）……例如，要判断一条特定领带的颜色是否与西装的颜色‘谐调’，就等于判断从色彩组合的审美观照中所得到的感受是否是快感一样”。① 需要强调的是，杜卡斯作为一名哲学家与美学家，像托马斯·门罗一样，素来重视日常经验的

① 杜卡斯：《艺术哲学新论》（王柯平译，光明日报出版社，1988 年），第 114—152 页。

审美内涵,并且提出“审美消费者”(aesthetic consumers)这一概念①,对我们从审美角度来研究旅游者与旅游商品的互动关系颇有借鉴意义。

(一)包装艺术的诱惑

俗话说:“货卖一张皮。”这在很大程度上是指商品包装设计在销售中的实际效应。无数事实表明,适用、美观、精巧和新颖的包装,如同给商品穿上漂亮的新衣,可使消费者受到形式美的感染,引发其购买的欲望。

历史地看,原始先民们以兽皮包肉,用陶罐盛水,可谓最初的包装形态。日后演变为以荷叶包肉或用葫芦装酒等,仍然是以实用性为目的。现代人由于物质与精神文明的发展,追求美感的愿望强烈,要求包装既有实用性(主要体现在保护商品和便于携带搬运等方面),亦有审美性(体现在图性美、色彩美、编排美和质料美等方面),或者是两者的有机统一。

包装有简易和精致之分。有的是商品的附属物(如包装纸),有的是商品的组成部分(如酒瓶、砚盒)。但从基本形态上看,均涉及商标设计,图案调配,用色选料等要素。

商标设计一般包括命名和形式编排。其形式是否实用,其形象是否美,或者说,其整个设计是否符合目的性(即适用与审美的二重性),必将关系到产品的推销和企业的成败。通常,商标作为一种识别符号,有其独特的艺术语言,既讲究简明的视觉形象美,亦讲究吉祥的情趣美。就像其他符号一样,具有“点化”或“渲染”的特殊效果,能在刹那间引起人们的注意,而且好认,好记,好看,好听。中国商标设计的形式一般有汉字型、字母型、几何型、具象型和综合型等五种。无论采取哪种形式,都应遵循形式美法则,进行必要的艺术加工,使其直观形象醒目美观,耐人寻味。在风格上,若用汉字篆书与金石形式,应力求古朴浑厚;若用行书或草书形式,应追求潇洒流畅;若用字母形式,应讲究变化飘逸(如“Coca-Cola”之类的商标);若用几何造型,应突出时代精神;若用具象形式,应强调象征意味。总之,要结合商品自身的内

① 门罗:《走向科学的美学》(徐恒醇译,中国文艺联合出版公司,1984年)。

容、功能、造型、尺度、质料等，在删繁就简的基本原则指导下，尽量创造出具有形象美和个体美（不雷同）的商标来。

图案调配是商标设计的重要组成部分。一般来讲，图案以商标名称为构思的基础，以点缀商标、美化包装为主要目的。图案取材范围十分广泛，常见的有动物、植物、人物、风景、建筑、象形文字与几何造型等。值得指出的是，图案设计既要考虑民族性，又要兼顾国际性，应有避讳不同文化禁忌的意识，以求装潢设计对路，令人乐于接受。因为，各个民族由于文化的差异，或者说，各个民族的文化常常由于宗教、历史或风俗等方面的原因，均构成各自的个性或差异性，其中有些因素突出地表现在相关的禁忌、清规或戒律上。譬如，伊斯兰地区忌猪，北非忌狗，英国忌大象，瑞士忌猫头鹰，印度忌猫，意大利忌菊花，法国忌核桃，日本忌荷花，澳洲忌兔子……相反地，东南亚则喜欢大象，中国喜欢菊花，日本喜欢樱花，伊朗喜欢狮子，新加坡喜欢双喜字……设计者需要参照商品的目标市场，结合民族与区域的文化习俗，随机应变，灵活掌握，避免顾此失彼。

关于商标图案设计的用色，一般要求和谐、明快和典雅，在突出商标形象的同时，应讲究整体装饰的形式美感。选料则要求与商品的实际功能和质地协调统一。有的材料在装潢时要设法合理利用原有的纹样和质地（如制作砚盒的红木），以保持天然之美。

毋庸讳言，包装艺术也同样涉及设计伦理学的问题。简单地说，作为塑造商品外形美的包装艺术，应当真实而准确地反映商品的实际内容、功能和品质，应当讲究外在美和内在美的对应性或有机统一性。任何华而不实的浮夸与虚饰只能得计于一时，不可能真正树立自己的市场形象。这需要生产厂家与商标设计者从长远发展计议，从消费者的利益出发，密切合作，解决这种“自欺欺人”的问题。

（二）购物的美感过程

囿于传统的审美观念，有些人认为消费者对商品的评品和感受过程，仅限于生理快感范畴，上升不到精神性美感的高度，这在笔者看来委实是一种误解。

我们知道，人的快感和美感尽管存在明显的差异（一般认为前者主要属于生理反应形式，后者主要属于心理或精神反应形式），但不乏内在的联系。也就是说，两者之间没有不可逾越的鸿沟。这是因为：(1) 人的快感不同于纯生理性的动物快感，就像人的感官不同于动物的感官一样。在漫长的社会实践活动中，特别是审美实践活动中，人的各种感官在不断的“人化”和“社会化”，积淀了相当丰厚的文化心理等方面的内容，从而在很大程度上演进为具有一定敏感程度的审美感官。相应地，当客观对象的性质与形象诸因素符合人的目的性，并激活人的“感觉阈限”(sensitive threshold)而引起人的感觉快适时，其中必然隐含着潜在的审美动因。(2) 在日常生活中，超生理机制的纯精神性美感几乎是不存在的。美感过程作为一种以形象思维为主的思维过程和以身心体验为主的感受过程，总以形象为目标，以感觉为基础，以快感为条件，在深刻理解对象本质、联系以往经验或“内在图式”的同时，体验到一种情感或精神愉悦。因此可以说，人的美感是其生理机能和心理机能交互作用而生的结果，是一种始终伴随着快感的高级精神活动。[①]

基于上述分析，人对商品的审美感受过程就比较容易理解了。譬如，杭州的丝绸织锦，质地柔软细腻，手感光滑舒适，色彩明丽悦目，图案雅致精巧，首先给人以视觉与触觉的快感。随着对“游龙戏珠”“龙凤呈祥”“百子贺寿”“松鹤延年”等图案内容与形式组合美的领悟，必然使人产生欢悦的情趣，得到心理的满足，获得文化的体验，这恐怕就是常言所说的“审美效应”吧。另外，从劳动美学观点来看，人们在选购象牙或青田石雕刻《举杯邀明月》等工艺品时，除了从形式美角度来审视其玲珑剔透的造型与精湛巧妙的工艺外，还将从中观照到人的本质力量，人的想象与创造力量，以及人通过物质对象而“外化”或“客观化”了的审美理想，从而在对人类本身的自我肯定中产生精神上的愉悦感或审美感。

总之，人对商品的审美，从本质上说，与人对纯粹艺术作品的审美大致相同，均经由快感而达美感的基本过程。但比较说来，实用艺术产品所给人的美感，一般以快感为先导，美感随后，趋于平和恬淡，浅显短暂，更为随意；而纯粹艺术作品给人的美感，与快感几乎同步发

---

① 王柯平：《旅游审美活动论》(台北：地景企业股份有限公司，1993 年)，第 288—289 页。

生,趋于强烈激奋,深刻持久,定向性突出。两者在感受效应上有着量度与程度方面的差异。

(三)功利性与审美性

从人类审美意识的起源和审美实践的发展来看,任何形式的美总是具有某种合目的性。普列汉诺夫曾用历史唯物主义和人类社会学方法,考察研究了大量原始艺术和自然现象,列举出许多原始民族所使用的梳子图形、装饰品和器具上的几何纹样等,充分印证了艺术中原本存在的功利性,并且断言:"劳动先于艺术,总之,人最初是从功利观点来观察事物和现象,只是后来才站在审美的观点上来看待它们。"[①]迄今,人类"按照美的规律"已经制作和创造出更为丰富多样的艺术产品。这些产品由于各自相异的价值特征和表现形态,尽管被宏观地划分为实用艺术与纯粹艺术两大类别,但均未超越功利的范畴。一般来讲,实用艺术产品体现着物质的直接功利目的或实用功能,纯粹艺术产品则已摆脱了直接的实用功能,虚化为精神产品,但依然具有间接的功利目的,即审美意义、情感意义和社会教育意义上的间接功利性。

实际上,在当今"实用品艺术化,艺术品实用化"的商品社会里,功利性(或实用性)与审美性(或艺术性)的趋同互补现象在商品生产中表现得尤为突出,旅游纪念品就是典型的例子。我们知道,旅游纪念品的种类十分繁多。除字画雕刻属于纯粹艺术品外,大多属于实用艺术范畴。这样,对于旅游纪念品的生产者与消费者(旅游者)来说,其功利性与审美性的有机统一,必然成为影响双方行为(生产与消费)的主导性原则。

1. 功利性

这里所谓的功利性,首先是指特种旅游商品的纪念性。譬如游览黄山、泰山、桂林、西湖、八达岭长城或洛阳龙门石窟,若能在旅游地选购到绘有当地风光奇景或文物古迹的挂盘、花瓶、织锦、明信片、茶具、文具或其他形式的手工艺品,一方面有益于诱发和强化游兴,另一方

---

① 普列汉诺夫:《没有地址的信》,见《普列汉诺夫美学论文集》(曹葆华译,第1卷,人民出版社,1983年),第395页。

面可以聊作此地一游的纪念，一箭双雕，其乐融融，通常颇受游客欢迎。其次是适用性。其材料、结构、形状、功能和包装等，皆符合设计要求和质量标准，利于实用或陈设，便于携带或寄送。再就是珍藏性。有的纪念品设计新颖，材料贵重，工艺精湛，或者历史悠久（如古瓷、玉器、象牙雕刻、青田石雕等），具有很高的收藏价值，深得旅游者（也许是收藏家）的青睐。

2. 审美性

旅游商品的审美性，突出地表现在三个不同层面。首先是外在装饰美。这主要体现在美观大方、色彩明丽和风格独特的包装艺术上。其次是商品造型美，即按照形式美的法则，创造出比例和谐、线条流畅、节奏明快、光泽诱人、图案别致的令人赏心悦目的物品。再就是商品表现形态的意趣美，即从现实生活中抽取有意味的片断，或利用风物传奇中的神话故事情节，以物态形式和典型手法予以表现，给商品灌注以象征意义或哲理情趣，以便引发人的联想，使人得到某种启迪，最终达到陶情冶性的审美目的。

当然，对设计者来讲，要使作品达到品格突出，生动传神，动静结合的艺术境界，在处理情节的艺术手法上，务必讲究典型性和含蓄性，也就是工艺美术家刘传所说的创作原则——“宜起不宜止，宜藏不宜露。”①前者是说要把握好情节的发展，着重描写情节发展的高峰，切忌表现情节发展的终局。这样会使情节变活，且耐人寻味。后者是说要含蓄地表现情节发展到高潮时的状态，以期深化作品情趣，增强艺术感染力。譬如，刘传本人在处理雕刻工艺品中有关武松与蒋门神两者之间的关系时，充分利用了上述原则。从造型结果上看，这两个冤家对头处在将打而未打的状态，犹如箭在弦上，一触即发，从而引导观者顺应故事情节的发展逻辑而张开联想的飞翼，且在联想中内省英雄痛打恶棍的畅快心境，享受艺术形象所启动的审美体验。

必须指出，旅游商品（特别是旅游纪念品）虽然在总体上讲求功利性与审美性的有机统一，但有的侧重直接的功利性（如茶具、丝绸等），有的偏重造型的审美性（如石刻、玉雕等），而有的则使两者处于“平分秋色”、相辅相成的均衡状态（如地毯、台布等）。因此，设计者与制

---

① 刘传：《源自生活，贵在传神》，见《中国工艺美术》1982年第1期，第12—13页。

作者应当首先从实际功能和市场需求出发，为产品恰当定位，随后在设计和生产中因需置宜，切忌“为实用而实用，为美观而美观”等顾此失彼或机械拘泥的做法。

值得提醒的是，旅游者在一系列消费活动中，会遇到形形色色的诱惑。这就需要根据自己的情趣、爱好和具体境况，把握好一个度，在保障主体自由性的前提下，使自己成为一个主动的消费者，各种合理需求得到相应的满足，使旅游观光生活艺术化、审美化，乃至理智化。

附录　中国传统艺术与旅游审美

在中国旅游观光过程中,“娱”作为一大要素,涉及许多内容与活动形式。其中,中国传统艺术所占比例甚大。就广义上的类别而言,中国传统艺术一般可分为传统造型艺术、传统建筑艺术与传统表演艺术。[①] 鉴于造型艺术包括书法、绘画与雕塑,内容涉及面广,与旅游关系密切,甚至属于直接而普遍的观赏对象,因此有意将其分列出来予以简述。表演艺术包括戏曲、乐舞和曲艺等,内容也同样丰富多样,但由于常以综合的表演形式呈献给旅游观赏者,因此将其归总一起,择其重点予以简述。总之,中国传统艺术门类多样,内容丰富,在中国审美文化发展历史中占有突出地位,在中国旅游审美活动中发挥着重要作用。

一　书法艺术与观赏

从审美角度看,中国文字具有“形美”“音美”和“意美”等特征,适合于书法和写诗,这主要与其“象形”“会意”与“指事”等功能有关。在漫长的历史过程中,中国文字的书写变化多端,风格多样,逐步发展成为一种书法艺术。

书法艺术是中国传统艺术和审美文化的重要组成部分,其言志、

---

① 参阅王柯平主编:《旅游美学》(旅游教育出版社,2010 年),第 194—279 页。其中第十二章、第十三章与第十四章的内容为“传统造型艺术与旅游”“传统建筑艺术与旅游”和“传统表演艺术与旅游”,分别由张文祥、章建刚和李复波三位先生编写。基于方便教学之需与出版社的合理要求,王柯平在编著《旅游美学导论》(旅游教育出版社,2011 年)过程中,从结构与行文上对原来主编的《旅游美学》教材进行了诸多调整和压缩,特此专设“中国传统艺术与旅游审美”一章,主要参考了上列三部分的相关内容。这里作为本书附录,仅供读者参阅。

抒情、点缀和装饰等功能，使其遍布于书斋庭院、客厅学堂、楼台馆所、宾馆酒店、古建园林、风景名胜等处，融入各式各样的旅游工艺品里，成为中国大众怡情悦性的重要媒介和审美文化的重要内容。

（一）书法的分类

随着社会发展和应用需要，中国文字书写形成篆、隶、楷、行、草五大书体，由此构成书法艺术的字体基础。书法分类及其风格流变，都是在此基础上发展而成。

1. 篆书

篆书包括甲骨文、金文与大篆（籀文）等，一般用作大篆与小篆的统称。不少甲骨文字象形特征显著，书写笔画瘦硬方直，线条有粗有细，风格遒劲而富于立体感，其正方或长方形字体奠定了汉字的方块形体。金文又称钟鼎文，铸刻在钟、鼎、彝等青铜器上，其用笔于环转之中略带方势，结体整严而疏朗，字形装饰性较强。大篆从甲骨文演变而来，形体古朴雄浑，端庄凝重，富有意味。小篆又称“秦篆”，是秦始皇统一文字后的新书体，也是中国最早的标准字体。在系统整理和简化大篆的基础上，小篆字形修长，线条柔顺，温文典雅，残存的《泰山刻石》与《琅琊台刻石》，分别存于山东泰山与中国国家博物馆。篆书行笔藏锋逆入，圆起圆收，具有图案花纹似的装饰美。

2. 隶书

今天所说的隶书，成熟于汉代，也称为八分书。在结构上，隶书字形扁方，均衡对称，态势宽博；在笔法上，隶书藏锋起笔，逆入平出，丰实而有内劲。汉隶所表现出的韵律、质朴与浑厚气势，与汉代艺术精神息息相关。隶书风格多种多样，现存于山东泰山岱庙的《张迁碑》方劲沉雄；现存于山东曲阜孔庙的《礼器碑》瘦劲刚挺；现存于西安碑林的《曹全碑》飘逸秀美。从历史发展看，中国书法作为一门艺术形成于汉代。此时，书法家开始从对自然的比拟与联想中，开始探讨创写书法之美的法则。譬如，汉代蔡邕就主张：“为书之体，须入其形。若坐若行，若飞若动，若往若来，若卧若起，若愁若喜，若虫食木叶，若利剑长戈，若硬弓硬矢，若水火，若云雾，若日月，纵横有可象者，方得谓之书也。"①这是从书写的外在形式及其线条势态，探讨书法的艺术特征和象征意味，其中特别强调书法线条的动感与力度、气韵与形态。

3. 楷书

楷书从隶书与章草演变而来，又称"真书"或"正书"。楷书创始于东汉末年，因易辨易写，后盛行于魏晋，成熟于唐朝。一般说来，楷书用笔平稳，点画清晰，搭配匀称，结体方正，通篇整齐，故初学书法者多从楷书入手。两晋南北朝残存的楷书遗迹，多见于碑刻、摩崖、石刻与墓志，代表作有《瘗鹤铭》《张猛龙碑》与《龙门四品》等。唐代的楷书风格，以欧阳询、颜真卿、柳公权为代表，元代楷书则以赵孟頫为代表，由此形成楷书四大家，有"欧劲，颜筋，柳骨，赵体"之说。

唐代盛行立碑刻石与记功记事之风，书法家们在碑刻上大显身手，极大地推动了书法艺术的发展。唐代社会的"豁达闳大之风"（鲁迅语），在书法艺术上表现为浑厚雄健的风格。此时国势强盛，文艺发达，在书法上提倡劲健之骨力，雄强之骨势，追求"锋健""雄媚""险峻""瘦硬"等壮美之风。颜体楷书雄强巍然，张旭狂草飞扬灵动，颇能体现当时的时代精神风貌，对后世产生了广泛而深远的影响。唐代书法家还不断探索书法艺术的技巧与规律，总结出一系列笔法与章法。另外，唐代一些书法家开始注意到借助书法抒发胸臆的艺术特质。韩愈就曾指出，张旭草书中寄寓着"喜怒窘穷"等复杂情感。总之，这一时期重情、尚神和倡意的书法艺术思想，大大拓宽和丰富了书法表现的领域与手法。

4. 行书

行书介于楷书与草书之间，将楷书的平易之风与草书的流畅之美集于一身，在五大书体中使用最为广泛。行书有近于楷书但比楷书活泼放纵的"行楷"，也有近于草书但比草书收敛规范的"行草"。因用笔速度加快，故使直线变为弧线，方角变成圆角，连笔之间带有附勾，体势形构变化增多，笔画随意伸缩，布局参差对比，更显得活泼流畅，富有生气，其代表作首推"书圣"王羲之的《兰亭序》及其他名家的不同摹本。

---

① 蔡邕：《笔论》，见北京大学哲学系美学研究室编：《中国美学史资料选编》（上册，中华书局，1980 年），第 134 页。

5. 草书

草书书写便捷,笔画相连,完全突破了楷书格式,较之行书更加自由活泼,其用笔一气呵成,体势变化丰富又气脉贯通,是最有艺术表现力的书体。草书笔画"宛若银钩,飘若惊鸾。舒翼未发,若举复安"。草书达到一定程度,就需要讲究空白、笔力、筋节等。因为,"空白少而神远,空白多而神密"。加之草书尚险,险者易颠,若无笔力,难以把握。至于草书筋节,则要求运笔转换,避免一直溜下,不然筋节皆失,因此总要"前笔有结,后笔有起,明续明断,绵亘有度"。[①]

草书一般分为章草、今草与狂草。章草字字区别,互不相连;今草勾连变化,笔势连绵;狂草奔腾放纵,迅疾跌宕。值得注意的是,狂草一般难以辨认,但便于抒发激情,或用以寄托纵横之志,或借其遣释郁结之怀,因此具有很强的艺术魅力和感染力。这方面的书法大家有王羲之、陆机、张芝、张旭与怀素等人。

(二) 书法的艺术特征

在一些书法家眼里,书法可谓"无声之音,无形之相",是抽象性与形象性相结合的产物。另外,"书者,散也。欲书先散怀抱,任情恣性,然后书之。若迫于事,虽山中兔毫,不能佳也"[②]。这说明书法也具有抒情的功能,需要自由自在的创作心境,因为上乘的书法作品,不是随意而为的。相应地,要欣赏优秀的书法作品,也不是没有要求的。这需要了解其形式、个性、法度、笔力、意境和气韵等艺术特征。

1. 形式与个性

书法是"线条艺术",所表现的是线条结构的形美或形式美,所体现的是书家的情思意趣或内在精神。线条产生的工具是柔软而富弹性的锥形毛笔和丰富多样的用笔方法。正确的执笔和运腕的方法能使书写得心应手,趣味横生。笔法在中锋用笔和"一波三折"(起笔、行笔、收笔)的基本法则指导下,会在变化中创造出表达不同情感内蕴、富有弹性的优美线条,线条继而组合成字的结构,多字布局便构成一幅完整的书法作品。因此,字形结构与整体布局,是成就书法美的

---

① 刘熙载:《书概》,见《艺概注稿》(中华书局,2009 年)第 658—659 页。

② 蔡邕:《笔论》,见北京大学哲学系美学研究室编:《中国美学史资料选编》上,第 134 页。

重要形式特征。就草书而言,其字形结构一般要求“险不至崩,危不至失”,布局平衡,气势呼应,多样统一,以便形成和谐灵动的整体美感。在中国书法史上,流传着许多逸闻趣事,如张旭观公孙大娘舞剑而草书大进;怀素见夏云奇峰、飞鸟出林、惊蛇入草而悟草书笔法等。这生动地说明由线条及其结构与布局所形成的书法美,在一定程度上来自书法家对事物形状及其运动形态的细微观察和深切感受。

书法终归是一种抒情和写意的自由艺术,其艺术个性非常突出,这一点往往体现在各自独特的风格里面。唐代书法家无论楷书、行书和草书,都是各领风骚,甚至自成一家;明代的“吴门书派”,清朝的“扬州八怪”,都各具特色,独步书坛。尤其是扬州八怪,若不了解他们的个性,几乎难以理解或欣赏其奇崛狂怪的书风。

2. 法度与笔力

法度意指书法的用笔方法、字形结构和整篇布局所涉及的基本规则。如果书法作品缺乏基本功,缺乏公认的书法规则,一味在旁门左道中自娱自乐,那是经不起推敲的,也是难以成气候的;但如果过于循规蹈矩,拘泥于成法死法,也会导致线条僵硬,满纸呆板,缺乏表现力度,也同样令人不屑。因此,苏轼强调,书法理应“出新意于法度之中,寄妙理于豪放之外”。这要求书家应在遵循法度规则的基础上,推陈出新,从事独具个性的艺术创造。

笔力是线条力度和书法家精神的表现,直接影响书法作品的艺术生命力。历代评价书法时的公认标准之一是:“多力丰筋者圣,无力无筋者病”,故此要求书法杰作要“力透纸背”“入木三分”。这并非一味追求表面上的张扬外露,也不是机械地笔上运力,而是要求笔力的表现是笔墨技法与作者情思意趣自然融合的产物。据此,笔力应藏于墨间,展于纸上。而富有笔力的线条,应当像“万岁枯藤”一样,具有“不意百炼钢,化为绕指柔”的特点和感染力。在这方面,颜真卿的字可谓典型。有的观赏者认为,颜字左右基本对称,其正面形象浑厚刚健,方正庄严,齐整大度,胜过字形微侧、左肩倾斜、灵巧潇洒、婀娜多姿的二王书及其初唐摹本。①

---

① 李泽厚:《美的历程》(文物出版社,1981 年),第 141 页。

3. 意境与气韵

书法艺术的意境,源自作者的心境和意趣,是情感与意象有机融合的结晶。不过,这里所言的意象,不是具象的,而是抽象的,是以流动而富弹性的线条作为符号,加上象征性的布局来表达作者的某种思想、情感和意趣。欣赏体会书法名作的意境,需要丰富的艺术修养,需要了解作品产生的时代、文字的内容、书家的经历与精神追求等,同时也需要有形象思维和抽象思维的能力。例如,被誉为“天下第二行书”的《祭侄文稿》,是颜真卿悼念遭安禄山杀害的侄儿颜季明而写。前十几行还比较平静温婉,写到共同抗击叛军时,则感情激越,运笔跌宕,或哽咽不止,或慷慨悲歌,以其深沉激愤而又刚强壮烈的意境,感染着古往今来的读者。

书法艺术的气韵,与生动密不可分。举凡气韵生动的书法作品,不仅其线条字形符合形美的规则,而且其章法布局也首尾呼应,上下衔接,疏密相间,错落有致,组成音乐般的韵律美,具有意味无穷的特点。要达到气韵生动的艺术境界,务必笔力遒劲,墨法华滋,气势贯通,其书写内容同作者情感协调统一,给人的感觉是“气韵藏于笔墨,笔墨都成气韵”。书法作品是否气韵生动,主要取决于书法家的思想境界、生活阅历、艺术修养和表现技法等。在宋代行书大家中,苏轼是“浩然听笔之所之”,“不失法度”而自然,展现出自然天成的韵味;黄庭坚是结构倾斜,用笔锋利,中宫紧缩,八方辐射,给人以强烈的节奏感,在其营造的风韵中表现出“去俗务尽”的个性意趣;米芾则是局部横斜逸出,通体左顾右盼,上下呼应,在整体气韵中显示出“超逸入神”的情趣。①

总之,形式、个性、法度、笔力、意境、气韵等诸多方面,需要有机地结合在一起,由此便可构成书法艺术的整体美。相应地,对于一幅优秀书法作品的欣赏,也应当从上述几个方面入手,以便感受、体验、分析和理解书法的艺术特征。

---

① 茹桂:《书法十讲》(陕西人民美术出版社,1980 年),第 93—102 页。

二 国画艺术与观赏

国画是中国画的简称，有别于来自西洋的油画、版画等画种。国画历史悠久。1978 年在河南临汝阎村发掘的《鹳鱼石斧图》，属新石器时代仰韶文化时期的陶缸彩画，是中国现存的最早绘画作品，距今 6000 年左右。此图以线条刻画和颜色填充作为基本造型手段，反映出原始人的形式美意识，为后来的国画发展开辟了道路。相比而言，迄今发现具有独立意义的古代绘画作品，是战国时期的《人物夔凤帛画》和《人物御龙帛画》，距今已有两千多年。

历经秦汉的摸索与铺垫，到了魏晋南北朝时期，受到佛教艺术的影响，国画取得突破性进展。在理论上，顾恺之的“传神”说，谢赫的“六法”论，在形神兼备的基础上强调了精神面貌的表现。

唐代绘画立足于民族传统，吸收了外来文化，题材广泛，风格多样，技巧纯熟，达到了新的高峰；尤其是人物画与山水画，追求清雅，标举逸品，取得了新的成就。在理论上，与王维同时期的张璪，提出“外师造化，中得心源”之说，为国画艺术开辟了新的天地。

五代时期，水墨山水画已蔚为风气，开创了皴、擦、点、染等笔墨技法，更能生动地表现自然景色之美。隐居北方的画家荆浩、关仝，以全景式构图描绘中原雄浑的层峦叠嶂；南方的宫廷画师董源、巨然，着力于表现江南的湖光山色，由此形成了南北两大流派。

宋代是国画的兴盛时期。所建“翰林书画院”，广罗艺术人才，使人物画、山水画、花鸟画等门类得到全面发展。该时期的花鸟画，在作品中比附寓意，以物喻人，以物喻德，成就了以“岁寒三友”（松、竹、梅）和“四君子”（梅、兰、竹、菊）为主题的写意特色。在山水画方面，北宋多继承五代荆浩、董源为代表的两大流派，中期则以郭熙为代表，强调山水画表现“可居可游”的意境。南宋画家马远、夏圭等人，所画山水偏于一角，留出大片空白，更具抒情诗意，成为“南宗”特色。另外，与宫廷“院画”相对而出的“文人画”，重“神似”而轻“形似”，注重表达主观情绪，主张诗画相辅相成，提倡意趣意境创造。

元代以降，“文人画”成为主流，讲求“笔精墨妙”。“元四家”（黄公望、吴镇、倪瓒、王蒙）均为江浙籍画家，擅写江南景色，追求高逸的人格与画格，对明清绘画影响甚巨。

明代在写意文学化和笔墨书法化基础上，推进了文人画的发展，兴起诗文、书法入画和画面钤印之风，从而使国画成为融文学、书法、篆刻与绘画为一体的独特艺术。明代中期，以沈周、文徵明、唐寅、仇英为代表的“吴门画派”，以苏州为活动中心，钟情于琴、棋、书、画之雅事，淡化了宋、元文人画愤世嫉俗的激情，沉湎于平淡冲和的气氛，遂以优雅纤细的风格与精到的笔墨，表现文人士大夫逃避现实、自命清高和隐逸闲适的生活情调，随之将绘画中的“文人趣味”推向顶峰。明末董其昌等人试图挽救山水画的颓势，其后的石涛竭尽因革创新的努力，倡导“搜尽奇峰打草稿”，呼吁抒发真实情感，突破陈旧传统，终因生不逢时，未能如愿以偿。

清初画家朱耷（八大山人）的花鸟画继承徐渭，更显狂怪奇纵，富有寓意。其后活跃于乾隆年间的“扬州八怪”（郑燮、金农等人），突破传统格调，关心民间疾苦，抒发真情实感，影响久远。清末以任伯年、赵之谦、吴昌硕等人为代表的“上海画派”，继承了上述文人写意花鸟画的传统，参照了新兴都市上海民众的审美趣味，以浓郁的色彩与色墨相结合，创造出雅俗共赏的艺术效果。

“五四”新文化运动以来，新美术运动此起彼伏，艺术家在批判反思传统国画的同时，采用了创造性转化的手法，汲取了外来艺术的某些因素，促进了国画传统的新发展，同时也开始了油画与水彩等艺术门类的创作。如今，国画如同书法一样，在中国各地随处可见，是中国审美文化的重要组成部分，同时也是各方游客直接观赏的对象。但要想欣赏国画，就必须了解其主要门类与艺术特征。

（一）国画的分类

成熟之后的国画，在风格流派上形成两类：其一是“院体画”，简称“院画”或“院体”，泛指效法南宋画院风格的作品；其二是“文人画”，古代亦称“士夫画”，是中国古代文人借以抒发主观感情为特征的流派。近代画家陈衡恪认为，文人画应具四个要素，即人品、学问、才情和思想，缺一不可完善。依据画体或表现手法分类，国画可分为工笔画和写意画两种。工笔画采用工整细致的画法，笔墨严整、色彩绚烂。写意画采用简练概括的笔墨，着重描绘物象的神韵，追求笔简意全的艺术效果。写意画随着文人画的兴起，在国画中占有主流地位。现如今，一般按照描绘对象分类，国画可分为人物画、山水画与花鸟画三大类别。

1. 人物画

人物画是国画中出现最早的画科，其中的人物肖像要求形神肖似，亦称"传神写照"。古代著名的传世之作有晋顾恺之的《洛神赋图》，唐韩晃的《文苑图》，五代南唐顾闳中的《韩熙载夜宴图》、北宋李公麟的《维摩诘像》和南宋梁楷的《李白行吟图》等。人物画可按题材内容细分为道释画、仕女画和风俗画。道释画以道教、佛教故事为描绘内容，多为寺院壁画、石窟壁画或卷轴画，如元代的《永乐宫壁画》与武宗元的《朝元仙仗图》。仕女画以上层妇女生活为描绘题材，代表作品有唐代周昉的《挥扇仕女图》，张萱的《虢国夫人游春图》等。风俗画以社会生活风俗为描绘题材，最具代表性的作品是北宋张择端的《清明上河图》。另外，人物画还包括墓室壁画、画像石与描绘历史人物或传奇故事的壁画等。

2. 山水画

山水画主要描绘山川景色或自然景观，勃兴于五代、北宋时期，是国画中的最大画种，在艺术上讲究经营位置和表达意境。明代董其昌所言"画之南北二宗"，将唐至元的山水画家分为两大流派，其中所列人物均是中国山水画的代表人物，所列作品也是中国山水画的代表作品。通常，若按传统划分，山水画可分为水墨山水、青绿山水、浅绛山水、金碧山水以及界画等。简而言之，水墨山水以笔法为主导，充分发挥墨法的功能，注重"水晕墨章""如兼五彩"的艺术效果。王维曾言，"夫画道之中，水墨为最上。肇自然之性，成造化之功。或咫尺之图，写百千里之景。东西南北，宛自目前。春夏秋冬，生于笔底"①。这里不仅是谈水墨山水，也是谈水墨功能，由此足见王维对水墨的认识和评价的高度。浅绛山水在水墨基础上，敷以赭石为主色的淡彩，擅长表现江南山水特色，称之为"吴装"山水，元代画家黄公望、王蒙等偏好这类画体。青绿山水以石青石绿为主色，进而分为大青绿与小青绿类

① 王维：《山水诀》，见沈子丞编：《历代论画名著汇编》（文物出版社，1982 年），第 30 页。

种：前者着色浓重，富于装饰美感；后者在水墨淡彩基础上薄罩青绿，故显得缥缈雅致。金碧山水在大青绿基础上，以泥金钩染山形楼台轮廓，画面金碧辉煌，有很强的装饰性。界画亦称界划，用界笔直尺画线，以宫室、楼台、屋宇等建筑物为题材，因使用辅助工具而含“匠气”，故遭文人画家的轻视。

3. 花鸟画

花鸟画是国画中仅次于山水画的大画种。北宋《宣和画谱》指出，“诗人云义，多识于鸟兽草木之名；而律历四时，亦记其荣枯语默之候；所以绘事之妙，多寓兴于此，与诗人相表里”。这说明描写鸟兽草木的诗与描绘鸟兽草木的画，在表达情思意趣的同时，均有一定的认知作用。这也就是说，咏物诗与花鸟画在某些方面，具有异曲同工之妙。按照表现技法，花鸟画可分为工笔花鸟与写意花鸟：前者采用工整细致一类的画法，重在写形，追求栩栩如生的逼真感；后者采用简练纵放一类的画法，重在表意，讲求形神皆备的意趣美。

需要指出的是，国画的画幅形式和装裱格式多种多样，一是应和不同的内容，二是配合不同的用途。装裱后的画作，常见的格式有卷轴与直轴两类，也分称其为手卷、立幅、堂幅、横幅或条山等，这样既便于收藏，也便于悬挂。装裱后不安画轴，装上镜框观赏的画，称为“镜片”；将小画幅装裱成书一样的册子，谓为“册页”。以四季山水与花鸟为内容的国画，通常可以组成“四扇屏”等，将其挂在正厅，能烘托气氛，具装饰效果。

（二）国画的艺术特征

总体而言，国画重视经营位置，气韵意境，强调“外师造化，中得心源”，要求“意存笔先，画尽意在”，做到以形写神，形神兼备，讲究笔墨线条，书画同源。在实际创作中，国画比较注重以下技法特点。了解这些特点，有助于观赏作品，看出门道。

1. 笔墨技法与以形写神

笔墨是国画最基本的技法。清代恽南田认为：“有笔有墨谓之画。”笔墨技法，既再现客观现实（物色景象），也表现主观感受（情思意趣），或者说，笔墨能兼顾两者，既可状物，又能传情，属国画一大艺术特色。

笔墨技法包括笔法和墨法。笔法表现形体结构，即古人所说的“骨法用笔”；墨法表现物象的浓淡虚实，借此形成体积感和质量感。笔法实际是用线造型的方法，线是传统国画表现力的最强手段，“曹衣出水”“吴带当风”等艺术效果，都是笔法用线所致。值得一提的是，一些西方画家(譬如英国风景画家康斯太布尔)看不起“画了两千年但不知明暗对比为何物”的中国画家，殊不知中国画家更重视线条节奏而非光影效果。“在他们看来，与变幻无常的阳光投射在外物上时所产生的偶然效果相比，线条节奏更具有本质意义。中国艺术家偏爱线条的真正目的，是为了取得某种自然而稳定的艺术效果。”①

在中国传统艺术中，书画同源，古人把书法的笔法移用于绘画，极大地丰富了绘画笔法的表现力。墨法包括了用墨浓淡的程度和墨色黑白的变化。古人认为“运墨而五色具”，故常常以墨代色。这种重墨轻色的特点，与国画(特别是文人画)注重“传神”的旨趣密切相关。所谓“传神”，一般是指以形写神，也可以说是“状物传情”。为此，用笔的轻、重、疾、徐，用墨的浓、淡、枯、湿，都要求点到而止，恰到好处，取得形神兼备、象意俱佳的效果。精到的笔墨技法，要求笔运用墨，墨表现笔，使笔、墨、色三者之间达到高度调和，共同发挥以形写神或状物传情的作用。历史上的著名画家，在运用笔墨技法、传达神情的过程中，由于个性不同，情思有别，感受存异，故而形成自身风格。譬如，唐吴道子师承晋顾恺之，但在笔墨上非同其师那样“春蚕吐丝”般巧密纤细，而是“立笔挥扫，势若旋风”，尽显雄健豪放之风；北宋李公麟师法吴道子，但受时代影响，却走向秀丽精致之道。

2. 散点透视与经营位置

国画的构图原则独具一格，这集中表现在散点透视和经营位置等方面。中国画家根据自己的观察习惯，采用了多视点的散点透视方法，反映了他们边走、边看、边体认外物的传统方式，体现了山水画中“可游”“可居”“可赏”的艺术追求。散点透视能表现更为完整的主题，能以平面构图的方式将不同时空背景中具有内在联系的事物组合在同一幅画里，能以叙述的方式将事件发展过程予以连贯性描述，能

① 赫伯特·里德：《艺术的真谛》(王柯平译，中国人民大学出版社，2004 年)，第 129 页。

以虚实相生的手法对疏密变化的画面进行灵活性的处理,这方面现存的代表作首推《韩熙载夜宴图》。

另外,国画中山水一系,注重经营位置,列为"六法"之一。宋代李成论及经营,对此总结甚细。如他所言:"凡画山水,先立宾主之位,次定远近之形,然后穿凿景物,摆布高低……发树枝左长右短,立石势上重下轻。摆布栽插,势使相偎……孤城置于远边,墟市依于山脚。雪天不用云烟,雨里无多远望。山舍仍居隘窄,渔翁要在平滩……藤蔓依缠古木,巢丛簇扎山头。高山烟锁其腰。长岭云翳其脚。远水萦纡而来,还用云烟以断其派。怪石巉岩而立,仍须土阜以培其根。原野旷荡相连,苍山依其低浅。石须圆混锋芒,八面稜层。木要交叉挺杆,四时枯茂……群峰更宜高下,孤峰远设,野水遥拖,道路时隐时显,桥梁或有或无。"①这里所列的各种自然外物,都是中国山水画常用的素材或描绘的对象,相关物象的布局、远近、大小、高下、深浅、疏密、旷隘、形态、位置、交叉、配合等,都具体地反映了经营位置的方式方法。在常见的立轴和长卷构图形式中,大多采平面布局而非纵深布局,借此发挥"置陈布势""虚实相生"等艺术创作法则,但这并不影响空间纵深感的表现。山水画中的"三远"(高远、深远、平远)法则,都是在平面布置的构图原则中实现的。另外,中国画家在构图时,特别重视对空白的处理,要求"计白当黑,妙在无处",把空白当作画面的组成部分,借此衬托画面,扩大意境,给观者以想象的空间。

在笔墨与构图方面,国画的另一特征是诗书画印有机统一,相得益彰,讲究诗文、书体、构图、钤印的协调衬托作用,因此要求画家多才多艺,具有诗人、书法家、画家和金石家的综合艺术修养,由此方可创造出三绝(诗书画)四美(诗书画印)的杰作。②

3. 气韵与意境

谢赫"六法"首倡,"气韵,生动是也"③。自此以来,"气韵"或"气韵生动"便成为国画追求的最高境界,同时也是评价国画的最高标准。"气"原指构成万物的基本元素,"韵"原指和谐的声音。唐代张彦远

---

① 李成:《山水诀》,见沈子丞编:《历代论画名著汇编》,第60—61页。

② 翟本宽:《书法艺术与美》(河南美术出版社,2004年),第142—146页。

③ 谢赫:《古画品录》,见沈子丞编:《历代论画名著汇编》,第17页。

以“生气”和“神韵”阐释“气韵”，认为“人物有生气之可状，须神韵而后全，若气韵不周，空陈形似，笔力未遒，空善赋彩，谓非妙也”。其后，五代荆浩以“气”和“韵”分解“气韵”。所谓“气”，可解为创作过程中贯彻始终的“心”力或精神力量；所谓“韵”，可引申为隐约暗示的“风韵”或“韵致”。[①] 这里所言的“风韵”与“韵致”，看来与中国画论中所言的“神似”颇有关联。总之，从六朝到唐代，气韵主要是指对象的精神表现，是指绘画的整体效果。宋代将气韵视为画家性灵与人品相互融通的产物。明清两代强调绘画气韵与画家精神的相互关系。在现代的诸多解释中，宗白华的观点颇受关注。他从形而上的角度宣称：“气韵，就是宇宙中鼓动万物的‘气’的节奏、和谐。绘画有气韵，就给欣赏者一种音乐感。”[②]由此看来，气韵不仅展示了对象的精神实质，也赋予作品特有的生命力。气韵生动不仅需要描绘对象的外在形状，而且需要表现出对象的内在精神，这就要求画家入乎其内地体悟和想象，把“迁想妙得”的东西表现出来。在国画发展史上，不同时代对于“气韵”的认识各有侧重，在作品中的表现也各不相同。譬如，南宋以马远、夏圭、戴进为代表的山水画，注重表现雄健张拔的纵横之气；元代董源、巨然、倪瓒的山水，主要表现平淡悠远的静穆之气。诸如此类的差异，正好丰富了国画的多样风格与审美特性。

意境是中国文艺创作和批评的一个重要理论范畴。前文根据王国维思想所述的“境界说”，实际上就等于“意境说”，两者彼此互用。此处不再赘言。从绘画角度看，意境是作者的思想感情（意）与所表现的环境场景（境）的有机融合。宋代郭熙认为，意境鲜明的优秀山水画，能使观者感受到“画之景外之意”，因此具有动人的艺术魅力。其实，在诸多优秀画作中，意境涉及诗性或文学性，即将诗意移入画面，追求诗情画意的意境，尤其是引禅入诗之诗被移入绘画创作之后，意境进而得以深化，变得更加幽远空灵，更显出“只可意会，不可言传”的妙处。李泽厚在论及宋元山水意境时，将其划分为“无我之境”与“有我之境”两种，这是很值得重视的深刻见地。[③] 当然，在体味绘画意境

① 伍蠡甫：《中国画论研究》（北京大学出版社，1983 年），第 23—25 页。
② 宗白华：《美学散步》（上海人民出版社，1981 年），第 44 页。
③ 李泽厚：《美的历程》，第 169—186 页。

时，不能只限于直观有形的画内之象，还要品味无形的画外之象，因为意境多是一半留在画面上，另一半留给观赏者去想象的。

有趣的是，除了山水画外，花鸟画也能创造意境。齐白石的花卉、草虫作品，就不乏清新优美、令人回味的意境。例如，《蛙声十里出山泉》的条幅，泉水从远处石丛中涓涓流出，一群蝌蚪随波游动，从小到大的变化，于无声中听有声，意寓生动，诗情浓郁，实属前无古人的妙笔。

4. 遒媚与雅俗

遒，刚劲雄健，为阳刚之美；媚，妍丽秀美，为阴柔之美。两者看似对立，实则彼此相济。两晋时期，遒媚结合，成为衡量艺术的理想尺度，以此评判画作的优劣。谢赫评品古画时称：陆绥“体韵遒举，风彩飘然”；毛惠远“纵横逸笔，力遒韵雅”；吴暕“体法雅媚，制置才巧”。[①]后来，随着时代与画风的变化，人们对“媚”的看法也出现变化。唐代韩愈视“姿媚”为“俗”，杜甫则褒遒而贬媚。五代荆浩视“媚”为外表华丽，认为以华饰实苟媚无骨，画格不高。宋代苏轼则以“环肥燕瘦”为例，声称“短长肥瘦各有态，玉环飞燕谁敢憎？”即认为各有千秋，不宜厚此薄彼。

雅与俗两个范畴始于先秦，孔子分乐为雅俗两种，故而“恶郑声之乱雅乐也”。六朝谢赫认为画作“雅郑兼善”，雅俗并存。宋代文人画家偏爱超凡之趣，惯于崇雅贬俗，甚至将院体画与院体花鸟画视为俗的代表，表现出文人画和宫廷画在风格上的对立。明代以后，市民阶层兴起，绘画进入市场，为适应大众审美情趣，开始追求“雅俗共赏”。清末任伯年与现代齐白石，其作品雅俗共赏，令人喜闻乐见，开创了国画发展的新局面。

5. 巧与拙

在国画理论中，“巧”是绘画技法上的做作，是缺少艺术创造力的画匠所为。凡是在技法上玩巧的画作，一般被视为匠气或俗气之作。相反地，“拙”指浑厚古朴的风格，无人工雕饰之痕，朴素自然，几近天真。对“拙”的追求，与道家“大巧若拙”和“自然无为”的思想有关。文人画家受此影响，将“拙”与自然朴质联系起来，进而形成了“自然

---

① 谢赫：《古画品录》，见见沈子丞编：《历代论画名著汇编》，第18—19页。

天成”或“以拙为美”的观点。

6. 甜熟与格调

所谓“甜熟”，泛指以外在华美讨好世俗浅识的庸俗画风。举凡划归为“甜熟”的画作，大多缺乏气韵，风格浮滑，笔法滞腻，没有意境。所谓“格调”，是指画作中表现出的情趣情调，显示出的精神境界。绘画格调主要取决于画家的思想品格等因素，是其内在心性和人格修养的外在化。画作若无格调，就显得俗气、火气或小气。这类问题并非技巧所能解决。我们常说“功夫在诗外”，也可以说“功夫在画外”。无论写诗还是作画，都需要有技法与志趣两方面的修养。技法用于构图造型，志趣要求胸有诗书，志存高远，继而将其内化为气质、胸襟、怀抱、趣味，形成高雅的格调，以便创作出优秀的作品来。因此，在文人画家看来，画作中所体现出的品格与情调，事关人品的高低，画品的优劣。

总之，在观赏和评价国画作品时，既需要了解相关的创作技法与艺术特性，也需要了解中国的哲学思想与美学理论，同时还需要了解国画发展历史中审美意识的流变过程。以上所述内容，只是一种提示而已，更多的东西还需要自己去学习和探索。

三 古代雕塑艺术与观赏

中国古代雕塑艺术风格多样，在世界造型艺术中占有独特地位。闻名世界的敦煌千佛洞、秦始皇陵兵马俑、云冈、龙门、麦积山石窟、大足石刻、乐山大佛、晋祠彩塑、霍去病墓和乾陵的石雕等古代雕塑，均是吸引广大中外游客的旅游观赏对象。

中国古代雕塑的历史发展可以追溯到新石器时期。最初，原始人类在的打磨石器和捏造陶坯的生产劳动中，逐渐产生了原始审美意识，先是在器物上装饰动物或人物形象，其后制作出整个动物形陶器，由此演化出具有雕塑性质的雏形。

商周时期，青铜器艺术高度发展。主要以雕塑的动物、人物为装饰纹样。除了日用器皿之外，不少青铜器用作祭祀活动的礼器，多以饕餮造型为代表，包括夔龙、夔凤、鸱鸮等主体纹饰。这些东西“完全是变形了的、风格化了的、幻想的、可怖的动物形象。它们呈现给你的感受是一种神秘的威力和狞厉的美”①。不过，在这些狞厉威严的形象中，仍然保留着某种稚气，使这一时期的青铜艺术作品显现出凝重、纯朴、古拙的风格。

春秋战国时期，青铜器显示出地方性和清新感，故宫博物院收藏的《立鹤、莲瓣龙蟠饰方壶》，以其灵巧的风格与商周时期形成鲜明对比。战国时期，开始改用陶俑、陶马作为墓葬品，多以人和动物为题材，推动雕塑艺术走向写实，为后来的发展奠定了基础。

秦汉时代，是中国历史上雕塑艺术发展的第一个高峰时期。秦汉统治者从“非令壮丽，无以重威”出发，营造宏伟的宫室、苑囿和陵墓，创制巨型的雕刻装饰。史载秦代咸阳宫前的十二金人列像、汉代宫阙的铜凤金雀、未央宫门楼的铜龙等，都是出自大手笔的“鸿篇巨制”。上世纪发掘的陵墓随葬品——陕西临潼秦始皇陵兵马俑，以写实与写意相结合的整体形式，彰显出秦代雕塑艺术的宏大气势。西汉霍去病墓表饰的巨型动物石雕群，武威出土的《马踏飞燕》铜雕等，反映出汉代雕塑艺术造型简洁、夸张恣肆、大气磅礴的风格特征。

魏晋南北朝时期，随着佛教的勃兴与盛行，中国雕塑艺术取得辉煌的成就。大同云冈、洛阳龙门、甘肃敦煌、麦积山等佛教石窟造像，成为这一时期雕塑艺术表现形式的主流。尽管早期还保留有印度佛教造像的明显痕迹，但这种摹仿过程非常短暂，迅速地转变为中国式的佛教造像，体现出“以形写神”和“传神写照”等艺术追求。在这一时期，除了繁荣的石窟与佛寺造像外，帝王贵族陵墓的装饰雕塑以及南北两地的墓室俑像，也是盛况空前。

隋唐时代，中国古代雕塑进入鼎盛时期。各种形式的造像作品，不仅数量繁多，而且质量精美，对后世产生了深远的影响。敦煌莫高窟的泥塑，龙门石窟的大佛造像，乐山的摩崖造像，唐代帝陵前大型雕刻等等，都是前所未见的杰作。这一时期的佛像雕塑，形体比例协调，对各自的“形象和性格，有了更妥帖、更完美、更深入的刻画。佛的庄严、菩萨的慈悲、弟子的善良，以及护法天王、力士等的英武勇猛，无不表现得淋漓尽致”。② 以往“秀骨清像”的样式已不多见，取而代之的

① 李泽厚：《美的历程》，第 37 页。

② 史岩：《中国雕塑史图录第一卷》（上海人民美术出版社，1983 年），第 8 页。

是豪迈之气与壮丽之美。此时盛行的“豁达闳大之风”,在造型艺术上形成概括、坚实、生动和刚健雄强的美学风格。形式多样的唐三彩马,就是典型艺术化了的雄健战骑。

五代、两宋之后,雕塑艺术式微,绘画艺术勃兴。此时的佛教雕塑,基本上成了禅宗雕塑,形式表现灵活。在少量开凿的石窟中,以大足石刻为代表的雕塑,显现出明显的世俗化倾向。这种倾向一直延续到明清,继而出现了其他人物造像,如城隍、关帝等。宋代以后,出现了以僧人圆寂后的肉身为胎的真身塑像。这种对“真实”的庸俗追求,使艺术价值损失不少。其后出现的墓葬雕塑和俑塑,大多徒具形式,千篇一律,缺乏艺术特色。唯有少数优秀作品,传承着古代雕塑艺术的余晖,这其中就包括晋祠的彩塑侍女像等。

(一)古代雕塑的分类

整体而言,中国古代雕塑可分为世俗的雕塑造像和宗教的雕塑造像两大类别。若据具体功能性,可将其分为如下几类:

1. 明器雕塑

明器亦称冥器,古代用于陪葬,是代替实物的模型。明器雕塑是明器的主要部分,包括陪葬用的俑、动物、建筑和器具等模型。它发端于新石器时期,兴盛于秦汉时期,现已发掘的代表作有秦始皇陵的兵马俑、汉阳陵的人物与动物俑等,前者以恢宏的气势,彰显出“秦王扫六合,虎视何雄哉!挥剑决浮云,诸侯尽西来”的壮观景象;后者以琳琅满目的品类,反映出“死后如生”的理想追求。明器雕塑在唐代进入第二峰期,以唐三彩为代表,饱满瑰丽,多彩多姿。

2. 陵墓表饰雕塑

墓表饰雕塑泛指陵墓周围设立的石兽、石人等雕塑,具有一定的纪念夸示功能,习称石象生。现存的早期陵墓表饰遗迹,以汉代霍去病墓前的石雕为代表,充满古朴雄浑的气势,在中国古代雕塑发展史上意义非凡。唐代墓表石雕规模宏大,体现了墓表雕塑的最高成就。元代统治者因丧葬风俗不同,故无墓表石雕。其他各朝都有墓表石雕,以其作为王权、国势的象征。这些敕建之作,出自一流能工巧匠之手,代表各个时期的雕塑水平,在古代雕塑艺术中占有重要地位。

3. 宗庙造像

宗庙造像主要内设于为祖先和历史圣贤修建的宗庙和祠堂，包括相关人物的纪念像及其仪卫、侍从等人物像。这类造像有木雕、石雕和彩塑等多种形式。汉代宗庙祠堂雕塑大兴，但留存至今的仅有都江堰的李冰石像。宋代宗庙造像制作规模颇大，太原晋祠造像属于典型代表。由于这类造像的题材多取自现实的高层人物形象，雕塑艺人在造像时受到诸多局限，难以发挥其艺术才智，因此优秀作品不多。

4. 石窟造像

石窟造像是指雕凿和绘塑于石山窟龛里的造像，内容一般取自印度传入华土的佛教题材。这类造像有石雕，也有彩塑，在中国古代雕塑艺术中占有极其重要的地位。从魏晋到隋唐，中国古代雕塑巨作多为石窟造像，其代表作有敦煌石窟、云冈石窟、龙门石窟、麦积山石窟等，现如今它们均已成为闻名世界的旅游胜地。

5. 寺庙造像

寺庙造像取自佛教题材，多为佛像或佛教故事人物。由于不如石窟雕塑那样可以长期存留，早期寺庙造像的遗存甚少。宋代以后，寺庙造像较之石窟造像规模更大，历史更长，但艺术价值大不如石窟造像。现存的优秀作品见于北京雍和宫与承德外八庙等处。当然，在诸多少数民族地区的寺庙里，这类造像繁多，杰作不少。

6. 建筑装饰雕塑

这类雕塑主要是指附属于实用建筑的装饰性与寓意性雕塑，所用题材和形式，大多源自中华民族的传统习俗、宗教信仰、生死观念、宇宙意识、审美情趣等。作为人居环境中的艺术装饰，这类作品对大众审美文化发展影响甚大。现存的古代建筑装饰雕塑，一部分属于古代建筑的组成部分，一部分收藏于博物馆里，如遗存的秦砖汉瓦等。

7. 工艺雕塑

工艺雕塑主要指具有工艺技巧、实用价值和观赏功能的泥塑、陶瓷雕塑、金属雕塑、木雕、漆雕、竹雕、石雕、玉雕、骨雕、根雕等。在中国各地的博物馆中，都收藏有不少精品佳作。在国内的各个旅游胜地，也有不少仿制品被当作旅游纪念品予以出售。

值得一提的是，古代雕塑主要有圆雕和浮雕两种表现形式。圆雕一般不附在任何其他背景上，是完全立体和独立的雕塑作品，其代表作品有秦始皇陵兵马俑和霍去病墓前石雕等。浮雕一般附于一定背景之上，作为组成部分而存在，其著名作品有《昭陵六陵》等。

（二）古代雕塑的艺术特征

在长期的历史发展过程中，中国古代雕塑集实用性与观赏性为一体，形成了自身的艺术特征。要而言之，这些特征主要表现在三个方面：①

1. 突出“神似”的写意艺术效果

中国古代雕塑艺术强调精神性，追求“神似”的艺术效果，按照“以形写神”的原则造型，使得作品具有明显的写意特点。这一切主要通过感性化空间处理、直觉式联想和抒情性象征等方式来表现，不去刻意地摹仿现实物象，而是依据自己的情感意愿去处理空间，故此没有精确的体积和比例概念。如此一来，便以“传神”的方式塑造出情感化的开放型空间。霍去病墓前的石雕，其结构比例并不真实准确，以大写意的方式因势象形，仅雕凿出几处勾勒性的粗犷线条，便创造出雄浑威严的形态与气魄。敦煌、龙门的佛教造像与汉唐的陶俑，都不太注重形体比例的准确塑造，而是在大体真实的基础上着力表现情感意趣，突出体现内在精神的面部表情与情感化的动态姿势。在古代雕塑中，独立的圆雕有着更为深远的空间，与写意绘画一样，得益于直觉的联想与抒情创造。敦煌盛唐菩萨塑像S型的优美身姿，花瓣般清晰的嘴唇，丰腴细腻的肌肤与“出水”的衣裙，是将直觉中的情绪体验通过手的感触，捏塑而成的杰作。

2. 与自然息息相通的整体风貌

中国文化精神以“天人合一”为最高境界。这种人与自然相和合的特点，也体现在古代雕塑艺术之中。中国雕塑家用于创作的质料，多选自大自然，主要包括金、石、土、木、竹、漆、玉、骨、角等；用于创作的题材，多源于自然，主要包括人物、动物和山水景物等。他们充分利用天然材料的形状及色泽，借助自然形态激发艺术联想，依据天然特点进行加工制作。例如，在玉雕中借用得自天然的色泽，在其他方面

① 王可平：《华夏审美文化的集结——中国的雕塑艺术》（浙江美术出版社，1992年），第90—134页。

广泛运用可雕性、可塑性或可绘性强的土质材料，就是明证。他们巧借自然造化之功，充分发挥审美想象和雕塑技法，创造出许多丰富多彩、形神兼备的雕塑作品。

3. 侧重装饰性的圆融贯通的表现方法

中国古代雕塑虽注重实用性与观赏性的融合效果，但其装饰性特征更为突出。对现实形象的省略与夸张变形，在布局安排中讲究对称，均与装饰性的目的有关。与此同时，古代雕塑的造型技法不是各自独立发挥自身的特点，而是对其加以圆融贯通式的综合运用。譬如，雕塑与彩绘相结合，使古代雕塑既有立体感，又有色彩美。宋代之前，许多艺术家兼修绘画与雕塑，吴道子、杨惠之就是代表。书画中最为重要的线条表现，也在雕塑中得到了充分应用，增加了雕塑作为三维空间艺术的写意表现能力，使古代雕塑作品更有情感韵味。唐代菩萨泥塑和贵妇俑上飘荡的衣纹，以及人体本身的美感与生气，只有依靠弹性的线条才能表现出来。在佛窟造像中，我们也可以看到线条所形成的灵动空间与形象。在古代雕塑创作中，圆雕、浮雕、线刻等多种表现方法，往往会综合地运用到一件作品上。多种造型方法的协同运用，既能发挥各自的表现特色，又可形成统一的整体造型效果，结果使古代雕塑在艺术表现上具有多维意蕴。上述这种圆融贯通的表现方法，通常会因地制宜，因材施雕，巧妙利用天然条件和灵活处理各种材料，创作出大型的陵墓表饰雕塑和宗教石窟造像，营造出与自然和谐统一的整体艺术氛围。

这里需要提醒的是，在旅游观光过程中，对古代雕塑的欣赏如同对书法和国画的欣赏一样，也要历史地、辩证地了解和体悟不同时代、不同地域、不同风格流派的作品。鉴于古代雕塑的功能性特点，观赏者更需要考察作品在民族精神文化发展进程中的作用与地位，以期获得更为深切的审美感受。

四 古建筑艺术与观赏

建筑可以说是创设和堆置在地面上的物质块体，其外形或空间形象对人的视知觉来讲具有很大的强迫性。就是说，无论你是随意地浏览，还是审美地观赏，或者是技术地分析，外在的建筑形式总是迫使你进行不同程度的审视或凝照。对于出外观光的广大旅游者来说,情况也许更是如此。在中国,众多的古建筑群与古典园林,往往是旅游日程安排的重要内容,也可以说是旅游观赏的直接对象。因此,了解一些有关中国古建筑艺术的基本特征,会有益于深化旅游观光的文化体验与审美感受。

(一) 古建筑的分类

大体上,中国古建筑可分为五类,其中包括宫廷建筑、宗教建筑、民居建筑、公共建筑与古典园林。这些建筑形式各有特点,集实用性与观赏性为一体。

1. 宫廷建筑

宫廷建筑俗称"宫殿"。所谓"宫",本来与"室"同义,后来专指皇帝的住所,进而表示整个皇宫或皇宫的部分,如故宫、后宫。宫内重要的单体建筑称为殿,如故宫里的太和殿、中和殿与保和殿。宫殿作为中国古建筑的代表,按照礼数,通面宽,台基高,层次丰富,用料考究,在屋顶与屋身之间使用斗拱,屋顶使用黄琉璃瓦甚至鎏金铜瓦,内外檐绘有特定主题的精美彩画,故有雕梁画栋之称。

故宫里的太和殿,明代时是重檐庑殿九间殿,属于最高级殿宇;到清代后改建为十一间,面阔等级进而拔高。太和殿通面阔63.93米,通进深37.17米,高26.92米,其台基高8.13米,如此巨大体量的建筑安置在三万多平方米的广场对面,顿时显得崇高、威严。在三重汉白玉台基上,重檐庑殿的屋顶部分,占总殿高约一半以上,构成正梯形外表,显得格外稳定、端庄。

2. 宗教建筑

天地、社稷、宗庙,是中国古代帝王最重要的祭祀对象,其中天地位居首位。因此,用于祭祀天地的北京天坛,可以说是中国古代最重要的宗教建筑。《周礼·大司乐》云:"冬至日祀天于地上之圜丘。"此外,皇帝登基或改朝换代,也要祭告天地,以表示"受命于天",取得合法性依据。天坛的祭祀功能是多重的,不仅合祭天地,而且祈祷丰年。明代在此初建圆形大祀殿时,其三重屋檐分别为青、黄、绿,象征天、地、万物。清乾隆时,改建天坛,加大圜丘尺度,重做地面、台基、栏杆等;将祈谷坛易名为祈年殿,将三重檐全改为青色调。从而使其获得了纯净统一的色调，具有了今日可见的格局。①

中国宗教建筑形式多样，现存的皇陵建筑与寺庙建筑颇多，具有代表性的有明十三陵、清东陵、清西陵，另外还有北京碧云寺、卧佛寺、雍和宫，承德的外八庙，杭州的灵隐寺，山西的晋祠，应县的佛宫寺木塔等。举例说来，五台山的佛光寺大殿建于唐大中十一年（857），大殿面阔七间，进深四间，单檐四阿顶，粗看上去古朴沉雄，貌不惊人，不能与太和殿等建筑媲美，但近观细看，就会发现此殿在很大程度上表现了汉唐宏大的气象，传递了中国木构建筑演变的重要信息。其佛像高于立柱，“背光”微微弯曲，突出了佛像的主导地位。明清之后，其内部雕琢的木构部件，反倒影响了佛像的伟岸与慈祥。

3. 民居建筑

早期的民居建筑是在封建制度和都城建设的大框架下安排的。汉代以后都城的普通百姓，一般居住在面积不等的封闭里坊之中，有高大的夯土墙围绕，普通人家不许向坊外街道开门，晚间实行宵禁。北宋中期，封闭的里坊和市场被打破，临街开始兴建店铺、作坊、娱乐场所，使城市生活趋于热闹繁华。其后的家庭居所，仍由封闭院落环绕。北京的四合院就是一个典型代表。四合院与京城建设规划和礼制的要求相符，均为南北纵轴线对称设计。住宅大门多位于院的东南角上，大门正对的街侧常设一影壁，类似屏风的作用，使外人看不到院内的活动。大门两侧还应设一字或八字排开的影壁或门墙；进入大门，迎面是一影壁，多为磨砖砌成，加以线脚、雕花、图案或福禧字装饰，表达某种愿景或排场。

进大门向西折，来到四合院的前院，设有门房、客房、书房或杂物间。中门比大门更精美华丽，檐柱有木雕装饰，门内外有抱鼓石等。内院面积较大，是主人的居住空间。院北南向的正房属于长辈，东西厢房属于晚辈，四周有走廊沟通，庭院中十字形方砖甬道连接各房，其余空间植有花草树木，陈设鱼缸盆景等，既调节了空气和家庭成员之间的关系，又表达了主人的情思意趣。正房两侧有时还有耳房，后面有杂用罩房一排。大的宅院沿轴线向纵深发展，增加几进院子，表现了内敛的性格，取得了幽静的效果。

---

① 现存祈年殿为清光绪十五年（1889）被雷火焚毁后按原形制于次年重建的。

民居建筑中,具有同等代表性的就是福建永定县的客家土楼。这种巨大的群体住宅,如承启楼,宏大封闭,组织严密,其直径达七十余米,三层环形房屋相套,房间有三百余间,居住着一大的家族。其外环房屋高四层,每层有六十几个房间。其外墙厚一米以上,与内部木构架相结合,有良好的防御功能。外环底层为厨房,二层为粮仓。整座建筑看就像一座堡垒。土楼中心是南向的平屋祠堂,有宽敞的通道、门廊与大门,是整个土楼的控制和交通中心,可供族人议事或婚丧礼仪之用。此类建筑,集居住、生活、聚会、防御于一身,屹立于大自然的怀抱之中,既具有较高的审美观赏价值,也符合现代环保低碳生活要求。

4. 公共建筑

古代公共建筑举不胜举。现存的著名代表作品有长城、赵州桥和都江堰等。长城如同一条巨龙般的高墙,历史上向北防御着塞外的游牧民族,向南护卫着塞内的平民百姓,是中国最广义的公共建筑。现存的长城是不同历史朝代的共同遗产。分建于战国时期的七国,连贯于秦统一中国之后,西起甘肃临洮,东至辽东半岛,起伏于山峦之巅,绵延三千余公里。西汉在修葺秦长城的基础上,加建了东西两段长城。西经甘肃敦煌,一直建至新疆,东经内蒙古狼山、阴山、赤峰,延伸进吉林。明代为了防御鞑靼、瓦剌族的侵袭,自洪武至万历年间,先后18次修筑长城,东起山海关,西至嘉峪关,称其为“边墙”,在宣化、大同两镇之南,直隶山西界上,筑有内长城,称其为“次边”,总长约6700公里。如今游览长城,吟诵“秦时明月汉时关”和“不到长城非好汉”之类的诗句,总能使人产生诸多联想,感悟到其中“历史舞台”的意味。

与封闭隔离的城墙相比,桥梁则是沟通与开放的象征。有史以来,各个朝代都把筑路修桥视为“王政之一端”,把修建公共设施当作政绩加以宣扬。路与桥相连,路为平地之桥,桥乃水上之路。位于河北赵县洨河的赵州桥,隋开皇大业年间(590—608)李春创建,桥为单孔,全长50.82米,桥面宽约10米,拱石跨径37.02米,拱圈矢高7.23米,弧形平缓,拱圈由28条并列的石条组成,上设4个小拱,既减轻重量,节省材料,又便于排洪,增加美观。整个桥身轻盈利索,如白虹贯日,视同艺术品。一千四百多年来,赵州桥一直为南来北往的商贾旅客和川流不息的货物提供方便,成为世界上现存最古老、最著名的敞肩石拱桥，在人类建桥史上具有里程碑般的地位。据说，在赵州桥前的石拱桥多为单跨半圆形拱，对于洨河汛期水量来说，要求桥高 20 米以上，这不仅增加用料量和工作量，还会造成桥上交通不便。李春等工匠创造性地采用了弓形坦拱，并增加 4 个小拱，拓宽了桥拱下有效过水截面，降低了桥面高度，减少了建桥用料和桥身自重，真可谓巧夺天工。[①] 此外，赵州桥身上还布满各种雕饰，拱券正中的拱冠石上，用浮雕手法雕有一个龙头，怒目圆睁，龙口大张。如今，游人徜徉桥上，环顾左右，流连忘返。

5. 古典园林

古典园林属于特殊的建筑，具有很高的观赏价值，非同一般庭院或住宅。其中的“叠山”“理水”等内容，可视为独特的雕塑作品；随处可见的楹联、匾额等，与中国传统的山水诗及书法密切关联。一般说来，中国古典园林有四类：皇家苑囿、宗教园林、私家园林和公共园林。现存的代表作品包括北京颐和园、承德避暑山庄、上海豫园、苏州留园、扬州个园以及北海公园等。

相比之下，古典园林中最成熟的代表，应是江南那些文人士大夫所造的私家园林。从表现方式上看，这些私家园林尽量避免人为痕迹，追求自然天成的效果，在“宛似天开”的造景中独运匠心，创建出多样统一、动态均衡、峰回路转、小中见大的山水美景，含蓄地表露出深刻的人生哲学和社会理想。喜好私家园林的士大夫，受老庄思想影响，崇尚自然为美，所建园林中的山水不再是茫茫九派、东海三山。由于封建权力和礼制的打压，私家园林的规模与建筑样式受到诸多限制。基于庄子齐万物的思想，私家园林从南北朝起，就自觉地尚小巧而贵情趣。一些知识分子甚至借方士们编造的故事，将园林称作“壶中天地”。为建造此类“壶中天地”，文人雅士不断探索，从而留下了许多精品佳作和一整套造园学说，成为中国古建筑和审美文化的宝贵遗产。

以上所言，从扬州个园中可窥其一斑。此园建于清嘉庆、道光年间。园主黄应泰别号个园，园内多植修竹，竹叶入画时为三片一组，恰似“个”字，故此得名。个园面积不大，其中的池塘、树木、建筑，均围绕

---

① 於贤德：《中国桥梁》（广东旅游出版社，1996 年），第 105 页。

四季假山予以巧妙安排。春山位于园门入口处,用一组山石花台造景:台上修竹婷婷,竹间石笋点缀,显得春意萌动。竹林后是漏窗粉墙,疏影日布其上,更显得春光明媚。经春山花台,至池边夏山,在蓝天映衬下,一片太湖石假山临水而立,宛若堆云,山顶有台,侧接七间长楼,游人移步其上,似有天上人间之感。山间有洞,下达池边,洞口有小石桥可达对岸,池水因此藏起水尾而显得幽深,加上池中映日荷花怒放,突出了夏景的主题。循夏山旁倚长楼一直向东,过一架空道廊,就到了园东头的秋山。此山以黄石堆砌,险峻嶙峋,颜色偏暖,植有红枫,逢夕阳西下,晚霞尽染,渲染出热烈多彩的秋色。若游人此时对坐山顶亭间,放眼绿扬城郭,远眺平山堂高塔,或生壮心不已之感。秋山间有蹬道、洞穴、幽室,室内石桌石凳俱备,可容十余人避风把酒,共享晚晴会饮之乐趣。秋山南边三楹小楼之西,别有一幽静景区,便是冬山,其主体建筑是座小厅,匾题“透风漏月”。此厅南有一花台,用宣石平叠而成,直抵花园南墙,此处有几峰宣石,洁白如雪,倚壁而立,借此营造出冬景。宣石置于墙下背阴处,从厅中望去,如山中未消残雪,寓意澡雪灵府。冬山西侧墙外,便是个园入口。为使冬意更浓,墙上开设24个圆形窗洞,西风袭来,其声如笛如箫,如泣如诉,妙不可言。可当人们寻声望去,漏窗外竟是竹影石笋,由此又生出春天的气息与新的希冀。个园中四季景色各显神韵,各得其时,足以见出造园者超凡的创意与娴熟的手法。

(二)古建筑的艺术特征

古罗马建筑学家的维特鲁威(Vitruvius)在《建筑十书》指出,建筑设计应当遵循三个基本原则,即实用、坚固和美观。[①] 这表明建筑不仅具有特定的使用功能,给人以方便与安全,而且还要有美丽的外观与精心的装饰,使人感到赏心悦目。当然,为取得这种效果,建筑必然要表现某种文化内涵与审美理想,由此便构成其自身的艺术特征。就中国古建筑而言,其基本艺术特征主要表现在如下方面:

1. 砖木结构上有节奏的空间

西方建筑很早就开始大量使用石头,许多古老的城市都是石头堆

---

① 托伯特·哈姆林:《建筑形式美的原则》(邹德依译,中国建筑工业出版社,1982年),第1页。

砌起来的,法国巴黎与西班牙托莱多就是代表。长期以来,中国古建筑没有改变以木材为主要建筑材料的做法,借此将精巧的砖木结构建筑推向极致。在砖木架构基础上,中国古建筑造就了以雕梁画栋为特色的建筑群。典型的代表作品首推故宫,其构成部分的大小、高低、宽窄、长短、形状、用色、装饰、斗拱、立柱、台基等,若慢慢观赏,给人以步移景异之感,其起伏变化的景象,给人以视觉上的美感,由此形成"有节奏的空间",犹如一曲"凝固了的音乐"。

2. 平面组合的灵活布局

与西方建筑相比,中国古建筑显得不那么宏伟壮观。这主要是因为中国古建筑不是多个单体建筑的机械相加,而是强调不同部分在外部结构上的相互依存关系,强调内部结构要形成通透一体的空间。实际上,其单体建筑面积不大,造型比较简单,但却依靠平面组合上的灵活布局,便可构成阔大而延展的建筑群。故宫或曲阜的空间形象,犹如一幅画卷展现在眼前一样。这些建筑群内部空间的分割,曲折迂回的沟通与彼此照应的方式,造成了中国古典建筑的审美特色,能够吸引人们驻足观赏,体会其变化与胸怀。

3. 多重装饰的观赏对象

中国古代建筑的形体、屋脊、屋顶、瓦面、屋檐和门窗,内檐彩绘、用色搭配与装饰点缀,彼此相辅相成,具有较强的观赏性。从视觉角度看,屋顶占到整个建筑正面形象的一半左右,其式样又有"硬山""悬山""歇山""卷棚""庑殿""重檐庑殿"等分别,瓦当的质地及其所用的色彩也有很大讲究,重要建筑的屋脊在不同部位分别装有背兽、戗兽、垂兽、套兽等吻兽。这样一来,既可一览无余地观看整体,又可有选择地观看部分。尤其是大屋顶下方向上微挑的屋檐,使得原本看上去比较沉重的形态,在想象中给人某种飞动轻快的感觉。这或许就是美学上所说的移情作用。

4. 宛自天开的画境营造

中国古典园林艺术在一定意义上是独一无二的。这种建筑形式并不囿于具有审美特色的宫廷花园、皇家园林或私家园林,而是中国古典建筑艺术的重要组成部分。它讲求人世间的生活情趣,其形象温文尔雅,强调诗情画意,要求自然而然,崇尚"虽由人作,宛自天开"的造园法则,实属一种画境营造的艺术。

具体说来,一座优秀的古典园林,大致有如下七个特点:其一,全园有若干景区,各有特色,相互贯通,往往借助漏窗、风洞、竹林、假山等,保持一种若断若续、相互借景的关系。其二,景区之中分有主次,稍大的景区为全园重点,由此形成空间疏密的对比和游览节奏的变化。因此,主要景区在入园处直观不见,总要经过若干曲折的小空间,才会于不经意间进入空间较开阔、景致更绮丽的主景区,感觉上颇有"曲径通幽"的意味。园林中的开阔空间一般是水面,相关游览路线总是环水而设。其三,水面处理也分主次,一处小小池塘,也要加以空间分割,否则难以给人迂回深远、耐人寻味的感受。其四,假山用来分割视觉空间,有时借用"瘦、绉、漏、透"的太湖石为之。此类"怪石"奇绝,令人百看不厌,甚至会成为镇园之宝。假山石头不宜堆砌过多,否则适得其反,让人感到烦琐重复。其五,园内建筑规格不高,体量不大,但设计灵活巧妙、精美有趣。如四面开窗的厅堂,依山而建的爬山廊、临池而建的水榭,曲折幽静的回廊,湖心中央或假山顶上的亭台等。建筑之间或建筑与周围山石之间,彼此沟通,若断若续,若显若隐,常给人以柳暗花明之感。其六,花木在园林中以单株欣赏为主。除了一般花草树木之外,园内需要种植几株名贵花木,搭配上竹影芭蕉,点缀上盆景花台,构成诗情画意的景致。其七,园林要有雅号,附加几副名联,起到"画龙点睛"的妙用。中国文人雅士向来讲究"微言大义",取名要求意味深长,如苏州"网师园",蕴涵渔隐之义。

五　传统表演艺术与观赏

中国的传统表演艺术源远流长。从"言志""道情"或"表现"的角度来看,《毛诗大序》提出的"在心为志,发言为诗。情动于中而形于言。言之不足,故嗟叹之。嗟叹之不足,故永歌之。永歌之不足,不知手之舞之,足之蹈之也"一说,最早揭示了诗文这一语言艺术和歌舞等表演艺术生成的基本原因。古往今来,人们无论是出于欣赏技艺或自我参与的目的,还是出于陶情冶性或情感投射的愿望,观看和品味歌舞戏剧等表演艺术一直是文化娱乐生活中必不可少的组成部分。在现代旅游活动中,观赏传统表演艺术也几乎成为旅游日程中常见的内容。

(一) 表演艺术的分类

表演艺术是通过表演(演奏、演唱)来实现的艺术类别,一般包括戏剧、舞蹈、音乐、杂技、电影等。中国传统表演艺术古来有之,世代相传,形式多样,主要包括戏曲(京剧和地方戏)、曲艺、音乐、舞蹈、杂技等。一般来说,传统表演艺术是动态发展的,但不会脱尽历史的形貌和神韵。因此,它通过娱乐功能,生动地传递着内在积淀且丰富有趣的文化信息,对猎奇探胜的旅游者有着特殊的诱惑力,是旅游审美文化的重要组成部分。

1. 京剧

京剧约两百年前开始逐渐形成,以湖北汉调和安徽徽调为基础,广泛吸收、融合其他戏曲剧种之长,演化定型为一种新剧种。由于京剧博采众长,不断推陈出新,达到了体制完美、技艺超凡的水平,成为中国戏曲中最具代表性的剧种,故称"国剧"。

京剧的唱腔音乐基本属于板腔体,以西皮和二黄为主,腔调优美动听,感情色彩浓烈。比较而言,西皮适合表现活泼昂扬的情感,二黄宜于表现苍凉深沉的情感。此外,京剧还创制了四平调、反四平调、南梆子、反西皮、反二黄等曲调,更适合细腻地表现不同的情绪。传统京剧的管弦乐器以胡琴(俗称京胡)、二胡、月琴、阮为主,被称作四大件;在特定情况下,辅以笛、唢呐、海笛等,演奏时多由其他乐手兼顾。打击乐有板、鼓、锣、铙钹、堂鼓、星等。这两部器乐有分有合,相辅而行。

京剧角色配置完善,根据男女老少、俊丑正邪分为生、旦、净、丑四大类,行话称"四大行当"。各行之中,分工细密,同中见异。生角下分老生、小生、武生等专行。旦角下分青衣、花旦、小旦、武旦、刀马旦、老旦、彩旦等专行。净角行当化妆独特,面部勾画脸谱,因此也称为花脸、花面。净角下分正净(俗称大花脸、黑头或铜锤)、副净、武净(也称武花脸)等专行。丑角化妆夸张,也称小花脸、三花脸,根据人物的身份分为文丑和武丑两个专行。京剧舞台上还常出现"龙套",扮演剧中大队人马,如士兵、夫役、仪仗队等。他们通过变换队形、齐声吆喝或齐唱曲牌,以期营造气势,烘托场面。

京剧表演是"唱念做打"的有机结合,最能体现中国传统戏曲艺术的民族特色。"唱"即声乐演唱,要求字正腔圆,有板有眼,声情并茂,富于韵味。“念”即念白，唱词以外的道白。京剧艺诀有“千斤念白四两唱”的说法，虽然有些夸大，但却道出念白的重要性。京剧念白大体分为京白和韵白两种。京白就是按照北京方言咬字归韵，是有节奏性的朗诵式念白。韵白比京白的节奏感更强，抑扬顿挫，轻重起伏，音乐性强。韵白的咬字、用韵，有许多特殊讲究，与普通话差异甚大，普通观众难解其云，常借幻灯字幕或同步翻译克服观赏障碍。“做”即舞台表演，要求演员具有扎实的基本功和高超的技能，因此要从幼年开始进行严格训练。演员练功与其艺术生涯始终相伴，不能丝毫懈怠。京剧表演“五法”，包括“手眼身发步”。“手”在此指手部的表演动作；“眼”在此指眼神；“身”在此指身段，即形体表演动作；“发”在此指甩发表演技能；“步”在此指台步，即舞台上的步态移动。“打”即武打表演。京剧武打表演完善了戏曲武打艺术。京剧武打演员必须具备扎实的“把子功”和“毯子功”。“把子功”是指舞弄刀枪剑戟等兵器的基本功，“毯子功”是指跌摔扑跳翻筋斗等技巧。武打表演场面火爆，气氛热烈，技艺精彩，成为中外游人喜欢的内容。

京剧表演的艺术特点可概括为音乐化、舞蹈化、技巧化。音乐化主要体现在强烈的节奏感和以声表情的听觉感受上。舞蹈化突出体现在“做”和“打”两个方面，实际上是以写意的方式将武术招式和杂技技巧舞蹈化了。技巧化是指唱念做打所需的高度技巧。京剧演唱不易，从发声、气息、共鸣到行腔吐字，都有独特而难以把握的方法与技巧。“作腔拿调”如歌似唱的念白，与令人叫绝的武打招式和筋斗跌扑，都要表现出高度的技巧性。

京剧剧目非常丰富，传统剧目达一千三百多个①，常演的也在三四百种以上。京剧传统戏大多取材于历史故事，来源于古代剧目和明清小说。譬如，人们比较熟悉的剧目有取材于《杨家将演义》的《三岔口》《挡马》《穆桂英挂帅》和《天门阵》等；取材于《水浒》的《十字坡》和《野猪林》等；取材于《警世通言》的《玉堂春》等，此剧经常演出的是《苏三起解》和《三堂会审》两出；取材于《三国演义》的《群英会》《空城计》《甘露寺》《击鼓骂曹》《长坂坡》《借东风》《龙凤呈祥》与《定军山》等；取材于《西游记》的《闹天宫》《十八罗汉斗悟空》等；取材于《楚

---

① 陶君起：《京剧剧目初探》（中国戏剧出版社，1980 年）。

汉演义》的《霸王别姬》《贵妃醉酒》和《萧何月下追韩信》等；另外还有许多剧目取材于民间故事与神话传奇等，譬如《钟馗嫁妹》《宇宙锋》《打渔杀家》《四进士》《姚期》《将相和》与《徐策跑城》等。

2. 地方戏

地方戏相对于流行全国的京剧而言，主要指流行于一定地域的、包括少数民族戏剧在内的戏曲剧种，如汉剧、粤剧、秦腔、越剧、豫剧、湘剧、昆曲、徽剧、川剧、桂剧、河北梆子、黄梅戏、藏戏、白剧、壮剧与傣剧等。地方戏最大的特点是语用方言，乐采乡音，具有鲜明浓烈的地方乡土色彩，融入了各自不同的民情风貌。在对旅游人文资源的开掘上，实属内容丰富的宝藏。据统计，全国的地方戏有三百种以上，所属五大声腔系统包括皮黄腔、梆子腔、昆山腔、高腔和民歌俗曲。

汉剧流行于湖北以及湖南、河南、陕西、广东、福建等省的部分地区。汉剧的汉调或楚调除了对京剧有直接影响外，对湘剧、川剧、赣剧、滇剧、桂剧等剧种的形成和发展亦有重要影响。汉剧的唱腔比较朴实，拖腔跌宕婉转。常演剧目有《西施》《鸿门宴》《临潼山》《罗成叫关》《探寒窑》《秋江》《宇宙锋》《柜中缘》和《打花鼓》等。

粤剧流行于广东、广西和香港、澳门等粤语地区，声腔以皮黄为基础，融会弋阳、昆山诸腔，吸收广东音乐及流行曲调而独创一格，委婉流转，优美动听。其伴奏乐器主要采用高胡、二弦、月琴、扬琴、喉管、笛、箫和沙鼓、高边锣等，并较早引入西洋乐器，如提琴、萨克风等。在唱腔上采取板腔与曲牌混用的方式。传统剧目有一千五百多种，其著名剧目有《六国大封相》《嫦娥奔月》《苏武牧羊》《昭君出塞》《木兰从军》和《李陵碑》等。

湘剧流行于湖南的长沙和湘潭一带。其高、低二腔来自弋阳腔，昆腔来自昆山腔，乱弹来自西皮和二黄。高、低、昆三腔为联曲体，乱弹为板腔体。各腔所用伴奏乐器也各有不同。最著名的传统剧目是“六大记”，即《金印记》《投笔记》《白兔记》《荆钗记》《拜月记》和《琵琶记》，常演剧目有《昊天塔》《铁弓缘》《金沙滩》和《祭风台》等。

滇剧流行于云南及贵州、四川的部分地区。唱腔包括丝弦腔、襄阳腔、胡琴腔三种声腔。丝弦腔出自秦腔，保留了梆子高亢激越的特点，融合了细腻柔婉的民歌曲调。其重要剧目有《春秋配》《花田猎》和《梵王宫》等。襄阳腔源自汉剧，音调流畅，旋律轻快，传名剧目有

《荷珠配》《牧虎关》和《十美图》等。胡琴腔来自徽调，曲调沉稳凝重，著名剧目有《牛皋扯诏》《五台会兄》等。

桂剧流行于广西东部和北部以及湖南南部等地区。唱腔以弹腔（即皮黄）为主，兼用高腔、昆腔、吹腔、杂调。其伴奏乐器略同京剧。著名剧目有《拾玉镯》《抢伞》《桂枝写状》和《绣楼赠塔》等。

秦腔流行于陕西、甘肃、宁夏、青海、新疆等地。秦腔粗犷豪放，古朴浑厚，历史上分为四路：东路为老秦腔，也称同州梆子；西路为西府秦腔，也称西路梆子；南路为汉调秦腔，由老秦腔演变而成；中路为西安乱弹。20 世纪 60 年代后，东、西、南三路秦腔濒临衰亡，西安乱弹起而代之，流布陕西各地。其表演特点是朴实明快、夸张性强，唱腔和伴奏有“花音”（欢音、硬音）和“哭音”（软音）两种情调，用以表现不同的情感。四路秦腔总计有传统剧目四千七百多个，常演目不下三四百个，譬如《碧游宫》《赵氏孤儿》《红鬃烈马》《八大锤》《火焰驹》《三滴血》和《铡美案》等。

山西梆子流行于山西以及内蒙古、河北、陕西、甘肃、河南等省的部分地区，与秦腔关系密切，艺术风貌接近，历史同样悠久。山西梆子分为南路（蒲剧）、北路、东路与中路“四大梆子”。其中中路梆子也称山西梆子，专指晋剧，融合当地民歌、秧歌，唱腔相对和婉。代表剧目有《满床笏》《卖画劈门》《杀官》和《算粮》等。其他三路梆子的代表剧目有《窦娥冤》《薛刚反唐》《麟骨床》《三关排宴》《王宝钏》《金水桥》和《挂画》等。

河北梆子流行地域为河北、东北三省和山东的部分地区。风格接近于秦腔和山西梆子，长于表现慷慨悲壮的情绪，扮演铁马金戈的故事。主奏乐器有板胡与梆笛。唱腔最有特色的是尾腔，曲回起伏，气势奔腾。代表剧目有《武家坡》《蝴蝶杯》《金水桥》《杜十娘》《牧羊圈》《辕门斩子》《寇准背靴》《宝莲灯》和《小放牛》等。

山东梆子流行于山东菏泽、济宁、泰安及河北、河南的部分地区，是山陕梆子传入的产物，有近三百年历史。唱腔板头特别繁复，表演动作粗犷，声腔由梆子和徽调、昆腔、乱弹、罗罗腔等两部分组成，主奏乐器为独特的大胡琴，音响宽厚尖亮，著名剧目有《墙头记》《两狼山》《桃符板》和《王魁征西》等。

豫剧旧称河南梆子，流行于河南全境及其周边邻省的许多地区，同源分流为豫东调（以开封、商丘为中心）和豫西调（以洛阳为中心）两大支脉。豫东调发声多用假嗓，男声高亢激越，女声活泼洒脱，擅长表演喜剧性剧目；豫西调发声全用真嗓，男声苍凉悲壮，女声低回婉转，擅长表演悲剧性剧目。传统剧目近八百种，代表剧目有《卧龙吊孝》《穆桂英挂帅》《唐知县审诰命》（《七品芝麻官》）、《红娘》和《花木兰》等。

昆剧又称昆曲或昆腔，最初因流行于江苏昆山一带而得名。元末开始形成，明中叶臻于成熟，主导剧坛两百年余年。昆剧音乐丰富，曲调舒徐悠扬，唱腔缠绵委婉，有"水磨调"之称。伴奏器乐用笛、箫、笙、琵琶及鼓、板、锣等，优美和谐。表演上讲究音乐化、舞蹈化、技巧化，基本形成了中国民族戏曲的独特表演体系，先后演变为北昆、湘昆、川昆等不同风格。北昆流行于北京，艺术风格开朗、豪放，特色剧目有《安天会》《麒麟阁》《夜奔》和《探庄》等。南昆流行于江南地区，以苏州、上海为中心。声腔柔婉缠绵、细腻圆润，剧目多来自明清传奇的折子戏，如《牡丹亭》中的《游园》《惊梦》《叫画》等。

川剧、婺剧、赣剧等地方戏均采用高腔，吸收其他唱腔。高腔起源于元代弋阳的弋阳腔，在昆腔兴盛之前，流布最广。高腔特点显著，只用打击乐，不用管弦乐；台前一人独唱，台后众人帮腔；唱法独特，音调高亢，富于朗诵意味。其中流布较广的川剧，表演极富特色，细腻真切，有自成体系的程式和独特的技巧，如人们熟知的变脸等。另外，其语言富有文采，风趣幽默，传统剧目现存二千多种，常演剧目有《赠绨袍》《黄金印》《鸿门宴》《单刀会》《龙虎斗》《雁门关》《彩楼记》《林冲夜奔》《拉郎配》和《乔老爷上轿》等。

越剧流行于浙江、上海及江苏、江西、安徽等地区。该剧起初形式比较简单，后吸收绍剧唱腔和京剧表演技艺，成为名噪一时的地方剧种。新中国成立后更广泛融会各种音乐舞蹈和表演方法，艺术上更加精美，影响更大。所用曲调主要有四工调、尺调、弦下调等，柔和婉转，细腻缠绵，抒情性强。代表剧目有《梁山伯与祝英台》《白蛇传》《碧玉簪》《红楼梦》和《柳毅传书》等。

黄梅戏旧称黄梅调，起源于采茶歌，流行于安徽和江西、湖北部分地区。黄梅戏初始仅演两三个角色的小戏，后吸收青阳腔和徽剧的音乐及表演艺术，成为传布广泛的大剧种。其唱腔优美、表演细腻著称，流行剧目有《牛郎织女》《女驸马》《夫妻观灯》和《打猪草》等，搬上银幕的《天仙配》更是脍炙人口。

湖南花鼓戏流行于湖南境内各地，语操各地方言，乐用各处小调，乡土气息浓郁，表演艺术朴实，风格明快活泼，传统剧目有《刘海砍樵》和《打鸟》等。

评剧流行于北京、天津、华北、东北等地区，受京剧、梆子和大鼓影响，形成曲调流畅，表演自然的艺术风格，代表剧目有《花为媒》《杨三姐告状》《秦香莲》和《刘巧儿》等。

藏戏流行于西藏及青海、四川、甘肃、云南等藏族聚居地区。演出主要分为"顿"（开场式）、"雄"（正戏）、"扎西"（正戏结束后的集体歌舞，表示祝福）三步骤。音乐曲调有"达仁"（用于表达欢乐愉快）、"教鲁"（用于表达忧伤痛苦）、"当罗"（用于表达起伏较大的情绪）、"达通"（用于一般的叙述）等十多种。伴奏以鼓、镲为主。舞蹈动作有六种程式，表现不同情景。化妆上，有的戴面具（多为神魔一类角色），有的勾脸谱。藏戏剧目民族色彩浓郁，带有一定的神话和宗教色彩。著名剧目有《文成公主》《诺桑王子》《朗萨姑娘》和《赤美滚登》等。

白剧流行于云南西部白族聚居地区，发端于明代弋阳腔，艺术形态与古典戏曲相近，角色行当分为生、旦、净、丑，表演有固定程式；唱词按白族诗歌"山花体"句式，夹杂使用汉语与白族语；伴奏乐器锣鼓齐备，但伴唱时仅用唢呐，只吹奏过门；艺术风格古朴粗犷。著名剧目有《牟伽陀开辟鹤阳》《火烧松明楼》《上关花》《杜朝选》《火烧磨房》《窦仪下科》和《木兰从军》等。

壮剧流行于广西和云南文山自治州的富宁、广南等地。始初唱邕剧曲调，后改用当地民歌及木偶戏曲调，并以壮族语演唱，随之流布广泛，分为南路、北路、壮师戏三支。其中壮师戏也称师公戏，流行于河池、柳州、南宁等地区，演变于巫师（师公）跳神的"师公舞"，早期形态极似傩戏，后经发展，角色逐渐行当化，音乐曲调比较简单，伴奏仅用打击乐，剧目大多取材于壮族民间传说，主要描写当地民俗风情，代表剧目有《莫六鱼洞》《莫一大王》和《白马姑娘》等。

傣剧流行于云南德宏傣族景颇族自治州的盈江、潞西等傣族聚居区，以当地民族歌舞、说唱为基础，吸收汉族戏曲艺术发展而成。唱腔曲调比较简单，伴奏以二胡领奏，特色乐器为象脚鼓、葫芦笙和木叶。

表演舞蹈性强，融合了许多民族舞中的优美舞姿。传统剧目取材于民间传说和民间叙事长诗，代表剧目有《千瓣莲花》《帕慕鸾》《岩佐弄》和《娥并与桑洛》等。在滇、黔、蜀、桂、湘等少数民族居住的地区，譬如侗、苗、彝、布依等族，都有本民族的戏曲剧种，大多曲调不多，以歌舞为主，富有民族特色。因限于篇幅，这里就不一一介绍了。

3. 传统曲艺

曲艺是我国传统说唱艺术的现代称呼，其特点有三：一是以说和唱为主、以形体动作为辅进行表演。说和唱，因不同曲种而各有偏重，有主有次，有时甚至只说不唱或只唱不说；形体动作是重要的表演手段，会因不同曲种而有所不同。其二是演员人数少，演出场地小，所用道具简单。大多两三个人登场，也有一人独演。所用道具常为手帕、扇子之类。其三是表演灵活。内容上可叙事，可抒情，可塑造人物，可状物写景，可评说议论。形式上角色与人称可以互换表演，还可以“一人多角”，扮演不同人物。

中国传统曲艺历史悠久，唐代已有说唱故事的“说话”“转变”等形式，宋代流行“说话”“鼓词”“唱赚”等形式，元明清则进入兴盛发展时期。现在流行各地的曲艺节目繁多，其中许多是历代传唱的名段子，凝聚了前辈艺人的多年心血，蕴含着丰富的历史文化信息。迄今流行的传统曲艺种类有京韵大鼓、苏州弹词、山东快书、东北二人转、广西文场与内蒙古好来宝等。

京韵大鼓亦称“京音大鼓”，流传于华北、东北地区。表演时，演员自操鼓板，伴奏乐器多用三弦、四胡、琵琶等；音乐为板腔结构，腔调介于戏曲与民歌之间，抑扬顿挫，高亢厚重，极富感染力；传统曲目主要采自《三国演义》《水浒传》《红楼梦》等古典名著或其他戏曲故事，代表作有《长坂坡》《黛玉焚稿》和《闹江州》等。

苏州弹词始兴于明清时期，主要盛行于江南地区。演员自弹自唱，可男可女，乐器用三弦、琵琶；表演形式活泼，以说、噱、弹、唱为主要手段，“说”时要求语音抑扬顿挫，“噱”时要求轻松诙谐，极富机趣，“弹”奏乐器是为说、唱烘托气氛，“唱”腔韵味独特，从古诗吟诵曲调发展而来。传统名篇有《描金凤》《玉蜻蜓》《三笑》和《珍珠塔》等。

东北二人转流行于东北三省和内蒙古的部分地区，由一男一女两人表演，一般手拿扇子、手帕，舞弄出种种花样。音乐曲调奔放，地方特色鲜明,常用板胡、唢呐伴奏。表演时"唱、说、做、舞"并用,场面活泼热烈;角色扮演灵活,传统曲目有《杨八姐游春》《包公赔情》《蓝桥》和《西厢》等。

山东快书广泛流行,大多用竹板伴奏,也有的用金属片制成的梨花板击节,其声叮当,清脆悦耳。书词以节奏鲜明的韵文为主,偶然穿插散体说白。演员一人,操山东方言,讲究诙谐风趣。山东快书向来以演说武松故事为主,其他传统书目也多为英雄传奇故事。

广西文场流行于广西桂林、柳州等桂北地区,是一种古香古色、偏于典雅的曲种。曲调丰富,旋律柔婉,讲究伴奏,乐器以扬琴为主,辅以琵琶、三弦、胡琴、竹笛等。表演人数根据需要,一人立唱、二人走唱或多人坐唱均可,甚至可以化妆穿戴戏服进行表演。演唱曲目多从戏曲或小说改编而成,传统唱本有《琵琶记》《西厢记》《红楼梦》等。

好来宝意指"连起来唱",为蒙古族传统说唱艺术,流行于内蒙古等地区。表演形式灵活,抑或一人自拉自唱,抑或二人问答对歌,抑或多人登场轮唱;音乐曲调丰富优美,情韵浓郁;演唱内容可长可短,内容取材多样,还可即兴演唱;传统曲目有《燕丹公主》《僧格仁亲》《英雄陶克套》《醉鬼》和《懒婆娘》等。

4. 传统舞蹈

中国传统舞蹈属于最古老的艺术形式之一,与宗教祭祀、宫廷礼仪、民间节庆等文化活动关系密切。迄今流传下来的传统舞蹈,虽然不可能完整保留其古老形态,但在一定程度上存留了其古朴原貌。由于地域辽阔、民族众多、历史悠久等原因,中国传统舞蹈形式多样,风格多姿,具有极大的观赏性。这里仅介绍其中七种:傩舞、秧歌、花灯、狮子舞、蒙古族安代舞、藏族锅庄与维吾尔族萨玛舞。

傩舞是用于驱鬼逐疫的祭祀仪式,可追溯到原始图腾崇拜,在商代已经成形,在宫廷和民间同时流行,现流行于江西、湖南、广西、贵州、山东、西藏等地的一些乡村。傩舞虽被学术界视为原始舞蹈的"活化石",但其传承实含发展变化。在有些地方,傩舞受戏曲影响,演化为傩戏,失去宗教神秘色彩,仅存某些形式特点。傩舞要戴面具表演,其面具大多浓墨重彩、狰狞可怖。无论其舞蹈动作还是伴奏音乐,均散发出一股古拙简朴的气息和形态。

秧歌源自农民插秧时所唱歌曲,后来予以舞蹈化,融合了武术、技艺等形体动作,发展成为一种民间舞蹈形式,属正月民间社火中的固定节目。其中陕北秧歌、东北秧歌、山东鼓子秧歌与河北地秧歌号称“四大秧歌”。其共同特征是情绪欢快热烈,动作舒展劲健,节奏明快强烈。秧歌表演一般采用集体队列,每个表演者依照统一节拍,手上挥舞长绸或彩扇、花伞等道具,脚下踏着各种舞步,互相穿插游走,不断变换队形。

花灯源于古时“闹元宵”中载歌载舞的活动,现成为群众性欢庆娱乐形式,主要流行于云南、贵州和四川、湖南、湖北等省的部分地区。花灯一般要求演员提灯执扇,男女成对,变换舞步队形,风格轻灵欢快。有的花灯也表现故事情节,近似于戏曲化的歌舞剧。

狮子舞流行于汉代,与远古图腾崇拜有关。如今,狮子舞广泛流行于很多地区,受其民情风俗的影响而具当地特色。表演时二人合舞,讲究配合,另由一人手持彩球,逗引狮子。狮子舞有“文狮”“武狮”之分,前者表现狮子驯良情态,如舔毛、抖毛、搔痒等;后者则表现狮子威猛的性格,常采用跳跃跌扑、登高上险等高难度动作。狮子舞中,要用锣鼓节制拍点,营造气氛,颇具娱乐性和观赏性。

安代舞是蒙古族的传统歌舞,源自祈求长生天保佑拯救病人的一种仪式。表演时人数可多可少,不限男女老幼;舞者两手各执一巾,撩起袍子大襟,随着节拍甩动,一人领唱,众人相和,歌词即兴而编,边歌边舞,动作古朴,热情奔放,节奏强烈,表现出草原牧民放达彪悍的性格。

锅庄是影响较大的藏族民间舞蹈之一,现流行于西藏、青海、四川、云南等藏族地区。锅庄在藏语里意指“圆圈舞”,舞时不限人数,排列成弧形,围成圆圈,随歌起舞。每段开始由一人领唱,然后众人齐唱相和。起舞时平稳缓慢,舞姿矫健,曲调深情;随后节奏渐快,舞姿随之粗犷奔放;临到结束,节拍急迫,舞姿狂烈恣肆。伴奏乐器主要是胡琴。歌词主要颂扬爱情、大自然或劳动场面。

萨玛舞是维吾尔族的传统舞蹈,源自伊斯兰教苏非派的祭祀仪式。舞蹈艺术家将其搬上舞台后,得到艺术升华和巨大发展。萨玛舞的典型动作是模仿飞鸟形态,身体俯仰摇晃,双膝有控制地伸曲,两臂分张上下挥拍,表现飞鸟凌空翱翔的姿势,在艺术效果上要求神形兼备。群众性自娱自乐的萨玛舞,如同藏族锅庄一样,人们可以自由加入,没有固定动作要求,只要压住节拍,随意手舞足蹈便可。

值得一提的是,不同时代的宫廷舞蹈是中国传统舞蹈中的精华部分,是吸收众家所长而加以完善的艺术形式,但随着朝代的衰变沉浮而随之失传或变样,现如今复古式的宫廷舞蹈,如《春江花月夜》等,虽不能呈现其历史原貌,但从中可以窥见某些历史印迹。这类舞蹈形式场面华美,风格典雅,对中外观众和旅游者均有一定的吸引力。

5. 传统音乐

中国自古为礼仪之邦,礼乐教化作用备受重视。大量历史文献表明,音乐在宫廷礼仪和国子教育中占据特殊地位。古时乐有雅俗之分,且有采风传统,由此促进了古代音乐的发展。但由于历史原因,中国传统音乐流失情况严重。新中国成立后,幸得政府多年支持,大力组织发掘整理,许多久已失传的古曲、古歌、古乐器得以复现,其中最具代表性的是编钟及其古乐,现已作为旅游观光业开发利用。中国传统音乐可分为器乐和声乐两大组成部分,这里简述其中一些要目。

(1) 传统器乐

传统器乐靠传统乐器演奏,后者统称为“八音”,即金、石、土、革、丝、木、匏、竹。现在常见的民族乐器有如笙、笛、箫、唢呐、三弦、琵琶、阮、胡琴、筝、琴等。虽然这些乐器的制作材料多有改进,但基本保留了古代形制,其演奏技巧也是从传统技法中演化而来。

传统器乐分为独奏器乐与合奏器乐两种。前者所用乐器主要有琴、琵琶、竹笛、二胡、唢呐与笙等,还有宁夏回族的口弦、云南彝族的大三弦、蒙古族的马头琴、藏族的札木聂、哈萨克族的冬不拉、云南少数民族的芦笙等。总体而论,琴与琵琶最为著名,所存曲作也最多。琴以窄长形木质音箱为底座,上安七弦,横放身前,右手拨弦,左手按弦,进行演奏。琴音域较宽,音色变化丰富,演奏技法多样,具有独特的艺术表现力。文人雅士常以抚琴来修身养性,故琴曲形成古雅安详的典型特点。现在流传的琴曲有《良宵引》《猗兰操》和《高山流水》等。琵琶秦汉时期已有,至唐宋得以定型,一直传承至今,使用非常广泛,演奏技巧丰富,表现力极强。白居易的名诗《琵琶行》,生动描写了该乐器的艺术表现力。古典琵琶曲存留较多,其中名曲有《十面埋伏》《阳春白雪》《将军令》和《霸王卸甲》等。

传统合奏器乐源于伴奏音乐,从歌、舞、戏曲等艺术中分离出来发展而成，主要分为丝竹、吹打、十番和广东音乐等器乐合奏形式。丝竹器乐合奏以弦乐器（古称为丝）和竹制管乐器（古称为竹）为主，包括二胡、三弦、琵琶、扬琴和笛笙等，辅以板鼓，不用锣鼓；演奏乐曲多为表现地方风情的轻音乐，传统乐曲有《欢乐歌》《春江花月夜》《平沙落雁》和《紫竹调》等。吹打器乐合奏以吹奏乐曲和打击乐器为主，包括唢呐、笙、笛、管子与大鼓等，间或辅以铙、钹、铛与弦乐器；其突出特点是气氛热烈，旋律奔放，节奏欢快，音响洪亮；传统曲目有《满庭芳》和《大辕门》等。十番器乐合奏起源于明末，用于节庆，又称"十番锣鼓"，其特点是吹打与丝竹相结合，主要流行于福建、江苏、浙江等地。演奏一般用十种乐器，曲调起伏变化，基调欢乐喜庆，传统曲目有《五凤吟》《秦楼月》和《太平鼓》等。广东音乐源于戏曲伴奏，发祥于广东，属丝竹类音乐，特色鲜明，传至全国，蜚声海国外；其主奏乐器为椰胡、二胡、扬琴、秦琴、箫等；乐曲柔美悠扬，婉转流利，韵厚味绵，意境幽远；名曲有《雨打芭蕉》《彩云追月》和《步步高》等。

（2）传统声乐

中国传统音乐历来注重声乐，故有"丝不如竹，竹不如肉"之说。历代善歌者多载于史籍，古时形容歌声的成语有"响遏行云""余音绕梁"等。声乐讲究很多，发声要调理好气息，行腔要求与吐字相谐，唱法则追求顺应自然。当前，声乐唱法一般分为民族、美声、通俗三类，其中民族唱法基本上是种传统声乐唱法。

中国地域辽阔，民族众多，自然环境不同，风土人情各异，民歌多姿多彩，从总体量度上可分为汉族民歌与少数民族民歌。汉族民歌在体裁上可分为号子、山歌、小调三类。号子是伴随集体性体力劳动时所唱的民歌，人们在搬运、拉纤、打夯时经常唱起。其特点是一领众和，亦歌亦呼，旋律简单，节奏鲜明，粗犷质朴、刚健雄浑，具有协调整体、振奋精神和组织劳动等实用功能。山歌多依据环境即兴而发，其特点是直抒胸臆，顺口成歌，曲调高亢，节奏自由。从内容上看，山歌涉及生活各面，主要表现为情歌。山歌分布广泛，地域色彩鲜明，如西北地区的信天游、爬山调、花儿等。小调是休息、娱乐和节庆时演唱的民歌，其特点是形式较为规整，旋律性较强，比号子和山歌细腻含蓄，唱法上常用独唱、对唱、齐唱等形式，内容以抒情为主，融入叙事成分，比较流行的歌曲有辽宁的《孟姜女》，云南的《锈荷包》，河北的《小白菜》和江苏的《紫竹调》等。中国有55个少数民族,各自的民歌个性鲜明,风格多样,蒙、藏、壮、苗、瑶、侗、布依、仫佬、高山、哈萨克和维吾尔等,几乎都有自己丰富独特的民歌。蒙古长调和藏族民歌风靡全国,就是范例。

6. 传统杂技

中国杂技历史久远,萌发于远古人类的生产劳动、宗教祭祀、娱乐游戏以及战争等社会活动。早在汉代,就有戴杆走索、吞刀吐火之类的节目。从发展历程看,中国杂技大致经过了三个阶段:汉以降讫于唐,杂技主要为宫廷艺术,是杂技奠定基础和发展繁荣的时期;宋代以后至近代,杂技回归民间,进而步入商业化之途,激烈竞争促进新的发展,但总体上因社会环境变化而兴衰起伏不定;近代以后,杂技开始了现代化进程,在日益繁荣的都市中,找到其安身立命之地,并在不断的中外交流中,取得新的发展机遇。如今,中国杂技已名扬海外,享有盛誉。

杂技是纯粹的观赏表演艺术,不存在理解上的障碍,称得上雅俗共赏,老少咸宜。中国传统杂技的特点之一是文化意蕴和精妙技巧。其表演均靠硬功夫,强调难中显奇,稳准见巧,如"耍花坛""顶碗""咬花"等节目。其特点之二表现在艺术化方面,对每一动作都精雕细琢,调动舞蹈、武术、美术、音乐等相关手段,尽量使其得以艺术化或美化,表现出张弛有度的韵律感。传统杂技节目"转碟",就是一个充满诗情画意、具有高度艺术品位的佳作。广义的杂技还包括口技与魔术。前者饶有情趣,堪称一绝;后者旧称"变戏法",是大众喜闻乐见的表演艺术形式。

(二)表演艺术的基本特色

如上所述,中国传统表演艺术品类繁多,姿态万千,表现出独特的精神风貌和艺术风采。戏曲是中国传统表演艺术的代表,最集中地体现了中国传统表演艺术的民族特色。这里仅以戏曲等艺术为主干,概述其基本特色,以期达到"一叶知秋"的目的。总体而论,其特色可大致归总为融合性、程式性与写意性。

1. 融合性

中国传统表演艺术在各自的形成和发展过程中,彼此影响,相互吸纳，呈现出“你中有我、我中有你”的形态。譬如，从汉调、徽调到京剧，从唱腔、曲调到表演，从音乐化、舞蹈化到技巧化，凡此种种，都呈现出很强的融合性。

融合性特点的产生，一方面与传统表演艺术的历史传承和丰厚积淀有关，另一方面与古代各种表演艺术经常同场竞技有关。譬如，远在秦汉时期，表演艺术就相当兴盛，当时统称为“百戏”，包括歌舞、杂技、魔术、武术、摔跤等。宋元时代，出现了专供百戏集中表演的固定场所，名为“勾栏”“瓦肆”，各种表演艺术聚集于此，争奇斗胜，为相互借鉴提供了方便。节庆之时，各地艺人应召进京，集中表演，相互切磋，彼此吸纳对方所长，继而予以发展革新。这种传统一直延续至今。

2. 程式性

程式是指符合一定标准和格式且比较固定的范式。中国传统表演艺术都不同程度地采用了一些规范化的创作和表演程式，这些程式具有很强的规定性和约束力，现在常用“程式性”加以概括。在中国传统表演艺术中，程式性体现在多个方面，尤以戏曲为最。譬如，戏曲的脚本结构、角色行当、音乐谱式、化妆服装等，都有很强的规定性。京剧中的“生旦净末丑”等角色行当，“唱念做打”等表演技法，化妆中的脸谱和服装等，都具有明显的程式化意味。

戏曲发展至今，程式性因革有序。譬如，在音乐上，一些曲牌因循旧制，唱腔板式形式严密，伴奏采用固定牌子，打击乐沿用锣鼓经。在表演上，程式化的动作和套路愈趋丰富，更加细腻，如“起霸”“趟马”“走边”“整冠”“抖袖”“卧鱼”等，各种行当分工细密，各自都有表演程式。因此，在一定意义上说，如果没有程式动作，也就没有戏曲表演。在化妆上，脸谱须用一定谱式，象征一定人物性格，如红色象征忠诚勇武，黑色象征粗率刚直，白色象征奸邪狡诈，等等。

另外，歌舞与曲艺等传统表演艺术，也都多少带有程式性特点。现今仍流传各地的民间传统歌舞，其中歌唱部分务必遵照一些固定的曲调，其舞蹈部分也务必踏着固定的节奏去移步换形，其舞步动作和队形变化均要因循一定之规，这都是程式性的具体表现。

实现程式性表演，至少要靠三个途径：一是格律化，主要通过加强节奏来达到多样的统一与整体和谐，广泛使用各种打击乐以增强节奏、唱词和说白等就是例证。二是规范化，约定俗成一些共同遵守的常规和范式，形成艺术形式的规则性和严整性，比如戏曲与歌舞形体表演上均有许多基本定型的套路和动作等。三是象征化，凭借夸张、变形和假设等手段，将生活中的自然形态升华为程式化的艺术形态，比如戏曲舞台上骑马、乘船，仅用一条马鞭、一支船桨来表示，马鞭的颜色代表马匹的毛色，船桨上的红绸表示船只的豪华。民间歌舞中的旱船竹马也与此相似。

当然，在理解程式性特点时，绝不能将其简单等同于凝固不变、呆板机械或陈陈相因等弊端。因为，程式性不是僵死的，而是动态发展的，具有灵活、变通、出新的一面。另外，程式在一定程度上虽已定型，但依然是艺术再创造的手段。因为，不同程式之间的不同组合，将同一程式动作用于不同的人物或情景，再加上艺术家表演的个性差异和驾驭程式的水平，都会取得不同的艺术表现效果。

3．写意性

前文讲过，写意是国画的一种技法，旨在用简练的笔墨达到以形写神和创造意境的目的。这一理论直接或间接地影响了以戏曲为代表的中国传统表演艺术。在此艺术领域内形成的写意性，主要表现在以下方面：

（1）注重抒情

中国传统表演艺术在注重叙事技巧的同时，也非常注重抒情手法的运用。戏曲唱词的首要任务便是抒情。它常常借用诗歌的修辞手法，或借景抒情，或融情于景，或借事兴叹，或直抒胸臆，或暗表心曲。故此，传统名剧的唱词讲究诗情画意，音乐富于感情色彩。譬如，元曲调式中的正宫“惆怅雄壮”，南吕“感叹伤悲”，商调“凄怆怨慕”。[①] 曲艺的唱词和音乐，与戏曲相近，只不过作为叙述体，在抒情时更显得便捷。杂技看重险、难、奇、巧等技能之美，但在一定程度上也追求情韵之美；其表演过程讲求流畅而富于节奏，张弛有致而意趣盎然；其具体动作糅合了舞蹈、雕塑等艺术表现方法，在刚柔并济中强化了艺术表现力。

---

① 周德清：《中原音韵》，见《中国古典戏曲论著集成》（第1卷，中国戏曲出版社，1959年），第231页。

(2) 营造意境

传统表演艺术的抒情意味在更高层次上表现为营造意境,即追求主体情思意趣同客体物象景致的交融结合。在《宋元戏曲考》中,王国维从三个方面总结出营造“意境”的要诀:“写情则沁人心脾,写景则在人耳目,述事则如其口出是也。”①在历史传说中,俞伯牙鼓琴,志在高山流水;司马相如抚琴,令卓文君动情,讲的就是音乐表现出的意境及其感染力。琵琶曲《十面埋伏》,四弦十指,挑抹扫滚,营造出跌宕起伏、层次丰富的意境,表现出战云密布、杀机四伏的紧张氛围,勾画出铁马奔突、金戈交击的激战场面,抒发出英雄末路、侠骨柔肠的悲怆情怀,故令人心旌摇曳,无限神驰。再如琵琶曲《梅花三弄》,笛曲《江南春》,二胡曲《二泉映月》,唢呐曲《百鸟朝凤》,广东音乐《雨打芭蕉》和《彩云追月》等,都是用一连串奇妙的音符,营造出让人浮想联翩、超以象外的不同意境。

(3) 虚实相生

虚实相生是中国文艺理论的一条重要准则。在传统表演艺术中,虚实相生要求在表演中虚化现实生活的自然形态,反过来更加自由地表现现实生活的本质及其深层意义。戏曲表演充分运用以虚代实或以虚化实的手段,引发观众的联想和想象,营造超越生活自然形态而入乎其内的艺术意境。在这方面,虚实相生近似于“虚拟”,一般涉及三种方式:一是时空虚拟,根据需要随意伸缩时间、变换地点,如演员伏案片刻表示度过了漫漫长夜,一连串筋斗表示腾云驾雾到达天宫。二是场景虚拟,无须设置硬景软景,按照需要可将舞台虚化为江面海底、山间岭上、琼楼玉宇、破屋废窑,也可根据需要在舞台上表现朝暮寒暑、明月昊阳、大雪纷飞、风雨交加。三是动作虚拟,通过形体表演在无门无窗的舞台上表现某一行为,如敲门、开门或关门,敲窗、开窗或关窗。当然,动作虚拟是以现实生活为依据,通过凝练而优美的表演,能使观众假中见真,乐于观赏。

需要说明的是,中国传统表演艺术历史悠久,内容丰富,亦如中国

① 王国维:《宋元戏曲考》,见姚淦铭、王燕编:《王国维文集》(第1卷,中国文史出版社,1997年),第389页。

书法、国画、古代雕塑和古建筑艺术一样,都是可以撰写一系列专门论著的重大科目。因此,在如此有限的篇幅中谈论这些内容丰富的科目,其结果只能是挂一漏万、浅尝辄止。不过,只要了解和把握住这些科目的人文精神与艺术特征,人们便可在具体的旅游观赏活动中,广泛接触,认真体察,反复比较,仔细品味,这样会使相关的知识和解悟逐渐丰富和深化起来,久而久之,就能看出更多的门道、享受更多的乐趣了。

主要参考文献

阿多诺:《美学理论》,王柯平译,成都:四川人民出版社,1998 年版。
阿恩海姆:《艺术与视知觉》,滕守尧等译,北京:中国社会科学出版社,1985 年版。
安旭编:《旅游文物艺术》,天津:南开大学出版社,1991 年版。
奥夫相尼科夫:《美学》,刘宁译,上海:上海译文出版社,1982 年版。
北京大学哲学系美学教研室编:《西方美学家论美与美感》北京:商务印书馆,1980 年版。
北京大学哲学系美学教研室编:《中国美学史资料选编》(上、下册),北京:中华书局,1981 年版。
北京市戏曲编导委员会:《京剧艺术讲座》,北京:宝文堂书店,1958—1960 年版。
伯克:《崇高与美》,李善庆译,上海:上海三联,1990 年版。
布克哈特:《意大利文艺复兴时期的文化》,何新译,北京:商务印书馆,1986 年版。
布劳:《作为艺术因素与审美原则的"心理距离说"》,见《美学译文》(2),北京:中国社会科学出版社,1982 年版, 第 92—107 页。
布罗夫:《美学:问题和争论》,凌继尧译,上海:上海译文出版社,1987 年版。
藏维熙主编:《中国山水的艺术精神》,上海:学林出版社,1994 年版。
曹日昌主编:《普通心理学》(下册),北京:人民教育出版社,1980 年版。
查普林与克拉威克:《心理学体系和理论》(下册),北京:商务印书馆,1984 年版。
陈从周:《说园》,北京:书目文献出版社,1984 年版。
陈志学编著:《导游员业务知识与技能》,北京:中国旅游出版社,1994 年版。
池泽康郎:《人体美学》,蒋渝译,昆明:云南人民出版社,1989 年版。
狄德罗:《狄德罗美学论文选》,张冠尧等译,北京:人民文学出版社,1984 年版。
丁文魁主编:《风景名胜研究》,上海:同济大学出版社,1988 年版。
杜卡斯:《艺术哲学新论》,王柯平译,北京:光明日报出版社,1988 年版。
冯乃康:《中国旅游文学论稿》,北京:旅游教育出版社,1995 年版。
冯友兰:《极高明而道中庸》,北京:中国广播电视出版社,1995 年版。

弗洛伊德:《弗洛伊德论美文选》,张唤民等译,上海:知识出版社,1987 年版。
高瑞泉选编:《打开自然之书——卢梭如是说》,上海:上海文艺出版社,1995 年版。
葛晓音:《中国名胜与历史文化》,北京:北京大学出版社,1989 年版。
哈格洛夫:《环境伦理学基础》,杨通进等译,重庆:重庆出版社,2007 年版。
哈姆林:《建筑形式美的原则》,邹德侬译,北京:中国建筑工业出版社,1982 年版。
海德格尔:《诗·语言·思》,彭富春译,北京:文化艺术出版社,1991 年版。
韩林德:《境生象外》,北京:三联书店,1995 年版。
韩拙:《山水纯全集》。
汉斯立克:《论音乐的美》,杨业治译,北京:人民音乐出版社,1980 年版。
荷加斯:《美的分析》,杨成寅译,北京:人民美术出版社,1986 年版。
贺麟:《儒家思想的新开展》,北京:中国广播电视出版社,1995 年版。
黑格尔:《美学》第 1 卷,朱光潜译,北京:商务印书馆,1979 年版。
黑格尔:《美学》(第 3 卷上册),朱光潜译,北京:商务印书馆,1979 年版。
侯宝林等:《曲艺概论》,北京:人民文学出版社,1980 年版。
胡经之:《中国古典美学丛编》(上、中、下册),北京:中华书局,1988 年版。
胡文仲辑:《跨文化交际学选读》,长沙:湖南教育出版社,1990 年版。
胡文仲主编:《文化与交际》,北京:外语教学与研究出版社,1994 年版。
江月启:《巧布神州游——中国旅游景观地理学》,北京:中国社会科学出版社,1992 年版。
蒋孔阳主编:《美学与艺术评论》第 3 集,上海:复旦大学出版社,1986 年版。
今道友信:《东方的美学》,蒋寅等译,北京:三联书店,1991 年版。
今道友信:《关于美》,鲍显阳等译,哈尔滨:黑龙江人民出版社,1983 年版。
《金刚经》《坛经》,尹协理注译,石家庄:河北人民出版社,1992 年版。
金受申:《北京的传说》,北京:北京出版社,1981 年。
巨才编:《辞赋一百篇》,太原:山西人民出版社,1994 年版。
卡西尔:《语言与神话》,于晓等译,北京:三联书店,1988 年版。
康德:《判断力批判》,宗白华译,北京:商务印书馆,1987 年版。
克雷默:《世界古代神话》,魏庆征译,北京:华夏出版社,1989 年版。
克伦:《导游的成功秘诀》,李中泽译,北京:旅游教育出版社,1989 年版。
孔寿山:《愿您的服装更美——服装美学与穿着艺术》,上海:上海人民出版社,1985 年版。
《老子注译及评介》,陈鼓应注译,北京:中华书局,1992 年版。
李晨编:《中国名胜古迹掌故与传说》,北京:中国展望出版社,1983 年版。
李斯特:《李斯特论柏辽兹与舒曼》,张洪岛等译,北京:人民音乐出版社,1979

年版。
李泽厚:《华夏美学》,北京:中国文化出版公司,1989年版。
李泽厚:《历史本体论》,北京:三联书店,2006年版。
李泽厚、刘纲纪主编:《中国美学史》,北京:中国社会科学出版社,第1—2卷,1984年—1987年版。
李泽厚:《美的历程》,北京:文物出版社,1981年版。
李泽厚:《中国古代思想史论》,北京:人民出版社,1986年版。
李泽厚:《走我自己的路》,北京:三联书店,1986年版。
李遵进、沈松勤:《风景美欣赏》,上海:上海人民出版社,1987年版。
里德:《艺术的真谛》,王柯平译,沈阳:辽宁人民出版社,1987年版。
刘操南、平慧善选注:《古代游记选注》,上海:上海古籍出版社,1982年版。
刘传:《源自生活,贵在传神》,见《中国工艺美术》1982年第1期,第12—13页。
刘敦桢主编:《中国古代建筑史》,北京:中国建筑工业出版社,1984年版。
刘刚强编:《王国维美学论文选》,长沙:湖南人民出版社,1987年版。
刘天华:《画境文心——中国古典园林之美》,北京:三联书店,1994年版。
刘熙载:《书概》,见《艺概注稿》,北京:中华书局,2009年版。
刘向:《说苑全译》,贵阳:贵州人民出版社,1992年版。
柳莘编:《中国山川掌故与传说》,北京:中国展望出版社,1984年版。
柳杨编译:《象征主义诗学》,北京:旅游教育出版社,1991年版。
陆一帆:《人的美学》,广州:中山大学出版社,1986年版。
陆永庆、吴宝华编:《旅游服务礼貌礼节》,昆明:云南人民出版社,1993年版。
《论语》,杨伯峻译注,北京:中华书局,1980年版。
罗丹:《罗丹论艺术》,沈琪译,北京:人民美术出版社,1989年版。
马尔库塞等:《现代美学析疑》,绿原译,北京:文化艺术出版社,1987年版。
马克思:《1844年经济学哲学手稿》,刘丕坤译,北京:人民出版社,1985年版。
马斯洛:《存在心理学探索》,李文湉译,昆明:云南人民出版社,1987年版。
马斯洛:《动机与人格》,许金声等译,北京:华夏出版社,1987年版。
麦金托什、格波特:《旅游学》,蒲红译,上海:上海文化出版社,1985年版。
梅洛-庞蒂:《知觉现象学》,姜志辉译,北京:商务印书馆,2003年。
梅蓉:《人体美学观絮语》,见《健与美》杂志,1985年第3期,第35页。
《孟子》,杨伯峻译注,北京:中华书局,1988年版。
倪其心等编:《中国古代游记选》(两卷),北京:中国旅游出版社,1985年版。
纽拜:《对于风景的一种理解》,见《美学译文》(2),北京:中国社会科学出版社,1982年版。
培根:《培根论说文集》,水天同译,北京:商务印书馆,1986年版。

普列汉诺夫:《普列汉诺夫美学论文集》第 1 卷,曹葆华译,北京:人民出版社,1983 年版。
钱今昔:《中国旅游景观欣赏》,合肥:黄山书社,1993 年版。
钱学森等:《文艺学,美学与现代科学》,北京:中国社会科学出版社,1987 年版。
钱锺书:《谈艺录》,北京:中华书局,1993 年版。
全国民族院校文艺理论研究会:《民族风情与审美》,北京:红旗出版社,1987 年版。
任晓红:《禅与中国园林》,北京:商务印书,1994 年版。
任仲伦:《中国山水审美文化》,上海:同济大学出版社,1991 年版。
《日本旅馆饭店基本服务》,北京:中国旅游出版社,1981 年版。
荣格:《心理学与文学》,冯川等译,北京:三联书店,1987 年版。
茹桂:《书法十讲》,西安:陕西人民美术出版社,1980 年版。
沈子丞编:《历代论画名著汇编》,北京:文物出版社,1982 年版。
史岩:《中国雕塑史图录》,上海:上海人民美术出版社,1983 年版。
叔本华:《爱与生的苦恼》,北京:中国和平出版社,1986 年版。
叔本华:《人生的智慧》,上海:上海文学杂志社,1986 年版。
司马迁:《史记》。
唐文标:《中国古代戏剧史》,北京:中国戏剧出版社,1958 年出版。
陶君起:《京剧剧目初探》,北京:中国戏剧出版社,1980 年版。
滕守尧:《审美心理描述》,北京:中国社会科学出版社,1985 年版。
《外国专家论翻译导游》,北京:中国旅游出版社,1983 年版。
汪流等编:《艺术特征论》,北京:文化艺术出版社,1984 年版。
王国维:《王国维文集》1—4 卷,姚淦铭、王燕编,北京:中国文史出版社,1997 年版。
王海林:《佛教美学》,合肥:安徽文艺出版社,1992 年版。
王柯平:《旅游美学纲要》,北京:旅游教育出版社,1997 年版。
王柯平:《旅游审美活动论》,北京:旅游教育出版社,1990 年版;台北:地景企业股份有限公司,1993 年版。
王柯平:《美之旅》,南京:南京出版社,2006 年版。
王柯平主编:《旅游美学》,北京:旅游教育出版社,2010 年版。
王可平:《华夏审美文化的集结——中国的雕塑艺术》,杭州:浙江美术学院出版社,1992 年版。
王连义:《导游翻译二十讲》,北京:旅游教育出版社,1990 年版。
王生平:《李泽厚美学思想研究》,沈阳:辽宁人民出版社,1987 年版。
王兴斌主编:《中国旅游客源国/地区概况》,北京:旅游教育出版社,1996 年版。

王学泰:《华夏饮食文化》,北京:中华书局,1993 年版。
伍蠡甫:《中国画论研究》,北京:北京大学出版社,1983 年版。
席勒:《美育书简》,冯至译,北京:中国文联出版公司,1984 年版。
徐复观:《中国艺术精神》,沈阳:春风文艺出版社,1987 年版。
严羽:《沧浪诗话》,北京:人民文学出版社,1983 年版。
杨春时:《审美意识系统》,广州:花城出版社,1987 年版。
杨恩寰等编著:《美学教程》,北京:中国社会科学出版社,1987 年版。
姚柯夫编:《〈人间词话〉及评论汇编》,北京:书目文献出版社,1983 年版。
叶嘉莹:《王国维及其文学批评》,石家庄:河北教育出版社,1997 年版。
叶朗:《中国美学大纲》,上海:上海人民出版社,1985 年版。
余冠英选注:《汉魏六朝诗选》,北京:人民文学出版社,1979 年版。
於贤德:《中国桥梁》,广州:广东旅游出版社,1996 年版。
云告编:《古代旅游诗抄》,长沙:岳麓书社,1985 年版。
翟本宽:《书法艺术与美》,郑州:河南美术出版社,2004 年版。
张庚、郭汉城:《中国戏曲通论》,上海:上海文艺出版社,1989 年版。
张文勋:《儒道佛美学思想探索》,北京:中国社会科学出版社,1988 年版。
赵今光、王玉彩选编:《风景对联三千副》,北京:金盾出版社,1995 年版。
赵汀阳:《论可能生活》,北京:三联书店,1994 年版。
郑奇、陈孝信:《烹饪美学》,昆明:云南人民出版社,1989 年版。
中国社会科学院文学所古代组:《唐诗选注》,北京:北京出版社,1978 年版。
周汝昌:《书法艺术答问》,北京:文化艺术出版社,1982 年版。
朱光潜:《谈育书简》,上海:上海文艺出版社,1980 年版。
朱光潜:《西方美学史》(上卷),北京:人民文学出版社,1979 年版。
朱光潜:《朱光潜美学文学论文选集》,长沙:湖南人民出版社,1980 年版。
《庄子今注今译》,陈鼓应注译,北京:中华书局,1983 年版。
宗白华:《美学散步》,上海:上海人民出版社,1981 年版。
宗白华:《美学与意境》,北京:人民出版社,1987 年版。
Carlson, Allen, "Contemporary Environmental Aesthetics and The Requirements of Environmentalism," in *The Journal of Faculty of Letters* (*JTLA*), The University of Tokyo, Aesthetics, vol. 34, 2009, pp. 1-21.
Dewey, John, *Art as Experience*, New York: Miniton, Balch & Company, 1934.
Emerson, R. W., *The Collected Works of Ralph Waldo Emerson*, Oxford: Oxford University Press, 1971.
Hume, David, *An Enquiry Concerning the Principles of Morals*, in *Enquiries Concerning the Human Understanding and Concerning the Principles of Morals*, Oxford: The

Clarendon Press, 1955.

Junichi Mizuno, *JapaneseLikingfor Circles*, Tokyo: Kenkyusha Printing Co. , 1984.

Kant, Immanuel, *Critique of the Power of Judgment*, trans. Paul Guyer & Eric Matthews, Cambridge: Cambridge University Press, 2000.

Lauer, Robert H. , *Social Problems and the Quality of Life*, Iowa: Wm. C. Brown Publishers, 1986.

Marcuse, Herbert, *One-Dimensional Man*, Boston: Beacon Press, 1966.

Moore, George E. , *Principia Ethica* (Cambridge: Cambridge University Press, 1965.

Nietzsche, Friedrich, *Aurore*, Paris: Gallimard, 1980.

Sparshott, F. E. *Structure of Aesthetics*. Toronto: University of Toronto Press, 1963.

Thoreau, Henry David, *Walden and the Essay on Civil Disobedience*, New York: Lancer Books, 1968.

索　引

后　记

观光游览，人之所爱，古今中外皆然。

举凡出游之人，若谙悉游道，所到之处，感悟良多；若蔽于游道，面对山水，获益甚寡。故盛唐之时，虽尚游者众，却有“城中车马应无数，能解闲行有几人”之叹。

西哲圣奥古斯丁(St. Augustine)坦言：“众人出国远游，惊奇山峦之崇高，海涛之宏巨，江河之流长，汪洋之浩瀚，星河之灿烂，但却无暇思索，匆匆而过。”(Men go abroad to wonder at the height of mountains, at the huge waves of the sea, at the long course of rivers, at the vast compass of ocean, at the circular motion of the stars, and they pass by themselves without wondering.)嗟夫，懒于运思者，唯见其表，不知其里，虽莅临宇宙洪荒、自然美景，却无心入乎其内范山模水，亦无法出乎其外凝神观照，于是扫视几眼，感叹数声，来去匆匆，近于骑马观花之过客。

然“山川之美，古来共谈”，景观与游道并举。景观之美，多有分殊，或“杏花春雨江南”，或“骏马西风冀北”，或阴柔阳刚相济；游道之妙，各有千秋，或“仁者乐山”，或“智者乐水”，或行游畅神、逍遥自在。故此，每遇碧海蓝天、湖光山色、清风朗月、松韵泉声、林花春红乃至鸟兽鱼虫，皆能道通天地，思入风云，静观自得，欣然而乐，四时佳兴同在，万物与我为一。

上述境界，重在修为；洪氏所言，可窥一斑。其曰：“风恬浪静中见人生之真境，味淡声稀处识心体之本然。宠辱不惊，坐看庭前花开花落；去留无意，漫随天外云卷云舒。林间松韵，石上泉声，静里听来识

天地自然鸣佩;草际烟光,水心云影,闲中观出见乾坤最妙文章。"(洪应明:《菜根谭》)

此中奥妙,诸君自知,无须赘言。然其所示要诀,重在凝照践履,得于体悟灵视。譬如四时佳景,随时可赏,其何以与人谐同而乐哉?或曰:心境时空相契也。吾观日落景致虽多,而诗述所觉甚寡,偶记《雨后云湖观感》,略表心迹而已:

仲夏重游云湖村,波斯菊开飞香魂。
峰亭远眺西天色,断霞横空染月轮;
落日余晖似有情,暮烟轻扬入画痕。
乡野闲人图一乐,放声长啸听谷音。

王柯平

2006 年写于京东杨榆斋

2015 年改于京北山月斋